Lair / Lechler · Von mir aus nennt es Wahnsinn

Wer sich selbst findet und gefunden hat,
wird in seinem dialogischen Bezug mit der Welt
immer in einem intensiven, intimen Kontakt
mit allem sein, was Partner ist.
Um ihn herum öffnet sich weit alles zum Leben hin.
Wer sich jedoch nicht findet oder verliert,
dessen Dialog mit dem Leben und mit allem, was Partner ist,
wird aufhören, und übrig bleibt dann nur noch
der Kelch, der mit der Misere dieser Welt gefüllt ist.
Wer sich selbst und damit auch
den Bezug zum Partner findet und gefunden hat,
der wird also Öffnung und Weite erleben;
wer sich aber selbst verliert, dessen Lebensgefühl
schrumpft zusammen zum Kelch, der ein Gefängnis wird.

Walther H. Lechler

Jacqueline C. Lair
Walther H. Lechler

Von mir aus nennt es Wahnsinn

Protokoll
einer
Heilung

Kreuz Verlag

Aus dem Amerikanischen übersetzt von Ursula Stange

Die Originalausgabe ist 1980 erschienen im Verlag
Doubleday & Company, Inc., Garden City, New York,
unter dem Titel »I Exist, I Need, I'm Entitled«
ISBN 0 385 156324

9. vollständig überarbeitete und erweiterte Ausgabe
(41.–44. Tausend) 1993
Gesamtherstellung: Ebner Ulm
ISBN 3 7831 1152 8

Inhalt

Vorwort von Walther H. Lechler

»Wenn Sie mich fragen, ob ich mich verändert habe, so fragen Sie nach dem Unterschied zwischen einer Leiche und einem lebendigen Menschen.« So antwortete die 49jährige Amerikanerin Jackie Lair am 6. März 1979 Gerhard Rein bei der Dienstagsredaktion des Süddeutschen Rundfunks, in deren Mittelpunkt sie und ihre Geschichte einer Heilung, einer Wiedergeburt, mit der sie nicht gerechnet hatte, standen. »Eine amerikanische Frau in Deutschland auf der Suche, sich selbst zu finden.« Die Psychosomatische Klinik in Bad Herrenalb spielte in diesem Geschehen eine bestimmte Rolle.

Jackie Lair war in einer verzweifelten, für sie ausweglos erscheinenden Situation, am Ende aller ihrer Möglichkeiten, nach Bad Herrenalb gekommen. Die vergangenen 24 Jahre waren von unzähligen Versuchen geprägt gewesen, einen Weg zu einem anderen, sinnvolleren Leben zu finden: Verschiedene Aufenthalte in psychiatrischen Kliniken, Alkohol, Tabletten, die ihr oft großzügig von ihren Ärzten verordnet wurden, ihre zwanghafte, besessene Co-Abhängigkeit zu ihrem Ehemann hatten sie unselbständig und leer werden lassen. Sie war ausgebrannt und hatte nur den einen Wunsch, aus dem Leben scheiden zu dürfen. In diesem Buch schildert sie ihren schmerzvollen und angsterfüllten Weg »zu ihrem wirklichen Gesicht, das sie bereits hatte, selbst bevor ihre Eltern geboren waren« (Hui-neng, Zen-Meister, 600 n. Chr.).

Im weiteren Verlauf der Sendung der »Dienstagsredaktion« wurde von Gerhard Rein an Jackie die Frage gestellt, welche Art »Therapie« sie nun durchlaufen habe und wie sich diese unterscheide von denen in Amerika. »Ich würde es gar nicht Therapie nennen, ich wurde in Bad

Herrenalb geboren. In Minnesota kam ich zwar auf die Welt, aber ich wurde wiedergeboren. Bad Herrenalb ist der eigentliche Ort meiner Geburt. Ich werde eines Tages noch zum Bürgermeister gehen und mir einen Geburtsschein ausstellen lassen. Ich erlebte durch die Liebe von Menschen dort eine so vollständige Wiedergeburt, daß ich wie ein kleines Kind wurde und buchstäblich aufgezogen werden mußte. Walther sagte – und ich glaube, es stimmt wirklich –, daß ich durch meine Wiedergeburt das wurde, was ich wirklich bin. Ich war eine 48jährige Frau, innerlich war ich ein Säugling, und mein ganzes Leben habe ich nach einem Menschen geschrien, der mir um Himmels willen hilft, erwachsen zu werden. Und als ich dann nach Bad Herrenalb kam, war ich verzweifelt und hatte das Leben satt, ich, die ich schon Kinder aufgezogen hatte und schon Enkelkinder hatte, aber innerlich immer noch das verlorene, verzweifelte Kind war und deshalb meinte, daß ich nicht länger leben konnte. In Bad Herrenalb durfte ich das Kind sein, das ich wirklich war, so daß ich leben lernen konnte. Ich hatte das nie gelernt. Walther nennt das dumm, und das ist es auch. Ich war wütend, als er das sagte, und ich hätte ihn am liebsten geohrfeigt, jetzt weiß ich, daß ich wirklich dumm war. Ich hatte nie gelernt zu leben. Weil ich das nie gelernt hatte, war ich von allem und jedem abhängig. Ich mußte Tabletten haben und alles, was ich von außen nur kriegen konnte, um meinen Schmerz zu stillen, um noch einen weiteren Tag durchzuhalten. Und wenn ich keine Beruhigungsmittel hatte und nichts los war, was mein Bewußtwerden unterdrücken konnte, hatte ich nur eines vor Augen: Ich kann mit diesem Schmerz nicht einen Tag länger leben. Es gab keinen Arzt, kein Medikament, keinen Priester, keinen Lehrer, überhaupt niemanden, der meinen Schmerz gesehen und mir erlaubt hätte, ihn auszudrücken und dadurch einen Anfang zu machen. Jedesmal, wenn ich sagen wollte, ihr, hört mir doch um Gottes willen zu und laßt mich leben, erschreckte ich die Menschen um mich herum derart, und doch wußte ich – verdammt noch mal – ich bin nicht verrückt. Ich erkannte, daß die meisten Menschen in ihrem Inneren mehr oder weniger denselben Schmerz haben, den ich empfinde. Ich schätze, daß es sehr, sehr viele Menschen gibt, die unter einem so großen Schmerz leiden wie ich, aber manche sind innerlich abgestorben, damit sie ihn nicht mehr spüren müssen. Und aus irgendeinem Grund, vielleicht, weil ich diesen Willen zum Überleben habe, konnte ich innerlich nie absterben. Ich konnte die Gefühle nie abtöten. Gott meinte es gut mit mir. Ich mußte Hilfe haben. Sonst hätte ich mich umbringen müssen. Ich konnte diesen Schmerz nicht mehr ertragen. Dann geschah es. Ich wurde geliebt. Ich wurde förmlich in das Leben wieder hineingeliebt, von einem Haufen verrückter Deutscher.«

Jackie ist – Tausende Meilen entfernt von ihrer Heimat und ihrer Familie – in einer Umgebung, in der eine für sie unverständliche fremde Sprache gesprochen wurde, liebevoll, warm angenommen worden. Und sie hat dort gefunden, was sie sich schon immer ersehnte: Menschen, vor denen sie sich ohne Scheu und Scham nackt ausziehen und ganz sicher fühlen durfte, daß diese sie nicht beurteilen oder verurteilen werden. Sie konnte ihre Angst, ihre Schuldgefühle, ihre Selbstanklage nach und nach ablegen und wurde sich dann ihres Mangels, ihres Hungers und Durstes nach Leben, den sie immer mit Alkohol, Medikamenten und ihrer Co-Abhängigkeit zugeschüttet hatte, unter wahnsinnigen Schmerzen bewußt.

Jackie wurde nach und nach in einem oft quälenden Lernprozeß gewahr, wie sie sich und wodurch sie sich in Jahrzehnten am Leben gehindert hatte. Sie mußte die vielfältige und un-sinnige Angst vor dem Leben verlieren, die ihr eingebleut wurde, und die Liebe entdecken, das Grundgewebe unseres Lebens, diesen Stoff, aus dem unsere Welt geschaffen wurde und besteht. Der Titel der 1980 erschienenen Originalausgabe des Buches hieß: »I exist, I need, I'm entitled«. Jackie spürte mehr und mehr »I exist«, ich lebe und ich habe Bedürfnisse (I need), ganz normale Bedürfnisse, die weder gut noch schlecht sind, und ich bin berechtigt dazu (I'm entitled). Eine wahnsinnige Entdeckung. Ein Wahnsinn, wie lange wir dahinvegetieren und leiden müssen, bis wir entdecken dürfen, was unser eigentliches Geburtsrecht ist.

»Leben und für sein eigenes Leben ver-antwort-lich sein, ist etwas sehr Schmerzhaftes. Ich mußte, als der Prozeß in Gang war, durch viel Schmerz hindurch, und als ich aufwachte, mußte ich zur Kenntnis nehmen, daß ich für mein Leben verantwortlich war. Ich mußte die Verantwortung für die Probleme übernehmen, die ich meinem Mann und meinen Kindern aufgebürdet hatte. Ich mußte der Zerstörung von 48 Jahren ins Auge sehen.

Das andere, was in dieser Klinik einen so schrecklichen Schmerz bereitet, ist die Liebe. Ich hoffe, daß ich die richtigen Worte finde, um anderen davon berichten zu können, den Leuten, die Angst vor dem haben, was in Bad Herrenalb geschieht, Leuten, die über das, was Dr. Lechler macht, wütend und denen meine Worte ein Ärgernis sind. In meinen Augen ist ihre Angst vor der Liebe und vor menschlicher Nähe an dieser Haltung schuld. Ich weiß nicht, warum es so ist, da wir uns doch gegenseitig so verzweifelt brauchen. Aber einem anderen Menschen nahezusein, ihm zu erlauben, daß er uns liebt, uns selbst zu erlauben, einen anderen Menschen wirklich zu lieben, ist das Schmerzhafteste, was es auf dieser Welt gibt. Es tut mir weh, wenn ich nur davon rede. Es ist etwas so Schönes, aber jeden Tag unseres Lebens laufen wir davor weg. Ich habe früher oft gesagt, daß ich, sobald ich geboren war, meiner Mutter ins Gesicht spuckte und sagte: Das kann ich allein! – So verhält es sich wirklich. Ich glaube, daß die meisten dasselbe tun. Sich der Liebe zu öffnen und zu sagen, ich brauche dich, ich brauche Walther, ich brauche meinen Mann und meine Kinder, so wie die mich brauchen; einzusehen, daß wir alle eins sind, nicht überleben können, wenn wir nicht eins sind, ist etwas ganz Schreckliches, und dazu braucht es »surrender« (bedingungslose Kapitulation), dieses Aufgeben des konditionierten Ich bedeutet, daß ich sage: ich kann es nicht allein. Und deshalb ausgeliefert und ohne Kontrolle zu sein. Aber, so wie ich sage, daß ich die Stärke zum Überleben besitze, eine große Kraft in mir habe, und wie ich weiß, daß ich jetzt mehr kann als früher, mehr als die meisten Frauen, so weiß ich auch, daß ich mehr brauche als die anderen, und beides gehört zusammen. Als ich meine Not erkannte und so gedemütigt war – ich bin buchstäblich auf dem Bauch gekrochen –, daß ich nicht tiefer sinken konnte, da wurde ich demütig genug, meine Not auszusprechen und einzugestehen, daß ich mich danach verzehrte, mit der Welt eins zu sein, daß ich Liebe so verzweifelt nötig habe und ohne sie nicht leben kann. Aus dieser scheinbaren Schwäche kommt die Stärke, die ich jetzt besitze. Es ist die Quelle, die mich nährt, und da sind wir wieder beim Geheimnis, beim Mysterium und beim Gleichgewicht.«

Ich komme noch einmal auf die Antwort zurück, die Jackie Lair spontan auf die Frage gegeben hat, welche Art Therapie sie in Bad Herrenalb durchlaufen habe: »Ich würde es nicht Therapie nennen!« Mit dieser unmittelbaren Äußerung und Feststellung rührt Jackie an das vielgestaltige sakrosankte Gebilde, genannt »Psychotherapie«. Es würde den Rahmen eines Vorwortes sprengen, auf die daraus resultierenden, brennenden Fragen hier näher einzugehen, doch Jackies Bericht selbst ist dazu bereits ein wesentlicher Beitrag.

Wir haben für Jackie wie für alle anderen Gäste unseres Hauses und für uns selbst einen geschützten Raum, ein Klima, eine Atmosphäre geschaffen, in der es dem einzelnen möglich werden sollte, zu der ihr oder ihm eigenen »Wahrheit« zu finden, zu dem »Ungeborenen«, mit dem wir alle geboren werden. In dem Sinne eines solchen oft ein ganzes Leben beanspruchenden Prozesses verstehe ich das Wort »und die Wahrheit wird euch frei machen« (Johannes 8,32).

Das griechische Zeitwort »therapeuein« heißt in erster Linie nicht heilen – es sei denn, heilen sollte Ganzwerden bedeuten –, sondern anbeten, dienen, nahesein. Und »therapeuein« tut nicht der Therapeut in erster Linie, der Experte, der alle die erforderlichen und ersehnten Antworten gemäß seiner Ausbildung und Studien haben sollte, sondern der Freund, der treue Begleiter, der mit dem anderen in einer existentiellen Not ein Stück des Weges geht, in einem gemeinsamen Ringen. Wir betrachten uns als Geburtshelfer, Hebammen in allem, was wir tun. Wir können es aber nur vollbringen, wenn wir alle ähnliche Erfahrungen an Schmerz, Aussichtslosigkeit, Verzweiflung durchgemacht haben, wenn wir dadurch auch empfindsam geworden sind, um auf leiseste Andeutungen und Zeichen hin all das schon zu erahnen, wovor unser Gegenüber sich nicht scheut, es vor uns offen hinzulegen. Nur wenn wir bereit sind, unser gelerntes Wissen und unsere dadurch erworbene Stellung, Ziele vieler Erwartungen, unter- und zuzuordnen dem Prinzip Leben, wenn ich »vergesse«, daß ich Mediziner bin, dann erst schaffe ich die Voraussetung, Arzt, Heiler, Mensch zu sein.

Wir können die Antwort, die leben läßt, für den anderen nicht parat haben. Jeder muß sie selbst in sich entdecken, wenn sie oder er sich nicht wieder mit einer Fremdantwort herumquälen und herumschlagen soll.

Die Klinik ist im Grunde eine »Lebensschule«, in der jeder von jedem lernt und die Rollen des Lehrenden und Lernenden ständig gleitend wechseln. Ein jeder ist in erster Linie in seiner Menschlichkeit gefragt. Es gibt keine besondere Bevorzugung eines Berufsstandes, jedoch die bestmögliche Ausbildung und Qualifikation in der jeweiligen Sparte. Gefragt ist aber vor allem, inwieweit ein jeder der Mitarbeiter und eine jede der Mitarbeiterinnen, ja alle Menschen, die in dem Haus ein und aus gehen, in der Lage sind, sein Menschsein, sein Verständnis für den anderen bei all den eigenen persönlichen Schwierigkeiten ganz einzubringen. Letztlich sollte sich jeder nach und nach, ob Reinemachefrau, Hausmeister und Gehilfen, medizinische und paramedizinische Mitarbeiter und Mitarbeiterinnen, in den gesamten Prozeß, der sich in einem solchen Ganzen abspielt, einfinden können. Das verlangt natürlich von vornherein eine bestimmte Auswahl, Motivation, Aufgeschlossenheit, Mut, Neugierde, Bereitschaft zur Schulung und zum Lernen.

In Salt Lake City hat Jackie Lair 1984 bei einer Tagung von Gruppierungen im Zwölf-Schritte(Stufen)-Programm eine aufregende, ja sensationelle Formulierung gebraucht. Sie sagte: »Soweit ich mich erinnern kann, vielleicht schon seit meinem zweiten Lebensjahr, hat mich ein deutlich fühlbarer Schmerz begleitet. Ich mußte etwas finden, was diesen immer unerträglicher werdenden Schmerz linderte. Der Alkohol, die Medikamente, auch ärztlicherseits großzügig verschrieben, das Essen, meine zwanghaft-besessene Abhängigkeit von meinem Mann Jess (Co-Abhängigkeit) waren nicht mein *Problem*, sondern meine *Antwort* ans Leben. Eine bessere Antwort hatte ich nicht. Ich fand sie auch nicht in meiner Familie, in meiner Erziehung, in der Kirche, bei meinen Freunden, in meiner Ehe. Mein Problem war, wie finde ich meinen Weg zurück zu dem liebenden Gott, dem liebenden Vater, von dem ich stamme?«

So sah also Jackies Ver*antwortungs*fähigkeit und Ver*antwortungs*bewußtsein aus. Ich nenne es einfach Dummheit. Wir sind zu dumm, um es mit dem Leben, wie es ist, in einer Art aufzunehmen, daß wir immer wieder neu Erfüllung, Sattwerden, Belohnung, Ermutigung und einen Zuwachs an Erfahrung und Fähigkeiten bekommen, um uns schließlich erwachsen der Welt zu stellen und Mensch zu werden. Das »Unzulänglichkeitssyndrom« und die »unzulängliche Ausbildung für das Leben«, wie andere diesen Zustand nennen, sind nichts anderes als Ausdruck für einen Mangel, Ausdruck für einen unerträglich gewordenen, peinigenden Durst und Hunger nach einem anderen Leben, nach Fülle, Erfüllung, Sattwerden, nach einem Zustand, von dem jede unserer Milliarden Zellen spricht, letztendlich nach dem Himmelreich, das ein Erleuchteter uns vor 2000 Jahren versprochen hat.

Jeder von uns spürt diesen Mangel, diesen Hunger und Durst, als ein sich in Tausenden von Facetten offenbarendes Unbehagen. Die verschiedenen Äußerungen dieses Unbehagens spiegeln sich in all unseren Diagnosen. Wir finden auch Abertausende Möglichkeiten, um diese schmerzhaften Empfindungen abzutöten, um uns immer wieder neu in einen Zustand von völliger Schmerz- und Empfindungslosigkeit zu versetzen. Der Zugang zum wirklichen Leben ist uns versperrt. Es muß zu einer ständigen Dosissteigerung von all dem kommen, was uns unempfindlich zu machen verspricht. Das Grauen unserer gegenwärtigen Welt entspringt dieser immer mehr zunehmenden Unempfindlichkeit und Unmenschlichkeit. Unsere innere Verarmung und Verdurstung nimmt ständig zu.

Wie Jackie schreibt, haben wir eine wahnsinnige Angst vor dem Aufwachen, das unerträglich weh tut. Wir ziehen es vor, dort zu bleiben, wo wir sind, denn dies ist bereits – wie wir glauben – besser, als was bei einer Änderung kommen mag. Wir alle schreien innerlich all denen, die uns ihre Liebe entgegenbringen und ihr Mitfühlen, die unsere Not sehen, darunter leiden und uns helfen wollen, entgegen wie der Besessene von Gerasa: »Ich beschwöre dich bei Gott, quäle mich nicht!« (Markus 5,7).

Unzählige Menschen wurden bei der Lektüre unseres einfachen, anspruchslosen Buches ergriffen und zutiefst angerührt, wie es die vielen Briefe, Anrufe und herzlichen Begegnungen Jackie und mir in bewegender Weise nahebrachten, ja, es stimmt, nahebrachten, ganz nahe. Es ging uns oft sehr unter die Haut. Durch das Buch kamen wir mit vielen, scheinbar Fremden, Unbekannten in einen intimen Kontakt. Wir ahnen vielleicht überhaupt nicht mehr, was dieses vielgebrauchte, kurze Wort »Kontakt« beinhaltet. Es bedeutet berühren, erreichen, berührt und bewegt und erreicht werden, in Beziehung sein oder kommen durch Freundschaft, Verwandtschaft, von Geburt her; angesteckt werden, in ein Ereignis sich hineingeben und einbezogen werden, in dem Neuen baden und davon ganz durchdrungen sein. Wir sind alle eher durchdrungen von dem »Noli me tangere«, rühre mich nicht an, komm mir nicht zu nahe.

Eve M. aus Ft. Lauderdale bei Miami Beach in Florida, eine »Oldtimerin« bei den Anonymen Alkoholikern, sagte einmal: »Bei den Anonymen Alkoholikern gibt es keine Fremden, nur Freunde, die noch keine Gelegenheit hatten, sich persönlich kennenzulernen!« – In dem Abenteuer, auf das wir uns alle seit Jahren eingelassen haben, ist uns die Wirklichkeit dieses Satzes aufgegangen und erlebbar geworden.

Leserinnen und Leser – wie wir durch viele Zuschriften erfuhren – wurden erreicht, berührt. Bollwerke aus Lebenslügen und Bastionen von Selbsttäuschung wurden durchbrochen und jahrelange Abwehr geschleift. Viele wurden sich oft unter Schmerzen und Erschütterung ihres Mangels, ihres defizitären Lebens, ihres Hungers und Durstes nach Leben und ihrer »Lebensdummheit« bewußt, sie entdeckten, daß sie keine Minderwertigkeitskomplexe hatten, sondern einfach minderwertig waren in dem Sinne, daß sie ungenügend für dieses Leben vorbereitet und ausgebildet waren. Sie ahnten langsam, daß sie weniger eine »Therapie« brauchten als eine Nachschulung, um das Lebenslerndefizit auszugleichen. Vielen spricht Franziska aus Halle/Saale aus der Seele: »›Von mir aus nennt es Wahnsinn‹ ist Wahnsinn. Nachdem ich die ersten Kapitel verschlungen hatte, stellten sich ›alte Bekannte‹, Depressionen bei mir ein. Ich legte das Buch dann erst mal beiseite. Jetzt machte ich Urlaub auf Usedom . . . Hier studierte ich dein Buch zu Ende. Es ist wie ein Lehrbuch für mich. Manche Stellen lese ich mehrfach, bis es dann wenigstens im Kopf ›aha‹ macht. Vom Kopf in den Bauch ist es dann oft noch ein schmerzlicher Weg, aber ich habe begriffen, daß ich beim Erwachsenwerden Schmerzen haben darf, daß Schmerzen zum Wachsen gehören.

Ich war noch nie in einer Therapie, gehe seit eineinhalb Jahren in eine Al-Anon-Gruppe (Angehörigengruppe der Anonymen Alkoholiker), davor kurze Zeit in EA (Emotions Anonymous, Selbsthilfegruppen für seelische Gesundheit). Der Weg der Inventur und Selbsterkenntnis ist nicht leicht, aber anders will ich nicht mehr leben. Es ist großartig, was ihr mir beigebracht habt über Hunger und Durst. In meiner Gruppe sagte ich oftmals, ich leide unter einem enormen Liebesmangel, und wußte nicht, wo ich die Liebe hernehmen sollte. Jetzt weiß ich, daß Gott mich liebt und ich mir Liebe nehmen darf von Menschen, momentan hauptsächlich in der Gruppe. Ich weiß auch manchmal schon im Bauch, daß ich Liebe bin und sie nur zum Ausdruck zu bringen brauche. Eigentlich gibt mir die spirituelle Seite im Programm die Kraft, neue Wege zu gehen, weil ich mit dem Glauben meine Unsicherheiten, anders sein zu dürfen, entlasse. Es ist schon ein großes Wagnis, nicht zu kämpfen, nicht zu manipulieren, nicht alles im Griff zu haben und die Dinge geschehen zu lassen. Aber ich habe schon so viele Erfahrungen mit dem Los-Lassen und In-Freiheit-Setzen gemacht, daß der Glaube an diese Wahrheit wächst. Ich sprach über meine Probleme, über das Los-Lassen meiner Kinder. Du sagtest mir, daß ich mit jedem Eingreifen ihren Tiefpunkt verzögere. So höre ich jetzt oft deine Stimme und meine innere Stimme bei mir sagen: Laß Beate jetzt diese ihre Erfahrungen machen. Und ich lasse in Liebe los, nicht mehr in Angst, was dem Kind passieren könnte. Genauso sehe ich heute vieles, was mir begegnet, als Herausforderung zum Wachsen an, als von Gott gewollt und nicht mehr als Zufall. Ja, lieber Walther, vielen Dank für Euer Buch! In liebender Verbundenheit, Deine Franziska aus Halle.«

Claire aus Paris sendet uns eine Botschaft auf einfachen, karierten Seiten, die aus einem Schülerringbuch herausgerissen wurden, adressiert an das Internationale Dienstbüro von »Emotions Anonymous« in St. Paul, Minnesota, genau zu dem Zeitpunkt, da dort der 20. Geburtstag dieser weitverbreiteten Gruppe gefeiert wird. Sie hat sicher angenommen, daß wir beide dort seien:

»Liebe Jackie, lieber Walther, ich weiß nicht, ob Ihr diesen Brief lesen könnt, jedoch war es für mich wichtig, ihn zu schreiben. Ich habe Euer Buch in diesem Sommer gelesen, nachdem ich es durch ›Zufall‹ (ich glaube nicht an den Zufall) gekauft hatte. Ich war durch den Titel angezogen (Renaître par l'Amour, Wiedergeboren durch die Liebe, Titel der französischen Ausgabe des Buches). Ich muß sagen, daß ich, ausgelöst durch das Buch, viel geweint habe. Beim Lesen bin ich auf meine Mangelzustände und mir vertrautes Leid gestoßen, auch habe ich die Beschreibung von Abenteuern entdeckt, die mir angst machten, die mich aber auch reizen, denn ich spüre, ich weiß: Nur wenn ich bis auf den Grund meines Schmerzes gehe, kann ich wieder herauskommen und ihn überwinden. Das Bonding ist wie ein Traum für mich, es ist genau das, wovon ich mein ganzes Leben geträumt habe; es ist, was ich brauche, es ist mein Bedürfnis jetzt immer noch, mehr denn je, um nämlich endlich leben zu können, anstatt nur zu überleben. Die Liebe ist der Motor des Lebens. Euch dies sagen zu hören, in jedem Kapitel, hat mir wahnsinnig gutgetan. Oftmals habe ich beim Lesen das Verlangen gehabt, das alles zu er-leben, Verlangen, daß ein Walther oder ein Horst mich in seine Arme nimmt und mich liebt, damit ich erwachsen werden kann. An wen soll ich mich denn wenden? Ich habe es satt, anderen vorzumachen, daß es mir gutgeht oder nicht gerade schlecht. Ich habe genug, anderen vorzumachen, daß ich lebe. Walther hat recht, und es macht mir eine höllische Angst: Solange ich es nicht schaffe, meinen Mangel aufzufüllen, um zu einem neuen Leben zu finden, würde ich tot sein. Alles, was ich seit der letzten Jahre empfinde und nicht in der Lage bin, es anderen verständlich zu machen, finde ich in Eurem Buch: Ihr könntet mich verstehen und mir helfen. Wo gibt's denn die Menschen, die dich ganz lieben mit der ganz einfachen, ganz großen, der ganz weiten Liebe, aber auch, wo sind die Menschen zu finden, die Liebe zulassen, ohne sofort sich dir verpflichtet oder ich weiß nicht was zu fühlen!?

Vielleicht habe ich das Wichtigste vergessen. Ich bin nicht drogensüchtig, keine Alkoholikerin. Ich hatte Zeiten, da war ich von Medikamenten abhängig (die ich als Behandlung von Ärzten bekam). Ich nehme keine Medikamente mehr, aber manchmal gibt es mir Sicherheit, wenn ich weiß, daß welche in der Nähe sind. Aber vor allem bin ich von anderen abhängig, vor allem, wenn sie mich brauchen! Ich bin unfähig, durch mich und für mich zu leben. Ich mag mich nicht. Ich weiß das alles. Ich habe viele Dinge gesucht, gefunden, verstanden, aber wie geht's jetzt weiter, wie geht's jetzt voran, um nicht mehr zu sterben? Danke für Euren Bericht, danke, daß Ihr all das mit mir geteilt habt. Claire.«

Irene aus Denzlingen schreibt auch, was für viele andere gilt, die uns ihre Bewegung und ihr Angerührtsein mitteilten: »Lieber Walther Lechler, in einem meiner vorausgegangenen Briefentwürfe habe ich mir das Recht genommen, Sie zu duzen, weil Sie mir durch die Lektüre von ›Von mir aus nennt es Wahnsinn‹ sehr nahegekommen sind. Jetzt bin ich doch etwas in Zweifel und benutze die Zwischenlösung ... Ihr gemeinsames Buch war für mich eine Offenbarung, ein Geschenk des Himmels, die größte empfangene Freude dieses Jahres. Endlich bekennen sich verantwortungsbewußte, liebevolle Menschen zu einer Umgangsform, zu einer Art von Begegnung, nach der ich mich schon so lange sehne: sich in den Arm nehmen, Nähe, Verbundenheit erleben, den anderen (auch Fremde) in seiner Bedürftigkeit nach Zuwendung, Nähe, Zärtlichkeit ernst nehmen, streicheln, dasein ... Ich bin zutiefst gerührt und fühle meine eigene Liebesfähigkeit als auch meine große ungestillte Sehnsucht ...

... Gerade das ist es, was uns normalerweise fehlt. Die Passage, wo Jackie darüber schreibt, finde ich besonders wichtig ... Das können Sie Jackie erzählen ... Ich bin immer am Überlegen, wie man eine Möglichkeit, eine Form der Begegnung schaffen könnte, wo sich Menschen auf diese Weise nahekommen können, in einem geschützten Rahmen.

Als ich neulich im Auto nach Hause fuhr, fiel mir (wieder einmal) auf, wie viele vermutlich alleinstehende, ältere Menschen unterwegs sind, die alle dasselbe brauchen: Liebe, Nähe, Zuwendung, Zärtlichkeit. Und mir drängt sich ein Bild auf: Wie sie alle ›unter die große Decke schlüpfen‹ auf der Suche nach dieser kuscheligen Nähe, wie sie weich werden, ihre Schrulligkeit abfällt, wie sie alle ›eins‹ werden. Und ich dachte: Es müßte einen konkreten Ort geben, wo diese Leute (ich auch) hingehen könnten, wann immer sie es brauchten; wo sie wüßten, hier sind wir ›zu Hause‹. Institutionalisierte Nähe, ob das gutginge, ob das möglich wäre? Nochmals Dank aus tiefstem Herzen. Es grüßt und umarmt Sie herzlich Ihre Irene.«

»Institutionalisierte Nähe«?! Warum nicht, wenn das Herz eines jeden von uns diese Institution wird und ist. Wir arbeiten daran.

Die Klinik in der Kullenmühle (auch Kuschelmühle von den Menschen dort genannt), die in diesem Buch von Jackie geschildert wird, gibt es nicht mehr in Bad Herrenalb, aber Bad Herrenalb kann überall sein, wo unsere Herzen den Mut haben, die tonangebende »Institution« zu werden.

Von Paracelsus stammt das Wort: »Der Arzneien höchste ist die Liebe.« Wenn wir aufhören, die Angst zu zelebrieren, wie Drewermann es ausdrückt, dann werden wir die Liebe als die Grundmelodie allen Lebens entdecken und mit Staunen wahrnehmen, daß alles, was wir zur Lösung unserer scheinbaren Probleme heranzogen, alle die ausgeklügelten Therapien, wohlgemeinten Techniken, Methoden und Systeme – sosehr sie zu einem bestimmten Zeitpunkt berechtigt gewesen sein mögen – nur dazu beitrugen, unseren Blick auf das Wesentliche zu verstellen und die Lösung zu vereiteln. Sie waren selbst – und wie konnte es anders sein – ein Teil unser aller Störung.

Mitarbeiter und Freunde unserer früheren Lebensschule in Bad Herrenalb lassen inzwischen die Erfahrung der Kullenmühle dort einfließen, wo sie jetzt wirken, in Grönenbach, Garmisch-Partenkirchen, Wolfsried, Erbach-Erbuch, Halle/Saale oder auch in ambulanten Einrichtungen, wie in Heidelberg, Sinsheim, Hadmar und Dijon, bei den verschiedenen, regelmäßig stattfindenden Seminaren, wie in Gwatt (Schweiz) und in Schönburg. Die Förderkreise für Ganzheitsmedizin in Deutschland, der Schweiz und Frankreich sehen es als das vordringlichste Ziel ihrer Bemühungen an, solche »Lebensschulen« nach dem »Bad Herrenalber Modell« wieder entstehen zu lassen – auch in Bad Herrenalb.

Es braucht dazu viele aufgewachte Menschen, ja geradezu aufgeweckte, um diese Projekte Wirklichkeit werden zu lassen. Es sind dazu alle die aufgerufen, die angerührt wurden und dadurch eine neue Lebensweise und eine neue Familie finden durften. – Vielleicht kennen einige Leserinnern und Leser die Strophe des Kinderliedes, das eine hoffnungspendende Wahrheit ausdrückt: »Wenn einer alleine träumt, ist es nur ein Traum. Wenn viele gemeinsam träumen, ist es der Anfang einer neuen Wirklichkeit.«

Dr. Paul Tournier aus Genf, mein Lehrer und Freund, der unserer Arbeit sehr nahestand, erinnert sich in seinem Büchlein »Zuhören können« (Freiburg 1986): »Vor kurzem besuchte ich Dr. Lechler, einen befreundeten deutschen Kollegen, in seiner von ihm gegründeten Klinik in der Nähe von Karlsruhe. Er hat während vieler Jahre in Amerika mit den Anonymen Alkoholikern zusammengearbeitet, die auch aus der Bewegung von Frank Buchman hervorgegangen sind. Und da hat er sich gesagt: ›Es gibt nicht nur Alkoholsüchtige, wir sind alle nach etwas süchtig.‹ Es gibt die Süchtigkeit nach Schlafmitteln, nach Schokolade, nach Ratschlägen. Er hat versucht, die Methode der Anonymen Alkoholiker bei Leuten anzuwenden, deren Krankheit der Ausdruck einer Süchtigkeit ist, um sie davon zu befreien. Selbst jenen, die seit 20 Jahren nicht ohne Schlafmittel sein konnten, wird in seiner Klinik gesagt: ›Hier gibt es keine Medikamente.‹ Nach ein paar Tagen können sie schlafen. Unter der Bedingung natürlich, daß man ihnen etwas anderes gibt. Was ist dieses andere? Es ist die liebevolle Zuwendung. Es handelt sich um den Versuch, die Leute mit Liebe zu behandeln. Das hat mir einen großen Eindruck gemacht. Die Patienten erhalten Gelegenheit, ihre Gefühle auszudrücken und sich in einen Dialog einzulassen. Es gibt dort eine Gruppe von Psychiatern, die eng zusammenarbeiten. Jeden Morgen tauschen sie ihre Gedanken aus, und wenn in der Versammlung jemand spricht, weiß man nicht, ob es ein Arzt oder ein Patient ist. Man findet hier eine brüderliche Atmosphäre, und ich habe nie in meinem Leben eine Versammlung gesehen, wo jeder sich so frei vor allen ausdrückt, so daß ich nicht anders konnte, als mein Notizheft hervorzuholen, um einfach die Gedanken aus meiner inneren Sammlung vom frühen Morgen vorzulesen. Ich bin mir hier noch besser bewußt geworden, welchen Einfluß das Milieu hat. Im allgemeinen hat man Angst davor, Anstoß zu erregen. Wir sind im Grunde alle eingefroren, tiefgekühlt! Es braucht folglich einen frischen Wind, ein wenig Liebe. Aber wo finden wir sie? Lechler weiß es wohl. Mit seinen acht Psychiatern hat er während eines ganzen Winters jeden Morgen eine Bibelstunde abgehalten, um wirklich eine Equipe zu schaffen. Und nun fährt er mit diesen biblischen Betrachtungen einmal pro Woche auf freiwilliger Basis fort. Aber jedermann geht hin. Das ist die Grundlage des Lebens in seiner Klinik.

Eine radikale Änderung kann eine Echtheit der Persönlichkeit und eine ganz neue Gesundheit herbeiführen. So hat gegenwärtig mein Freund Dr. Walther Lechler in seiner Klinik in Deutschland sogar auf jede symptomatische Darreichung von Medikamenten verzichtet, damit der Patient mit seinem Aufenthalt ein neues Leben beginnen kann, das frei ist von allen täuschenden Hilfsmitteln, damit er er selbst werden, zwanglos seine Gefühle ausdrücken, einen Sinn für sein Leben und eine echte persönliche Beziehung zum andern finden kann. Das erfordert viel Mut, sowohl vom Patienten wie vom Arzt.

Es gibt nur eine Lösung, daß wir einander helfen, uns unserer Probleme bewußt zu werden, aufrichtig zu sein, fähig zu werden, das Erlebte auszudrücken, das Dunkle, unsere Schwierigkeiten, unsere Unentschlossenheit. Ich muß gestehen, daß ich mich vor der Begegnung mit den Patienten fürchte, gerade weil ich keine Technik habe. Es wäre so bequem, über eine Technik zu verfügen. Man müßte nur die Maschine in Gang setzen. Aber der Vorgang spielt sich in uns selbst ab, das will heißen, zwischen Gott und uns. Bei der inneren Sammlung, beim Hören auf Gott, entdeckt man allmählich, trotz der Schwierigkeiten, die Probleme in uns, die die Beziehung verhindern. Die Medizin der Person ist also eine Medizin, bei der es auf die Person des Arztes ankommt, nicht nur auf die Person des Patienten.«

Dies alles mag wie eine Utopie klingen. Utopien können entweder als nicht zu verwirklichen abgetan werden, so verlockend sie auch sein mögen, oder als Herausforderung empfunden werden, auch das scheinbar Unmögliche zu wagen. Entgegen allen düsteren Voraussagen von namhaften Experten haben wir das Abenteuer unternommen. Menschen, die mit den verschiedensten psychotherapeutischen Diagnosen etikettiert waren, das heißt die verschiedensten Aspekte, unter denen sich Hunger- und Durstzustände (ganz schlicht der Mangel, das Defizit, die defizitäre Lebensqualität), gemischt mit Angst, Wut und Schmerz, zeigten, kamen bunt zusammengewürfelt miteinander in Verbindung. Sie durften in einem gemeinsamen Aufwachprozeß, wenn das ihnen angeklebte Etikett »Krankheit« sich langsam vor ihren Augen auflöste, erkennen, daß sie alle gemeinsam, die Mitarbeiter der »Klinik« mit einbegriffen, ein und dasselbe Übel hatten, nämlich die Unfähigkeit, einen erfüllenden, lebendigen, belohnenden Dialog mit dem Partner Welt zu führen – wie er nach Plan, nach Partitur im Anschluß an die Konzeption »Leben« so vielversprechend begonnen hatte. Wir hatten nach unserer Geburt nicht viel dazugelernt. Sagt man nicht einfach »dumm geboren, und nichts dazugelernt«? Es gilt jetzt, dies in einem Lernprozeß, oft mühsam und schmerzvoll, nachzuholen. Wir müssen lernen, erfahren, miteinander üben, wie wir uns gemeinsam helfen können, das Ungeborene, mit dem wir geboren wurden, auf die Welt und in die Welt zu bringen, das wahre Leben in uns zu entdecken als das einzige und größte Geschenk, das wir empfangen haben und selbst darstellen. Es wird Zeit, daß wir aus dem Zustand des Automatismus und unseres Autismus aufwachen und anfangen, uns endlich das Leben (die Liebe) zu nehmen, dieses Leben, das uns von allem Anfang an in Hülle und Fülle zustand. Dann werden wir die Störungen, die Krankheiten, Symptome des Mangels nicht mehr als Entschuldigung für unsere Lebensunfähigkeit ansehen. Wir werden fähig, sie fallenzulassen, oder sie lösen sich auf wie von selbst. Je mehr wir dann innerlich heranwachsen, erwachsen werden, wird in gleichem Maße alles Äußerliche, so Bedrohliche – vor uns oft in den Bildern von Vater oder Mutter und aller ihrer Repräsentanten auf dieser Welt – langsam schrumpfen und schwinden. Wir erleben uns dann endlich berechtigt, unseren ganz persönlichen Dialog mit allem Lebendigen zu führen. Wir werden nicht mehr um Erlaubnis fragen müssen, um das Leben wagen zu dürfen. Wir werden uns mehr und mehr mit dem Leben, nach dem wir uns so sehnten, vermählen können. Wir werden als Liebende unsere ganz eigene Familie finden, die nicht notwendigerweise etwas mit unserer Herkunftsfamilie zu tun haben muß. Und dann werden wir Erfahrungen machen dürfen, die in uns keinen Zweifel mehr lassen, daß die Worte im Galaterbrief keine Utopie sind: »Da gibt es keine Juden noch Griechen, da gibt es keinen Sklaven noch Freien, da gibt es kein Männliches und Weibliches, denn alle seid ihr Einer im Messias Jesus« (Galater 3,28).

Wir alle sind aufgerufen, an der Schaffung der Welt, die noch lange nicht beendet ist, mit all unserer Kraft mitzuwirken. Dann werden die Beziehungen unter uns nicht mehr von Sachzwängen bestimmt werden, sondern von der unwiderlegbaren Erfahrung, daß wir uns gegenseitig brauchen, wenn wir wirklich leben wollen. Dann wird ein Brief wie der von Jackie vom 13. Mai 1979 an mich etwas ganz Normales sein: »Ich hasse die Idee, Dich weiterhin als meinen Doktor betrachten zu müssen. Du bist ein Freund und ein Mensch, mit dem ich ein Buch schreibe, und dies ist genug.«

Diese Formulierung faßt die Erfahrung der letzten 37 Jahre meiner ärztlichen Tätigkeit zusammen. Sie ist die höchste Auszeichnung, das schönste Geschenk und die Erfüllung eines langen Lebens, reich an Hochs und Tiefs. Sie ist die Verwirklichung eines Traumes, der mich seit meiner Kindheit begleitet und den ich jetzt mit vielen Menschen teilen darf.

Bleibt mir zum Schluß noch, dem Kreuz Verlag und seinen Mitarbeiterinnen und Mitarbeitern zu danken für die Herausgabe dieses Buches in deutscher Sprache und ebenso für die hiermit vorliegende, überarbeitete und erweiterte Neuausgabe.

Bad Herrenalb, im Oktober 1991 — Walther H. Lechler

Kapitel I

Die Ankunft

1
Jacqueline C. Lair

»Wir sind hier, weil es kein Entrinnen gibt.«
RICHARD BEAUVAIS

Als die Lufthansa-Maschine von Frankfurt nach Stuttgart abhebt, starre ich auf das Zeichen »BITTE ANSCHNALLEN«. Ich weiß vom letzten Jahr, daß dieser Flug nur etwa eine halbe Stunde dauert. Ich habe einen Haufen Tabletten bei mir, die ich in die Toilette kippen und runterspülen will, und ich brauche Zeit, um das zu tun.

Meine Hände sind feucht, und ich habe starkes Herzklopfen. Wie bin ich, 48 Jahre alt, Ehefrau, Mutter, Großmutter, eine geachtete Bürgerin meiner Heimatstadt, in eine solche Situation geraten?

In Stuttgart wird mich jemand von der Klinik abholen. Ich hoffe zumindest, daß sie es tun. Nachdem ich im letzten Jahr fluchtartig abgereist war, habe ich nicht einen einzigen Brief an Walther oder Horst geschrieben, um ihnen von mir zu berichten. Soweit es mich betraf, wollte ich sie nie wieder sehen. Es war dumm von mir, mich im letzten Jahr davonzumachen. Warum kehre ich aber dann zurück?

Es ist ganz einfach – ich brauche sie. Letztes Jahr gab Walther mir, wenige Minuten bevor ich die Klinik verließ, eine Broschüre des Casriel-Instituts, auf deren Umschlag folgende Worte standen:

»Wir sind hier, weil es letztlich kein Entrinnen vor uns selbst gibt.

Solange der Mensch sich nicht selbst in den Augen und Herzen seiner Mitmenschen begegnet, ist er auf der Flucht. Solange er nicht zuläßt, daß seine Mitmenschen an seinem Innersten teilhaben, gibt es für ihn keine Geborgenheit. Solange er sich fürchtet, durchschaut zu werden, kann er weder sich selbst noch andere erkennen – er wird allein sein.

Wo können wir solch einen Spiegel finden, wenn nicht in unseren Nächsten? Hier in der Gemeinschaft kann sich ein Mensch erst richtig klar über sich werden und sich nicht mehr als den Riesen seiner Träume oder den Zwerg seiner Ängste sehen, sondern als Menschen, der – Teil eines Ganzen – zu ihrem Wohl seinen Beitrag leistet. In solchem Boden können wir Wurzeln schlagen und wachsen; nicht mehr allein – wie im Tod –, sondern lebendig als Mensch unter Menschen.«

Richard Beauvais (1964)

Ich habe diese Worte im Laufe des letzten Jahres mindestens dreihundertmal gelesen. Vielleicht – nur vielleicht – gibt es noch Hoffnung. Keine windige Existenz mehr sein! Vielleicht kann ich doch lange genug bleiben, um herauszufinden, wer ich bin.

Auf geht's, Jackie, die Anzeige leuchtet nicht mehr auf. Jetzt nimm deine Handtasche und deine grüne Reisetasche und schlendere zwanglos – wie eine Großmutter, die ihr Make-up auffrischen geht – zum Waschraum. Nein, zur »Toilette«, du bist in Deutschland mittlerweile.

Ich habe fünfzig Tabletten gegen Durchfall und viele andere Medikamente. Das ist Blödsinn. Mein Hausarzt dachte, ich würde kreuz und quer durch Italien und Spanien fahren. Ich werde niemals den gequälten Blick meines Mannes Jess vergessen, als ich dieses Rezept ausgestellt bekam. Aber ich brauchte die Sicherheit, die ich mir von diesen Pillen versprach. Und jetzt: Schmeiß die Tabletten und die Pillen weg! Voller Panik denke ich: Ich muß das Schild mit meinem Namen von der Ampulle abkratzen, ich will kein Risiko eingehen. Die Fingernägel sind untauglich, die Zähne schaffen es.

Ich habe keine von diesen Tabletten genommen. Weshalb mußte ich sie mitschleppen? Ich habe keine Beruhigungstablette, kein Antidepressivum, auch keine Schlaftablette eingenommen, seit ich im letzten Jahr hier war. Warum habe ich mich nur so abgemüht, diese Tabletten zu bekommen?

Lieber Gott, bin ich müde. Ich habe in den letzten zwei Tagen keine Minute geschlafen. Und meine Beine schmerzen. Aber zumindest habe ich meinen Stock weggeworfen, bevor ich in Bozeman, meiner Heimatstadt im Nordwesten der Vereinigten Staaten, das Flugzeug bestieg. Es war eine Versuchung, ihn mitzunehmen, um auf diese Weise Mitgefühl zu erheischen. Aber ich weiß, ich werde kein Mitgefühl von der Klinik bekommen.

Da, es ist geschafft. Die Toilette hat mein Geheimnis hinuntergespült. Nun muß ich auf meinen Platz zurückkehren.

Verrückte Frau. Im Flugzeug über Deutschland, meine letzte

Chance, zu mir selbst zu finden. Entweder ist dies meine Rettung, oder ich werde sterben.

Schaut mich an. Ein Herz, das mit 120 Schlägen pro Minute schlägt, wenn ich in Ruhelage bin. Schmerzen im Brustkorb, schlechte EKGs, ein Bein, das zur Hälfte taub ist und zur Hälfte weh tut. Fünfzig Pfund Übergewicht in den letzten zehn Jahren. Eine Ehe, die beinahe keine mehr ist. Kinder, zu denen ich keine Beziehung mehr finden kann. Enkelkinder, die mich an den Rand der Erschöpfung bringen. Tot sein wäre einfacher, warum also ein derartig heftiger Kampf um Antworten? Weil das meine Natur ist! Ein Teil von mir möchte sterben, aber ein größerer Teil von mir will leben. Und ich weiß, die Klinik in Bad Herrenalb hält Antworten bereit, wenn ich den Mut habe, mich ihnen zu stellen. O Gott, ich habe solche Angst! Mein Bein schmerzt, und mein Brustkasten tut weh, mein Mund ist ganz ausgetrocknet. Ich muß an meinen Platz zurückkehren und langsam atmen und aufhören zu schlottern.

Während ich den Gang hinuntergehe, schaue ich in all die Gesichter, lausche auf die deutsche Sprache. Ich verstehe kein einziges Wort. Walther spricht fließend Englisch, einige der anderen Gäste in der Klinik sprechen ebenfalls fließend, und sie werden für mich dolmetschen, das weiß ich. Aber ich habe fast vergessen, welches Gefühl der Frustration ich im letzten Jahr empfunden habe, weil ich nicht ungehindert mit jedem reden konnte, den ich mir als Gesprächspartner ausgesucht hatte. Als ich die Unterhaltungen im Flugzeug höre, überfällt mich erneut die Furcht vor der Isolation.

Ich mache eine Reise von mehr als 7000 Meilen, um zu mir selbst zu finden. All die Jahre der Gespräche mit Psychiatern, die meinen Geist erforscht haben, haben mir nichts gebracht. Die beklemmende Sorge, endlich herauszufinden, was mit mir los ist, bedrückt mich heute mehr als damals, als ich meine Suche begann im Alter von 23 Jahren. Ich muß meinem Instinkt glauben. Ich muß an das glauben, was ich im letzten Jahr gesehen habe, als Walther und Horst in Bozeman ihre Therapie demonstriert haben. Ich muß an das glauben, was ich für mich gewonnen habe während meines kurzen Aufenthalts im vergangenen Jahr, auch wenn es nur wenig war. Es gibt keinen anderen Ausweg, den ich kenne.

Wenn ich dieses Flugzeug verlasse, darf ich drei Wochen lang weder zu Jess noch zu den Kindern Kontakt haben. Sie können auch keine Verbindung zu mir aufnehmen. Das ist gut. Ich bin derartig müde von lauter männlichen Egos – ein Ehemann und drei Söhne, von denen jeder seinen Weg geht. Ganz gleich, wer dadurch verletzt wird, ganz gleich, was meine Vorstellungen sind, sie müssen zu sich selbst finden.

»Mama, du bist ein alter Jammerlappen. Mama, du machst dir zu viele Sorgen. Mama, wir werden uns nicht weh tun. Was soll's, wenn uns die Schule nicht gefällt – scheiß drauf. Der Junge geht ein Bierchen trinken, Mama. Deine Söhne sind die besten. Keiner zieht mehr Unterwäsche an, keiner läßt mehr seine Haare schneiden, keiner putzt mehr seine Zähne, keiner geht mehr zur Kirche, keiner glaubt mehr daran. Alle gehen bergsteigen, fahren Kajak in hochwasserführenden Bergflüssen, rasen mit Motorrädern durch die Gegend, machen Abfahrtsrennen auf Skiern bei ca. 96 Stundenkilometern Geschwindigkeit. Alle Kinder brechen sich Knochen. Hör auf, dir Sorgen zu machen, Mama. Nein, ich brauche keine Vitaminpille.«

»Also gut, Jac, was ist dabei, daß ich Herzanfälle gehabt habe, eine Herzoperation machen lassen mußte, einen Schrittmacher eingesetzt bekommen habe. Ich muß einen Elch jagen, auf die Hirschjagd gehen, ins Bugaboo-Gebirge zum Helikopter-Skilauf fahren, durchs Land reisen, dabei sein. Ich bin in den Fünfzigern – bezeichne das nicht als männliche Wechseljahre, ich war immer so. Nur *du* bist der Ansicht, daß ich zu viel tue. Dr. Garamella hat mir den Schrittmacher extra auf der linken Seite eingepflanzt, damit er durch den Rückstoß meines Jagdgewehrs nicht beschädigt wird, stimmt's? Ich habe dir gesagt, du solltest mit mir reisen, ich habe dich aufgefordert, mich auf den Fahrten zu begleiten, und du bleibst zu Hause bei Joe und Mike. Reg dich nicht auf über mich. Wenn du nicht mehr meine Frau sein willst, kannst du tausend Dollar im Monat haben und das Auto. Ich will an der Ehe festhalten, aber wenn du es nicht willst, kannst du auch das haben. Laß mich und die Jungen in Ruhe – wir kommen prima zurecht.«

Wenn ich an diese Unterhaltungen denke, wird mir übel. Ich will nur nach Stuttgart und sehen, wer mich dort erwartet. Ich muß einen Sinn in meinem Leben finden – nichts ist mir geblieben. Da kommt wieder die Aufforderung: »BITTE ANSCHNALLEN«.

Ich lache in mich hinein. Jeder, der mit Lufthansa geflogen ist, wird wissen, weshalb. Dies ist mein sechster Lufthansa-Flug in zwei Jahren, und selbst wenn das Flugzeug nur eine Verspätung von zehn Minuten hat, meldet sich jedesmal der Pilot über die Sprechfunkanlage und erläutert sowohl in Deutsch als auch in Englisch, weshalb das Flugzeug verspätet ist. Laut detaillierter teutonischer Ansage liegt der Grund für die Verzögerung stets bei jemand anderem, niemals bei der Lufthansa.

Ich empfinde es als peinlich für die Lufthansa, obwohl mir diese Fluggesellschaft lieber ist als irgendeine andere. Ich überlege, wie die Ansage wohl lauten würde, sollten sie einmal Verspätung haben und niemanden dafür verantwortlich machen können. Aber das Flugzeug ist, wie die meisten Deutschen, pünktlich, effizient, sauber und vollkommen. Hervorragende Eigenschaften, die nicht von der Familie Lair geteilt werden, wo die Devise »Abwarten und Tee trinken« die Regel zu sein scheint.

Jetzt, nachdem ich es fertiggebracht habe, der Familie eins zu verpassen und mich über die Fluggesellschaft lustig zu machen, fühle ich mich besser. Der Hinweis »NICHT RAUCHEN« leuchtet auf. Wir nähern uns offenbar unserem Ziel. Ich möchte eine Zigarette haben. In Chicago habe ich eine große Schau gemacht und ostentativ meine Zigaretten weggeworfen. In der Klinik dürfen wir nicht rauchen, also war das schon richtig. Aber während des langen Nachtflugs, den ich gerade hinter mich gebracht habe, hätte ich eine Zigarette verdammt gut brauchen können.

Wenn ich an die letzte Nacht zurückdenke, wundere ich mich wieder über das Phänomen, das gegen fünf Uhr morgens zu beobachten ist. Blickt man links aus dem Fenster, sieht man die Sonne aufgehen. Schaut man auf der rechten Seite raus, ist es schwarze Nacht. Keinerlei Lichtstrahlen. Vielleicht wird es mir eines Tages irgend jemand erklären. Als ob wir Tag und Nacht mitten durchschneiden würden. Ich wette, das schaffen nur die Deutschen. Ich würde wetten, bei der polnischen Fluggesellschaft rutscht eine Andeutung von Tageslicht in die Nacht hinüber. Bei den Iren ebenfalls. Vielleicht nicht bei den Schweden, ganz bestimmt aber bei den Italienern. Ich wüßte gern, ob die Geschichte von dem ersten italienischen U-Boot im Zweiten Weltkrieg stimmt. Man sagte mir, Hitler sei persönlich zu seiner Taufe gekommen. Die gesamte Mannschaft stand am Bug oder sonstwo und salutierte vor Hitler, Mussolini und allen Würdenträgern; es tauchte unter, fuhr unter Wasser nach England und kapitulierte. Gott, ich verstehe solche Leute.

Da sind wir. Nicht in Hitlers Deutschland, in Walthers Deutschland. Ich bin nicht sicher, ob ich mit dem Gedanken fertig werden kann. Walther, ich grüße dich, aber im letzten Jahr hast du mir Angst eingeflößt, und ich habe mein Unterseeboot nicht mitgebracht. O bitte, lieber Gott, laß jemand anderen am Flugplatz sein, der mich abholt.

Ich nehme meine Handtasche und die Reisetasche, ein letzter Blick zurück, um mich zu vergewissern, daß ich nichts vergessen habe. Also gehe ich los. Raus aus dem Flugzeug und zum Bus. Eine kurze Fahrt zum Flughafengebäude. Werde ich denjenigen erkennen, den Walther geschickt hat? Würde er Horst schicken? Höchstwahrscheinlich nicht. Im letzten Jahr bin ich weggelaufen – vielleicht haben sie überhaupt niemanden geschickt, nur um gemein zu sein. Ich verdiene es, daß keiner da ist. Ich bin eine Null, eine wandelnde Leiche, getarnt als Großmutter. Vor mir liegt die Empfangshalle.

Da steht Walther! Neben ihm steht Horst und dann noch seine Frau. Schluck die Tränen runter, Jackie, du läppische, gefühlsduselige Tante. Laß sie nicht sehen, was es für dich bedeutet, daß sie hier sind. Tu ganz lässig.

Walthers Arme. Eine rasche Umarmung. Ich weiche zurück. Eine ganz flüchtige Umarmung, mehr kann ich nicht ertragen. Ich verdiene nicht mehr. Noch eine rasche Begrüßung für Horst. Ein bißchen herzlicher für Waltraut, die Frau von Horst. Ich halte es nicht aus. Ich möchte mich auflösen in den Armen irgendeines Menschen und meine bitteren Tränen vergießen.

»Wie war die Reise, Jackie? Wir sind froh, daß du da bist.« So beginnt Horst zu sprechen und grinst dabei von einem Ohr zum anderen.

Ich liebe sie. Ich mag sie alle, aber ich wage es nicht zu zeigen. Ich darf mich nicht lächerlich machen.

Walther stürzt davon und schaut nach meinem Gepäck. Der – laut Ansicht vieler Menschen – beste Psychiater von ganz Europa ergreift meine Koffer. Horst, sein Oberarzt, steht neben mir und hält meine Hand. Waltraut hält meine andere Hand.

O Gott, warum sind diese Menschen so nett zu mir? Ich weiß! Weil ich die Frau von Jess bin. Welche erniedrigenden Gedanken! Du bist hier, um zu dir selbst zu finden, Jackie; vergiß, daß du Jesses Frau bist. Etwas Eigenes, Liebenswertes muß an dir dran sein außer deinem Ehemann und deinen Kindern – du weißt nur noch nicht, was.

Ich gehe hinaus zu Walthers gelbem Kombi. Mein Bein tut ein bißchen weh, aber man merkt kaum, daß ich hinke. Ich darf vorne sitzen, Horst und Waltraut steigen hinten ein. Über dem Handschuhfach ist ein Aufkleber: »Jesus recycles people« – Jesus macht die Menschen wieder neu. Ich grinse.

»Heidi findet den Spruch doof, aber ich lasse ihn dran.« Walthers Stimme ist wärmer, als ich sie in Erinnerung habe. Ein häßliches Gummifigürchen baumelt am Rückspiegel und schwingt hin und her, als wir rückwärts aus dem Parkplatz hinausfahren.

»Zuerst fahren wir zu uns nach Hause, Heidi erwartet uns zum Mittagessen, Jackie. Dann bringe ich dich in die Klinik.«

»Ich weiß, Walther. Du bringst mich um mit deiner Fürsorge.«

Horst lacht auf dem Rücksitz und fährt mir mit der Hand durch die Haare.

Warum habe ich eine solche sarkastische Bemerkung gemacht? Warum kann ich niemandem mehr vertrauen? Ich empfinde mich als fette, abstoßende, häßliche Person, und die Freundlichkeit erschreckt mich mehr, als Indifferenz es vermocht hätte. Meine Angst geht über in Panik.

»Wie geht es Heidi, Walther?«

»Gut. Sie ist damit beschäftigt, Golf und Tennis zu spielen, und lehrt in der Klinik ›Konzentrative Bewegungstherapie‹. Die Jungens bekommen bald Ferien und werden dann den ganzen Tag zu Hause sein.«

»Was machen die Zwillinge, Waltraut?«

»Es geht ihnen gut, Jackie. Bei ihnen ist die Schule auch bald zu Ende, und dann werde ich viel zu tun haben.«

Erschöpft sinke ich in mich zusammen und stiere aus dem Fenster auf die satte grüne Landschaft. Wir sind im Schwarzwald, sicherlich eine der schönsten Gegenden auf der ganzen Welt. Ich fahre mir mit der Hand durch die Haare, eine nervöse Angewohnheit. Horst streicht mir nochmals über den Kopf. Halte die Tränen zurück, Jackie. Jeweils einen Tag angehen. Du brauchst die Klinik. Du brauchst diese Menschen. Frag nicht warum, nimm es einfach hin.

Bei Karlsruhe halten wir an einer Überführung.

»Wir konnten die Autobahn nicht benutzen wegen Überschwemmung, Jackie. Komm, steig aus und schau dir das an«, sagt Walther, als er seine Tür öffnet und seine langen schlaksigen Glieder unter dem Lenkrad hervorsortiert. Wir gehen im Sonnenlicht über die Brücke. Ich blicke auf all die Menschen, die herumschlendern und auf das Hochwasser hinunterschauen. Ich gucke über den Rand der Brücke. Da unten liegt die weltberühmte Autobahn, total unter Wasser. Genau vor uns paddeln zwei junge Deutsche in einem leuchtend gelben Boot. Menschen lachen und amüsieren sich. Ich richte meine Schultern auf und atme die klare, vom Regen gesäuberte Luft ein. Ich fühle mich jetzt etwas besser, aber sehr müde.

Wir gehen zurück zum Auto, verlassen Karlsruhe. Die Straße schlängelt und windet sich durch grüne Wiesen und hohe Bäume, deren ausladende Kronen von einer Seite zur anderen hinüberragen und sich fast berühren in einem majestätischen Tanz. Wir halten an und lassen Horst und Waltraut bei ihrem Haus aussteigen. Als wir eine Kehrtwendung machen, um unsere Fahrt in Richtung auf Walthers Haus fortzusetzen, lächeln und winken sie von ihrer Eingangstüre aus, einer den Arm um den anderen gelegt. Ich senke meinen Kopf und tue so, als ob ich es nicht sähe. Ich werde in Tränen ausbrechen, wenn ich zugebe, wie dankbar ich für ihr Winken bin.

Ich bin wieder ziemlich verkrampft. Walther flößt mir Angst ein. Ich habe das Gefühl – ich hatte es immer –, als ob ich ihn seit hundert Jahren kenne, als ob er durch mich hindurchblicken kann.

Letztes Jahr, als Walther in Bozeman war, kam er eines Nachmittags in unser Wohnzimmer, bevor er mit Jess und Horst zum Reiten gehen wollte. Ich steckte so tief drin in meiner Depression, daß mir die Tränen in die Augen kamen, als wir miteinander zu sprechen begannen.

»Ja, Jackie, heul ruhig. Schau dich an.«

Er wußte, was ich mir antat. Ich hatte kein Wort gesagt, und er wußte Bescheid. In der Klinik traf ich im letzten Jahr andere, die spürten, daß Walther ein tiefes intuitives Wissen über seine Alkoholiker, Tablettensüchtigen und Neurotiker hat.

Wir biegen links ab, fahren einen Berg hinauf, nochmals links, dann wieder rechts, und wir sind bei seinem Haus. Ich bin mittlerweile fast völlig weggetreten vor lauter Erschöpfung und Spannung durch diese ungewohnten Ereignisse. Ich weiß, Walther und Jess sind befreundet; ich weiß, daß er bei uns zu Hause war. Aber warum ist er so nett zu mir? Er ist jetzt mein Psychiater, und ich bin auf diese Zuneigung, Anteilnahme und dieses Teilhabenlassen nicht vorbereitet. Ich will nur in Ruhe gelassen werden. Andere Psychiater lassen einen in Frieden. Sie sagen »soso« oder »hm, hm«, und sie laden einen ganz sicher nicht zu sich nach Hause zum Essen ein.

Gerade deshalb bin ich hier, nicht wahr? Ich habe alles durchgemacht, die ganze Skala der Hilfen und Bemühungen, des Suchens und des Forschens. Ganz gleich, wie tief ich in meine Vergangenheit eingetaucht bin (ich habe bewußte Erinnerungen aus der Zeit, als ich zwei Jahre alt war) – immer war da ein tiefer Brunnen von Emotionen, ein stummer Strom, deren Berührung die Psychiater scheuten. Sie wollten sich alle nur mit meinem Kopf befassen, aber nicht mit meinen Gefühlen. Sie wollten meine objektiven Ansichten über mein Leben hören. Zweimal war es in den vergangenen fünfundzwanzig Jahren soweit, daß der »stumme Schrei« aus meinem Mund zu dringen begann, und beide Male steckten mich die Psychiater ins Krankenhaus. Das Wichtigste, was ich von Walther in unserer Schule in Bozeman und während meines kurzen zweiwöchigen Aufenthalts in dieser Klinik im letzten Jahr gelernt habe, ist die Erkenntnis, daß andere Psychiater sich vor Emotionen fürchten. Sie wiesen mich in Krankenhäuser ein, weil sie Angst vor mir hatten. Walther kümmerte sich nicht um meinen Geisteszustand, meine Kindheit; er befaßte sich nur mit meinen Gefühlen, meiner Agonie. Seine Technik steht völlig im Gegensatz zu der heute überwiegend praktizierten Psychiatrie. In seiner Klinik bekommt man »Einser« für Schreien und wird nicht in eine Beruhigungszelle eingesperrt oder mit Spritzen ruhiggestellt.

Ich wälze meinen müden Körper aus Walthers Auto heraus und hinke selbstbewußt zur Tür. Dieser Teil von Deutschland ist satt und grün. Er erinnert mich an Oregon. Heidi öffnet die Tür, lächelnd und anmutig.

»Herzlich willkommen, Jackie, du wirst müde sein von der Reise. Komm herein und setz dich.«

Sie ist eine schöne Frau – schlank, weltgewandt, anmutig, lange rote Haare. Ich fühle mich unzulänglich, müde, schmutzig, deprimiert und fett. Ich mag Heidi wirklich gern. Sie ist eine leidenschaftliche, positive, sehr eigensinnige Frau, deren Persönlichkeit ebenso stark ist wie die von Walther, wenn auch völlig anders.

»Da sind Dominique und Pascal. Sagt Jackie ›Guten Tag‹.« Heidi stellt ihre beiden jüngsten Söhne vor. Sie murmeln irgend etwas und verschwinden wieder – genau wie Jungen überall sonst.

»Thomas, unser Ältester, ist heute nicht da. Komm rein, Jackie, bis Heidi das Essen fertig hat.« Walthers feste Hand geleitet mich ins Wohnzimmer.

Heidi steckt den Kopf um die Ecke. Mit einem jungenhaften Lächeln sagt sie: »Ich mache Roastbeef, extra für dich. Ich dachte, das wirst du sicher mögen.«

Ein paar Tränen steigen mir in die Augen, weil sie so aufmerksam ist. Ich bin so müde, ich kann keinen klaren Gedanken fassen. Ihr Wohnzimmer ist ein elegantes Museum. Antiquitäten, über deren Alter man keine Schätzungen anzustellen wagt. Erlesen, wunderschön.

»Komm heraus auf die Terrasse, Jackie, und ruh dich aus.«

Ich atme tief durch, ich stehe neben Walther und schaue auf sanft abfallende Hügel, herrliche Blumen, Häuser, überall verstreut, so weit mein Blick reicht. Ich bin in Deutschland, und neben mir steht Walther Lechler, und in einer Stunde oder so werde ich seine Klinik als Patientin betreten. Falsch – als Gast. Walther bezeichnet uns nicht als »Patienten«. Wenn er wüßte, in welch schlechter körperlicher Verfassung und welchem Zustand geistiger Verwirrung ich mich befinde, würde er mich dann aufnehmen? Die Behandlung in der Klinik ist Knochenarbeit, und meine Gesundheit hat sich im Laufe dieses letzten Jahres verschlechtert. Ich werde kein Wort sagen – ich werde einfach jeden Tag so nehmen, wie er kommt.

Das Essen ist ausgezeichnet. Ich habe Glück, daß ich so gut behandelt werde. Warum versetzt mich diese Freundlichkeit in Angst? Liegt der Grund in meiner Müdigkeit? Nein. Ich bin immer allen gegenüber mißtrauisch, bis auf ganz wenige Ausnahmen, und auch dann verliere ich meine Vorbehalte vor den Menschen nur, wenn ich sie lange Jahre kenne. Früher nannte ich es Schüchternheit. Jetzt sehe ich, daß es ein schwerwiegendes Fehlverhalten ist, das mich während meines ganzen Lebens behindert hat. Schau Dominique und Pascal an, Jackie. Verhalte dich doch auch wie ein menschliches Wesen. Sie sind prachtvolle Jungen, und sie geben sich Mühe, daß du dich bei Ihnen wohl fühlst.

Die Mahlzeit ist beendet, und ich würde am liebsten aus dem Haus stürzen und vor dieser lieben Familie davonrennen. Noch eine Minute, und ich werde zusammenbrechen und losheulen.

Dominique scheint zu spüren, was in mir vorgeht. Er nimmt mich bei der Hand und bedeutet mir mit Gesten, daß er mir etwas zeigen möchte. Die Sprachbarriere stellt kein Hindernis dar. Ich folge ihm. Als ich in sein Zimmer komme, muß ich lachen. Alle seine Wände sind über und über mit Bildern von Rock-Idolen beklebt, genau wie in Amerika. Aber sozusagen als Protest dazu sind hier und da Bilder von Donald Duck dazwischen verstreut. Dominique zieht einen dicken Stapel Donald-Duck-Hefte heraus. Er ist ein Donald-Duck-Fan. Seine Augen leuchten, als er mir seine Sammlung zeigt.

Was Dominique nicht wissen kann, ist, daß ich vor Jahren meine eigenen Kinder zum Lachen brachte, indem ich Donald Duck imitierte. Ich bin inzwischen etwas eingerostet, aber ich werde versuchen, ob ich es noch kann. Aha! Dominique lacht und antwortet in Entensprache, und ein paar Sekunden lang fühle ich mich, hier in Deutschland, um Jahre jünger und höre die kindlichen Ausrufe meiner eigenen Kinder.

»Noch mal, Mami, sag ›och‹ wie Donald Duck.«

Ich möchte Dominique am liebsten umarmen, aber er ist vierzehn, und überschwengliche amerikanische Damen sind nicht gerade sein Fall. Ich weiß das. Ich habe drei Jungen großgezogen. Also lächle ich und danke ihm, daß er mir seine Sammlung gezeigt hat. Wir gehen in die Eingangshalle zurück.

»Es wird Zeit für uns, Jackie.« Walther drängt zum Aufbruch und klappert mit seinen Autoschlüsseln.

»Danke für das wunderbare Essen, Heidi. Ich werde dich bald wiedersehen.«

»Ja, ich werde oft in der Klinik sein, und du mußt wieder zu uns kommen, sobald du kannst.«

Das Zwischenspiel war nett. Es war eine rührende Geste gegenüber der amerikanischen Freundin, die von so weit angereist war, um Hilfe zu finden. Jetzt muß ich das anpacken, weshalb ich hergekommen bin.

»Bleib in der Klinik, Jackie. Lauf nicht weg. Du brauchst uns.« Heidis Hand liegt warm und tröstend auf meinem Arm.

Ich bin den Tränen nahe, bin unfähig zu sprechen. Kann nur nicken. Ich gehe rasch zum Auto. Die Wirklichkeit kommt zurück. Ich bin keine Touristin aus Amerika, ich bin hier, um härter zu arbeiten als je zuvor in meinem Leben. O Gott, ich weiß nicht, ob ich es schaffe, bis zur Kliniktür zu kommen. Sobald ich durch die Tür hindurch bin, muß ich Farbe bekennen. Ich kann mich nicht einfach rumdrehen und davonlaufen wie beim letzten Mal. Werde ich es schaffen? Ich habe keine Wahl. Ich werde ganz sicher zugrunde gehen, wenn ich nicht bleibe.

Andererseits kann ich natürlich auch weglaufen, genau wie letztes Jahr. Das ist eine Klinik und kein Gefängnis. Ich kann abhauen, wenn ich den Druck nicht aushalte. Aber Davonlaufen, Flucht, Tapetenwechsel, wenn die Dinge zu ungemütlich werden, das ist mein wichtigstes Symptom.

Schön, lieber Leser, ich bin wieder dabei, meine alten Tricks auszuspielen. Genau wie bei meinem ersten Buch – als es mulmig wurde, habe ich die Leser in meine Gegenwart einbezogen und meine Ängste mit ihnen geteilt. Und so ist es auch diesmal. Ich lenke ab, wenn die Dinge haarig werden. Wahr ist, daß ich nicht in der Klinik ankommen will. Ich war damals so verängstigt und verloren, daß schon das erneute Durchleben meiner Ankunft schmerzvoll ist.

Warum tue ich mir das also an? Ich tue es für mich. Ich komme mit mir ins reine, wenn ich diese Dinge so aufrichtig wie irgend möglich niederschreibe. Und außerdem ist dies die Geschichte einer Liebe. Da sind Schmerz, Pein; wirkliche Agonie, nicht nur physische Schmerzen und Ängste. Aber Sie werden bald mit mir das Aufkeimen dieser Liebe erleben, wie ich mich selbst anderen gegenüber geöffnet habe, die Schönheit des Hauses und die unglaubliche Arbeit der Psychiater und Gäste in dieser kleinen psychosomatischen Klinik in Bad Herrenalb.

Hier in Bozeman, im Staate Montana, ist das Wetter heute mies. Der elfte September ist stürmisch und kalt. Ich zünde ein riesiges Feuer im Kamin an, gehe auf und ab, die Kaffeetasse in der Hand. Ich lade eine Bekannte zum Mittagessen ein. Ich denke daran, daß ich neue Badetücher einkaufen sollte – unsere werden allmählich ziemlich dünn. Ich bringe es nicht fertig, Herrenalb aus meinen Gedanken zu streichen, aber ich schaffe es kaum, dort anzukommen. Diese mir eigene Erinnerungsfähigkeit ist qualvoll. Ich erinnere mich nicht bloß, ich durchlebe alles noch einmal.

Wir kommen in der Klinik an. Ich blicke gebannt auf jede Einzelheit draußen. Die Blumenkästen quellen wieder über vor lauter schönen Blumen. Dreieinhalb Stockwerke hoch erhebt sich das Gebäude vor mir. Es ist an einen Berghang gebaut, sein Baustil ist sehr europäisch und läßt erkennen, daß Herrenalb einst ein Kurbad war.

Bad Herrenalb ist ein Fremdenverkehrsort. Die Klinik liegt etwas außerhalb des Ortes an der Straße nach Bernbach. Am Ende des hinteren Gangs im Souterrain befindet sich die alte Kegelbahn. Direkt unter der Küche ist der Raum mit den Matten – ideal für Walthers Zwecke –, wo die Schreitechnik praktiziert wird, die ein Teil des neuen Selbstfindungsprozesses ist. Während ich den Gang hinunterblicke, denke ich an diesen Raum und schaudere. Die Technik ist wirkungsvoll, aber sie macht mir angst. Ich nenne es ver-rückt werden.

Der Augenblick ist gekommen. Ich steige die Stufen zur Terrasse empor. Ich umfasse das Geländer mit festem Griff und ziehe mein rechtes Bein hoch. Dies wird für zwei oder drei Monate mein Zuhause sein. Ich betrachte die schöne Terrasse. Sie ist voller Blumenkästen, die in roter und violetter Blütenpracht stehen. Die darüberliegenden Zimmer haben jedes einen kleinen Balkon, und jeder Balkonkasten quillt über von Efeu, Geranien und Petunien. Der Anblick ist wunderschön. Es ist wirklich ein schönes Haus.

In der Eingangshalle drinnen schaue ich nach rechts und nach links. Zahlreiche Anschlagtafeln sind gespickt mit Ankündigungen von Veranstaltungen und Mitteilungen. Auf einer neuen Tafel stehen die Namen sämtlicher Ärzte: Dr. Walther Lechler, Horst Esslinger – kein Doktortitel vor seinem Namen. Er hat nicht promoviert. Dr. Ingo Gerstenberg, Dr. Uwe Genkel, Dr. Peter Jessen. Alles noch die gleiche Truppe. Verena Conze, die Psychologin, ist immer noch hier. Dr. Angela Bruderer – sie ist neu. Mal sehen, wie es weitergeht.

Ich lache, als ich vertraute Gesichter sehe, eines nach dem anderen. Nur die Gäste sind unterschiedlich und doch gleich. Überall im Empfangsbereich Blumen und Pflanzen. Die spiralförmig geschwungene Treppe verbindet die im Untergeschoß liegenden Verwaltungs- und Aufenthaltsräume, Sauna und Kegelbahn und die Zimmer der Gäste im ersten, zweiten und dritten Stockwerk. Auf jeder Etage leuchten Blumen und Pflanzen. Durch ihre Hanglage hat die Klinik eigentlich fünf Stockwerke, doch von der Straße aus sieht man nur dreieinhalb, wenn man die Räume, die unter der Dachschräge liegen, mitrechnet.

Walther hievt meine schweren Koffer in den Aufzug und fährt mit mir nach oben. Er bringt mich persönlich zu meinem Zimmer, das ist wirklich Vorzugsbehandlung. Alles, was Walther bisher für mich getan hat, hat mich tief berührt, aber diese letzte Geste, daß er mich in mein Zimmer begleitet, geht weit über das hinaus, was ich erwartet hätte. Vielleicht mag er mich wirklich.

Mein Zimmer befindet sich in der zweiten Etage über der Terrasse. Es liegt zur Straße hin, also habe ich Kästen mit Blumen auf meinem Balkon. Unmittelbar hinter der Tür sind rechts Wandschränke eingebaut; links das Bad. Mein Bett steht auf der linken Seite mit dem Kopfende gegen die Badezimmerwand. Rechts davon, auf der Seite der Schrankwand – ein Tisch, ein Stuhl und dann das Bett meiner Zimmergenossin. Neben dem Kopfende des anderen Bettes befindet sich eine Tür, die zum Balkon führt, und ein Fenster, unter dem ein Schreibtisch und ein Stuhl stehen. Wir treten einen Schritt zurück und sind am Fußende meines Bettes. Ein gemütlicher Raum – nicht besonders viel Platz zum Rumspazieren, aber angenehm. Auf unseren Betten liegen dicke deutsche Federbetten anstelle von Wolldecken. Das erleichtert das Bettenmachen.

»Versuch jetzt ein bißchen zu schlafen, Jackie. Wir fangen morgen an.« Walther geht zur Tür. Ich nicke und lächle. Tief in meinem Innersten habe ich den Wunsch, seine Hand zu packen und mich daran festzuhalten. Die Tür fällt ins Schloß.

O Gott, du hast mich hierhergebracht, ich weiß, daß du es warst. Hilf mir jetzt. Ich hebe den braunen Koffer auf mein Bett und beginne auszupacken. Meine Zimmergenossin ist wahrscheinlich beschäftigt – es ist erst halb drei. Ich öffne die Schranktür. Da sind leere Fächer, und die eine Hälfte des Schrankes ist offensichtlich für mich gedacht. Meine

Mitbewohnerin liebt die Ordnung. Sieh nur, wie sauber alles gefaltet ist.

Ich höre einen Schlüssel in der Tür. Sie kommt lächelnd herein. Sie deutet mit dem Finger auf sich und sagt: »Gisela«. Ich zeige auf mich selbst: »Jackie«. Gisela tritt näher und erstickt mich fast in einer mächtigen Umarmung. Sie hält mich fest und lacht. Ich fühle, wie die Spannung von mir abfällt, und erwidere die Umarmung. Gisela gibt mir einen schmatzenden Kuß auf die Backe und tritt einen Schritt zurück.

»Ich spreche kein Englisch. Aber wir kommen schon zurecht. Bin aus Frankfurt, seit sechs Wochen jetzt hier.«

»No German«, sage ich, während ich mein deutsch-englisches Wörterbuch hervorkrame.

»Ich bin froh, daß ich hier bin, Gisela. Ich hoffe, daß wir Freunde werden.« Ich blicke ihr forschend ins Gesicht, um zu sehen, ob sie mich versteht. Ich erinnere mich noch ganz deutlich, wie schwierig es im letzten Jahr war, daß ich nicht ungehindert sprechen konnte. Wie unsagbar frustrierend das war. Aber während des ganzen, gerade hinter mir liegenden Jahres habe ich nicht einen einzigen Gedanken an diese Erinnerung verschwendet. Damals jedoch – daran erinnere ich mich jetzt ganz deutlich – war ich drauf und dran, mit meinem Schädel durch die Wand zu rennen, weil ich mich so isoliert fühlte. Ich muß an meine Zimmergenossin Eva vom letzten Jahr denken. Wenn ich in den vergangenen Monaten an sie gedacht habe, ist mir nie aufgefallen, wie beschränkt unsere Gespräche waren – nur wie nahe wir uns gegenseitig gekommen waren in den zwei kurzen Wochen, die wir zusammen waren.

Um Evas willen breite ich meine Arme aus und gehe jetzt auf Gisela zu.

»Wir werden prima zurechtkommen, Gisela. Wir lernen zusammen.« Ich drücke sie an mich, und sie gibt mir noch einen überschwenglichen Kuß auf die Backe. Dann macht sie sich lachend frei. Sie tritt auf unseren kleinen Balkon hinaus und bedeutet mir zu folgen. Sie weist mit ausgestreckten Armen auf die grünen Hügel um uns herum.

»Ja, hübsch, nicht wahr?«

Da stehe ich und sage bereits »ja«. Mein erstes deutsches Wort. Gisela läßt mich auf dem Balkon stehen, lächelt und winkt, als sie zur Tür rausgeht.

Ich fühle mich unendlich verlassen und einsam. Wo geht sie hin? Ist dort unten irgendwas los? Ich habe keine Lust, auszupacken und zu schlafen, ich möchte hinuntergehen. Ich weiß aus Erfahrung, daß ich immer unzugänglicher werde, je mehr ich mich dem Gefühl des Isoliertseins hingebe. Manchmal dauert dieser Zustand tagelang an.

Letztes Jahr kam ich einen Tag zu früh an und übernachtete in einer Pension. Ich schloß mich ins Zimmer ein und war zu verängstigt, um über die Straße zur Klinik hinüberzugehen und dort eine Mahlzeit oder sonst irgend etwas zu mir zu nehmen. Und die Erinnerung an die bedrückenden Stunden in jenem verrammelten Zimmer reicht aus, um mich in Gang zu bringen.

Ich gehe zur Halle hinunter – niemals hätte ich geglaubt, daß ich sie je wieder betreten würde. Die Bilder sind die gleichen. Die Blumen und Pflanzen sind neu und doch dieselben und so wunderschön. Schon der äußere Rahmen ist so liebenswert, daß er jeden anspricht. Ich nehme den Aufzug anstelle der Treppen. Ich will nicht riskieren, daß das blöde Bein versagt und ich die ganze Treppe hinunterstürze.

Ich verlasse den Aufzug gegenüber von der Rezeption, wende mich nach rechts und gehe durch die Eingangshalle mit ihren Anschlagtafeln zum Gemeinschaftsraum. Alle versammeln sich dort – es ist eine gute Gelegenheit, gleich voll einzusteigen. Gisela hat mich entdeckt und macht mir energisch Zeichen. Ich lächle und gehe zu ihr rüber, ignoriere Walther, der mit einem Filmprojektor hantiert. Ich muß ihn ignorieren, weil ich solche Angst habe. Ich fühle mich so erbärmlich schüchtern, ich glaube, ich würde losheulen, sobald ich ihm zu nahe käme.

»Lieber Gott, hilf mir, daß ich die nächsten Stunden bis zum Schlafengehen überstehe. Ich bin so müde, daß ich nicht schlafen kann. So verängstigt, daß ich nicht allein sein kann. Wenn du mich hörst, hilf mir.«

Walther gibt ein Zeichen, und irgend jemand dreht das Licht aus. Ein Film über eine Geburt! Ich habe fünf Kinder zur Welt gebracht. Ich brauche mir doch nicht anzusehen, wie ein Kind geboren wird.

Dieser Film jedoch ist anders. Dieser Film ist der Anfang meiner geistigen Wiedergeburt. Es ist ein Film über Verbundensein (»Bonding«). Er wurde von Dr. Frederick Leboyer gemacht und zeigt ihn, wie er auf eine neue und überraschende Weise die Geburt eines Kindes begleitet.

Der Film beginnt mit drei Geburten, die nach der herkömmlichen Art ablaufen – die Babys kommen in einem unangenehm lauten, grell erleuchteten Kreißsaal zur Welt, erhalten einen Klaps auf den Po, damit sie schreien. Die Kamera zeigt mir arg mitgenommene Säuglinge. Diese Neugeborenen – nur wenige Minuten alt – sehen aus, als wären sie durch einen Fleischwolf gedreht worden. Und natürlich stimmt das auch.

Dann die Geburt eines Kindes unter der Mithilfe von Dr. Leboyer. Keine Zange. Kein Ziehen. Kein Klaps auf den Po. Er geleitet das Baby ganz sanft in diese Welt hinein. Die Beleuchtung ist gedämpft; alles ist ruhig. Das Neugeborene wird, von zarten Händen beschützt, vorsichtig auf den Bauch seiner Mutter gelegt. Das Kind wird ins Leben hineingestreichelt. Aber atmet das Kind denn auch? Das Kind hat nicht geschrien. Lebt es? Ein Beinchen bewegt sich hin und her, ein Arm streckt sich. Die Hände der Mutter greifen nach denen des Arztes. Ich beginne zu weinen. Es ist so rührend. Dr. Leboyer reibt den Kopf des Babys. Er streichelt den Bauch des Kindes. Kein Laut, nur Liebe und Zärtlichkeit. Horch: Anstelle eines lauten, ärgerlichen Schreis quiekt das Neugeborene nur wie ein neugeborenes Hündchen oder Kätzchen. Ich muß daran denken, wie unsere Katze ihre Jungen nach der Geburt leckt und ihnen damit gleichsam Leben einhaucht.

Mehr Tränen. Ich habe das Gefühl, daß ich mich mein ganzes Leben lang nach dem gesehnt habe, was ich jetzt hier erlebe. Das Baby wird vorsichtig in warmes Wasser getaucht. Die riesigen Hände von Dr. Leboyer umfassen das Kind völlig wie eine Wiege. Es wird wieder gestreichelt und herausgenommen. Alles langsam, ohne Hast, ohne Lärm. Wäre unser Leben anders verlaufen, wenn wir alle auf diese Weise hätten geboren werden können? Der Film geht weiter. Das Baby erfährt in diesem Film mehr Berührungen als die meisten Säuglinge während der ersten Woche ihres Lebens, und alles geschieht ohne Hetze. Ich komme mir dumm vor, denn je mehr ich sehe, um so heftiger muß ich heulen. Welch tiefen Brunnen der Einsamkeit berührt dieser Film? Sieh das Kind an. Es bewegt sich hin und her und streckt sich, und Dr. Leboyer ist immer noch bei ihm. Der Arzt streichelt den Kopf des Kindes mit seinen großen Händen, das Kind lächelt. Dies ist kein leeres Babygrinsen, das ist Zufriedenheit – ein Lächeln, das ausdrückt: Ich bin froh, am Leben zu sein.

Das Licht wird angeschaltet. Ich kann meine Tränen nicht stoppen. Das waren die ergreifendsten Minuten, die ich je erlebt habe. Aber ich weine, weil ich tief in meinem Innersten, in meiner Seele, einen Schmerz verspüre. Ich wünschte, ich wäre dieses Neugeborene. Ich brauche etwas, ich habe immer etwas vermißt, und dieser Film hat mir in einer eindringlichen, ganz einfachen Weise bewußt gemacht, was ich suche. Wie kann eine übergewichtige Frau mittleren Alters ein solch urtümliches, grundsätzliches Verlangen stillen? Ich hoffe, daß ich das, was ich im letzten Jahr hier erlebt und was ich aus Walthers Vorträgen in Bozeman gelernt habe, richtig verstanden habe. Ich glaube, es gibt einen Weg, und Walther hat ihn gefunden.

Ich gehe neben der überschwenglichen Gisela auf die Terrasse hinaus. Ihre mitteilsame, liebenswerte Natur reißt mich mit, und ich werde mit vielen Gästen bekannt gemacht. Ich lerne Gabi, Heidi und Margarita kennen, Hans, Dieter und Helmut, Elke und Martin. Alle sind jünger als ich, aber zumindest Gisela ist mittleren Alters.

Ich bin gehemmt wegen meines Alters. Gisela verspürt keine Schranke zwischen sich und diesen jungen Menschen. Ich hoffe, daß ich da etwas lernen kann.

Ich betrachte Gisela. Sie sieht gut aus, ist aber nicht hübsch. Ihre Betriebsamkeit ist ihr hervorstechendstes Merkmal. Sie berührt alle, umfängt sie mit ihrer Liebe. Und ich meine jeden einzelnen. Sie hat keine Hemmungen. Ich dagegen habe keinerlei Sicherheit, wage keinen Schritt nach vorn zu tun. Ich rechne stets mit einer Abfuhr, so bemühe ich mich gar nicht erst. Ich kann nicht verstehen, was die Gäste sagen, so ergreife ich den erstbesten Stuhl in meiner Nähe und setze mich hin.

Ich bin allein, verängstigt, 7000 Meilen von zu Hause entfernt, ich verstehe kein Wort von dem, was irgendeiner von euch sagt, so werde ich ein geheucheltes Lächeln aufsetzen und euch alle beobachten. Das habe ich mein ganzes Leben lang getan, und ich bin hierhergekommen, um das zu ändern – aber heute kann ich es einfach nicht. Ich bin gelähmt. Bitte versteht mich und kommt zu mir, denn ich kann nicht zu euch kommen.

Natürlich kann keiner meine Gedanken lesen. Ich bleibe allein. O Gott, ich sehne mich so danach, diesen Zustand zu beenden. Was muß ich tun? Wie kann ich lernen, nicht mehr davonzulaufen? Wie kann ich es schaffen, mich anderen Menschen anzuschließen?

Ich habe auch eine unliebsame Eigenschaft. Ich möchte, daß mich eine bestimmte Person gern mag, weil sie mir sympathisch ist. Es ist mir gleichgültig, ob sich jene Person da drüben das geringste aus mir macht, weil sie mir nicht liegt. Irgendwie glaube ich, daß diese Einstellung nicht ganz richtig ist! Ich muß etwas dagegen unternehmen, darf nicht mehr so wählerisch sein in bezug auf meine Freunde. Wenn ein Mensch mir gegenüber Feindseligkeit oder Ärger zeigt, bin ich so verunsichert, daß ich mich auf den Kopf stellen könnte, um ihn dazu zu bringen, daß er *mich* gern hat, auch wenn *ich* ihn gar nicht leiden kann. Sobald mich einer unwirsch behandelt, rolle ich mich zusammen und stelle mich tot, verwandle mich in eine unterwürfige Person, die kein vernünftiger Mensch liebhaben könnte. Ich bin unaufrichtig, deshalb bin ich hier. Ich habe ein gewaltiges Stück Arbeit vor mir.

Zeit zum Abendessen. Im letzten Jahr habe ich es gehaßt, in den Speisesaal zu gehen. Der Grund war folgender: Als ich das erste Mal zum Essen ging und mich an den erstbesten Tisch setzte, schickte man mich weg, weil ausgerechnet dieser spezielle Tisch für Gäste vom Komitee reserviert war. Der Gast, der mich davongejagt hatte, benahm sich mir gegenüber während meines zweiwöchigen Aufenthalts ekelhaft. Er konnte nicht viel Englisch, aber es reichte aus, um mich »Fettwanst« zu nennen und alles zu kritisieren, was ich während dieser zwei Wochen tat. Ich habe ihn so sehr gehaßt und wußte nicht, wie ich mich vor seiner Feindseligkeit schützen konnte. Die Tatsache, daß ich fett war und einen »dicken Bauch« hatte, half dabei auch nicht.

Na ja, diesmal setze ich mich nicht an diesen ersten Tisch – das steht fest. Der Speiseraum sieht unverändert aus. Lange Tische, Blumen auf jedem Tisch, viel Palaver und Gelächter. Vielleicht bin ich in diesem Jahr eine andere, doch auch die Gäste kommen mir fröhlicher und entspannter vor, und ich glaube einfach nicht mehr, daß alles an mir liegt. Lächelnde Gesichter fordern mich auf, Platz zu nehmen. Ich entspanne mich. Vielleicht werden die Mahlzeiten nicht mehr so qualvoll verlaufen wie im letzten Jahr. Nach meiner ersten Erfahrung wohl nicht.

Das Abendessen ist vorüber. Ich kann jetzt nach oben gehen und auspacken. Ich bin müde, und es wird reichlich Zeit geben, die anderen Gäste kennenzulernen. Wir sind siebzig, also wird es eine Weile dauern. Mit einem Lächeln und »see you later« nehme ich mein Tablett und bringe es in die Küche. Dann gehe ich rasch zurück in die Eingangshalle und drücke den Aufzugknopf. Ich fühle mich verlassen, bin ruhelos, müde und voller Angst.

Ich schließe meine Zimmertür auf mit dem Schlüssel, den ich während der ganzen Zeit meines Hierseins um den Hals tragen werde.

Nun packe ich aus. Ich lege Unterwäsche und Socken zusammen und räume sie in die Fächer. Meine anderen Sachen sind verknittert, hoffentlich hängen sie sich aus. Ich hasse Bügeln. Meine Augen schmerzen, weil ich die Tränen unterdrückt habe. Ich bin jetzt ganz allein, brauche die Tränen nicht mehr zurückzuhalten. Ein heißes Bad würde guttun und vielleicht die Verkrampfung lösen. Ich habe keinen

Waschlappen. In Deutschland zählt man Waschlappen zu den persönlichen Utensilien, und man bringt sie mit. Das hatte ich vergessen. Muß ich morgen besorgen, ebenso Seife.

Schönes heißes Wasser läuft in die Wanne, und Tränen laufen mir die Backen herunter. Ein Schluchzen überkommt mich, aber Gott sei Dank kann mich niemand hören. Ich habe seit langer, langer Zeit nicht mehr richtig geheult. Eine Träne hier und da, aber nicht dieses explosionsartige Schluchzen. Ich muß versuchen, damit aufzuhören, aber ich kann nicht. Die Verzweiflung, die mich hierhergebracht hat, ist zu gewaltig. Ich kann einfach keinen Grund sehen, weshalb ich lebe. Die Scherben meines Lebens, meiner Familie und meiner Ehe sind zu niederschmetternd. Ich habe versucht, Gott weiß, daß ich es versucht habe, eine gewissenhafte Mutter und eine gute Frau zu sein. Aber die vergangenen Jahre mit immer mehr Krankheiten, mehr Ablehnung und Ärger haben mich emotionell derartig verkrüppelt, daß ich keinen Ausweg mehr sehe. Oftmals habe ich an Scheidung gedacht, aber nach achtundzwanzig Jahren fällt eine solche Entscheidung nicht leicht.

Ich denke an zwei meiner Kinder, die sich haben scheiden lassen. Scheidung ist derartig konträr zu all dem, was ich als Katholikin gelernt habe, ich, das Produkt von dreizehn Jahren Konfessionsschulen. Ich denke an alle meine fünf Kinder – keines zeigte Interesse, zu studieren. Alle waren mäßige Schüler, die sich keine wirkliche Mühe gaben. Einer hat sogar die Schule vorzeitig verlassen. Warum? Was ist verkehrt gelaufen?

Ich denke an meinen Mann. Ruhelos, niemals zu Hause, geschäftlich unterwegs oder auf der Jagd oder beim Skilaufen. Was ist in unserer Ehe schiefgelaufen? Wir haben ungezählte Ängste durchlebt mit allen Traumata, die durch Krankheit und Todesnähe verursacht werden. Er sagt, er möchte an der Ehe festhalten – er will nicht mit einer anderen Frau zusammenleben. Er sagt, von allen Frauen, die er jemals kennengelernt hat, sei ich die einzige, die ihn nicht langweilt. Warum bin ich dann aber allein? Ich fühle mich durch die Pflichten hin- und hergerissen. Ich bin in diesen letzten Jahren daheim geblieben, um die beiden jüngsten Söhne großzuziehen. Jess reagiert verärgert, weil ich ihn nicht auf seinen Reisen begleite. Aber ich kann es nicht ertragen, vor meinen Pflichten als Mutter davonzurennen und die Jungen im Stich zu lassen. Jess nimmt mir meine Einstellung übel. Die Jungen nehmen es ihm übel, daß er nie zu Hause ist. Wir sind uns nahegekommen, die Kinder und ich, aber ich habe keine sonderlich gute Hand bei der Erziehung von Jungen. Sie machen mit mir, was sie wollen, und ich lasse sie gewähren. Ich sehe ein, daß unser Leben total verfahren ist. Und ich wollte es nie so weit kommen lassen. Wir sind gute Menschen. Wir haben uns wirklich bemüht.

Hör auf zu grübeln! Ich spüre, daß Jess mich nicht um sich haben möchte, und doch behauptet er das Gegenteil. Woher kommt das Gefühl? Warum fühle ich, daß er lügt? Hör auf zu grübeln!

Tränen. Nie hätte ich geglaubt, daß ich so weinen könnte. Verdammt noch mal, ich kann nicht aufhören. Was wird meine Zimmergenossin denken? Ich werde ins Bett gehen und so tun, als ob ich schlafe, wenn sie ins Zimmer reinkommt.

Es hat keinen Sinn. Da ist Gisela, und ich kann den Tränen keinen Einhalt gebieten. Ich glaube kaum, daß ich jemals zuvor in meinem Leben so lange geweint habe.

»O Jackie.« Giselas Arm umfängt mich. Ich schluchze weiter. Gisela beginnt, mich hin und her zu wiegen wie ein kleines Baby. Das tut so wohl. Sie murmelt etwas in deutscher Sprache, hält mich noch fester, und ihre Hand liegt auf meiner Hand. Ich kann mich nicht erinnern, daß mich jemand so gehalten hätte, nicht seit meiner frühesten Kindheit. O dieses Gefühl, gehalten zu werden und zu weinen, ohne daran denken zu müssen, daß man aufhören und erwachsen sein muß. Trotzdem packt mich eine leichte Panik. Ich bin es nicht gewohnt, mich einfach gehenzulassen, die Tränen strömen zu lassen. Ich kann diese Nähe kaum noch ertragen. Ich habe schon wieder dieses eigenartige Gefühl, daß ich in mich zusammenfalle. Ich richte mich auf und lächle Gisela an. Ich danke ihr, gehe zu Bett, weine noch immer.

Ich weine mich in den Schlaf. Jetzt ist es Morgen. Mein erster Tag in der Psychosomatischen Klinik in Bad Herrenalb beginnt.

2

Dr. Walther H. Lechler

Dieses Buch versetzt mich in eine Lage, in der ich nie zuvor gewesen bin. Sie ist verdammt ungewohnt. Es würde mir überhaupt nichts ausmachen, vor einer Versammlung von Leuten zu sprechen; ich würde ihnen einfach darbieten, was mir gerade in den Sinn käme.

Nun habe ich das Gefühl, daß ich meine Klinik zumachen muß, weil sie so wunderschön beschrieben wird.

Ich möchte den Lesern gern von dem berühmten Ölscheich erzählen, der in meine Klinik kam. Seine Anwesenheit bewirkte, daß ich meine Klinik unter einem bestimmten Blickwinkel betrachtete, denn ich bin ja doch, trotz allem, ein Mensch. Wahrscheinlich war es letzten Endes die Frau des Leibarztes des Scheichs, die mich mit einer Bemerkung über meine Klinik so verletzte. Sie kam von London nach Frankfurt geflogen, und ich mußte sie am Flughafen abholen. Damals hatte ich nur einen kleinen französischen Wagen, so lieh ich mir einen Mercedes von einem Freund. Ich brachte sie von Frankfurt nach Bad Herrenalb. Als wir vor der Klinik vorfuhren, schaute sie mich an und fragte: »Ist dies der Hintereingang zu Ihrer Klinik?«

Damals mochte ich das Gebäude nicht. Aber wenn ich nun Jackies Beschreibung lese, fange ich an, meine Klinik sogar zu lieben, bin neugierig, meine Klinik kennenzulernen, meine Klinik zu entdecken.

Zum ersten Mal höre ich von jemandem, der zu uns in die Klinik kam. Ich erfahre etwas über die Gefühle, welche die Menschen beherrschen, die hierherkommen, und diese Seite habe ich noch nie betrachtet. Dies ist eine Entdeckung für mich. Wir Ärzte sehen nur die sogenannten »therapeutischen Vorgänge« in irgendeiner Hinsicht. In diesem Buch machen wir die andere Seite sichtbar: all die Gefühle, die

Geschehnisse, die Schilderung der Atmosphäre unserer Klinik, so wie sie ein Gast mit seinem Herzen, den Augen und dem Bauch erlebt.

Wir Ärzte sehen nur unsere Seite – wir betrachten nur das kleine Spektrum, das wir sehen können –, und das ist häufig auch noch gefärbt durch unsere menschliche Natur. Das ist der Grund, weshalb ich die Episode von dem Besuch des Scheichs erzählt habe. Die damaligen Ereignisse hatten meine Sichtweise verändert und mich mit dem Gebäude unzufrieden gemacht. Inzwischen habe ich eine neue Einstellung und spüre, wieviel mir unsere Klinik bedeutet. Es ist wirklich eine wunderschöne Klinik.

Ich bin zutiefst gerührt und überrascht, denn dieses Buch hilft mir, einen Teil meines eigenen Lebens zu entdecken, und zwar in einer Weise, wie ich dies niemals sonst hätte entdecken können. Ich schätze, ich muß meine Geschichte auch mit meinen Augen, meinem Herzen und mit meinem Bauch erzählen – und das ist schwierig für einen Arzt.

So werde ich in diesem Buch gleichfalls als Mensch sprechen. Ich werde sagen, was ich schon immer sagen wollte, wozu ich jedoch bisher noch nie die Gelegenheit hatte. Ich werde es mir ganz einfach von der Seele reden, als Mensch, der sich anderen Menschen mitteilt.

Auf diesen Seiten wird Jackie sich allmählich darüber klar, daß sie ständig vor sich selbst davonrennt. In dem Moment, als sie die Tabletten in die Toilette wirft, beginnt sie zu kapitulieren. Sie fängt an, Verantwortung zu übernehmen. Tabletten versetzen Menschen in einen Zustand, der allen Leuten anzeigt: »Ich bin unfähig, zu reagieren.«

Indem sie sich weigert, Tabletten zu nehmen, obwohl dies sehr schwer ist und Überwindung kostet, ist sie bereit zu versuchen, sich dem Leben zu stellen. Alkoholiker, Tablettenabhängige, Neurotiker, alle müssen ihre Haltung aufgeben, sich nicht zu stellen. In der Klinik »fasten« wir. Wir lassen unsere Krücken fallen und sehen, was von uns übrigbleibt, wenn unsere Krücken nicht mehr greifbar sind. Dann sehen wir, wie wir mit dem leben können, was uns verblieben ist.

Es hat mich gerührt, daß Jackie ihre Zigaretten in Chicago gelassen hat. Es wäre sicherlich ein Trost für sie gewesen, während des langen, anstrengenden Nachtflugs nach Deutschland Zigaretten rauchen zu können. Nur ein Raucher kann ermessen, welche Überwindung es sie gekostet haben muß, in der Nacht vor ihrer Ankunft mit dem Rauchen Schluß zu machen. Sie brauchte die Zigaretten dringend, um die Leere der Nacht auszufüllen. Aber sie hat sich von ihnen getrennt.

Anfangs haben wir das Rauchen in unserer Klinik gestattet, aber später haben wir das eingestellt, da wir gemerkt haben, daß selbst Zigaretten unsere wirklichen Bedürfnisse verschleiern. Jeder von uns hat solche Angst davor, sich seiner wahren Bedürfnisse bewußt zu werden. Dieses Bewußtwerden tut so unsagbar weh, weil wir tief in unserem Innersten wissen, wie ausgehungert wir sind. Wir können nicht glauben, daß dieser Mangel jemals ausgeglichen werden kann.

Zunächst haben wir unsere Klinik in herkömmlicher Weise geführt. Wir hatten Personal, welches das Essen servierte. Unsere Privatpatienten wurden vor den anderen bedient, deren Aufenthalt von den gesetzlichen Krankenkassen bezahlt wurde. Wir hatten die gleiche äußere Struktur, wie sie in Kliniken überall in Deutschland üblich ist.

Wir haben sogar das Rauchen in unserem Speisesaal gestattet. Einige Patienten gingen so weit, ihre Asche auf den Tellern abzustreifen und die Zigaretten auszudrücken. Schließlich stellte unser Koch ein Schild im Speisesaal auf mit folgendem Hinweis: »Auf Wunsch können die Mahlzeiten im Aschenbecher serviert werden.«

Zuerst habe ich die Ober und Serviererinnen abgeschafft und auch die Regelung, daß Privatpatienten ihre Mahlzeiten vor den anderen Gästen erhielten. Dann stellte ich einen gesonderten Raum zur Verfügung, in dem das Rauchen erlaubt war. Später haben wir das Rauchen innerhalb der ganzen Klinik untersagt und erlaubten es nur noch auf der Terrasse und auf der Straße. Und dann wurde mir eines Tages klar, daß das alles kein wirkliches Aufgeben (surrender) war.

So machte ich den Gästen bewußt, wo ihre wahren Bedürfnisse lagen und wo Mangel herrschte. Bei einer Versammlung der Gäste und Ärzte stellte ich den Antrag, daß alle während der Dauer ihres Hierseins das Rauchen aufgeben sollten. Ich forderte sogar die Nichtalkoholiker unter den Gästen auf, Bier, Wein und sonstige in den umliegenden Cafés erhältliche Alkoholika aufzugeben. Und ich fragte sie, welches Gefühl diese von mir geäußerte Bitte bei ihnen auslöste. Jeder von ihnen hat nämlich ein eigenes Patentrezept, vor seinem Kummer davonzulaufen, anstatt sich damit auseinanderzusetzen.

Schließlich faßte ich einen Entschluß. Ich wurde wütend und sagte: »Von jetzt an ordne ich an, daß jeder hier in der Klinik alles aufgibt. Jeder, der zu uns kommt, muß den aufrichtigen Wunsch haben, gesund zu werden, seine Bedürfnisse kennenzulernen. Deshalb geben wir alles auf, und zusammen werden wir dann sehen, was dabei herauskommt.«

Was herauskam, war ungeheuer viel Wut. Niemand konnte mehr seinen Kummer überdecken, seine Bedürfnisse verschleiern. Es war fürchterlich – einige Leute waren drauf und dran, sich umzubringen. Und sie schimpften: »Jetzt ist er total übergeschnappt, Rauchen hat nichts mit meiner Krankheit zu tun.«

Damals akzeptierten es die Gäste, als Kranke apostrophiert zu werden. Sie waren von ihren Ärzten abgestempelt, etikettiert mit allen ihren psychosomatischen Erkrankungen. Sie waren sich nicht bewußt, daß sie sich in einem Zustand des Un-Behagens befanden, und ihre verzerrten Gefühle und Gedanken waren der Grund, weshalb sie die Realität oder die Welt nicht klar sehen konnten. Um ihren Kummer und ihre Schmerzen zu lindern, haben sie so viele Dinge zu sich genommen, vom Alkohol über Heroin zu Tabletten. Und jetzt nahm ich ihnen auch noch ihre Zigaretten weg. In ihren Augen, für sie, etwas scheinbar völlig Belangloses. Und doch bedeuteten die Zigaretten alles, das war mir klar. Das gleiche gilt für das Essen – unsere übergewichtigen Gäste müssen Diät halten. Wir nehmen ihnen alles weg, womit die Leute gewöhnlich ihre Lücken ausfüllen. Wir nehmen ihnen ihre Rituale. Wir verstellen ihnen alle Fluchtmöglichkeiten. Wir bringen sie dazu, sich so zu sehen, wie sie wirklich sind.

Wir alle greifen in unserem Kummer auf die von uns selbst zusammengebastelten Krücken zurück und verbauen dadurch die Quellen dessen, was wir eigentlich brauchen.

Jackie beschreibt diese Situation sehr treffend. Sie war erstaunt, daß wir an den Flughafen gekommen waren, um sie abzuholen. Eine ganze Gruppe kam, und das war für sie so schwer zu verstehen. Sie konnte nicht fassen, daß wir sie gern hatten – nicht nur weil sie Jesses Frau war, sondern um ihrer selbst willen.

Es fällt uns allen schwer, das zu verstehen. Selbst ich tue mich schwer damit, zu glauben, daß mich jemand einfach um meiner selbst willen liebt. Das ist die Geschichte meines ganzen Lebens, meiner Veranlagung. Ich war immer der Meinung, daß ich furchtbar hart arbeiten müßte, um von irgend jemandem akzeptiert zu werden. Als kleiner Junge habe ich mich unendlich ins Zeug gelegt, um die Anerkennung meiner Eltern und Großeltern zu erringen. Ich hörte sie immer sagen: »Schaut Walther an – er strengt sich wirklich an, um gute Noten in der Schule zu bekommen.« Und ich verwechselte Anerkennung mit Liebe. Ich konnte mir nicht vorstellen, daß sie mich auch dann lieben würden, wenn ich mich in der Schule nicht anstrengte.

Als Kinder kam es uns häufig so vor, als ob die Liebe unserer Eltern von dem abhing, was wir gerade taten. Das führt zu der Überzeugung, daß Liebe von Leistung abhängig ist.

Als Jackie in unser Haus kam, konnte sie es nicht fassen, daß wir uns wirklich darüber freuten, sie bei uns zu haben. Sie konnte es nicht akzeptieren, nicht zugeben. Sie war unfähig, sich uns zu öffnen und die Liebe anzunehmen, die wir ihr entgegenbrachten.

Jeder, der in eine Klinik kommt, glaubt, daß ihm etwas fehlt, daß er in einer Krise steckt. Und wenn man es als Mangel oder Krise bezeichnet, muß es eine Krankheit sein. Und wenn man krank ist, muß es Heilung geben. Aber ich nenne es Hunger und Durst. Und für Hunger und Durst gibt es keine Kur. Du mußt essen und trinken. Du mußt ausreichend Nahrung zu dir nehmen. Und das ist es, was uns auf der emotionalen Ebene fehlt. Selbst auf der geistigen Ebene ernähren wir uns nicht ausreichend. Das ist keine Krankheit, sondern ein Zustand des *Un-Behagens*, ein Zustand des Mangels.

Seit sie erwachsen war, hat Jackie ihr ganzes Leben lang bis zum jetzigen Zeitpunkt gearbeitet, um das auszufüllen, was sie als ihren »Mangel« ansah. Sie hat sich niemals klargemacht, daß sie nicht auf ihre Kosten kam. Sie hat sich nie berechtigt gefühlt, ihren »Mangel« zu sättigen. Viele von uns haben das Gefühl, daß wir nur drei Erdnüsse und zwei Rosinen zum Leben brauchen, und wir gewöhnen uns an diese Art von Nahrung. So hungern wir uns zu Tode, obwohl der Tisch überreichlich gedeckt ist.

Wir haben gelernt, einen hohen Preis für ein bißchen Liebe zu bezahlen. Was wir in dieser Welt nicht gelernt haben, ist zu *nehmen*. Wir haben gelernt zu geben, und wir haben gelernt zu empfangen, was uns gegeben wird. Aber wir wissen nicht, daß wir auch nehmen dürfen. Die Bibel sagt: »Geben ist seliger als Nehmen.« Doch in unserer Klinik müssen viele von uns zunächst einmal lernen »Nehmen ist seliger«, denn nur ein Mensch, dessen eigene Bedürfnisse erfüllt sind, kann wirklich geben.

In unserer Welt, so wie sie ist, sind wir Kinder, Kinder von Kindern, die wieder Kinder gebären und so weiter und so fort. Wieder sagt die Bibel: »Wer von euch würde seinem Sohn einen Stein geben, wenn er um Brot bittet?« Und doch haben wir genau das über Generationen hinweg getan. Wir können nicht geben, was wir nicht haben, genausowenig wie unsere Eltern uns nicht geben konnten, was sie selbst nicht hatten.

Jackie muß hier in unserer Klinik herausfinden, daß sie ihren Hunger und ihren Durst stillen darf. Das ist ein Recht, das uns gegeben ist. Wir sind auf dieser Welt, um sie uns untertan zu machen. Wir sollten sie nicht zerstören, aber wir müssen sie urbar machen. Sie ist uns gegeben, diese Erde – und wir sind reiche Menschen; aber von Anfang an haben wir geglaubt, wir müßten verhungern.

Das erste Lernziel in dieser Klinik heißt *nehmen* und daß es keine Sünde ist, wenn man *nimmt*. Wir sind ziemlich oft der Meinung, daß wir sündigen, wenn wir nehmen. Wir halten es für unwürdig, Bedürfnisse zu haben. Wir können nicht einsehen, daß andere Menschen sich darüber freuen, wenn wir ihnen zeigen, was wir brauchen.

Jackie war sich dessen bewußt, was sie brauchte, so wie es uns allen geht. Aber sie schämte sich, ihre Bedürfnisse zu zeigen, und sie fühlte sich abgelehnt, wenn niemand ihre Gedanken lesen konnte. Auf jeder Seite dieses Buches zeigt Jackie, was wir gemeinhin als Schwächen bezeichnen. Unser ganzes Leben lang wird uns eingehämmert, daß es schändlich und entsetzlich ist, Schwächen zu zeigen. Aber die ganze Schwäche ist nichts anderes als Hunger und Durst; unsere Bedürfnisse – nichts sonst. Wir sind total ausgehungert. Irgend jemand hat uns gelehrt, daß wir nicht zeigen dürfen, wie verhungert wir sind, und daher bekommen wir vom Leben niemals wirkliche Befriedigung. Und wie sollten unbefriedigte, verhungernde Menschen in der Lage sein, andere Menschen zu sättigen?

Kinder können von ausgehungerten Eltern lernen, wie man verhungert, ohne es sich anmerken zu lassen.

Der Film über die Geburt eines Kindes unter der Anleitung des französischen Arztes Frederick Leboyer ist ein Instrument, das ich in der Klinik verwende. Dieser Film zeigt, daß ich das Recht habe, meine eigenen Bedürfnisse zu erfüllen. Dieser Film zeigt mir, wie ich wieder zum Kind werde und anderen Menschen erlaube, mir all das zu geben, was Dr. Leboyer in diesem Film zeigt: Nähe, Zuwendung, Liebe, Wärme; Sich-gehen-Lassen, Bonding – Verbundenheit. Dieser Film zeigt, was uns hier auf der Erde vom ersten Augenblick unseres Lebens an vorenthalten wird.

Wir alle haben am Anfang etwas von dieser Verbundenheit, von dieser Nähe und dieser Wärme erfahren, nicht so schön und übermächtig, wie es in diesem Film dargestellt wird, aber immerhin etwas. Wir sind alle in den Armen unserer Mütter gehalten worden, während sie uns gestillt oder uns die Flasche gegeben haben. Aber das ist so ungefähr alles, mehr war nicht. Und dann beginnen wir den Kampf unseres Lebens und leben in dem Wahn, daß wir in einigen Jahren das wiederfinden werden, wenn wir heiraten, wenn wir unserer »großen Liebe« begegnen.

Das ist alles Unsinn. Wir haben immer das Recht, unseren Hunger und Durst zu stillen, aber wir plagen uns weiter, sind am Verhungern und schieben unsere Sehnsucht nach Sättigung auf, bis wir heiraten. Und dann heiraten wir und stellen fest, daß das Versprochene, Erhoffte – nicht eintritt! Man hat uns nicht beigebracht, etwas zu tun, um uns selbst satt zu machen; wir haben nicht gelernt, unsere Bedürfnisse aufzuzeigen.

Wir zeigen anderen Menschen nicht, was wir brauchen, da wir unsere Bedürfnisse mit Schwäche gleichsetzen.

Bei der Freudschen Analyse, nach der ich ausgebildet worden bin, wurde uns Ärzten Distanz als oberstes Gebot beigebracht. Zum Beispiel durften wir nicht in Anwesenheit eines Patienten essen oder zur Toilette gehen. Wir sollten wie ein ungetrübter Spiegel sein, der den Patienten vorgehalten wird, und so natürliche Bedürfnisse wie Essen oder zur Toilette gehen wurden uns vor unseren Patienten versagt. Die Patienten sollten nicht durch die Tatsache beunruhigt werden, daß ihre Ärzte natürliche menschliche Bedürfnisse hatten. Als ob wir Ärzte selbst diese einfachen Bedürfnisse für unnatürlich gehalten hätten.

Jackie war von ihrer Familie nicht *direkt eingetrichtert* worden, daß ihre Bedürfnisse mit Schwäche gleichzusetzen seien. Alle Familien haben bestimmte Verhaltensmuster gegenüber Bedürfnissen, und diese werden von Generation zu Generation weitergereicht. Über diese Einstellung wird nicht gesprochen; sie ergibt sich durch Handlungen, und unsere Kinder ahmen sie nach. In unserem Kulturkreis geben wir jeder neuen Generation die Überzeugung weiter, daß es menschlichen Wesen nicht erlaubt sein darf, sich gegenseitig so weit entgegenzukommen, daß sie ihre Bedürfnisse befriedigen.

Selbst beim Erleben von Freude sind wir verkrampft. Wir dürfen nicht das ganze Ausmaß unserer Freude zeigen. Hatten Sie jemals das Verlangen, beim Anblick eines schönen Sonnenuntergangs oder eines Baumes einfach laut zu stöhnen? Sie wissen, daß die Leute sie dann für verrückt halten würden. Haben Sie jemals etwas so Köstliches gegessen, daß Sie den Wunsch hatten, sich genüßlich die Lippen abzuschlekken und den Bauch zu reiben und auch noch zu rülpsen? Das ist ungehörig. Wahrscheinlich hat ein einziges Stirnrunzeln genügt, um Ihnen als Kind das beizubringen. Wir bekommen ständig Lektionen erteilt. Wenn wir uns nicht berechtigt fühlen, diesen Gefühlen jemals Ausdruck zu verleihen, verhungern wir. Aber wenn wir schließlich lernen, daß wir berechtigt sind, diese tiefen Gefühle zu spüren, dann fällt es uns leicht, darauf zu verzichten, sie überall und jederzeit auszudrücken. Wenn wir wissen, daß wir berechtigt sind, und wenn wir verstehen, daß wir das Recht haben, etwas zu tun, dann haben wir die Kraft, davon Abstand zu nehmen.

Wenn wir diese Haltung *»Ich bin berechtigt«* angenommen haben, dann besitzen wir die Kraft, uns anzupassen. Es wird uns nicht aufgezwungen.

Ich weiß, wie ich Ihnen, meinen Lesern, anhand eines guten Beispiels klarmachen kann, was ich meine.

Wir alle wissen, daß man in der Kirche nicht einschlafen sollte. Es ist uns nicht unbedingt gesagt worden, wir wissen es eben. Was geschieht aber meistens, wenn wir in der Kirche sitzen? Wir werden natürlich müde. Wenn wir schließlich eine neue Einstellung haben und zu uns selber sagen: »Ich kann in der Kirche einschlafen, wenn ich will«, was passiert dann? Da haben wir auf einmal nicht mehr das Bedürfnis, in der Kirche einzuschlafen – oder wenn wir es doch haben, können wir eher warten, bis sich eine andere Gelegenheit ergibt, den Schlaf nachzuholen. Auf einmal sind wir frei, eine Wahl zu treffen.

So geht es den Menschen, die sich zu dem Eingeständnis durchgerungen haben, daß sie Alkoholiker sind. Sie sagen: »Ich bin Alkoholiker; ich kann trinken, wenn ich will, aber ich beschließe, es nicht zu tun, weil die Trinkerei mein Leben verpfuscht.« Das ist Freiheit.

»Ich bin nicht dazu verurteilt, *nicht* zu trinken, ich bin nicht dazu verurteilt, *keine* Tabletten zu schlucken, ich bin nicht dazu verurteilt, *keine* Süßigkeiten und *kein* Brot zu essen – *ich ziehe es vor,* es nicht zu tun.« Das ist Freiheit.

Kleinen Kindern – Säuglingen – wird bei uns häufig beigebracht, daß sie beim Schlafen die Arme nicht unter die Decke stecken sollen. Auch wenn wir noch ziemlich klein sind, wissen wir, daß es uns davon abhalten soll, uns selbst zu befriedigen. Einige Menschen kommen sogar zu mir und erzählen mir, daß ihre Mütter früher an ihren Händen gerochen hätten, um so festzustellen, ob sie sich selbst im Genitalbereich berührt hätten. Und dann wundern sie sich, warum sie als Erwachsene kein Gefühl der Achtung oder der Liebe für ihren Körper empfinden. Wenn man erlebt, daß Hände berochen und geschlagen werden, weil sie nicht den richtigen Geruch haben, kriegt man das Gefühl, eine schwere Sünde begangen zu haben.

Als ich während des Krieges als gemeiner Soldat in der deutschen Armee in Eis und Schnee kämpfte – ich war fast noch ein Junge –, hatte ich solche Probleme mit Masturbation, daß ich mir eine vegetarische Diät verordnete, um meine sexuelle Begierde abzuschwächen. Ich pflegte meine Fleischration zu verteilen, weil ich ein derartiges Gefühl der Sündhaftigkeit verspürte. Meine Kameraden hatten mich gern, weil sie meine Proteine bekamen. Wir waren alle die ganze Zeit so hungrig und müde, aber meine Furcht und mein Schuldgefühl zwangen mich, so zu handeln. Verstehst du? Wenn ich das Gefühl gehabt hätte, ich sei berechtigt, mich selbst zu befriedigen, hätte ich die Proteine zu mir nehmen können, die ich so bitter nötig hatte, und ich hätte nur dann masturbiert, wenn ich es gebraucht hätte. Aber weil ich mich so schuldig gefühlt habe, so angefüllt war mit dem Bewußtsein der Sünde, kreisten meine Gedanken in jener Zeit mehr um Masturbation als um den schrecklichen Krieg oder mein furchtbares physisches Verlangen nach Nahrung. So unsinnig! Wir alle tun uns selbst irgend etwas in dieser oder jener Richtung an. Es ist ganz unausweichlich.

So ist es doch, nicht wahr? All dieser Wahnsinn in dieser Welt! Als Eltern schieben wir unsere Kinder von uns weg, wenn sie ungefähr acht oder zehn sind. Wir tun dies, weil wir Gefangene unserer Moral sind, unseres Gefühls von richtig und falsch. Wir meinen, alle sinnlichen oder sexuellen Empfindungen, die wir haben, seien sündig. So mauern wir unsere Kinder ein, indem wir ihre Bedürfnisse negieren. Wir schaffen es nicht, ihnen die engen körperlichen Berührungen zu geben, die sie brauchen, und ihnen gleichzeitig beizubringen, daß sie bald unser Heim verlassen und jene Bedürfnisse mit ihrem eigenen Partner und eigenen Kindern befriedigen müssen. So verhungern wir, und sie verhungern auch. Und wir geben ihnen einen Klaps oder nehmen sie mal in den Arm, sind aber dabei steif wie der Eiffelturm. Wir wagen es nicht mehr, bei unseren heranwachsenden Kindern auch nur die Hüfte oder das Becken unbefangen zu berühren. Unsere unbeholfenen Klapse ähneln eher Schlägen. Unsere Berührung wird zu einem Wegstoßen.

Ich glaube, der wirklich bedeutende Durchbruch kam bei mir, als ich mir bewußt wurde, daß ich mich mit anderen Menschen verschmelzen kann.

Psychiater und Psychotherapeuten haben Gelegenheiten, die nicht einmal Künstlern zuteil werden. Wir haben die einzigartige Erfahrung, Menschen zu sehen, mit Menschen zusammenzusein, die zum Leben erwachen. Kennen Sie die Geschichte von Pinocchio? Das meine ich. Wir Ärzte haben die Gelegenheit, diese Erfahrungen zu einem engen Bestandteil unseres eigenen Lebens zu machen, wenn wir dies zulassen. Wir haben nicht nur die Möglichkeit, sondern uns wird die Gnade zuteil, mit menschlichen Wesen arbeiten zu dürfen. Damit öffnet sich für uns eine neue Welt, denn schließlich arbeiten wir nicht *mit* oder *an* menschlichen Wesen, so wie dies die anderen Ärzte tun. Unsere Arbeit wird zu einer lebendigen, wechselseitigen, gegenseitigen Verbindung. Und unser Leben wird reicher; unser Dasein ist bedeutungsvoller, als es je zuvor war, ohne daß sich dadurch eine Abhängigkeit auf der einen oder anderen Seite ergibt. Wir machen die wunderbare Entdeckung, daß wir nur dann leben, wenn wir wirklich teilen, austauschen und miteinander leben.

Als Ärzte kriegen wir beigebracht, daß es während unserer Arbeit niemals persönliche Bindungen geben darf. Uns wurde beigebracht, daß wir Unternehmer sind. Dies trennt uns von unseren Patienten. In diesem Buch zeigen Jackie und ich unsere Menschlichkeit, wie wir unsere Menschlichkeit entdeckt haben, unser Verbundensein. Ich glaube, das ist es, was wir im Grunde alle suchen.

Unmittelbar nach dem Krieg, im Jahre 1945, fand ich in einer französischen Zeitschrift diese Zeilen moderner Dichtung: »Diejenigen, die schlafen, leben jeder für sich in seiner Welt. Und diejenigen, die erwacht sind, haben eine vereinte und gemeinsame Welt.«

Dies wird bei meiner gegenwärtigen Arbeit Wirklichkeit. Wenn wir, im übertragenen Sinne, aus dem Zustand des Schlafens herauskommen und zum Leben erwachen – wieder im übertragenen Sinne –, entdekken wir schließlich, daß wir *ein* Körper sind, so wie es in den Kirchen und den Schriften gesagt wird. Wir sind *eine* Welt. Wir sind *ein* Leben.

Meine Arbeitsweise weicht von der herkömmlichen Psychiatrie ab. Aber ich bin von Anfang an eigene Wege gegangen. Ich muß das tun und sein, was ich bin. Ich muß diese Dinge sagen. Die Schulmedizin war nicht in der Lage, die Bedürfnisse zu stillen, die ich in mir verspürte. Ich bin von der Dermatologie zur Psychiatrie, zur Psychotherapie und Psychosomatischen Medizin gegangen. Dann traf ich auf Dr. Paul Tournier aus Genf und lernte sein Konzept von der Medizin des *ganzen* Menschen kennen.

Ich bin eng mit Dr. Tournier befreundet. In seiner Arbeit sah ich, daß er das Ganzsein des Menschen dadurch erreichte, daß er die spirituelle Seite des Menschseins berücksichtigte, die in der gesamten Medizin vernachlässigt wird.

Als Paul Tourniers 75. Geburtstag gefeiert wurde, bat man mich, eine Rede zu halten, und ich hatte Gelegenheit zu demonstrieren, was ich in der Klinik mache. Dr. Tournier ermutigte mich, mit meiner Arbeit weiterzumachen. Und ich muß weitermachen. Es ist mein Leben.

Kapitel II

Die erste Lektion

1
Jacqueline C. Lair

»Sag niemals etwas, damit etwas passiert!«
HORST ESSLINGER

Mein erster Tag ist ein heller, sonniger Tag. Ich habe acht Stunden geschlafen. Meine Augen sind nicht allzusehr geschwollen vom Weinen. Was wird der heutige Tag bringen? Eins nach dem anderen. Es ist 6.15 Uhr, und mir fällt ein, daß wir um Viertel vor sieben einen Spaziergang machen müssen. Jeder macht mit beim Frühsport. Ich trete auf den Balkon hinaus, um zu sehen, wie warm es ist. Es empfiehlt sich, einen Pullover anzuziehen an diesem Freitagmorgen, dem 26. Mai 1978.

Unten auf der großen Terrasse haben sich siebzig schläfrige Leute versammelt. Ich halte nach der L.S.-Gruppe Ausschau – das bedeutet: *Langsamer Spaziergang.* Ein Mann spricht zu der Gruppe. Ich schaue mich nach jemandem um, der Englisch spricht. Gisela kommt mit einer jungen Frau zu mir herüber.

»Sie spricht fließend. Sie wird für dich dolmetschen, Jackie.«

»Hallo, ich bin Sigrid, aus Karlsruhe. Hans sagt uns gerade, daß wir alle meditieren sollen. Wir schließen unsere Augen und denken an den vor uns liegenden Tag, um uns darauf vorzubereiten. Das machen wir fünf Minuten lang. Dann gehen wir los.«

Sigrid ist klein und zierlich und sehr hübsch. Etwa dreißig, würde ich schätzen. Ihr Englisch ist phantastisch. Sie spricht wie eine Dozentin der Oxford-Universität.

Ich schließe meine Augen und denke an den Tag. Ich habe keine Ahnung, was vor mir liegt. Ich werde ein Gespräch mit Horst führen und einer Gruppe unter Leitung eines der Ärzte zugeteilt werden. Hoffentlich ist es Horsts Gruppe. Ich kenne Walther und Horst; aber abgesehen davon, daß ich Uwe, Peter und Ingo wiedererkannt habe, kenne ich sie eigentlich überhaupt nicht. Die neue Ärztin, Angela, ist mir ganz fremd, und ich weiß, daß ich Schwierigkeiten habe, mich Frauen anzuvertrauen. Daher hoffe ich, daß ich nicht in ihre Gruppe komme. Ich kann nicht beten. Ich schaffe es einfach nicht, mich jetzt zu konzentrieren.

Die Zeit ist um. Sigrid lächelt und ergreift meine Hand.

»Ich bin auch neu in der Klinik, Jackie. Wir machen beim langsamen Spaziergang mit, bis wir die internistische Untersuchung hinter uns haben. Komm mit mir. Ich zeige dir alles.«

»Danke, Sigrid. Ich bin so froh, daß du so gut Englisch sprichst. Ich bin verloren, wenn niemand für mich dolmetscht. Hast du Englisch in der Schule gelernt?«

»Ich bin in Südafrika aufgewachsen und zur Schule gegangen. Dort habe ich Englisch und Spanisch gelernt, und natürlich Deutsch.«

»Warum bist du hier, Sigrid?«

»Oh, ich bin Alkoholikerin. Ich kann das Trinken nicht lassen. Mein Mann droht mir, daß er mich verlassen und meine drei Töchter mitnehmen wird, wenn ich nicht damit aufhöre. Das ist schrecklich, nicht wahr? Ich möchte aufhören mit dem Trinken, aber es sieht so aus, als ob ich es alleine nicht schaffen kann.«

Die ganze Zeit, während Sigrid spricht, steht ein starres Lächeln auf ihrem Gesicht. Sie blickt an mir vorbei. Jetzt gehen wir die Treppe hinunter. Ich halte mich am Geländer fest, damit mein Bein keinen Ärger macht. Wir wenden uns nach rechts und gehen in Richtung Stadtmitte. Vor uns liegt ein herrlicher Park. Letztes Jahr bin ich dort fast jeden Tag spazierengegangen. Ich hoffe, daß wir dort hingehen, denn da gibt es ebene Wege. Im bergigen Gelände zu laufen ist anstrengend, selbst in der L. S.-Gruppe. Wir gehen in den Park! Toll – das kann ich bewältigen. Während ich mühsam mit den anderen Schritt zu halten versuche, spüre ich eine Hand in der meinen. Die Hand gehört zu einem jungen, untersetzten Mann, der ebenfalls hinkt. Er reicht mir nur bis zur Schulter. »Hallo, ich heiße Franz. Es ist mir ein Vergnügen, an Ihrer Seite zu gehen, Jackie Kennedy«, lacht er.

Genau wie im letzten Jahr. Wenn man Jackie mit Vornamen heißt, hängen die Deutschen gleich »Kennedy« an und lachen über ihren Scherz.

Mein Bein tut weh. Ich spüre jeden Zentimeter des Oberschenkelnervs bis zum Knie hinunter, aber der Schmerz ist auszuhalten. Ich habe einen Druck auf dem Brustkasten und ein leichtes Brennen, aber ich weiß, daß das unterschwellige Bewußtsein dieser Art von Schmerzen mich nicht umbringen wird. Es ist angenehm, die frische Höhenluft einzuatmen, und ich blicke verwundert um mich. Das Gras ist grün und feucht und übersät mit Gänseblümchen. Rings um den Park herum stehen kleine, weißgetünchte Hotels. Ihre Blumenkästen quellen über von blühenden Pflanzen, und hier und da leuchtet ein Fleckchen Gold auf einem alten Gebäude in der Sonne. Autos und Busse sind voll von Menschen, die zu ihrem Arbeitsplatz streben. Der Arbeitstag der Deutschen beginnt früh und endet spät. Hier in Bad Herrenalb gibt es hauptsächlich Souvenirläden, Restaurants und kleine Hotels. Die Besucher kommen überwiegend aus Deutschland oder aus der Schweiz. Ich habe in der Stadt nie eine amerikanische Stimme gehört außer meiner eigenen.

Wir kommen an einem schönen Schwimmbad vorbei, dessen Thermalbecken zur Hälfte überdacht ist und zur Hälfte im Freien liegt. Vor uns liegt der Bahnhof des Nahverkehrszuges, der im Abstand von jeweils einer Stunde nach Karlsruhe fährt. Es ist ein elektrischer Zug, und er erinnert mich eher an eine Kette von Straßenbahnwagen als an einen Zug. Während wir zum anderen Ende des Parks laufen, betrachte ich die Auslagen in den Schaufenstern. In den Fenstern hängen Lederhosen in allen Größen und Leinensachen in jeder Ausführung – Tischdecken, Servietten, Wandbehänge, Kalender, in leuchtenden Farben und offensichtlich für Touristen bestimmt.

Ich bücke mich und pflücke ein Gänseblümchen und stecke es in mein Knopfloch. Gänseblümchen sind für mich zum Symbol dessen geworden, was ich erreichen will. Ein Gänseblümchen war auf dem Umschlag des Buches *»Hey God, What Should I Do Now?«*, das ich zusammen mit meinem Mann geschrieben habe. Den Künstler, der den Buchumschlag entworfen hat, lernten wir in New York kennen. Er war Jude und war hier in Deutschland in einem Konzentrationslager gewesen. Ein Gänseblümchen symbolisierte für ihn Ausdauer und Durchhaltevermögen. Bald wird es dies und noch viel mehr für mich bedeuten.

Wir drehen unsere Runde durch den Park und gehen zurück zur Klinik. Jetzt ist der Bürgersteig voller Schulkinder, die ihre prall gefüllten Schulranzen auf dem Rücken tragen und auf die Schulbusse warten. Unwillkürlich wenden sie ihren Blick ab von der Gruppe von Erwachsenen, die da spazierengehen. Ich bin sicher, sie wissen, daß wir aus der Klinik sind. Was geht in ihren Köpfen vor? Was erzählen ihre Eltern ihnen über die Psychosomatische Klinik dort hinten am Ende der Straße? Je mehr ich reise, um so deutlicher wird mir, daß die

Welt überall gleich ist, also kann ich es mir denken. Zunächst einmal können sie nicht ermessen, was in der Klinik vorgeht. Zweitens haben sie ein wenig Angst vor uns. Drittens fühlen sie sich unbehaglich, weil wir ihnen Furcht einflößen. Sie machen sich nicht klar, daß sie uns gerade deshalb fürchten, weil jeder von ihnen tief im Inneren seines Wesens etwas von dem spürt, was uns bedrückt, was uns hierher gebracht hat. Sie fürchten sich vor ihren eigenen dunklen Ecken, und daher scheuen sie den Anblick derer, die sie an diese Seite ihres Ich erinnern.

Ich habe eine Beobachtung gemacht, die sich immer wieder als richtig erwiesen hat: Je heftiger jemand reagiert, wenn er mit Neurosen, Sucht, Alkoholismus konfrontiert wird, um so verletzlicher ist diese Person gegenüber dem Problem, das sich ihm oder ihr stellt. Ein Mann, der Homosexuelle verprügelt aus Jux oder Tollerei, ist möglicherweise selber ein verkappter Homo, der es sich aber aus lauter Furcht nicht eingesteht.

Jahrelang hatte ich panische Angst, daß meine Kinder Alkoholiker oder drogenabhängig werden könnten. Erst im letzten Jahr ist mir klar geworden, daß ich selber süchtig bin. 1953 hat mir ein Arzt das erste Beruhigungsmittel verschrieben. »Hier, Jackie, nehmen Sie dreimal am Tag eine von diesen Tabletten. Sie brauchen Ruhe.« Nach drei Schwangerschaften innerhalb von achtundzwanzig Monaten – bei einem Kind mußte im Alter von zehn Tagen eine Gehirnoperation vorgenommen werden, ein anderes war mit einem Tumor geboren, der drei Wochen nach der Geburt entfernt werden mußte – und meiner eigenen Rückgratverletzung, die kurz darauf folgte, fühlte ich mich berechtigt, diese erste Tablette zu nehmen. Ich konnte nicht vorhersehen, daß ich vierundzwanzig Jahre später immer noch Beruhigungsmittel und Antidepressiva einnehmen würde. Ich war psychologisch abhängig von diesen Tabletten. Bis auf die letzten sechs Monate meiner Tablettenabhängigkeit habe ich niemals mehr als eine oder zwei, oder höchstens drei Tabletten pro Tag genommen, über dreiundzwanzigeinhalb Jahre lang. Aber, und das ist ein dickes *Aber*, es gibt während der ganzen Zeit keinen Tag in meinem damaligen Leben, an dem ich *keines* dieser Medikamente zu mir genommen habe. Ich habe selten morgens zu den Tabletten gegriffen, aber sobald es vier Uhr nachmittags war, brauchte ich fast jeden Tag eine, und ich bin abends nie ohne eine Tablette zu Bett gegangen. Immer wenn in meinem Leben etwas Erschreckendes geschah, bekam ich auch noch Rezepte für Schlaftabletten ausgestellt.

Letztes Jahr, sechs Monate bevor ich nach Deutschland gefahren bin, ging es Jess wieder schlecht, und er mußte einen Herzschrittmacher eingepflanzt bekommen. Erst damals, nach dreiundzwanzigeinhalb Jahren, fing ich an, mehr als die verordnete Anzahl von Tabletten zu nehmen. Erst damals dachte ich daran, daß ich sterben wollte. Ich schätze, es war mir gar nicht so fürchterlich ernst mit dem Sterben, eigentlich suchte ich nur einen Weg, der aus meinem Schlamassel herausführte, irgendeinen Weg. Ich war so abhängig, daß ich nicht ein einziges Mal meine Tabletten vergaß.

Meine Gedanken kreisen um Tabletten, da ich gerade jetzt eine brauchen könnte, und weil ich weiß, daß ich mit Horst ein Gespräch über meine Tablettenabhängigkeit führen werde. Viele Menschen in der Drogenszene behaupten, daß es schwieriger sei, eine psychologische Sucht in den Griff zu bekommen als eine physische Sucht. Das glaube ich. Bei Leuten wie uns, die nur die jeweils verschriebene Menge von Medikamenten einnehmen, ist die Sucht nicht so klar erkennbar. Sie fällt weder den anderen noch uns selbst auf. Wir werden nicht so bald mit der Tatsache konfrontiert, daß wir süchtig sind, und wenn wir es uns schließlich klarmachen, dann sieht unsere Situation so wenig dramatisch aus, daß unser schlaues Köpfchen uns davon überzeugen kann, daß wir nicht ohne weiteres als Süchtige zu bezeichnen sind.

Diese Gedanken beschäftigen mich, als wir zur Klinik zurückkehren, während ich auf mein Zimmer gehe und dusche, während ich mich für den Tag anziehe und, wie in Trance, frühstücke. Süchtig. Na schön. Keine große Sache. Ich muß der Tatsache ins Auge sehen, die Sucht als Teil meines Lebens akzeptieren und dann weitersehen. Die Sonne scheint. Der Tag hat begonnen.

Am Freitag um 9.00 Uhr ist Familiengruppe. Ich erinnere mich noch gut daran vom letzten Jahr, ich konnte es nicht ausstehen. Da müssen die Neuankömmlinge vortreten und sich den Gästen und Ärzten vorstellen. Sie müssen sagen, weshalb sie hier sind. Irgendein Gast muß für mich dolmetschen, ich bin total abhängig, und diese Abhängigkeit ist qualvoll für mich. Ich fühle mich verwundbar, kindisch und verängstigt, wenn ich abhängig bin. Da Sigrid die einzige ist, von der ich weiß, daß sie fließend Englisch spricht, muß ich sie um Hilfe bitten. Ich merke, wie mir der Angstschweiß ausbricht, meine Unterlippe ist feucht. Ich, die ich mich sonst durch nichts aus der Ruhe bringen lasse, bin in dieser Versammlung auf einmal völlig aufgeschmissen.

Zum ersten Mal seit meiner Ankunft in Deutschland wende ich

meinen Blick nach innen. Warum habe ich solche Angst, warum treibt es mir den Schweiß aus den Poren? Ich kann die anderen einfach nicht anschauen.

»Sigrid, wirst du für mich dolmetschen?«

»Na klar, Jackie, setz dich. Während der ersten Wochen müssen wir Neuen hier in diesem inneren Kreis sitzen. Erst wenn wir eine Zeitlang hier gewesen sind, dürfen wir es uns hinten in den Nischen gemütlich machen.«

Ich schaue mich im Aufenthaltsraum um. Wie alle Räume in der Klinik hat er eine ansprechende Atmosphäre. Ein schöner Teppich liegt auf dem Parkettboden. Die Stühle sind elegant und haben damastbezogene Kissen. Hinter dem Kreis mit den Stühlen sind geschmackvolle Nischen mit Sitzbänken und Tischen, auf denen hübsche Tischtücher liegen. Hier gibt es keine Wachstuchdecken. Der Raum erinnert mich daran, daß das Gebäude einst ein Kurhotel war.

Die Ärzte schwirren herein. Sie sind alle lässig gekleidet. Walther und Horst im Westernlook – sogar bis zu den Cowboystiefeln. Auf ihren Hemden und Jeans das vertraute »Levi's«-Etikett. Die anderen Ärzte sind fast alle gleich angezogen. Walther nimmt im inneren Kreis Platz; die anderen Ärzte mischen sich unter die anwesenden Gäste. An der Stirnseite des Raumes sitzen vier Gäste, die ins Komitee gewählt worden sind. Sie eröffnen die Sitzung. Die fünf Leute, die gestern angekommen sind, müssen einer nach dem anderen aufstehen. Ich lehne mich an Sigrid an.

»Er ist Alkoholiker. Ein Fabrikant aus Hannover. Er hat im letzten Jahr mit dem Trinken Schluß gemacht; jetzt ist er tablettenabhängig und hat Depressionen. Sein Name ist Hans.«

Während Sigrid übersetzt, betrachte ich Hans. Groß, schlank, graumelierte Haare. Er sieht aus, als ob er aus guten Verhältnissen stammt. Seine Augen sind sehr dunkel und ausdrucksvoll. Sein ganzer Körper ist steif, man spürt förmlich die Spannung, die auf ihm lastet. Seine Art zu sprechen klingt kehliger, als was ich bisher gewöhnt bin. Mein Ohr fängt an, zwischen den vielfältigen Dialekten der deutschen Sprache zu differenzieren.

Ich hatte eine deutsche Großmutter. Die wenigen Worte, an die ich mich erinnere, klangen viel weicher und ließen ihre bayrische Abstammung erkennen. Hier in Süddeutschland hört man diesen Tonfall häufiger als irgendeinen anderen.

Ein weiterer Mann war aufgestanden. Es war der Franz, der heute morgen beim Spaziergang meine Hand ergriffen und mich Jackie

Kennedy genannt hatte. Er hinkte und hatte eine frische Narbe auf seiner Stirn.

»Er hat Depressionen und hat versucht, sich das Leben zu nehmen, indem er mit dem Auto gegen einen Baum gefahren ist. Dabei hat er sich die Hüfte gebrochen, deshalb hinkt er.«

Uwe Genkel, ein Psychiater, stellt Franz eine Frage.

»Uwe hat ihn gefragt, weshalb er sterben wollte«, flüstert Sigrid mir leise zu.

Franz zuckt nur mit den Schultern und setzt sich. In seinen Augen stehen Tränen.

Ich fühle, wie mich die Angst überfällt. Mein Blick hastet verzweifelt durch den Raum, bis ich Uwe entdecke. Er lächelt mir zu, zwinkert und macht mir Zeichen, daß ich die neben mir sitzenden Leute bei den Händen fassen soll.

Unter Uwes Anleitung entspanne ich mich. Sein Zwinkern zeigt mir, daß er weiß, ich bin hier, und – was noch wichtiger ist – daß er meine Verkrampfung sieht und mir helfen will. Was für ein wunderbares Gefühl.

Jemand anderes ist aufgestanden und hat gesprochen, und ich weiß nicht, wer es war. Wie die meisten, die im letzten Jahr für mich gedolmetscht haben, schaltet sich Sigrid nur dann ein, wenn ich ihr ein Zeichen gebe. Ein junges Mädchen erhebt sich, und ich lehne mich wieder zu Sigrid rüber.

»Ihr Name ist Heidi. Beide Eltern sind Ärzte. Sie war als Austauschschülerin in Amerika (mit ihr kann ich Englisch sprechen). Sie hat Depressionen und Ängste.«

Peter, der junge Psychiater mit den lockigen blonden Haaren, lang heruntergezogenen Koteletten und buschigem Backenbart, beugt sich vor und spricht.

»Er fragt Heidi, ob sie Schwierigkeiten mit Alkohol oder Tabletten hat. Heidi sagt nein.«

Peter lehnt sich zurück, seine Miene drückt Skepsis aus.

Jetzt bin ich an der Reihe. »Ich heiße Jackie. Ich komme aus Amerika. Ich bin tablettenabhängig und depressiv.« Ich setze mich schnell wieder hin und schaue weder nach rechts noch nach links. Bitte, lieber Gott, gib, daß niemand eine Frage an mich richtet. Keine Frage. Ich bin in Sicherheit.

Bei dieser Sitzung, die einmal die Woche stattfindet, werden bestimmte Leute aufgefordert, vor die ganze Versammlung von Gästen und Ärzten zu treten, und jeder kann sagen, was er über den

Betreffenden denkt. Im letzten Jahr hatte ich nicht mitgekriegt, daß die einzelnen vor Beginn der Zusammenkunft informiert werden. Ich, die ich die Sprache nicht verstand, empfand den Vorgang als sehr grausam und hart. Diejenigen, die vorgeschlagen wurden, dürfen nicht antworten; sie müssen sich nur alles anhören. Ich wußte, daß in der heutigen Sitzung wieder so etwas stattfinden würde. Ich fing erneut an zu schwitzen, meine Angst kehrte zurück.

Einige deutsche Worte werden gesprochen und einer der Gäste erhebt sich. Ich zucke zusammen, als hätte es mich selber getroffen. Als er zu sprechen beginnt, merke ich, daß dies keine solche Gegenüberstellung ist. Ich beuge mich zu Sigrid hinüber.

»Er trägt die Hausordnung vor, Jackie. Er sagt, wir sollen nicht rauchen. Zehn Tage lang dürfen wir das Haus nicht verlassen. Nach zehn Tagen können wir über die Straße in die Grünanlagen der Klinik gehen und die Straße hinunter bis zu den Eisenbahngeleisen. Drei Wochen lang ist Kontaktsperre, keine Kontakte nach draußen oder von Leuten außerhalb der Klinik zu uns. Nach drei Wochen können wir uns in der Umgebung von Bad Herrenalb frei bewegen, aber wir müssen Bescheid sagen, wenn wir die Klinik verlassen, und wann wir zurückkommen. Sofern wir die Erlaubnis unseres Therapeuten haben, dürfen wir nach Ablauf von drei Wochen Orte außerhalb von Bad Herrenalb aufsuchen.«

Allgemeines Gelächter unterbricht den Vortragenden. Sigrid schaut mich an. Sie lacht auch. »Wir dürfen untereinander keine sexuellen Beziehungen haben, solange wir in der Klinik sind. Keine Partnerbeziehungen, solange wir in der Klinik sind.«

»Pairing« – Partnerbeziehung – ist ein Begriff, der mir im letzten Jahr zu schaffen gemacht hat. Trotzdem glaube ich, daß ich in etwa verstehe, was das bedeutet. Im vergangenen Jahr sagte mir nämlich einmal eine reizende Frau, daß ich zu meinem deutsch-englischen Wörterbuch eine Pairing-Beziehung hätte. Was die Klinik unter »Pairing« versteht, ist eine Beziehung zu irgendeiner Person oder Sache, die uns geistig von dem ablenkt, weshalb wir hier sind, nämlich, daß wir voll in dem Zusammenleben mit den gerade im Haus anwesenden Menschen aufgehen.

In diesem Jahr scheint die Atmosphäre im Hause gelöster zu sein. Da meine Einstellung sich geändert hat und alle entspannter sind, besteht also die Hoffnung, daß ich nicht pausenlos unter Furcht und Spannung stehen werde. Meine Gedanken sind von der Versammlung abgeschweift. Ich lehne mich zu Sigrid hinüber.

»Du sollst morgens am Spaziergang teilnehmen und bei allen Sachen mitmachen, die dir dein Therapeut nennt. Das ist alles, was für dich wichtig ist, Jackie.«

Daß ich die Sprache nicht beherrsche und auf einen Dolmetscher angewiesen bin, ist für mich insofern von Vorteil, als ich das Gerede und die Aggressionen der Gäste untereinander sowie zeitweilige Fehlinterpretationen zwischen Gästen und Ärzten nicht mitkriege. Selbstsüchtig wie ich bin, kann ich geistig wegtreten, wenn ich müde bin. Aber man muß auch einige Nachteile in Kauf nehmen, wenn man die Sprache nicht versteht. Ich bin dem jeweiligen Dolmetscher sozusagen ausgeliefert. Alle, die für mich bisher gedolmetscht haben, waren gutherzige und nette Menschen, aber jeder einzelne hat unweigerlich und automatisch selektiert, indem sie selber für sich entschieden, was ich hören sollte und was nicht. Meistens war dies eine harmlose, unbeabsichtigte Zensur, aber gelegentlich passierte es, daß ich tagelang herumlief, ohne irgendein wichtiges Kernstück einer Information zu kennen. Ich hatte keine Schwierigkeiten, herauszufinden, was ich wissen wollte. Das Problem bestand darin, mich durch das Labyrinth von Fakten und Informationen hindurchzuarbeiten, die ich wissen *mußte*, und die entsprechenden Fragen zu stellen.

Eine junge Frau steht im Kreuzfeuer. Ich will nicht wissen, worum es geht. Ich rücke von Sigrid weg und verzichte auf die Übersetzung. Ich darf die Angst nicht wieder hochkommen lassen, ich muß an etwas Positives denken. »Unser Vater, der du bist im Himmel . . .« Ich bringe es nicht fertig zu beten. Ich denke an Dr. Leboyer und seinen eindrucksvollen Film. Was für eine wunderschöne Methode einer Entbindung. Ich rufe mir soviel wie möglich von dem Film ins Gedächtnis zurück. Eine Bewegung zeigt mir an, daß die Versammlung beendet ist. Horst steht neben mir.

»Komm mit runter in mein Büro, Jackie. Wir wollen anfangen.« Ich folge Horst die gewundene Treppe hinunter vorbei an Walthers Sprechzimmer. Wir wenden uns nach links, noch mal links und durch eine Tür hindurch, ein Vorraum, noch eine Tür, und wir sind in einem Warteraum, der »Kammer« genannt wird. Ringsum an den Wänden stehen Stühle, in der Ecke liegt ein Stapel blauer Matten. Von dem einen Raum aus gelangt man in das Sprechzimmer von Horst; eine andere Tür führt zu Peters Zimmer. Horst hat einen wunderschönen geschnitzten, antik aussehenden Schreibtisch. Ich würde gern etwas über die Geschichte dieses Schreibtisches wissen, aber meine Zurückhaltung hindert mich daran, ihn danach zu fragen. Horst deutet auf einen Stuhl, und ich nehme Platz.

Horst. Ach, Horst! Er ist ein schwieriger Mensch. Er ist groß, mehr als ein Meter achtzig, schlank, beginnende Glatze, lockiges braunes Haar, ein Grinsen, das übers ganze Gesicht geht, ansprechend, wenn er guter Laune ist, fad, wenn er traurig ist, ausgesprochen unschön, wenn er wütend ist. Er hat das ausdrucksvollste Gesicht von allen hier in der Klinik, aber es ist sehr schwer, Horst zu verstehen.

Ich kenne Horst ein wenig von seinem Besuch in Bozeman. Ich habe Waltraut, seine Frau, kennengelernt. Ich kenne seine kleinen Söhne, die Zwillinge. Wir plaudern eine Zeitlang. Horsts Englisch klingt interessant. Im letzten Jahr hatte ich Schwierigkeiten in seiner Gruppe. Er verwendete die Worte »must not« (du sollst oder mußt nicht), wenn er sagen wollte »need not« (brauchst nicht). Während ich daran denke, welche Verwirrung diese kleine Verwechslung bei mir ausgelöst hatte, beginne ich mich wieder zu fragen, weshalb ich hier in Deutschland bin.

Im letzten Jahr hatte ich mehr Angst und Wut. Bei einer von seinen ersten Gruppensitzungen forderte Horst mich auf zu sprechen, als die Reihe an mich kam. Ich sagte, ich sei Jackie und käme aus Montana, daß ich einen Ehemann, fünf Kinder und drei Enkelkinder hätte, und dann blieb ich stecken. »Das ist prima, Jackie. Du sollst jetzt nicht weitersprechen.« Ich konnte nicht verstehen, warum er mir das Wort abgeschnitten hatte. Ich glaubte, ich hätte etwas Verkehrtes gesagt, als ich über meine Familie sprach, und von da an erwähnte ich keinerlei persönliche Dinge mehr in der Gruppe. Ich verließ die Klinik zwei Wochen später, immer noch verwirrt. Als ich versuchte, mich im Verlauf dieses vergangenen Jahres damit auseinanderzusetzen, kam ich zu dem Schluß, daß er gemeint hatte: »Du brauchst jetzt nicht zu sprechen.«

Ich berichte Horst von dem Zwischenfall und frage ihn, wie er es gemeint hat.

»Ach, Jackie, du warst damals so sauer. Natürlich habe ich nicht gemeint, daß du nicht weiterreden darfst. Ich habe einen Fehler gemacht, aber du hast einen noch größeren Fehler gemacht – du hast mich nicht gefragt. Dieses Jahr mußt du es besser machen.«

Plötzlich brechen die Erinnerungen vom letzten Jahr wie eine Woge über mich herein. Damals hat Walther mir solche Angst eingeflößt. Ich hatte überhaupt kein Vertrauen zu ihm. Für mich verkörperte er sämtliche schmerzlichen Erinnerungen, die ich jemals mit Männern und Frauen in meiner Vergangenheit gehabt habe. Obwohl ich

Walther seinerzeit schon sechs Jahre kannte und ihn früher gemocht hatte, fürchtete ich mich vor ihm und wollte nichts mit ihm zu tun haben. Ich konnte diese Reaktion, die ich Walther gegenüber zeigte, nicht verstehen. Aber im letzten Jahr wirkte sich dieser Vorbehalt indirekt auf Horst aus. Er war der einzige Mensch, den ich vorher gekannt habe, und das bißchen Vertrauen, das ich aufbringen konnte, setzte ich in ihn.

An manches, was Horst mir seinerzeit sagte, erinnere ich mich sehr genau.

»Jackie, ich möchte, daß du folgende Dinge tust, während du hier bist: Du mußt lernen, nein zu sagen. Warte und denke nach, bevor du den Mund aufmachst. Du mußt lernen auszudrücken, was du gerade im Moment fühlst. Du mußt lernen, anderen deine Bedürfnisse mitzuteilen.« In den beiden kurzen Wochen meines Aufenthalts habe ich nichts von alledem gelernt.

Meine Gedanken gehen zurück zu dem Tag, als ich fluchtartig die Klinik verlassen habe. Ich mußte vor das Team und mich den Therapeuten stellen. Sie waren wütend und wollten mich davon abhalten, abzureisen. Nicht genug, daß Walther mich das am Anfang erwähnte Zitat von Richard Beauvais vorlesen ließ. Er sagte auch noch zu mir:

»Jackie, du verläßt uns, weil du zu viele Wahlmöglichkeiten hast. Deine Welt ist angefüllt mit Wahlmöglichkeiten. Du hast zuviel Macht. Du mußt aufhören, diese Macht auszuspielen. Du haust ab, weil du zu stark bist – nicht schwach, *stark*. Du handelst für andere und *gegen* andere und *gegen* dich selbst. *Niemals* tust du etwas für dich selbst. Jackie, wenn du hier weggehst, wirst du dich selbst und andere immer weiter zerstören, bis du schließlich stirbst. Du kannst nicht leben.«

Danach war ich zur Tür hinausgestürzt, und Horst hatte mich nach Stuttgart gebracht. Walthers Worte hatten sich in mein Gehirn eingebrannt.

»Er ist nicht der liebe Gott, Horst. Walther ist nicht Gott.«

Horst lächelte, während wir über die Autobahn fuhren, und sagte: »Nein, Jackie, Walther ist nicht Gott. Du bist zu sehr angefüllt mit Angst und Wut, um zu sehen, daß er sich Gedanken darüber macht, was aus dir wird. Ich spreche nicht vom Tod, Jackie, aber vom Sterben. Ich glaube, heute ist ein Stück von dir gestorben. Vor einigen Tagen habe ich zu dir gesagt, Aufgeben setzt Vertrauen voraus. Ich sagte, du wirst dieses Haus nicht verlassen, wenn hier auch nur ein einziger

Mensch ist, zu dem du Vertrauen haben kannst. Wenn du mir nicht mehr vertrauen kannst, dann wirst du weggehen. Das habe ich damals gesagt, und jetzt bist du dabei, uns zu verlassen. Der einzige Ausweg aus deinem Dilemma ist die bedingungslose Kapitulation. Nur du kannst das für dich tun. Ich versuchte lediglich zu helfen, doch nur du kannst es tun. Ich glaube, du weißt sehr gut, was zu tun ist. Ich schätze, du könntest das in einer gesunden Familie verwirklichen. Der Alleingang in einer kranken Familie, das ist in meinen Augen gefährlich für dich, davor mußt du dich hüten. Wenn du es fertigbringst, zu kapitulieren, fange an, dich selbst gern zu haben, laß andere Menschen an dich heran. Ich glaube, du kannst ein ganz neues Leben anfangen. Wenn du kein Zutrauen zu anderen Menschen, kein Vertrauen hast, weiß ich nicht, was werden soll.«

Heute, fast ein Jahr später, blicke ich Horst an.

»Ich konnte es nicht, Horst. Ich habe keine Tabletten mehr genommen. Ich weiß noch genau, wie du mir im letzten Jahr gesagt hast, ich dürfte keinen Alkohol mehr trinken, nachdem ich mit den Tabletten aufgehört hätte. Das habe ich dir nicht abgekauft. So bin ich dann auf meiner Rückreise nach Hause im Flughafen von Minneapolis in eine Bar gegangen und habe mir einen Drink bestellt. Ich wollte nicht gleich Unmengen in mich hineinkippen, nur ein Glas, während ich auf Jess wartete. Ich habe danach nur gelegentlich Alkohol getrunken. Keinerlei Probleme, bis ich krank wurde.«

»Erzähl mir davon. Was war los mit dir?«

»Es begann im März. Ich bin um fünf Uhr morgens aufgewacht, weil ich stechende Schmerzen hatte. Es war mein rechtes Bein. Tagelang bekam ich Medikamente. Schließlich mußte ich nach Billings fahren und einen Neurologen aufsuchen. Mein Bein war vollkommen taub geworden, und ich mußte Bewegungstherapie machen, um es wieder zu kräftigen. Ich habe einen Stock benutzt bis zu dem Augenblick, wo ich das Flugzeug nach Deutschland bestiegen habe. Der Neurologe in Billings sagte, daß dies eine sehr seltene Erkrankung sei und daß es nur aufgetreten sei, weil es in meiner Familie Diabetes gibt. Der Oberschenkelnerv in meinem Bein war entzündet. Jetzt habe ich einen Nervenschaden.«

»Wir haben das schon beobachtet in Deutschland, wenn Leute aufhören, Tabletten zu nehmen.«

»Horst, in vierundzwanzig Jahren hat es nicht einen einzigen Tag gegeben, an dem ich keine Tabletten genommen habe. Aber meine Ärzte haben mich niemals davon abgehalten, weil ich mich an die vorgeschriebene Dosierung gehalten habe.«

»Leute, die Tabletten über lange Zeit hinweg einnehmen, haben vielfach größere Schwierigkeiten, wenn sie damit aufhören, als Leute, die überhöhte Dosen nehmen, Jackie. Und häufig ist die physische Schädigung schlimmer. Wir haben diese Erfahrung hier in Deutschland gemacht. Wir werden dich erst untersuchen, wenn du dich akklimatisiert hast. Bis dahin nimmst du am Langsamen Spaziergang teil. Nachdem du dem Arzt vorgestellt worden bist, machst du bei der Gruppengymnastik mit. Kein Intervalltraining auf dem Fahrrad im Gymnastikraum. Du wirst autogenes Training machen, damit du lernst, dich zu entspannen. Das wirst du zweimal die Woche mit Verena machen. Du wirst an der konzentrativen Bewegungstherapie teilnehmen, die Heidi abhält. Du kommst in meine Gruppe zur Gruppentherapie. Ich mache die Gruppe zusammen mit Peter. Du kannst auch an Walthers Gruppen teilnehmen.«

Ich bin froh, in die Gruppe von Horst zu kommen, die jetzt Horst/Peter-Gruppe genannt wird. Ich werde auch Walthers Gruppe ausprobieren. In diesem Jahr will ich alles ausprobieren, was ich irgend kann.

»Nach der ärztlichen Untersuchung wirst du in die Sauna mitgehen. Du wirst in Walthers S-Gruppe gehen und auch an Treffen der anonymen Alkoholiker teilnehmen.«

»In Ordnung, Horst, ich beginne einzusehen, daß ich auch keinen Alkohol mehr trinken darf. Als ich im März aus dem Krankenhaus entlassen wurde, war Jess nicht zu Hause, und meine Tochter Barbara holte mich ab. Bevor sie mich nach Hause brachte, schickte ich sie in ein Spirituosengeschäft, um eine Flasche Whisky zu kaufen. Das habe ich noch nie in meinem Leben getan. Ich erschrak selber.«

»Denk nicht zuviel darüber nach, Jackie. Ich will, daß du dir von nun an jeden Tag folgende Dinge vor Augen hältst. Erstens : Ich *muß* mir hier Zeit nehmen. Zweitens: Ich *muß* leben wollen. Drittens: Ich habe Probleme mit Tabletten und Alkohol. – Und noch etwas, Jackie: Jede Woche sollst du mir am Freitag morgen einen schriftlichen Bericht darüber geben, wie es dir in der zurückliegenden Woche ergangen ist.«

»Horst, du hast gesagt, ich muß leben wollen. Woher weißt du, daß ich sterben will? Das habe ich dir doch noch nicht erzählt.« Tränen laufen mir übers Gesicht.

»Doch, Jackie, du hast es mir erzählt, auf viele verschiedene Arten. Geh jetzt zu den anderen. Es ist Zeit zum Mittagessen. Wir haben um 14.30 Uhr eine kleine Gruppe, nur meine Leute.«

Mein Herz stolpert, und ich fühle mich bedroht durch so einen engen Kontakt mit einem der Ärzte. Während ich den Aufzugknopf drücke, fällt mir ein Schwur ein, den ich geleistet habe, ehe ich zehn Jahre alt war. Ich schwor, daß ich niemals irgend jemanden brauchen würde. Daß mich niemand zu lieben brauchte und daß ich niemals so viel Gefühl investieren würde, daß mich irgend jemand oder irgend etwas verletzen würde. Man braucht nicht viel Grips dazu, um zu merken, daß damit der Verlauf meines Lebens vorgezeichnet war. Ich war noch keine zehn und war schon einsam. Es war eigenartig. So sah es in meinem Inneren aus, während ich mich nach außen sehr konventionell benahm. Die Anspannung, die es mich gekostet hat, meine arme Seele all diese Jahre zu behüten, gehört mit zu den Dingen, die mich umbringen.

Was bei diesen Therapeuten hier so völlig anders ist, ist die Tatsache, daß sie kein Interesse an meiner Vergangenheit haben. Sie unterbrechen uns sogar, wenn wir anfangen, von unserem früheren Leben zu erzählen. Horst interessierte sich nicht dafür, warum ich Angst vor Alkohol und Tabletten habe. Das kommt einem eigenartig vor im Vergleich zur herkömmlichen Psychiatrie, aber andererseits hat mir die herkömmliche Psychiatrie noch nie nennenswert geholfen. Ich habe mich mein ganzes Leben lang mühsam durchgeschlagen, habe mich abseits und einsam gefühlt und habe Angst gehabt. Ich habe mich selbst in dem Leben meines Mannes und in dem meiner Kinder vergraben. Ich war niemals genötigt herauszufinden, wer ich bin, weil ich ihre Leben lebte. Tabletten waren meine Krücken, sie halfen mir, meinen Schmerz zu lindern.

Ich schließe meine Zimmertür auf und überlege, daß ich kein Mittagessen brauche. Ich weiß, daß ich vor den anderen Gästen davonrenne, aber mir gehen zu viele Gedanken durch den Kopf, und ich bin müde. Mir bleibt eine Stunde bis zur täglichen Komitee-Sitzung, die um eins anfängt. Ich hasse diese Sitzungen!

Ich kann mich nicht entspannen. Ich bin immer noch müde von der Reise. Aber das war schon von jeher so: Je müder ich bin, desto verkrampfter werde ich. Jess kann überall und zu jeder Zeit schlafen. Er erholt sich, auch wenn er nur ein Nickerchen von einer halben Stunde macht. Die wenigen Male, wo ich für eine halbe oder sogar eine Stunde eingeschlafen bin, fühlte ich mich hinterher völlig gerädert, mir war schlecht im Magen, und ich hatte das Bedürfnis, mindestens weitere vier Stunden lang zu schlafen. Ich weiß, daß ich wachbleiben muß, um für den Rest des Tages irgend etwas leisten zu können.

Ich erinnere mich äußerst lebhaft an die zwei Wochen, die ich letztes

Jahr hier war. Die schrecklichen Ängste, die mich jeden Tag überfielen. Immer wieder muß ich an die Arbeit auf den Matten denken. Ich habe keine Ahnung, ob wir heute nachmittag auf den Matten arbeiten werden oder nicht, aber ich weiß, daß es für morgen vormittag vorgesehen ist. Die neuen Gäste, eine beliebige Anzahl der schon länger im Haus weilenden Gäste und einige Leute von draußen treffen sich alle morgen um 8.30 Uhr in der Kegelbahn. Meine Erinnerungen an das Schreien sind so unsagbar schmerzlich.

Im letzten Jahr kam Walther, um während der Kurse meines Mannes Vorlesungen zu halten. Er brachte Horst mit. Ich war schon total am Boden zerstört, ehe sie da waren. Jess mußte im Januar einen Herzschrittmacher eingepflanzt bekommen. Einer unserer Söhne hatte der Schule den Rücken gekehrt, um »seinen eigenen Weg zu gehen«. Bei unserer Tochter wurde zum zweiten Mal Krebs festgestellt, unsere Schwiegertochter Ann war genau zwei Wochen vor Unterrichtsbeginn gestorben; bei meiner Mutter mußte eine Niere entfernt werden, unser Sohn steckte mitten in einem qualvollen Scheidungsverfahren, und wir hatten gerade ein Restaurant mit Eisdiele eröffnet, ein finanziell gesehen äußerst gewagtes Unternehmen. All diese Dinge neben unserer turbulenten Ehe, dem normalen Alltagsstreß, den Reisen und Seminaren und Ferienkursen, die Teil unseres Lebens sind, hatten mich geschafft.

Als das Semester begann, war ich unglaublich verkrampft. Ich habe nicht so mitgemacht wie sonst. Ich war wütend und gereizt, und das merkte man mir an. Jahrelang hatte ich mit relativem Gleichmut die Frauen beobachtet, die sich um Jess scharten, jede von ihnen ausgehungert und voller Erwartungen, daß Jess ihre diesbezüglichen Bedürfnisse befriedigen würde. Das gehörte alles mit zum Geschäft. Dieses Jahr hatte ich keine Geduld. Ich hatte es satt. Ich war ausgepumpt, ich litt, ich brauchte Zuwendung, und diese »blöden Weiber« und mein nicht minder »dämlicher« Ehemann gingen mir auf die Nerven. Im vergangenen Herbst hatte ich Jess für einige Wochen verlassen, das war Teil der Midlife-crisis, die wir beide durchlitten. Jess bat mich, zu ihm zurückzukehren. Wir hatten uns beide gegenseitig ziemlich oft weh getan, und ich war fest entschlossen, nicht zurückzukommen. Aber dann sagte er: »Jac, du bist die einzige Frau, die mich niemals gelangweilt hat. Wenn ich Witwer wäre und du Witwe und wir uns gerade erst kennengelernt hätten, wärst du die Frau, die ich heiraten würde – heute, auf der Stelle.« Damit hatte er mich wieder für sich gewonnen, und ich kehrte zurück. Aber der

Frieden war nicht von Dauer, und nach nur drei kurzen Monaten bekam Jess einen weiteren Herzanfall. Die darauffolgenden sechs Monate bis zum Semesterbeginn waren grauenhaft.

Als Jess den Lehrbetrieb wieder aufnahm, gab es neue Spannungen mit den wenigen Frauen, die sich an Jess klammerten, als wären sie am Verhungern und er wäre ein Super-Sandwich. Und die Tatsache, daß Jess jeden Augenblick davon genoß, machte die Sache nicht gerade leichter für mich.

Am Donnerstag zeigten Walther und Horst die Schreitechnik, die als Teil der in ihrer Klinik angewendeten Therapie praktiziert wird. Matten wurden auf den Fußboden gelegt, und wir saßen alle auf Stühlen rund um die Matten herum. Wir faßten uns an den Händen, und alle schrien, so laut sie nur irgend konnten. Nach einer Weile hörte einer nach dem anderen auf zu schreien, bis auf . . . raten Sie, bis auf wen? Der ganze aufgestaute Schmerz und die Todesangst brachen brodelnd aus mir heraus wie aus einem überkochenden Teekessel. Horst kam rüber zu mir und holte mich auf den Boden zurück. Ich schluchzte und heulte und schrie. Walther, der mir gegenübersaß, fragte mich, was ich sagen wollte und zu wem.

»Schwindler, Heuchler, du bist ein Heuchler!« schrie ich ihm entgegen.

»Gut, Jackie, sag zu jedem hier: ›Du bist ein Heuchler.‹«

Schluchzend, mit laufender Nase, aber ohne mich darum zu scheren, schrie ich »Heuchler« – zu Jess, zu Walther, zu allen anderen. Als ich zur Hälfte die Runde rum war, sagte Walther mit lauter Stimme: »Sag: Scheiße, mir geht's schlecht.« Ich schrie es einmal, zweimal, dann brach ich heulend auf der Matte zusammen. Horst kam zu mir und hielt mich auf der Matte umfaßt. Ich schrie zwei Stunden lang ohne Unterbrechung. Als ich aufstand, war ich um sieben Pfund leichter – ich habe mich an dem Abend noch auf die Waage gestellt –, schockiert, völlig durcheinander. Ich war mir bewußt, daß ich weitermachen mußte, denn der Schrei tönte unhörbar fort in meinem Kopf. Ich wußte, daß ich mit dem Rücken gegen die Wand stand. Eine Woche später fuhr ich nach Deutschland zu meinem ersten kurzen Aufenthalt.

Mich jetzt an all das zu erinnern, während ich zum zweiten Mal innerhalb eines Jahres in einem Zimmer der Klinik sitze, hat einen dumpfen Schmerz tief in meinem Bauch ausgelöst. Es wäre besser für mich gewesen, zum Mittagessen zu gehen. Ein Blick auf die Uhr zeigt mir, daß ich beinahe eine geschlagene Stunde in Erinnerungen versunken war. Es ist Zeit fürs Komitee. Ich gehe nach unten.

Das Komitee ist überhaupt nicht schlimm. Es wird von lächelnden, fröhlichen, entspannten Gästen geleitet. Horst kommt zu spät und muß Strafe zahlen. Jeder, der zum Komitee zu spät kommt, muß Strafe bezahlen. Die Namen derjenigen, die sich nicht in die Gymnastik-Liste eingetragen haben, werden verlesen. Mein Name ist auch darunter, und ich soll wie die anderen Strafe zahlen. Ich protestiere in Englisch: »Aber ich bin doch erst gestern angekommen.« Lächelnd einigen sie sich, daß ich nicht zu bezahlen brauche – für dieses Mal. Das eingenommene Geld wird gegenwärtig zum Ankauf von Fahrrädern verwendet, welche die Gäste für Ausflüge in die Umgebung dieser herrlichen Scharzwaldregion benutzen können. Meine Dolmetscherin lehnt sich zu mir herüber. »Du brauchst keine Strafe zu bezahlen, weil du unsere Sprache nicht beherrschst. Wenn du Deutsche wärst, müßtest du zahlen, kein Pardon. Du mußt jeden Tag deinen Namen in die Gymnastik-Liste eintragen, Jackie.«

Also gut, ich werde verantwortungsbewußt sein. Verantwortungslosigkeit gehört *nicht* zu meinen Problemen. Ich sollte bald in einer von Walther erteilten Lektion erfahren, daß ich ein ähnlich lautendes Problem habe. Ich sei nicht »response-able«, nicht ver-antwortungsfähig. Doch davon später.

Ich werde aufgefordert, aufzustehen. Ein Leiter des Komitees spricht in deutscher Sprache. Zwei weitere Frauen stehen auf. Ich blicke verwirrt auf meine Dolmetscherin. »Diese Frauen haben sich bereit erklärt, deine Paten zu sein. Sie werden dir helfen, dich im Haus zurechtzufinden, die Regeln des Hauses kennenzulernen, und sie werden Einkäufe für dich erledigen, solange du die Klinik nicht verlassen darfst.«

»Ich nehme beide«, antworte ich keck.

Die Diskussion geht hin und her. Ich schaue zu Boden.

»Eigentlich sollst du dir eine aussuchen, aber Uwe meint, du kannst auch beide nehmen.«

Ich setze mich und die beiden Frauen auch. In meinem Unbehagen habe ich nicht einmal mitgekriegt, wer es war. Ich fühle mich gehemmt, weil ich Amerikanerin bin, und zum zweiten Mal an einem Tag vor der Gruppe stehen zu müssen ist schon ein dicker Brocken. Ich frage mich, ob ein Schwarzer in einem Raum voller Weißer ähnlich empfindet.

Das Komitee ist aus, und wir genehmigen uns einen Kaffee, ehe wir zu den Gruppen gehen. Jetzt wünschte ich, daß ich etwas gegessen hätte. Eine hübsche Frau, etwa Ende Zwanzig, kommt auf mich zu.

»Ich heiße Elke. Ich unterrichte Englisch in einer Schule in Heidelberg. Ich habe mit deiner anderen Patin gesprochen und sagte ihr, ich würde selber für dich die Patenschaft übernehmen, weil ich mich mit dem Englischen leichter tue. Morgen schreibe ich dir alle Regeln auf und erledige für dich, was du willst. Du mußt lernen, mit wem du hier zusammensein kannst und wem du lieber aus dem Weg gehst. Siehst du den Mann dort drüben? Halte dich von ihm fern – er ist nicht ganz richtig im Kopf und gehört hier nicht hin. Ich bin hier, weil meine Mutter, mein Vater und mein Bruder nicht mit meiner Sensibilität fertig werden. Ich bin es so leid, daß immer alle auf mir herumhacken. Ich hatte einen Geliebten – er hat meine Empfindsamkeit ebenfalls ausgenutzt. Meine Schüler waren ziemlich aufsässig, und so mußte ich den Lehrberuf aufgeben.«

Elke schnattert weiter und weiter und gibt mir kurze Beschreibungen von einer Reihe von Gästen. Sie scheint keinen von ihnen zu mögen. Ich wünschte, ich wüßte, wer die andere Freiwillige gewesen ist – ich würde Elke gern loswerden.

Etwas habe ich im letzten Jahr gelernt. Nimm die Dinge, wie sie kommen, und jammere nicht. Ich weiß nicht weshalb, vielleicht zum Teil wegen meiner eigenen Neurose und zum Teil wegen der Probleme der anderen Gäste habe ich gelernt, meinen Mund zu halten und abzuwarten. Ich hatte Elke jetzt auf dem Hals, ich würde es durchstehen.

Es ist halb drei, und ich gehe hinunter in den Warteraum vor den Sprechzimmern von Horst und Peter. Andere Gäste treffen ein. Da kommt Elke. Sie lächelt. Wir sind acht. Dann erscheint Horst. Hier sind nur die Leute, die Horst als Arzt haben. Wir treffen uns einmal die Woche, und zwar freitags, in dieser kleinen Gruppe, um über die Woche und die Situation im Haus zu sprechen. Wir schreiben unsere Namen auf ein Blatt Papier, das Horst rumgehen läßt.

Während ich mich umschaue, werde ich mit Dieter bekannt gemacht. Er ist groß, schlank, hat lockige Haare, Mitte Zwanzig. Er ist drogensüchtig, hat mehrere Jahre im Gefängnis gesessen wegen Rauschgift. Jetzt ist er auf Bewährung freigelassen und in die Klinik geschickt worden. Dieter spricht Englisch besser als irgendeiner sonst, mit Ausnahme von Sigrid. Daneben ist Heidi. Sie verläßt die Klinik in zwei Tagen. Sie ist entspannt und glücklich. Matthias ist weder entspannt noch froh. Er ist in den Vierzigern, und Spannung und Wut umgeben ihn wie eine Mauer aus Ziegelsteinen – genauso undurchdringlich. Er ist etwa so groß wie ich und wäre einigermaßen passabel, wenn er nicht so finster dreinschauen würde. Da ist Elke, sie platzt vor Energie und ist zappelig wie eine Zwölfjährige. Daneben Joseph. Er ist auch ungefähr in meinem Alter. Ein gutaussehender Mann, entspannt, zurückhaltend, er scheint eigentlich nicht zur Gruppe zu gehören. Er hat ein schlimmes Herz und ist ein Anwalt aus Düsseldorf. Neben ihm ist Monika, eine junge, blonde, hübsche Alkoholikerin. Dann kommt Heidi, die Arzttochter. Das sind alle, die zu der kleinen Gruppe gehören.

»Worüber sollen wir sprechen?« fragt Horst auf deutsch.

Ich nehme an, daß er so etwas gesagt hat, denn meine Dolmetscherin beginnt mit großer Heftigkeit zu sprechen. Ich schaue mich hilflos um, nachdem ich eine ganze Weile zugehört habe. Dieter tauscht den Platz mit Joseph zu meiner Linken.

»Elke ist sauer. Sie möchte in eine andere Gruppe gehen. Sie kann Horst nicht leiden. Sie behauptet, daß er ihr nicht hilft und ihr nicht sagt, was sie tun soll. Er lacht sie nur aus und sagt nichts dazu, beantwortet keine ihrer Fragen.«

Ich sehe Horst an. Er grinst Elke entgegen. Ich betrachte die anderen Gäste. Sie sehen alle gelangweilt und teilnahmslos in die Gegend.

Wenig später steht Horst auf – als Reaktion auf weitere Tiraden von Elke – und zieht seine Cowboystiefel aus. Er gibt sie Elke, und die zieht sie an und spricht weiter. Sie steht jetzt in den Stiefeln da und hält die Hände auf ihren Hüften.

Es vergeht ziemlich viel Zeit. Dann dreht sich Horst zur Seite, legt seinen Kopf auf Monikas Schoß und seine Füße über Matthias drüber. Er lächelt immer noch über Elkes Rede.

»Elke hat gerade gesagt, daß ihr nie jemand zuhört, daß sich keiner was aus ihr macht.« Dieter grinst, als er das sagt.

Ich wende mich von Dieter ab und murmele: »Sie behauptet, niemand höre zu, dabei haben wir eine halbe Stunde lang nichts anderes getan, als ihr zuzuhören.«

Heidi, die bald weggeht, kann Englisch und wiederholt laut in Deutsch, was ich gerade gesagt habe.

Elke hört unvermittelt auf zu sprechen und setzt sich hin. Horst runzelt die Stirn und richtet sich auf.

Einer nach dem anderen hat von uns jetzt die Möglichkeit zu sagen, was er möchte. Keiner sagt viel. Horst beginnt wieder zu sprechen, er wendet sich an Elke.

»Horst sagt Elke, sie kann in eine andere Gruppe überwechseln, wenn sie mag. Horst hat den Eindruck, daß sie kindisch und unreif ist und keine Verantwortung übernehmen, nicht gesund werden will.« Dieter übersetzt immer noch für mich, da Elke Horst aufmerksam zuhört.

Die Sitzung geht bald darauf zu Ende. Diejenigen, die die Klinik übers Wochenende verlassen wollen, holen sich die entsprechende Genehmigung.

Als wir aus der Tür hinausgehen, hält Horst mich zurück.

»Jackie, sag niemals etwas, damit etwas passiert!« Er runzelt die Stirn.

»Ich weiß, Horst. Mit meiner Bemerkung habe ich Elke den Hahn zugedreht. Es war weder fair noch nett, so etwas zu sagen.«

Dieser Satz – »Sag niemals etwas, damit etwas passiert« – ist eine wichtige Feststellung. Ich habe festgefügte Meinungen und drücke sie häufig aus, sozusagen als Kontrollmittel. Oft kontrolliere ich andere mit Hilfe meines Sarkasmus oder Humors. Noch nie hat mich jemand darauf aufmerksam gemacht, und ich war überrascht, daß diese Kritik von Horst nicht weh tat. Sie half mir – ich erkannte die Wahrheit, als ich sie hörte. Ich lächelte Horst an, und er lächelte zurück.

Ich fühlte mich froh. Ich war kritisiert worden. Ich habe es geschluckt und davon gelernt. Ich war nicht wütend, und mir wurde klar, daß Horst mir etwas beigebracht hatte. Seine Kritik bedeutet nicht, daß er mich nicht gern hat. Ich kann mich nicht erinnern, daß ich jemals ein solches Gefühl gehabt habe.

Meine erste Lektion, und es ist gutgegangen. Ich bin auch froh, daß wir nichts mit den Matten gemacht haben. Bis morgen habe ich Galgenfrist.

2
Dr. Walther H. Lechler

Dieses Kapitel handelt von Dummheit. Jackie haßt es, wenn man dieses Wort auf ihr Verhalten anwendet. Ich sage ihr und sage es allen: Falls Sie die Bezeichnung »Unzulänglichkeitssyndrom« eher bevorzugen, dann verwenden Sie diese. Aber Unzulänglichkeitssyndrom ist gleichzusetzen mit Dummheit!

Inadäquate Enkulturation bedeutet, daß einer für das Leben nicht gut ausgebildet ist, und wer nicht gut ausgebildet ist, den bezeichnen wir als dumm. Ein Zahnarzt, der nicht die entsprechende Ausbildung hat, daß er einen Zahn ziehen kann, ist ein blöder Zahnarzt – das leuchtet uns ein.

Wenn man zum ersten Mal feststellt, daß man dumm ist, kann man auf zweierlei Weise reagieren. Entweder man ergreift ein Gewehr und erschießt sich, weil man es nicht ertragen kann, dumm zu sein, oder man sucht einen Weg, wie man seinen Bildungs- oder Wissensstand verbessern kann. Das ist es, was wir hier in der Klinik machen: Wir helfen denjenigen weiter, die gewillt sind, an ihrer Ausbildung oder Weiterentwicklung zu *arbeiten.* Das klingt einfach, und es ist so simpel, daß ich mich schäme, Geld dafür zu verlangen.

Jackie behauptet: »Unsinn, Walther, es ist gar nicht so einfach.« Aber es ist es doch. Ich will erzählen, warum Jackie und viele andere Menschen nicht glauben, daß es so einfach ist.

Das erste, was wir erfahren haben, als das Sperma unseres Vaters auf das Ei der Mutter traf und als wir begannen, Gestalt anzunehmen – im Bauch unserer Mutter heranzuwachsen –, war totale Lebensberechtigung. Durch das Zeichen, das die Samenzelle der Eizelle gegeben hat, erfuhren wir sofortige Lustbefriedigung: die augenblickliche Erfüllung aller Wünsche und Bedürfnisse. Im Mutterleib hatten wir alles, selbst wenn unsere Mutter Schmerzen hatte, selbst wenn wir ihr das Kalzium aus den Knochen gesogen haben und unsere Mutter krumme Beine bekam. Der Fötus nahm sich alles, was er brauchte. In keiner Phase seines Lebens empfindet der Mensch seine Daseinsberechtigung so unmittelbar wie als Ungeborenes. Im Mutterleib hatten wir keine Verantwortung. Wir hatten ein Höchstmaß an Sicherheit und eine gewaltige Macht.

Selbst nach der Geburt hatten wir noch die Kraft, uns berechtigt zu fühlen. Wenn wir hungrig waren, haben wir wie verrückt geschrien. Wir hatten Anspruch darauf, gefüttert zu werden, trockene Windeln zu bekommen. Aber bald passierte irgend etwas. Niemand in unserem Umfeld konnte uns helfen, als wir begannen, etwas von unserer Anspruchsberechtigung einzubüßen, denn alle hatten die gleiche Entwicklung an sich erfahren. Unseren Eltern wurde niemals beigebracht, daß sie Anspruch auf Erfüllung ihrer Wünsche und Bedürfnisse haben, daher waren sie nicht in der Lage, uns zu zeigen, wie wir das für uns erreichen können.

Wegen der von uns im Mutterleib gemachten Erfahrung, wo unsere Wünsche und Bedürfnisse *unmittelbar* erfüllt worden waren, selbst wenn es für unsere Mutter mit Schmerzen verbunden war, wußten wir nicht, daß wir jetzt etwas dafür tun müssen, um diese Erfüllung zu erlangen.

Wir haben Anspruch auf Verbundensein, auf das Erleben von Wärme, Nähe und Liebe, aber jetzt müssen wir etwas dafür tun. Wir müssen unsere Samenkörner einpflanzen, wir müssen sie hegen und Geduld haben. Wir müssen die kleinen Pflänzchen beschützen, während sie wachsen; vor Tieren, Kälte und Hitze schützen, sie beschirmen, heranwachsen lassen und darauf warten, daß sie Früchte tragen. Dann müssen wir die Früchte abnehmen und zubereiten, ehe wir sie essen können. Das ist Verantwortlichsein. Ich nenne es »response-able« – fähig sein, Antwort zu geben: in der Lage sein, auf das Leben zu respondieren. Wir müssen lernen, mit dem Leben einen Dialog zu führen. Wir müssen etwas dafür tun, um die Fähigkeit zu erlangen, uns dem Leben zu stellen.

Wir müssen lernen, daß wir niemals mehr dieses Höchstmaß an Sicherheit erreichen können, das wir im Mutterleib hatten. Das Leben ist ein Wagnis. Ständig gehen wir Risiken ein.

Wir sehnen uns nach der Macht, die wir im Mutterleib hatten. Die Gesellschaft glaubt, daß wir Macht durch den Intellekt erreichen können. Unsere Schulsysteme sind alle auf ein einziges Ziel ausgerichtet: den Intellekt auszubilden. Aber die wirkliche Kraft, nach der wir streben, ist die *Kraft der Persönlichkeit*: daß wir uns daseinsberechtigt fühlen. Die Kraft der Persönlichkeit verlangt nur nach dem Wissen, daß wir berechtigt sind, zu leben und das zu bekommen, was wir zum Leben brauchen: Nahrung, Trinken, Kleider, Wärme, Liebe.

Die Struktur unserer Gesellschaft hat alles in ihrer Macht Stehende dazu getan, um einen künstlichen Mutterleib für uns zu schaffen. Wir haben sofort verfügbare Wärme und Licht, sogar Minutensteaks. Bei den neuen Grillgeräten haben wir nicht einmal mehr das Vergnügen, den Duft des bratenden Fleisches zu riechen. Alles ist auf »Sofort« programmiert.

In der künstlichen Welt, die wir mit unserer Technologie geschaffen haben, können wir nicht mit der wirklichen Wirklichkeit leben, können wir keine Risiken eingehen. Wir haben Marionetten geschaffen und bezahlen sie, damit sie uns *unsere* Verantwortungen abnehmen. Wir haben Ärzte für unser physisches Wohlbefinden, Psychiater für unsere geistige Gesundheit, Sozialarbeiter für die Armen. Wir bezahlen sogar Priester und Pfarrer, damit sie an unserer Stelle den Dialog mit unserem Gott führen. Wir haben Berater, die uns bei den Beziehungen zu unseren Kindern zur Seite stehen. Wir brauchen lauter Spezialisten, um zu leben! Wir haben keinen Mut mehr, wir sind »überbeschützt«. Wir bleiben dumm, um Kummer zu vermeiden, um im Mutterleib zu verharren.

Schmerz, Angst und Wut sind das Ergebnis dieser Art von Leben, das wir führen. Es sind gute Symptome, die uns zeigen, daß wir etwas brauchen. Schmerz, Angst und Wut sind Symptome unseres Hungers und Durstes. Wir rennen vor diesen Symptomen davon. Unsere Wissenschaftler und Ärzte mögen Schmerz, Angst und Wut ebensowenig wie wir, daher erfinden die Wissenschaftler Tabletten, damit wir uns vor den Symptomen verbergen können, und unsere Ärzte geben uns diese Tabletten, wenn unsere Symptome zutage treten. Wir haben uns alle miteinander verschworen, um unwissend zu bleiben. Es ist wie die Geschichte von des Kaisers neuen Kleidern: Keiner wagt es, von unserem Mangel und unserer Entbehrung zu sprechen.

Durch die Hilfe der Gesellschaft haben wir in unserem Leben gelernt – häufig auf sehr verfeinerte Weise –, wie wir uns in Sicherheit bringen und zurückziehen können, wie wir kämpfen oder wie wir uns in einem Zustand ständiger Selbstkontrolle halten können.

Wir müssen endlich einen Ort finden, von dem wir nicht mehr entfliehen und uns allem entziehen können, wo wir nicht mehr kämpfen oder Kontrolle über alles ausüben können.

Ein hervorstechendes Merkmal unserer Gesellschaft ist das Bedürfnis, sich anderer Leute anzunehmen. Wir sehen das besonders ausgeprägt bei Müttern. Sie kennen die Mutter, die zu ihrem dreißigjährigen Sohn sagt: »Warum willst du heiraten? Du hast doch mich, deine Mutter.« Nur eine Mutter, die mit sich selbst nichts anzufangen weiß, muß sich um andere kümmern. Sich um andere kümmern ist eine Art Flucht.

Jackie berichtet in diesem Kapitel von vielerlei Ereignissen, die ihr in ihrem Leben zugestoßen sind. Wir bezeichnen das als Streß. Wir brauchen in unserem Leben Streß, um zu leben; es ist eine notwendige Spannung, die positiv ist. Es ist ein Teil unserer Lebenskraft. Die *Art und Weise*, wie wir mit den Belastungen umgehen, tut uns weh.

Wie viele von uns hat Jackie auf die Belastungen in der einzigen Weise reagiert, die sie kannte, die man ihr beigebracht hatte. Sie spielte Gott, den Allmächtigen. Sie glaubte, es wäre ihre Aufgabe, sämtliche Probleme in ihrer Familie allein zu lösen. Das ist die einzige Verbindung, der einzige enge Kontakt, den sie mit dem Leben hatte. Das ist alles, was sie von ihrer Familie, ihrer Schule, von der Gesellschaft jemals gelernt hatte.

Viele Leute schauen jemanden wie Jackie an und sagen: »Ich kann nicht begreifen, wie Sie mit diesen ganzen Problemen in Ihrem Leben fertig werden.« Solche Leute entschuldigen Jackies unsinniges Verhalten auch noch, sozusagen als Entschuldigung für ihre eigene Unfähigkeit, mit dem Streß fertig zu werden. Sie sind der Ansicht, daß es kein Wunder ist, daß Jackie in meine Klinik kommen mußte, bei den vielen Belastungen, mit denen sie in ihrem Leben konfrontiert wurde. Also bestärken sie Jackie in ihrem unvernünftigen Verhalten, damit sie selber an ihrem eigenen unsinnigen Verhalten festhalten können.

Jackie hat sogar den Gesundheitszustand ihres Mannes als Grund dafür genommen, die Erfüllung ihrer eigenen Bedürfnisse aufzuschieben. Es ist, als ob sie eine Warteliste ihrer eigenen Bedürfnisse hätte und sich weigere einzusehen, daß sie die Erlaubnis hat, ihre eigenen Bedürfnisse *jetzt* zu befriedigen oder *nie*.

Jess braucht Jackie, aber er braucht sie nicht mit der Einstellung zum Leben, die sie in diesem Kapitel beschreibt. Auch ihre Kinder brauchen sie nicht auf diese Weise. Jess und die Kinder brauchen sie als Frau und Mutter, die sich dem Leben stellt, die ver-antwort-ungsfähig ist, die das Leben als Freude empfindet und nicht nur als Bedrängnis, Pflicht, Sorge und Last.

Jackie muß ihre Haltung aufgeben, daß sie mit seinem Tod rechnen muß, und sie muß lernen, sich darauf einzustellen, daß er leben wird. Sie sagt zu sich selbst, daß sie realistisch sei, wenn sie mit der Möglichkeit von Jesses Tod rechnet. Das ist Unsinn. Die Wirklichkeit ist nicht der Tod, Wirklichkeit ist Leben.

Jess rennt Berge rauf und runter mit seinem Herzschrittmacher. Das ist Leben. Wenn er einen anderen Schrittmacher braucht, laß ihm einen neuen Apparat einpflanzen. Solange er lebt, muß Jackie mit ihm zusammenleben. Und wenn er stirbt, stirbt er. Jeder muß einmal sterben. Daß Jackie sich so mit den Problemen ihrer Familie befaßt und auseinandersetzt, ist ihr Alibi, kein eigenes Leben leben zu müssen. Sie muß den Lernprozeß des Lebens erkennen. Sie muß sehen lernen, daß jeder Tag eine Freude ist, weil wir neue Dinge entdecken können. Es spielt keine Rolle, wenn die äußere Situation ungünstig ist; das Leben macht trotzdem Freude, wenn wir bekommen, was wir brauchen.

Wir müssen alle begreifen, daß wir das Recht haben zu leben. Ich weiß jetzt, daß Liebe Leben bedeutet. Ich habe in diesem vergangenen Jahr sehr hart in meinem eigenen Leben gearbeitet, um diese Dinge zu lernen, um Befriedigung meiner Bedürfnisse zu erlangen. Ich bin jetzt viel eher in der Lage, mit meinem Leben zurechtzukommen, nachdem sich bei mir das Bewußtsein gefestigt hat, daß ich berechtigt bin, zu leben und meine Bedürfnisse zu erfüllen.

In meiner Klinik haben wir festgestellt, daß es unter meinen Mitarbeitern keinen Platz gibt für Ärzte, die bestimmte Techniken anwenden wollen. Alle Ärzte, die ihre Erkenntnisse erweitern wollten, wie man sogenannte »kranke« Menschen behandelt, haben mich verlassen.

Jetzt habe ich junge Ärzte, die um ihrer eigenen Bedürfnisse willen hier sind. Diese Ärzte haben erkannt, daß ihre eigene Menschlichkeit den Vorrang haben muß. Sie sind bereit, alle Techniken zu opfern, mit denen wir die Zeit ausfüllen, alle Spiele aufzugeben, die wir zu spielen gelernt haben. Wir, die Ärzte in der Klinik, streben nach der Selbstverwirklichung unserer Menschlichkeit. Wir dürfen dies nicht aus egoistischen Gründen tun, sondern einfach, weil wir unsere Menschlichkeit im Miteinander erfahren. Die Menschen können nicht jeder für sich alleine leben. Ich bin mehr denn je überzeugt, daß wir alle, die ganze Menschheit, *ein* Leib sind.

Jackie erzählte mir von ihrer Haltung gegenüber den Deutschen. Sie hatte deutsche Großeltern; aber wegen des Krieges, wegen Hitler, hatte sie niemals das Bedürfnis, deutsche Menschen kennenzulernen. Während sie in unserer Klinik war und unseren Tagesablauf mitmachte, auch ohne Kenntnis unserer Sprache, stellte sie zu ihrer eigenen Verwunderung fest, daß sie uns mehr liebte, als sie zuvor ihrer eigenen Familie an Liebe entgegenbringen konnte. Sie fühlte sich eins mit uns.

Ich möchte hier die Bemerkung anfügen, daß unser grundsätzliches Verlangen nach Befriedigung unserer Bedürfnisse pervertiert werden kann, nur dadurch wurde der Aufstieg Hitlers möglich. Die Deutschen haben ihre Bedürfnisse – und damit sich selbst – einer Person übertragen. Hitler versprach dem deutschen Volk, daß er seine Bedürfnisse erfüllen würde, wenn man ihn an die Macht lasse. Nach den Worten der Bibel ist das der Teufel.

Wenn wir uns einem anderen Menschen unterordnen und glauben, daß dieser andere Mensch unsere Bedürfnisse erfüllen kann, sind wir in der Hand des Teufels. Kein anderer Mensch kann unsere Bedürfnisse für uns erfüllen.

Wie allen jungen Frauen hatte man Jackie beigebracht, daß sie sich ihrem Ehemann unterordnen müsse, und dann würde er ihre Wünsche und Bedürfnisse erfüllen. In der Bibel steht geschrieben: ». . . eine Frau soll ihrem Manne untertan sein.« Aber meiner Meinung nach ist das eine falsche Interpretation. Man muß diese Stelle symbolisch verstehen, dann ist die Frau Symbol des Leiblichen und der Mann Symbol des Geistigen. Der Körper muß immer dem Geist und der Seele gehorchen. Diese Bibelstelle handelt also von unserer Beziehung zu Gott, zur Geistigkeit, zum Seelischen. Hier hören wir von Ganzheit, Verbundenheit, Loslassen mit dem Ziel, sich zu einem Ganzen zu verbinden.

Wir nehmen die Bibel wörtlich und zerstören unser Leben durch unsere Interpretationen. Das Geheimnis liegt darin, daß wir selbst ganz werden müssen und dann einen Partner finden müssen, der ganz ist. Dann schaffen wir im Leben etwas Neues. Statt dessen findet ein männliches Wesen, das noch nicht erwachsen ist, ein weibliches Wesen, das noch ein Kind ist, und sie bekommen Kinder – und keiner kann keinem sagen, was er mit dem Leben anfangen soll. Daraus resultiert Dummheit. Aus nichts kann nichts werden.

Unsere Technik hat unseren Intellekt zum goldenen Kalb gemacht. Alle Macht geben wir unseren Gehirnen. Das ist Sklaverei. Wir glauben, daß unser Intellekt uns alles herbeischaffen kann, was wir nur wünschen. Wir sind der Meinung, daß unser Kopf uns sagen kann, was richtig und was falsch ist.

In einer Krise wird von uns verlangt, daß wir unseren Intellekt –

unseren Verstand – beiseite schieben und unser Gelerntes verlassen, damit wir überleben. Die Krise zeigt uns, daß wir unsere Einstellung ändern müssen. Wir lassen die üblichen Vorstellungen von richtig und falsch hinter uns, um zu überleben. Aber wir halten es für gefährlich, so zu handeln. Wir haben gewaltige Angst; wir möchten da bleiben, wo wir sind, selbst wenn wir da zugrunde gehen.

An einem Sonntag vor noch nicht allzu langer Zeit war ich mit meinem Sohn Dominique in der lutherischen Kirche, wo er nächstes Jahr konfirmiert wird. Der Pfarrer erzählte die Geschichte aus dem Buch Daniel, Kapitel 5: König Belsazar hielt ein Festmahl und hatte die tausend Großen seines Königreiches dazu eingeladen mit ihren Frauen. Mitten während des Festes erschien eine Hand und schrieb auf eine Wand die Worte: »Mene, Mene, Thekel, Upharsin.« Der König erschrak sehr und rief die Wahrsager und Weisen herein, damit sie ihm sagen sollten, was die Worte bedeuteten. Sie konnten es nicht, aber sie sagten, daß derjenige, dem dies gelänge, eine Belohnung bekommen sollte. Dann kam die Königinmutter herein und bat den König, sich keine Sorgen zu machen, er solle sich nicht ängstigen, er werde ewig weiterleben. Sie riet ihm, Daniel rufen zu lassen, und Daniel entschlüsselte die Worte für ihn. »Mene« bedeutete, daß Gott sein Königreich gezählt und es preisgegeben habe. »Thekel« bedeutete, daß der König auf der Waage gewogen und zu leicht befunden worden sei. »Upharsin« bedeutete, daß das Königreich zerteilt und den Medern und Persern gegeben worden sei. In dieser Nacht wurde der König ermordet, und die Königsherrschaft wurde von Darius, dem Meder, übernommen.

Das ist eine wunderbare Geschichte. Auf einmal wurde mir klar, daß dies die Geschichte von uns allen ist, die auf dem Höhepunkt einer Krise in diese Klinik kommen. Die drei Worte beschreiben unsere eigene Krise. Für uns bedeutet »Mene«, daß die Tage des Lebens, so wie wir es bisher geführt haben, gezählt sind. »Thekel« bedeutet: Wir sind gewogen worden und haben nicht so viel an Gewicht gewonnen, wie von uns erwartet worden ist. »Upharsin« bedeutet, daß wir zerstört werden. Die Handschrift auf der Wand erscheint, wenn wir uns dieser Erkenntnis bewußt werden. Das ist die Krise.

Genau wie der König rufen wir die Weisen herbei, damit sie uns sagen sollen, was die Krise bedeutet und was wir tun sollen. Das ist unser Intellekt. Unser Verstand bietet uns vielerlei Deutungsmöglichkeiten an, doch keine von ihnen stimmt. Dann lassen wir die Königinmutter herein, sie steht für unser körperliches Selbst. Und unser körperliches Selbst sagt uns, daß wir einfach so weitermachen sollen wie bisher. Nicht verändern. Aufrecht sitzen. Dann rufen wir Daniel, der in einem Verlies des Palastes gefangengehalten wird. Er ist unsere Seele, unser Geist. Wir hören unseren Geist, und entweder glauben wir ihm und ändern uns, oder wir gehen zugrunde.

Jackie muß alle ihre alten Lebensgewohnheiten und Überzeugungen ändern, wenn sie überleben will. Sie ist eine gebildete, intelligente Frau, und das ist gut; aber wenn sie sich an das klammert, was sie gelernt hat, wenn sie fortfährt, ihren Intellekt zu einem Gott zu machen, kann sie nicht überleben. Keiner von uns kann das, wenn die Krise kommt. Es mag sein, daß wir physisch für viele Jahre am Leben bleiben, aber unser Geist wird zerstört werden.

Die Zeit, die vor Jackie liegt, wird hart für sie werden, wenn sie an ihrer eigenen Weiterentwicklung arbeitet. Wie die meisten von uns hier in der Klinik muß sie viel lernen. Eine der härtesten Lektionen, die sie lernen muß, ist die Ausbildung ihrer physischen Bedürfnisse. Darin unterscheidet sie sich in keiner Weise von irgend jemand sonst. Wir sind alle verwirrt, wenn es um Sexualität und Sensualität geht. Dieser Zustand bewirkt bei Jackie, daß sie im wahrsten Sinne des Wortes unberührbar ist. Sie hat das Bedürfnis, eng umschlungen und einfach körperlich geliebt zu werden. Sie ist eine zutiefst leidenschaftliche, gefühlsorientierte Frau. Sie ist eine sexuell sehr ansprechende Person. Das trifft für die meisten von uns zu. Wegen ihrer Umweltprägung schämt sich Jackie ihrer Sensualität. Sie glaubt, daß man etwas dagegen tun muß, wenn man eine sinnliche Erregung verspürt; folglich meidet sie den physischen Kontakt mit anderen Menschen. Sie läuft vor dem Leben davon. Sie kanalisiert alle ihre Bedürfnisse nach körperlicher Nähe ausschließlich in Richtung auf Jess, denn für sie bedeutet Sensualität gleich Sexualität, und Sexualität bedeutet, sich sexuell betätigen. Und da sie eine »gute« Frau ist, kann sie solche Gefühle nur bei Jess haben. Das ist Abhängigkeit, keine Ehe.

Sensualität und Sexualität kann man nicht voneinander trennen. Wenn wir unserer Sinnlichkeit Raum geben, sich frei zu entfalten, und wenn wir dann plötzlich sexuelle Empfindungen verspüren – wenn eine Frau an ihrer intimsten Stelle feucht wird, oder wenn ein Mann eine Erektion hat –, dann bedeutet das nicht, daß wir sofort ins Bett springen müssen. Wir müssen uns klarmachen, daß das nur Ausdruck einer unbändigen Freude, eine tiefe emotionelle Reaktion gegenüber einem anderen menschlichen Wesen ist. Wenn so etwas eintritt, brauchen wir überhaupt nichts zu tun, es sei denn wir wollen es.

Ich glaube an die Ehe. Ich glaube an die Bindung eines Mannes an eine Frau. So sollte man das Leben leben. Aber daß wir uns den physischen Kontakt mit allen anderen Menschen versagen, weil wir dabei natürliche sexuelle Gefühle empfinden, ist falsch. Eine Ehe kann nicht überleben, wenn wir das Leben unter einem derartig engen, beschränkten Blickwinkel sehen, denn so verhungern wir alle. Jess ist ein vielbeschäftigter Mann, er ist häufig von zu Hause weg, und Jackie läßt sich selbst verhungern. Sie ist wie die meisten Frauen. Jess ist ebenfalls ausgehungert, da bin ich sicher, sofern er wie die meisten anderen Männer ist.

Wir alle sind ausgehungert nach physischer Nähe, da wir nicht so wie kleine Kinder sein können. Mein kleiner Sohn rannte neulich nackt im Haus herum. Er hatte eine Erektion, und weil er ein Kind ist und den Vorgang nicht mit Sex in Verbindung brachte, rief er: »Schau, Mami, ich kann meine Kleider an meinem Penis aufhängen.« Und er tat es. So sollte es sein. Unsere Körper sind *wir*, und es gibt an ihnen nichts, dessen wir uns schämen müßten. Jackie muß wie ein kleines Kind werden, um zu überleben. Das ist unser aller Geschichte.

Viele Menschen in Deutschland glauben, daß Leute, die zu uns kommen, auf die Scheidung zusteuern. Das stimmt nicht. Wo eine gute Ehe besteht, wird sie durch unsere Klinik gefestigt; aber wo keine Ehe war, können wir keine herbeischaffen. Menschen, die hierherkommen, müssen ihrer eigenen Wahrheit ins Auge sehen und ihre eigenen Entscheidungen treffen. Die Verantwortung dafür liegt allein bei ihnen. So ist unsere Klinik eher eine Ent-Scheidungs-Klinik.

Kapitel III

Was Bonding bedeutet

1
Jacqueline C. Lair

»... Bonding bedeutet auch, daß man einen Vater gefunden hat.«
DR. WALTHER H. LECHLER

Es ist Samstag morgen, ein warmer, sonniger Tag. Am Wochenende brauchen wir nicht spazierenzugehen, aber ich tue es trotzdem. Ich habe ein kribbeliges Gefühl in meinen Gliedern wegen der Matten, auf denen die Schreitechnik praktiziert wird. Wir nennen es »die Matten« oder »Schreien«.

Wir frühstücken auf der Terrasse draußen, denn es ist ein warmer Tag. Dort stehen hübsche weiße Metalltische und Stühle, und es ist angenehm, da zu sitzen und die Sonne und die Blumen zu genießen. Mir gegenüber sitzt ein junger Mann mit einem elfenhaften Grinsen. Er sagt: »Ich werde dir Deutsch beibringen. Sag ›mir geht es gut‹. Das bedeutet: ›I feel fine‹.«

»Also gut«, ich lächle, »mir geht es gut.«

Beifall und viel Gelächter von den Gästen.

»Wenn Walther fragt ›How are you?‹, dann sagst du zu ihm: ›Mir geht es gut‹, Jackie.« Der Elf lacht. »Ich heiße Helmut. Ich gehe nächste Woche nach Hause. Ich bin jetzt neun Wochen hier. Ich bin Alkoholiker.«

Ich lächle. Er ist aufgeschlossener als die meisten anderen, und er gefällt mir.

Nach dem Frühstück gehe ich in mein Zimmer hinauf und ziehe irgendwelche alten Sachen an. Ich weiß vom letzten Jahr, wie sehr wir alle auf den Matten geschwitzt haben. In meiner Kindheit wurde mir beigebracht, daß man nicht »schwitzen« sagt. »Pferde schwitzen, Menschen transpirieren.« Aber das Wort »transpirieren« kann das nicht ausdrücken, was jetzt bevorsteht.

Unten in der Kegelbahn hat sich einiges verändert. Der Fußboden ist mit Teppichboden ausgelegt, der auch halb die Wände hochgezogen ist. Über die ganze Länge des Raumes liegen Matten, und an den Wänden drum herum stehen Stühle. Der Raum ist etwa sechs Meter breit und vielleicht fünfzehn Meter lang. Im letzten Jahr gab es keinen Teppichboden, und der Platz, wo früher die Kegel standen, war noch da. Die Decke ist niedrig und gibt mir das Gefühl, in einen Tunnel einzutauchen. Zwei kleine Fenster sorgen für frische Luft, aber geben nicht viel Helligkeit, da sie an einem Lichtschacht liegen. Die Kegelbahn befindet sich im Souterrain.

Walther kommt herein in verwaschenen weißen Hosen und einem weißen Baumwollhemd. Er schwitzt auch. Er arbeitet genauso hart wie irgendeiner von uns.

Wir setzen uns alle auf die Stühle und die Matten. Walther gibt zunächst eine kurze Einführung.

Ich rücke näher an Elke heran: »Wirst du es mir übersetzen?«

»Ja, Walther spricht über Bonding.«

Elke schweigt, während Walther immer weiterredet. Ich warte, es kommt mir wie eine Ewigkeit vor. Walther schaut herüber und sagt in Englisch: »Das Schreien ist wichtig, weil es unsere Wahrnehmungsinhalte umgeht. Das Schreien ist ein nützliches Werkzeug, Jackie. Es zieht den Korken aus der Flasche.« Dann spricht er deutsch weiter.

Ich blicke Elke an. Sie ist ganz versunken. Ich warte noch eine ziemliche Weile und frage sie dann, was Walther sagt. »Ich erzähle es dir, wenn etwas für dich von Bedeutung ist«, antwortet sie in spitzem Ton und wendet sich erneut Walther zu.

Na schön, dann eben nicht. Elke wird mir von Mal zu Mal unsympathischer.

Walther ist fertig mit seinen Erläuterungen. Wir fassen uns an den Händen und schreien so laut wir können. Nach etwa dreißig Sekunden sind wir alle durch.

»Such dir jemanden aus, Jackie, wir fangen dann an.« Walther möchte beginnen. Ich sehe mich verzweifelt um. Jemanden auswählen. Wen? Ich kenne niemanden.

Aus der anderen Ecke des Raumes ruft Helmut: »Willst du mit mir schreien, Jackie?«

Ob ich will? Na klar. Ich grinse Helmut an und nicke ein rasches »Ja«. Wie sonderbar. Ein junger Mann bietet sich an, mit Großmama auf die Matte zu gehen. Im letzten Jahr hatte ich beobachtet, daß die jungen Leute meistens unter sich blieben und kein Interesse an uns älteren Leuten hatten. Das Schlimmste bei den Matten besteht für mich darin, daß man einen Partner auswählen muß. Während der ganzen Schulzeit war es immer so gewesen, daß ich bei Spielen auf dem Sportplatz als letzte gewählt wurde, da ich nicht besonders sportlich war. Seitdem war ich nie in Verlegenheit gekommen, selbst »jemanden auswählen zu sollen«. Letztes Jahr hat sich Walther einige Mühe mit mir gemacht und mich lautstark aufgefordert, hinzugehen und mir jemanden zu schnappen. Ich muß lachen, wenn ich daran denke, wie er mir einmal zugerufen hat: »Mach, daß du von deinem Stuhl runterkommst, bevor du Hämorrhoiden bekommst« (nur hat Walther es ›heemorrhoids‹ ausgesprochen). Ich habe solche Angst vor Zurückweisung, daß ich warten mußte, bis jemand mich aufgefordert hat – ich selbst war nicht fähig zu wählen. Ich würde tatsächlich »Heemorrhiden« bekommen, wenn sich Helmut nicht gleich angeboten hätte.

Ich lege mich mit dem Rücken auf die Matte. Helmut kniet sich, und wir verschränken jeder ein Bein um den anderen. Er legt seine Arme um mich, und ich lege meine Arme um ihn.

Wie kann ich das Schreien beschreiben? Für einen Außenstehenden, der da hereinspaziert kommt, dürfte der Anblick ziemlich befremdlich sein. Man würde an ein Irrenhaus oder an eine Sexorgie denken. Nichts davon trifft zu. Manchmal hat man auf den Matten sexuelle Empfindungen, aber das ist eher die Ausnahme als die Regel – es sei denn, »Sex« stellt ein größeres Problem dar. Während ich zu schreien beginne, empfinde ich dankbar: »Gott sei Dank ist jemand bei mir.« Ich schreie, ohne daß irgend etwas in meinem Kopf vorgeht. Dann fange ich plötzlich an zu weinen.

Ich kriege die Panik und versuche, Helmut wegzustoßen. »Halt dich an mir fest, Jackie.« Ich packe ihn fester und schreie weiter. Ich habe immer noch das Gefühl, als wenn ich ersticke, aber ich versuche, es in den Griff zu bekommen. Ich weine und schreie und versinke in einen dunklen Tunnel. Ich bin dort schon gewesen. Es ist ein Tunnel, der in meinen Alpträumen vorkommt. Es ist ein Tunnel, in den ich im letzten Jahr in der Klinik hinabgetaucht bin. Ich kann das Grauen nicht ertragen. Mein ganzes Leben lang habe ich mich vor diesem Ort gefürchtet. Ich höre mich schreien, und ich bin wieder zurück in der Kegelbahn. Helmut zieht ein Kleenextuch aus einer der vielen Schachteln, die überall auf den Matten herumliegen. Er wischt Schweiß von meinem Gesicht.

»Laß uns noch weiter schreien, Jackie. Das war noch nicht viel!« Er faßt mich fester. Ich fange erneut an. Jetzt spüre ich, wie es weh tut. Wirkliche Schmerzen in meiner Seite. Ich schreie und ringe nach Luft.

Zumindest bewirkt der Schmerz, daß meine Gedanken in der Kegelbahn bleiben und nicht in den Tunnel abgleiten.

In meinem Leben habe ich nie engen körperlichen Kontakt mit vielen Menschen gehabt. Nur mit meinem Mann und meinen Kindern, aber mit sonst niemand. Es ist weder meine Art, andere zu berühren, noch mag ich es, von vielen berührt zu werden. Ich schreie weiter und bin hilflos den Kräften ausgeliefert, die mich an jenen dunklen Ort zerren. Ich versuche, meine Panik unter Kontrolle zu kriegen, aber auf den Matten drehe ich durch. Ich schreie und schluchze und schreie noch eine Weile. Ich bin fix und fertig vor Erschöpfung, habe kein Gefühl mehr. Ich habe jede Vorstellung von Zeit verloren, ich kann nur noch schreien. *Ich werde zu einem Schrei*, vergesse Helmut, die Kegelbahn, die Welt. Ich stolpere weiter und weiter, ohne Ende. Schon bei meinem ersten Versuch auf den Matten bin ich wieder an jenem grauenvollen Ort angelangt, vor dem ich im letzten Jahr davongelaufen war. Damals habe ich zwei Wochen gebraucht, um dahin zu gelangen, und jetzt weiß ich, daß ich mein Entsetzen niemals abgebaut habe. Nun bin ich wieder mitten drin.

Der Verstand ist ein unglaubliches Instrument. Sobald das Entsetzen extreme Ausmaße annimmt, zieht er sich zurück. Gerade so wie ein Finger, der zu nahe ans Feuer herankommt, reflexartig den Arm zurückzucken läßt, so bringt mich mein Verstand durch einen unbekannten Reflex zurück in meine Umgebung. Ich nehme Helmut wahr, die Kegelbahn, höre die Geräusche um mich herum.

Mein Verstand sagt mir, daß ich für den ersten Tag genug habe, daß ich es jedoch im Laufe der vor mir liegenden Wochen allmählich schaffen werde, tiefer und tiefer in diesen dunklen Ort einzudringen, bis ich eines Tages durch meinen Schmerz hindurchstoßen und dem Grauen entgegentreten werde, das mich seit meiner Kindheit in seinem Bann gehalten hat.

Für viele ist die Schreitechnik ein gefährliches Werkzeug, das die Menschen in Bereiche entführt, an die man lieber nicht rühren sollte. Es erscheint ihnen als unkontrollierbarer Abstieg in die Regionen der Geisteskrankheit, und sie halten es für viel zu riskant. Einige haben sogar das Gefühl, daß Psychiater, die die Schreitechnik anwenden, ihren Patienten einen unverantwortlichen Schaden zufügen. In seinen Schriften stellt C. G. Jung fest, daß die Menschen alles daransetzen, um zu vermeiden, daß sie in sich gehen und ihr inneres Wesen erforschen müssen.

Ich kann nur für mich sprechen. Ich muß mich mit meiner Psyche auseinandersetzen. Ich selbst würde nur dann einwilligen, das Schreien als Therapie einzusetzen, wenn ich sicher wäre, daß die anwendenden Ärzte auch entsprechend dafür qualifiziert sind. Ich kenne Walther Lechler sowohl persönlich als auch in beruflicher Hinsicht. Als Mensch schätze ich ihn, als Psychiater sind sein Ruf und seine Zeugnisse über jeden Zweifel erhaben, das weiß ich. Ich bin in diese Klinik gekommen, weil Dr. Lechler einen Standpunkt vertritt, den ich nirgendwo in Amerika gefunden habe. Ich bin gekommen, da er als einziger erkannt hat, daß mein Problem ein dreifaches Problem ist. Ein Kranksein von Körper, Verstand und Geist. Hier in dieser Klinik hat er ein Programm entwickelt, das mich *ganz* machen wird. Nirgendwo sonst könnte ich Rettung finden.

Seit ich dreiundzwanzig Jahre alt bin, habe ich wieder und wieder versucht, die Kräfte zu besiegen, die mir das Leben zur Qual machten. Psychiater haben an meiner Denkweise herumgebastelt, und ich habe mich mit Tabletten, die sie mir gegeben haben, über die Runden gequält. Mein zwanghafter Drang nach oraler Befriedigung blieb davon unberührt. Mein halbes Leben lang war ich dünn, und mein halbes Leben lang fett. Ich habe Diät gehalten, war einmal zehn Jahre lang schlank, aber der unwiderstehliche Drang nach Nahrung hat mich immer wieder gepackt. Ich habe unter Zwang Zigaretten geraucht, und ich hatte akute Phasen, in denen ich Fingernägel gekaut habe. Was das Geistige anbetraf, so glaubte ich an einen strengen, rächenden Gott, der alle meine Sünden sah und mich ihretwegen verdammte. Ich fand niemanden, der mir helfen konnte, der ein Programm gehabt hätte, um gegen die dreischichtig gelagerte Natur meiner Neurose anzugehen, bis jetzt.

Ich betrachte Walther Lechler und seine Klinik in Bad Herrenalb als Geschenk für mich nach dreiundzwanzig Jahren harter Arbeit. Kein einziges Mal bin ich schwankend geworden in meinem Kampf, bei meiner Suche. Jetzt endlich kenne ich den Platz, wo die Antworten für mich bereitliegen, wenn ich die Kraft aufbringe, um durchzuhalten und zu arbeiten.

Ich bin mir durchaus bewußt, daß meine Geschichte nicht einzigartig ist. In Seminaren und in verschiedenen Gruppen überall in Amerika habe ich meinen Schmerz, meine Agonie in verschiedenen Ausdrucksformen bei einer Vielzahl von Menschen gesehen.

Auf einmal werde ich des jungen Mannes gewahr, und ich lache.

Helmut lächelt mich an und fragt: »Wie geht es dir?«

»Mir geht es gut«, antworte ich, fühle mich beschwingt und voller

Leben. Schreien hat immer diese Wirkung bei mir gehabt. Gerade lag ich noch auf den Matten, schreiend und schwitzend habe ich innerhalb kürzester Zeit mehr Energie verbraucht als je zuvor, und trotzdem bin ich wie aufgezogen, wenn ich es hinter mir habe. Jetzt, nachdem das Eis gebrochen ist, muß ich zugeben, daß »Schreien« fantastisch ist. Ich kann es nicht erklären, aber für mich ist es genau richtig.

Ich gehe nach oben, um zu duschen und mich umzuziehen. Ich habe es eilig, wieder hinunterzugehen, weil ich Walthers »spirituellen« Vortrag hören will. Das ist ein weiterer einzigartiger Aspekt dieser Klinik. Jeden Samstag nach dem Schreien spricht Walther etwa eine Stunde lang über die spirituelle Unterernährung, die ein integraler Bestandteil des Alkoholismus, der Drogensucht und Neurose ist.

Der heutige Vortrag ist ausgezeichnet. Walther erzählt uns etwas über unser Erkenntnisvermögen.

Websters Konversationslexikon definiert »cognition« als »den Vorgang oder Prozeß des Erkennens, sowohl des Bewußtwerdens als auch Beurteilens und des Wahrnehmungsinhaltes«.

In gewisser Weise ist unser Erkenntnisvermögen gleichzusetzen mit uns. Erkenntnis ist der Vorgang, bei welchem unsere Erziehung, unsere Ausbildung, unsere Kultur, durch unseren eigenen Verstand gefiltert, uns dazu bringt, diese Welt und die Menschen in ihr zu sehen. Sie bestimmt unser Handeln und unser Reagieren auf alles und jedes.

Walther sagt: »Für viele von uns sind unsere Wahrnehmungsinhalte ein Krebsgeschwür der Seele. Unsere Erkenntnis sollte Vorahnung von Freude sein; wir sollten das Leben als schönes, wunderbares Geschenk betrachten. Unsere Erkenntnis sollte uns dazu bringen, daß wir dem Leben gegenüber offen sind. Wenn unsere Erkenntnis ein Krebsgeschwür der Seele ist, entwickeln wir Symptome. Eines dieser Symptome besteht darin, daß wir süchtig nach Lob und Anerkennung werden. Wenn wir kein Selbstwertgefühl haben, ist das ein Symptom, das wir häufig entwickeln.«

Walther spricht von Bonding – Verbundensein. Das ist ein Wort, das in den letzten paar Jahren einen neuen Bedeutungsinhalt bekommen hat. Eines der ersten Male, wo es in dieser Bedeutung in Zusammenhang mit der von Dr. Daniel Casriel entwickelten und entsprechend erläuterten Schreitechnik verwendet wurde, war in seinem Buch: »Die Wiederentdeckung des Gefühls«.[1]

---

[1] Dt. Ausgabe erschienen bei Goldmann Sachbuch. Originaltitel: »A Scream Away from Happiness«, erschienen bei Grosset & Dunlap, 1965, New York

Gerade im letzten Jahr verkündete die »American Medical Association«[1], daß Bonding ein biologisches Bedürfnis sei. Walther hat das schon vor Jahren gesagt. Laut Walther beinhaltet Bonding Begriffe wie Liebe, Intimität, Nähe, Wärme, Glauben, Vertrauen, Einssein, mit der ganzen Welt verbunden sein.

»*Bonding* ist *Leben, Intimität* ist *Leben*«, Walther betont diese Worte, sein hagerer Körper beugt sich zu uns herüber. »Bonding bedeutet auch, einen Vater gefunden zu haben, zu lernen, was es heißt, Sohn zu sein.«

Neurotisch wie ich bin, denke ich über alle diese Worte nach, keines davon will mir so leicht in den Kopf.

Jetzt spricht Walther vom Kapitulieren. Verbundenheit erfahren setzt Aufgeben voraus. Aber Aufgeben und Kapitulieren erfordern Glauben und Vertrauen. Woher nehmen wir das, Walther? Also hier liegt der springende Punkt. Hier liegt die Erklärung, weshalb Walther an die »höhere Macht« glaubt und warum ich zu Walther hingeführt worden bin. Für die meisten Ärzte in meinem Erfahrungsbereich ist ein M. D. – Doktortitel – gleichbedeutend mit »M. Deity« – Gott der Medizin. Sie werden zu ihren eigenen Göttern. Durch den Einfluß von seiten seiner Familie, besonders von seiner Mutter, vermute ich, wegen seiner bitteren Erfahrungen im Zweiten Weltkrieg, weil seine Seele immer auf der Suche war und weil er sich zu seiner eigenen Neurose bekennt, wurde Dr. Walther Lechler – ebenso wie C. G. Jung und Paul Tournier – zu einem Glauben hingeführt, daß wir Menschen einen Gott akzeptieren müssen, so wie wir ihn verstehen. Wir müssen an eine Macht außerhalb von uns selber glauben. C. G. Jung hat den Weg geebnet, zögernd und voller Angst. Paul Tournier schreibt öffentlich darüber und lehrt diese These. Nun hat Walther diese Überzeugung als ein wesentliches Instrument in seiner Klinik eingesetzt. In geistiger Hinsicht ist der Glaube an eine höhere Macht ein Bestandteil dieses Prozesses.

Walther predigt keine neue *Religion*, das muß ganz klar gesagt werden. Er erwähnt Religion niemals. Er erkennt lediglich an, daß keiner gesund werden kann, ohne daß er an irgend etwas außerhalb von sich selbst glaubt. Einige können sich allerhöchstens dazu bringen, an eine andere Person oder eine Gruppe zu glauben. Das ist auch gut, für den Anfang. Einige können nicht an eine Person oder eine Gruppe

[1] Verband amerikanischer Ärzte

glauben, aber sie können an die Natur glauben. Das ist ebenfalls in Ordnung, solange sie damit beginnen, aus sich selbst herauszugehen.

Für mich ergibt sich da ein Paradoxon. Um aus mir herauszugehen, muß ich *in* mich gehen. Ich mache mir nicht allzu viele Gedanken darüber, da ich von meinen Studien weiß, daß dies ein Weg ist, den viele Menschen gegangen sind – von Sokrates bis C. G. Jung. Die meisten Theorien von C. G. Jung, die so viele psychologische Türen für die Welt geöffnet haben, kamen von seiner eigenen Reise nach innen. Ich kann mich über meine Vorläufer nicht beklagen. Dieses Wissen hilft mir auf meiner Reise.

Walther spricht jetzt vom Unzulänglichkeitssyndrom. Er erwähnt Entwicklungsstörungen, Ich-Verarmung, Dummheit und unzureichende Enkulturation. In dem zurückliegenden Jahr habe ich das Buch »Die Wiederentdeckung des Gefühls« von Dr. Daniel Casriel gelesen. Er verwendet auch den Begriff »Enkulturation«. Nach Dr. Casriel bestimmt die Kultur die Art und Weise, in der ein Mensch seine grundlegenden biologischen Bedürfnisse erfüllt. Dann zitiert er die Geschichte von zwei Fliegern, die während des Zweiten Weltkriegs über einem Atoll im Pazifik abgestürzt sind. Auf dem Atoll gab es frisches Trinkwasser, aber die Klippen machten jeden Fischfang unmöglich. Ihr Überlebens-Handbuch sagte ihnen, daß sie überleben könnten, wenn sie die Maden essen würden, die sie unter der Rinde von Bäumen auf der Insel finden würden. Man entdeckte auch Anzeichen dafür, daß die Männer Baumrinde abgeschält und Maden gegessen hatten. Aber ihre »Enkulturation«, die durch ihre Kultur geprägte Einstellung, brachte sie dazu, daß sie die Maden immer wieder erbrechen mußten, bis sie verhungert waren. Ich stelle mir vor, rohes Fleisch essen zu müssen, weil ich kein Feuer hätte, oder das Fleisch von Klapperschlangen oder auch Würmer, alles Sachen, die mir infolge meiner eigenen Umweltprägung Übelkeit verursachen, und ich sehe ein, wie unzulänglich meine eigene »Enkulturation« ist.

Ich muß an den Spruch denken, den ich immer als irischen Fluch bezeichnet habe: »Was werden die Leute denken?« Das ist in der Tat unzulängliche Umweltprägung. Durch das kulturelle Erbe meiner irischen Vorfahren, meine Kirche und meine Erziehung in einer kirchlichen Schule hat mich dieser Einwand fast mein ganzes Leben lang gelähmt. Diese immerwährende Frage, die sich wie ein Schatten über meine Seele gelegt und mich geprägt hat, ist eine der Ursachen, die mich hinderten, ich selbst zu sein. Sie führt dazu, daß man völlig abhängig wird von der Anerkennung anderer.

Nun nennt Walther eines seiner grundlegenden Konzepte. Es ist so wichtig, daß man es aufschreiben muß:

I exist	Ich bin
I need	Ich brauche
I'm entitled	Ich bin berechtigt

Ich habe diese Worte viele Male von ihm gehört, wenn ich seinen Vorträgen lauschte, sowohl hier in Deutschland als auch in Amerika. Ich hoffe, daß ich bald soweit sein werde, daß ich diese Worte richtig begreife und auch fühle.

Während Walther zum Ende seines Vortrags kommt, blicke ich zu ihm hinüber und schaue ihn mir genau an. Seine Energie ist grenzenlos. Weil ich ihn persönlich kenne, weiß ich, daß ihn seine Gesundheit einige Male im Stich gelassen hat. Seine Hagerkeit ist jedoch nicht die Folge mangelnder Gesundheit; es ist eine drahtige, sinnliche, menschliche Lebendigkeit. Er muß in beängstigendem Tempo Kalorien verbrennen. Soeben hat er zwei Stunden schwitzend mit uns auf den Matten verbracht; jetzt hat er über eine Stunde lang geredet. Er gestikuliert ununterbrochen. Er setzt sich nur gelegentlich, ist ständig in Bewegung und spricht in einer dramatischen, packenden Weise. Er kämpft verzweifelt darum, daß wir verstehen, daher sind seine Worte und seine Eindruckskraft so umwerfend. Seine Gesichtszüge gleichen denen von Lincoln; seine ganzen Sorgen, Freuden, seine Wut, Frustration, Fehlschläge und Triumphe sind tief in seinem Gesicht eingegraben. Ein fesselndes Gesicht, ein fesselnder Mann. Ich weiß, daß ich nie zuvor jemandem von seiner Sorte begegnet bin; ich schätze, ich werde nie wieder jemanden wie ihn treffen. Ich hoffe, daß ich während meiner Reise die helfende Hand ergreifen kann, die er mir reicht, und daß nicht meine Ängste mich an meiner Weiterentwicklung hindern werden.

Bei einem Therapiesystem wie in dieser Klinik sind die Ärzte sehr offen, auch in bezug auf ihre eigene Person. Wir Gäste lernen sie genausogut kennen wie sie uns. Ich weiß nicht, ob ich mit meiner Vermutung recht habe oder nicht, aber ich sehe eine gewisse Zwanghaftigkeit hinter Walthers unaufhörlicher Aktivität. Vielleicht habe ich diesen Eindruck, weil ich nie zuvor einen Menschen getroffen habe, der keinerlei Hemmungen hat, sämtliche Energien anzuzapfen, die in uns Menschen schlummern. Die nächste Zeit hier wird mir zeigen, wo die Quelle von Walthers Energie ist.

Das Wochenende kommt und geht, nichts ist daran bemerkenswert, außer, daß ich Farbe gekriegt habe, während ich auf der Terrasse in der Sonne saß und mich immer noch von meiner langen Reise erholte. Die sanften Hügel des Schwarzwaldes sind Vorläufer der gleich dahinter folgenden Berge der angrenzenden Schweiz. Die blauschwarzen Bäume sehen in dem besonderen Licht hier so aus, als ob ein Schleier über sie gebreitet sei. Gelegentlich braust ein Düsenjäger knapp oberhalb von den Hügeln vorbei; das plötzliche Geräusch bringt mein Herz zum Rasen und ruft eine unbestimmte Furcht in mir hervor. Mir wird bewußt, wo ich mich befinde. Die französische Armee hält Manöver im Wald ab, und ab und zu schlendern Gruppen von Soldaten in ihren Uniformen vorbei, zwanglos, Limonadenflaschen in den Händen. Die Aufteilung der Welt in Militärblöcke ist hier sehr augenfällig.

Sigrid sitzt neben mir, und ich sage zu ihr, daß wir diese Düsenjäger in Montana niemals hören.

»Ist doch klar, eure Flugzeuge sind alle hier drüben und stören unseren Frieden und unsere Ruhe«, bemerkt Sigrid sarkastisch.

Ich beschließe, diese Unterhaltung nicht weiterzuspinnen.

Es wird Montag, und wir haben eine weitere emotionale Sitzung auf den Matten. Diesmal fragt Walther mich: »Möchtest du, daß ich mit dir auf die Matte gehe, Jackie?«

O Gott, ich denke, »ja, ich will« und »nein, ich will nicht«. Im letzten Jahr kamst du mir so anders vor, Walther. Ich kenne diesen Walter nicht. Ich habe Angst vor dir. Aber – meine Antwort ist »ja«. Ich möchte nicht, daß er merkt, wie bange mir ist. Ich werde nur ein bißchen schreien, und ich werde es so schnell wie möglich hinter mich bringen.

Ich lege mich auf die Matte, und Walther hält mich. »Schrei, Jackie!« Ich kichere. Nervosität! »Schrei! Ahhh!« Walther stößt einen Schrei aus, um mich in Gang zu setzen. Ich beginne zu schreien, entschlossen, mich nicht vom Schreien überwältigen zu lassen. Mein ganzer Körper ist verspannt vor lauter Anstrengung. Ich schreie noch etwas weiter, fange wieder an zu kichern, und Tränen steigen in meine Augen. Auf einmal wird mir eine tiefe, animalische Einsamkeit bewußt, die seit meiner frühen Kindheit ein Teil von mir ist. Ich schreie, und die Einsamkeit schlägt über mir zusammen wie der Deckel eines Sarges. Ich fühle keine Einsamkeit mehr, ich *bin* Einsamkeit. Jede Faser meines Wesens sehnt sich danach, zu dieser Welt, in der ich lebe, dazuzugehören, mich als Teil von ihr zu fühlen.

Ich schreie weiter und weiter, fühle mich allein, habe meine Umgebung vergessen, bin mir Walthers Nähe nicht bewußt. Ich bin an dem dunklen Ort. Ich bin ein kleines Kind. In meiner panischen Angst fühle ich Walther. Mein Entsetzen ist so groß, daß ich zum ersten Mal in meinem Leben weiß, ich muß mich selbst gehenlassen und diesem Mann vertrauen. Ich kann nicht viel länger mit meiner Erkenntnis leben. Ich muß an jemanden glauben.

In diesem Augenblick habe ich eine besondere Gnade erfahren. Ich, der ich keinen Glauben mehr hatte, bekam das Zutrauen, meine Hand nach Walther auszustrecken. Ich, die ich die meiste Zeit meines Lebens damit verbracht habe, körperlichen Kontakten mit anderen auszuweichen, erreiche plötzlich inmitten meines Entsetzens den absoluten Tiefpunkt. Während ich schreie, während ich Einsamkeit werde, während mich kindliches Entsetzen mehr denn je zuvor umringt, werde ich Walthers Gegenwart gewahr.

Die Vernunft verläßt mich, und ich klammere mich an ihn und schluchze. Ich bin ein Kind, Walther ist mein Vater, mein Bruder, ein menschliches Wesen, dem etwas daran liegt, daß ich lebe. Das verwundete Tier, das ich bin, schreit und schluchzt immer weiter. Ich halte Walther fest, als wäre er das Leben selbst. Tief aus dem Innern meiner Seele taucht ein Bedürfnis empor – das lebenslange Bedürfnis, mich als Teil eines anderen menschlichen Wesens zu empfinden.

»O Gott!« Diese Worte entringen sich quälend meiner Kehle. Die Worte bringen meinen Verstand wieder in Gang. »Was tue ich?« Schreien fegt den Gedanken beiseite; meine Not ist zu groß. Ich steige noch einmal an den dunklen Ort meiner Träume und Alpträume hinab, während ich mich weiter an Walther festklammere.

Es kommt mir vor, als seien Stunden vergangen, und ich fange an, einen ganz besonderen Frieden in mir zu spüren. Mit diesem Gefühl wird mir auch Walthers Nähe wieder bewußt. Ich fühle mich als anderer Mensch in einer ganz neuen Weise. Ich bin noch immer nicht zurück in meiner alten Welt; ich bin in einer neuen Welt. Ich verspüre eine Liebe, die ich nur mit der Liebe vergleichen kann, die ich empfand, als mein Geburtshelfer mir jedes meiner neu geborenen Kinder unmittelbar nach der Geburt nackt auf meinen Bauch legte. Ein Sprudeln tief im Inneren meiner Seele, das nichts von Pflicht oder einem zu zahlenden Preis weiß, eine Liebe, die verging, als die ersten Windeln zu wechseln waren, die durch eine geringere Liebe ersetzt wurde.

Ich wußte von dieser Liebe von der Geburt meiner Kinder her, und ich wußte auch, daß ich diese Liebe in dieser Weise, so tief und umfassend, niemals für irgendeinen Menschen empfunden habe. Ich nahm an, daß einem diese Gnade nur bei einer Entbindung zuteil wird, um dann allzubald mit den Sorgen dieser Welt wieder zu vergehen.

Eine Kraft, ein Übermut ergreift mich, und ich rolle Walther herum, und wir rutschen von der Matte auf den Fußboden. Vor und zurück rollen wir, lachend, und genießen die Freude dieses Augenblicks. Ein tiefes, wohliges Gefühl der Freude über seine Nähe ergreift mich. Das ist nichts Sexuelles, das ist besser und viel mehr als Sex. Es ist das Bewußtsein, sich in völlig uneingeschränkter Weise einem anderen Menschen zugehörig zu fühlen.

O mein Gott, das ist Bonding! Ich empfinde das alles für diesen Mann, diese Person, vor der ich solche Angst gehabt habe. Ich verspüre Liebe, Intimität, Nähe, Wärme, Glauben, Vertrauen, Einssein, ein Vater – ich fühle mich als Tochter dieses Mannes, der beinahe so alt ist wie ich. Ein dumpfer Schrei, anders als beim »Schreien«, quillt aus meinem Inneren hervor. Es ist ein Ruf, der die Stammeszugehörigkeit anzeigt. Ich lache und knie über Walther, der jetzt flach auf seinem Rücken liegt (nach meiner Herumwirbelei).

»O Walther, ich brauche dich. Ich brauche jeden einzelnen verrückten deutschen ›Kraut‹ in diesem Raum. Ich möchte nicht mehr allein sein. Ich möchte nicht mehr alles alleine machen. Hilf mir.«

Walther lächelt bloß, und ich zerfließe in heilsame Tränen. Er bewegt sich und hält mich wieder fest, während ich weine, so wie ich nie zuvor geweint habe. Immer weiter, die Zeit hat ihre Bedeutung verloren. Ich weine und mache dabei einen ersten Schritt auf dem Weg, Teil der menschlichen Rasse zu werden. Ich denke an meinen Mann, meine Kinder, und da ist viel Schmerz. Ich weiß, daß ich nie gewagt habe, so tiefe Gefühle für sie zu empfinden. Ich denke an meine Eltern, meine Schwester, meine Brüder. Auch für sie keine Gefühle von dieser Tiefe. Kann das die Ursache meiner Neurose sein? Habe ich wirkliche, tiefe Liebe für sie zurückgehalten? Ich glaube nicht. Ich denke eher, ich wußte überhaupt nicht, was solche Liebe ist. Niemals zuvor habe ich so tiefe Liebe empfangen oder gegeben. All diese verschwendeten Jahre!

Walther muß über telepathische Fähigkeiten verfügen, denn er lächelt und sagt: »Weine nicht wegen all der verlorenen Jahre, Jackie. All diese Jahre, das ganze Leiden und die Einsamkeit haben dich zu diesem Augenblick hergeführt. Danke einfach Gott dafür.«

Mit meinem ganzen Sein halte ich Walther umschlungen. Ich

empfinde für ihn eine Liebe, die jede Eifersucht verbietet. Meine Liebe für ihn schließt jeden einzelnen hier in der Kegelbahn mit ein. Sie breitet sich aus, geht durch die Tür hindurch zu seinem Heim und zu Heidi und ihren Kindern, bis zu seiner Mutter, die ihn geboren hat. Sie spannt sich über den Ozean hinweg, zu meinem Mann und zu meinen Kindern. Meine Liebe umfaßt die ganze Erdkugel. Meine Seele streckt sich und erwacht zum Leben. Es muß einen Gott geben, und er muß das verkörpern, was ich fühle. Ich weiß jetzt, was ich für Liebe gehalten habe, war nur ein müder Abglanz. Diese Liebe ist grenzenlos. Wenn man sie einmal gefühlt hat, kann man sie nie mehr vergessen, genausowenig wie ich die bei der Geburt meiner Kinder gemachte Erfahrung und die wenigen Sekunden vergessen habe, in denen ich etwas von diesem Gefühl verspürt habe, nämlich bevor die Nabelschnur durchtrennt wurde und meine Neugeborenen mit klinischer Geschäftigkeit von mir weggenommen wurden.

»O mein Gott, o mein Gott«, bete ich, »ich danke dir für diesen Augenblick. Ich, der ich jeden Glauben verloren hatte oder nie welchen gehabt habe, habe nun durch diesen Arzt, diesen Freund, Glauben und Vertrauen kennengelernt. Möge diese Erfahrung mir bei dem harten Lernprozeß helfen, der vor mir liegt.«

Ich kehre langsam zu vollem Bewußtsein zurück. Anderthalb Stunden sind vergangen. Walther langt nach der Kleenex-Schachtel, während wir uns aufsetzen. Sein Hemd und seine Hosen sind naßgeschwitzt. Mir ist kühl, und ich hebe meine Hand hoch, um mir mit der gewohnten Geste durch die Haare zu fahren. Meine Haare sind so naß, als ob ich geduscht hätte. Kalte Schweißtropfen rinnen mir aus dem Haar, den Rücken hinunter, über den ganzen Körper. Ich bin total durchnäßt.

Walther steht auf und zieht einen Stuhl an den Rand der Matte. Er bedeutet mir mit Zeichen, daß ich mich neben ihn setzen soll. Gott sei Dank. Ich könnte es nicht ertragen, jetzt gleich von ihm abrücken zu müssen. Er erzählt etwas in deutscher Sprache, und ich sitze da und fühle. Ich ergreife Walthers Hand. Ich bin berechtigt, das jetzt zu tun.

Mir wird klar, daß ich eine Wiedergeburt erlebt habe. An diesem Tag – Montag, den 29. Mai 1978 – wurde ich in Bad Herrenalb geboren. Walther ist der Geburtshelfer, der Vater, die Mutter, ebenso Zeuge meiner Geburt, wie ich es selbst war. Ich war auch mein eigener Geburtshelfer, Vater und Mutter.

Ich bin froh, daß ich kein unerfahrener Neuling bei der Psychiatrie bin, sonst würde ich dieses tiefe Gefühl nicht verstehen und würde das Vorgefallene falsch auslegen und dann so durcheinander sein, daß ich mich sofort in mich zurückziehen würde. Ich habe zu hart gearbeitet und bin einen zu weiten Weg gegangen, um mich selbst oder Walther mißzuverstehen.

Ich betrachte diese Erfahrung einfach als das, was sie ist. Meine Not – ein tiefes, primitives, von der ganzen Menschheit geteiltes Bedürfnis – ist zum Vorschein gekommen, und mein Hunger ist von einem anderen menschlichen Wesen gestillt worden, unabhängig von Geschlecht, Alter, Größe, Aussehen, Geld oder äußeren Umständen. Dadurch, daß mein Bedürfnis erkannt und befriedigt worden ist, habe ich einen Mangel in meiner Seele überbrückt und habe in gleicher Weise antwortend reagiert. Ich fühlte mich – wirklich und wahrhaftig – als eine andere menschliche Seele und wußte, daß die andere Seele sich wie ich fühlte. Ich wünschte, ich könnte eine neue Geburtsurkunde bekommen.

Ich liebe meine Mutter und meinen Vater, meine Schwester, meine Brüder, aber für mich ist Bad Herrenalb mein Geburtsort. Ich habe achtundvierzig Jahre lang in einem selbstgeschaffenen Mutterleib gelebt. Die Qual dieses Lebens war zu groß für mich. *Ich habe bisher niemals das Empfinden gehabt, leben zu dürfen!*

Ist dies das Geheimnis meiner Entfremdung von der menschlichen Erfahrung? Soweit ich mich zurückerinnern kann, habe ich in Angst gelebt, hatte niemals ein Gefühl der Zugehörigkeit. »Warum« ist nicht mehr wichtig; die Psychiatrie fand Antworten auf meine »Warums«, ohne mir das nötige Werkzeug zu geben, um zu *fühlen*, um aus meinem Gefängnis auszubrechen. Selbst nachdem ich alle Antworten in meinem Hirn gespeichert hatte, konnte ich meine verkrüppelte Reserviertheit nicht abbauen. Ich brauchte Beruhigungsmittel und Antidepressiva, um mich vor dem Eingeständnis meiner gewaltigen Dummheit zu schützen, die mich daran hinderte, meine Gefühle freizusetzen und tätig zu werden. Tabletten haben meinen Schmerz verschleiert und mich gefangengehalten.

Mir wird bewußt, daß ich neben Walther in der Kegelbahn sitze und daß dieses überwältigende Erlebnis nur das Aufstoßen einer Tür ist. Ich weiß, daß mein Verstand bereits wieder dabei ist, diese Tür zu schließen. In den vor mir liegenden Wochen muß ich lernen, meinen Verstand, mein Wissen abzuschalten und hier im Schutz der Klinik mir selbst zu erlauben, die in achtundvierzig Jahren »ehrbaren« Lebens aufgestauten Gefühle ans Tageslicht zu holen.

Wenn ich es mir recht überlege, war mein ganzes Leben als Erwachsene durch eine überwältigende Kraft bestimmt: Ich war mir stets bewußt, daß meine Lebensweise nicht richtig war. Ich war mir darüber klar, daß ich unaufrichtig war. Ich wußte auch, daß die Lehren, die religiösen Dogmen, meine Umweltprägung die genaue Umkehrung dessen waren, was Gott und Jesus Christus für mich bestimmt hatten. Ich nenne dieses Wissen »Kraft«, denn es löste in mir eine Unzufriedenheit und ein nie enden wollendes Feuer tief in meinem Inneren aus, die mich drängten, die Wahrheit über mich zu suchen. Ich war stark genug, um zu erkennen, wie unzulänglich unsere Kenntnisse des Verstandes sind. Ich mußte über meine angestammte Bildung hinausgehen, mußte lesen und studieren, bis ich in der Psychiatrie die wenigen Leute fand, die wichtig für mich waren. C. G. Jung, Will James, Paul Tournier, Victor Frankl und nun Walther Lechler und seine Klinik.

Von C. G. Jung lernte ich, keine Angst vor der Reise nach innen zu haben, nicht vor der Dunkelheit in mir zu erschrecken. Nachdem ich seine Bücher gelesen hatte, lernte ich, die Reise in mein Inneres auch dann zu wagen, wenn mein Verstand mich daran hindern wollte.

Will James lehrte mich zu differenzieren. Meine bohrende Not brachte mich dazu – um meiner Seele und meines ganzen Seins willen –, mich mit vielen verschiedenen Therapieformen zu befassen. Will James zeigte mir, daß es notwendig ist, einen geistigen Glauben an ein höheres System zu haben, und er bewahrte mich vor dem Kummer, Hilfe bei einer der so populären Gruppentherapie-Formen zu suchen, denn diese sind mit Hedonismus gleichzusetzen.

Paul Tournier bestärkte meine Überzeugung, daß ich einen geistigen Mittelpunkt brauchte, einen Gott, den ich lieben und von dem ich mich geliebt wissen konnte.

Victor Frankl zeigte mir, daß ich auf der Suche nach einem Sinn war, einem Sinn in mir selbst, meiner Welt und meinem Gott.

Walther Lechler und die psychosomatische Klinik sind der Ort und die Menschen, die ich als meine Lehrer akzeptiert habe; die gestrenge Lebensweise ist mein Rückhalt auf dieser Reise, die ich unternehmen muß. Ich weiß, daß ich hier lernen muß, in Einklang mit mir, meiner Welt und meinem Gott zu leben, oder ich werde zugrunde gehen.

Bis jetzt hat mir die Reise meiner Seele gezeigt, daß ich bei lebendigem Leib tot bin, wie die meisten anderen Menschen. Mir ist bewußt, daß der Mensch sich wegen des ungestillten biologischen Bedürfnisses nach Verbundensein in einem fundamentalen Zustand gewaltiger Wut befindet und daß ich nicht eher in der Lage sein werde, wirklich zum Leben zu erwachen, als bis ich meine »Enkulturation«, meine Umweltprägung ablege und diese Bedürfnisse anerkenne und erfülle. Ich weiß, daß meine Umwelt das als neurotisch bezeichnet, aber das ist Blödsinn. Ich weiß, daß meine *Neurose* darin besteht, die Lüge zu akzeptieren, daß ich aus eigener Kraft die mir von Gott zugedachte Lebensspanne leben kann, wenn ich die zwar gesellschaftlich akzeptablen, aber widernatürlichen Gedanken verfolge, die mir durch meine Erziehung, meinen religiösen Hintergrund, mein vorwiegend von »Angelsächsischen Protestanten weißer Hautfarbe« (WASP) geprägtes Amerika eingeimpft haben. Ich weiß, daß die puritanische Ethik ein Killer ist. Ich unternehme diese Reise nur für mich. Wenn ich es schaffe, werden die Menschen in meiner Umgebung aus dem lernen, was ich *bin*, und nicht von dem, was ich predige oder darlege.

Die mir selbst erteilte Vorlesung ist beendet. Ich lasse meinen Intellekt schlafen gehen und kehre zur Kegelbahn zurück. Ich muß im Augenblick leben. Die Vergangenheit ist vorbei; die Zukunft mag vielleicht niemals kommen; alles, was ich habe, ist jetzt und hier – diese wunderbaren, suchenden, leidenden Menschen, die meine Begleiter sind auf diesem Teil meiner Reise.

Walther ist fertig mit Reden. Wir streben alle den Duschen zu und gehen uns umziehen.

Ich kann jetzt nicht gleich zur Tagesordnung zurückkehren. Ich packe Walther und umarme ihn herzlich. »Walther, ich bin heute neu geboren worden. Ich habe so viel empfunden, ich werde kaum damit fertig. Danke. Du wirst immer ein Teil von mir sein – ein Teil, der niemals mehr so sein wird wie früher.«

Während Walther mich umfaßt hält, sagt er mir ins Ohr: »Ja, Jackie, ich habe heute auch ein tieferes Verständnis von ›Bonding‹ erfahren. Das habe ich den anderen erzählt, während ich zu ihnen sprach. Du hast heute deine Meinung geändert, ja?«

Walther drückt mich und strebt zur Tür. Und ich bin zum Aufzug gegangen, zitternd und naßgeschwitzt, aber in meiner Seele wohlig warm.

2

Dr. Walther H. Lechler

Jemanden auswählen – das ist so verdammt schwierig. Das Gefühl der Berechtigung zu haben, sich ein Stück vom Leben zu nehmen nur für sich persönlich und ohne Schuldgefühle, das ist fast unmöglich für uns.

Das Wichtigste, was wir lernen müssen, wenn wir hier in der Klinik ankommen, ist zu nehmen. Nicht geben, nicht empfangen, sondern nehmen. Die Forderung, jemanden für die Arbeit auf den Matten auswählen zu müssen, ist ein Schritt in diesem Lernprozeß. Dabei werden in uns viele negative Überlegungen in Gang gesetzt. Wir fragen uns immer, was der andere wohl denkt, wenn wir ihn aussuchen, denn wir fühlen uns nicht berechtigt.

Es gehört zu den beglückendsten Erlebnissen in unserem Leben, wenn wir einem anderen Menschen begegnen, der uns zeigt, daß er sich berechtigt fühlt. Das meint Christus, wenn er sagt, daß wir Gottes Kinder sind, daß wir einen Vater haben. Er sagt (Matthäus 6,26): »Sehet die Vögel unter dem Himmel an: sie säen nicht, sie ernten nicht, sie sammeln nicht in die Scheunen, und euer himmlischer Vater nährt sie doch. Seid ihr denn nicht viel mehr als sie?« Wir dürfen nehmen, wir sollen nehmen. Deshalb ist es eine solche Freude, Menschen zu treffen, die wissen, was sie wollen, und die es sich nehmen.

Wir müssen in der richtigen Weise nehmen. Viele Menschen langen zu, weil sie stets hungrig sind und immer Angst haben, daß sie nicht genug kriegen. Es ist schwer für andere Menschen, das mit anzusehen. Einer der Therapeuten in meiner Klinik ist so veranlagt. Er meint, daß er immer zu kurz kommt und nicht das kriegt, was er wirklich braucht. Man kann es auch bei Kindern beobachten, die am Tisch sitzen. Sie haben immer Angst, daß nicht genug für sie da ist. Das ist Gier – das ist es nicht, was wir in der Klinik propagieren und lernen. Gier macht uns zu Verlierern. Wir können nicht für morgen mitessen. Deshalb beten wir auch nur: »Unser tägliches Brot gib uns heute.« Mehr zu nehmen, als man braucht, bedeutet stehlen; das Brot von gestern aufzuheben ist horten.

Wir beobachten diese nachteilige Einstellung häufig bei Seminaren, die außerhalb der Klinik stattfinden. Die Leute hören: »Ich bin, ich brauche, ich bin berechtigt«, und sie glauben, sie hätten einen Freibrief, ihre Aggressionen an anderen auszulassen. Sie benutzen dieses Wissen und versuchen, sich für das schadlos zu halten, was ihnen in der Vergangenheit angeblich vorenthalten worden ist. Sie übernehmen einen Ausspruch, den Dan Casriel in leicht humorvoller Weise verwendet – »Fuck you, me first« (etwa: du kannst mich am . . . ich komm zuerst) –, und mißbrauchen andere damit. Das finde ich grauenhaft. Sie sehen nicht, daß sie kapitulieren und sich bereithalten müssen, ihr tägliches Brot zu empfangen, denn wenn sie das tun, werden sie heiter und ruhig und gelassen, weil sie sich ihrer selbst sicher sind.

Unsere Berechtigung zu nehmen darf nicht auf Kosten der anderen gehen. Anspruchsberechtigt zu sein heißt: »einen Ort gefunden zu haben, an dem wir sein dürfen« – so erklärt es Paul Tournier. Das ist ein Totalitätsanspruch unserer Persönlichkeit: daß wir das Recht haben, hier auf dieser Erde zu leben. Und dies ist eine Freude für uns und für diejenigen um uns herum.

In diesem Kapitel über Bonding beginnt Jackie wie jeder einzelne in der Klinik, einen Dialog mit dem Leben zu führen. Dazu muß sie zuerst kapitulieren. In diesem Buch gehen wir ausführlicher auf Jackies Erfahrungen auf den Matten ein als auf jene der anderen Gäste. Mit Jackies Zustimmung und ihrer tatsächlichen Mithilfe erlaube ich mir, nun hierzu einige Erläuterungen zu geben.

Ich bin jedesmal überrascht, wie die Leute auf den Matten reagieren. Vielleicht sollte ich das nicht sein. Ich bin selber durch den »New Identity Process« (Selbstfindungsprozeß) gegangen.

In jener Phase des Selbstfindungsprozesses, in der wir auf den Matten schreien, legen sich zwei erwachsene Menschen – eine Frau mit einer anderen Frau, ein Mann mit einem Mann oder, wie es meist der Fall ist, eine Frau und ein Mann – aufeinander und halten sich gegenseitig auf den acht Zentimeter dicken Matten umfangen, die auf dem Boden unserer Kegelbahn liegen. Stellen Sie sich dieses Bild vor.

Nirgendwo in unserem Kulturbereich wird diese Stellung von zwei Erwachsenen eingenommen, es sei denn während des Geschlechtsverkehrs. Keiner von uns hat diese Stellung je dazu benutzt, um etwas anderes zu tun. Aus diesem Grund haben wir die strikte Regel, während des Aufenthalts hier in unserer Klinik keine sexuellen Beziehungen untereinander aufzunehmen.

Ist Ihnen aufgefallen, in welch schwärmerischem Ton Jackie von ihren Erfahrungen auf den Matten berichtet? Das ist eine der typischen Reaktionen, die wir bei unseren Gästen beobachten. Sie hat sexuelle Empfindungen auf den Matten; sie ist eine lebhafte, emotional leicht erregbare Frau. Aber sie setzt sofort ihren Verstand ein, um den Gewinn, den ihr die Arbeit auf den Matten bringt, auszusondern. Ihre Umweltprägung verlangt das von ihr. Ihr ganzes Wissen, die Erziehung, die sie von ihren Eltern, ihren Schulen, ihrer Kirche erhalten hat, verlangen, daß ihr Verstand eine annehmbare Lösung für das findet, was auf den Matten in ihr vorgeht.

Wie jedes andere Lebewesen hat Jackie ein unendliches Bedürfnis nach Intimität, nach Nähe. Dr. Dan Casriel prägte den Ausdruck »starved for intimacy« (ausgehungert nach Nähe). Enges körperliches Vertrautwerden mit einem anderen menschlichen Wesen ist die erste Erfahrung, die wir auf den Matten machen.

Jeder, der zwei Augen im Kopf hat und auf einem der Stühle entlang der Wand der Kegelbahn sitzt und die zwanzig oder dreißig Menschenpaare beobachtet, die auf den Matten auf dem Fußboden übereinanderliegen, wird sogleich an Geschlechtsverkehr denken. Das ist normal und natürlich, und die Reaktion auf unsere Gedanken ist ebenfalls normal und natürlich.

Jackie schiebt die Gefühle in ihrem Genitalbereich beiseite, als ob diese Gefühle ohne Bedeutung seien, und sie vertreibt sie mit ihrem Intellekt. Viele Leute beobachten, was sich in der Kegelbahn abspielt, und sagen zu mir: »Dr. Lechler, das mache ich nicht. Wenn ich das täte, würde ich das Gefühl haben, meinen Partner zu betrügen. Niemals könnte ich das meinen Freunden oder meiner Familie erklären.«

So viele Mißverständnisse, so viel Ablehnung, so heftige Reaktionen verlangen, daß wir einen objektiven Standpunkt gegenüber den wahren Vorgängen in der Kegelbahn einnehmen, gegenüber der Frage, welche von den Maßstäben, die uns unsere Umweltprägung gelehrt hat, tatsächlich der Wahrheit entsprechen. Hier in der Kegelbahn können wir nicht länger ableugnen, daß unsere Kultur verlangt, daß wir unsere sexuellen Empfindungen außer acht lassen, daß wir die Tatsache leugnen, daß sexuelle Erregung Teil unseres Lebens, unseres ureigentlichen Seins ist – ausgenommen es bezieht sich auf sexuelle Beziehungen zu dem von uns gewählten Lebensgefährten oder Ehepartner. Unsere Umweltprägung sagt uns, daß sexuelle Empfindungen nur »gut« oder »normal« sind innerhalb der Abgeschiedenheit unserer Schlafzimmer mit unserem jeweiligen Lebensgefährten oder Partner, der der gleichen Ansicht ist.

So kommt es natürlich, daß wir alle in Selbstverleugnung oder Scham leben, daß wir uns selbst und andere über unsere Menschlichkeit belügen und uns vor Intimität hüten, daß wir uns um die ganze Freude bringen, uns in unserer Gesamtheit zu erfahren, wie Gott uns geschaffen hat. So hungern wir uns alle zu Tode.

Schauen Sie sich Jackie an, sehen Sie, was sie über ihre Erfahrungen berichtet, als sie zum ersten Mal mit mir auf den Matten war. Sie verwendet Worte wie »besser als Sex und viel mehr als das«. Worte wie »jenseits von Eifersucht«. Das ist ihre Umweltprägung, ihr Zwang, die sexuell empfindende Seite in sich selbst aus dem Blickfeld zu rücken, um ihre Bedürfnisse erfahren zu können. Sie hat gewaltige Bedürfnisse. Sie ist ein erschöpftes, einsames, von traumatischen Erlebnissen gequältes menschliches Wesen, 7000 Meilen von ihrer Heimat und Familie entfernt. Sie kennt weder unsere Sprache noch unser Volk, und doch kann sie sich nicht von den Zwängen ihrer Umweltprägung frei machen.

Sie warf alles, was sie einmal gelernt hatte, über den Haufen, denn ihre Not war so groß; sie hatte Bonding, tiefes Verbundensein mit mir erlebt. Aber in den vor ihr liegenden Wochen wird sie auch lernen müssen, ihre Sexualität zu verstehen und zu akzeptieren. Sie muß allmählich einsehen, daß sie Sexualität und Sensualität nicht voneinander trennen kann und daß sexuelle Empfindungen ein normaler Bestandteil ihres Lebens sind. Wenn sie dies akzeptiert, wird sie diese Seite ihres Wesens nicht mehr in Verlegenheit bringen. Sie wird diese Veranlagung nicht länger verleugnen, und sie wird verstehen, daß keine Notwendigkeit besteht, ihrer diesbezüglichen Neigung sofort nachzukommen, sobald sie solche Gefühle hat. Sie wird dann als Persönlichkeit reicher, mehr abgerundet sein. Sie wird fähig sein, sich in ihrer wahren Fülle und Freude zu zeigen, so wie Gott sie geschaffen hat. Sie wird die Tatsache akzeptieren, daß sie eine reife, saftvolle, warmherzige Frau ist. So wie sie auf den Matten plötzlich lebendig wird, wird sie lernen, dranzubleiben, ihre Fingernägel in ihren Partner zu graben, maßlos zu sein. Die

Matten sind das Leben. Auf den Matten muß sie schreien, als ob ihr Leben davon abhinge. Weil es so ist!

Sexuelle Unterdrückung und die Überbetonung des Sexuellen hindern alle Menschen daran, sich an dem zu freuen, was sie suchen: *Bonding* – Verbundensein. Ein Dialog mit dem Leben. Intimität, Nähe, Wärme, Liebe, Vertrauen, Ganzsein, Sich-zugehörig-Fühlen und selbst das mißverstandene Wort »Lust« sind alles Worte für Bonding. Wer heute von Lust spricht, meint Sünde. Aber für mich bedeutet es Sensualität.

Im übertragenen Sinne bedeutet Bonding auch, den Vater gefunden zu haben. Zu entdecken, was es heißt, Sohn oder Tochter des Vaters zu sein, heißt auch, daß wir ganz werden. Wir werden mit der Welt vereinigt, wir sind eins.

Die innigste Verbundenheit haben wir wahrscheinlich verspürt, als die Samenzelle sich mit der Eizelle verband und unser Heranwachsen im Mutterleib in Gang setzte. Unser Geburtsvorgang war auch Bonding. Aber kaum sind wir einige Wochen alt, da beginnen wir unser Gefühl für Bonding zu verlieren. Wir beginnen unser Gefühl der Zugehörigkeit zu verlieren.

Der Verband amerikanischer Ärzte hat kürzlich anerkannt, daß Bonding eine biologische Notwendigkeit unserer Lebensstruktur ist. Jeder weiß heute, daß Kleinkinder diese Bindung und Verbundenheit brauchen, oder sie gehen zugrunde. Aber dieses Bedürfnis endet nicht mit der Kindheit. Dieses Bedürfnis hat nichts mit unserem Alter zu tun.

Menschen, die keine Bindungen haben, versagen sich ein grundlegendes menschliches, biologisches Bedürfnis. Sie leben in einem Zustand des Mangels. Dieser Mangel kommt stets in Form von Schmerz zum Ausdruck. Auch Angst und Wut sind mit Schmerz verbunden; das ist sicher. Wir verspüren eine fürchterliche, gewaltige, immense Wut darüber, daß unsere Bedürfnisse nicht befriedigt werden können. Das geschieht immer, wenn wir nicht wissen, wenn wir nicht den Glauben oder das Vertrauen oder das Empfinden haben, daß wir berechtigt sind zu *leben*, und weil wir leben, haben wir *Bedürfnisse*, und weil wir Bedürfnisse haben, sind wir *berechtigt*, unseren Hunger und Durst zu stillen.

Wenn uns ICH BIN, das heißt: ich lebe, ICH BRAUCHE, das heißt: ich habe Bedürfnisse, und ICH BIN BERECHTIGT nicht zum ERLEBEN geworden ist, dann sind wir der Meinung, daß das Leben nur Sorgen, Pflicht, Last, Forderungen, Opfer und Verzicht bedeutet.

Diese Einstellung bestärkt uns in der Überzeugung, daß es gefährlich ist, überhaupt am Leben zu sein. Wir glauben dann, daß wir uns abrackern, daß wir uns Sorgen machen und kämpfen müssen, um ein bißchen Liebe zu ergattern. Dadurch erschöpfen wir uns. Und natürlich leben wir deshalb während der meisten Zeit unseres Daseins auf dieser Erde in einem verzweifelten Zustand von Schmerz, Angst und Wut.

Empfindungen wie Schmerz, Angst und Wut sind verzerrte Gefühle – häufig sind es lang aufgestaute Emotionen, die mit unserer Kindheit zu tun haben. Die von einem Kind erlebte Realität wird später zur Neurose des Erwachsenen.

Wenn wir in einer Neurose, einem Zustand des Mangels leben (Schmerz, Angst und Wut verspüren), wird unser Verhalten – das einzige, was wir tun können – Flucht, Rückzug, Kampf oder Kampfbereitschaft sein.

Flucht bedeutet, daß wir wie von Furien gehetzt vor anderen Menschen davonlaufen. Rückzug bedeutet, daß wir uns geistig und physisch von anderen Menschen abkoppeln. Kampf bedeutet, daß wir andere Menschen durch unsere Wut geistig oder verbal von uns wegstoßen. Kampfbereitschaft bedeutet, daß wir uns wie zusammengerollte Klapperschlangen verhalten, stets bereit, zuzuschnappen, falls uns ein menschliches Wesen zu nahe kommen sollte.

Es ist nicht schwer, die wahren Gründe hierfür zu erkennen. Wenn wir offen sind, können wir sagen: »Ja, das bin ich. So empfinde ich meistens.« Diejenigen, die das nicht bei sich selbst sehen können, werden sagen: »Ja, so ist Onkel Karl oder Tante Doris.« Das ist auch schon ein erster Schritt.

Wenn diese Einstellung in unserem Leben eine vorherrschende Rolle spielt, wenn wir uns während der meisten Zeit unseres Lebens in einem Zustand der Flucht, des Rückzugs, Kampfes oder der Kampfbereitschaft befinden, leben wir in einem Zustand, den ich als Unbehagen (dis-ease, mal-aise) bezeichne. Das bedeutet, daß wir leiden; wir leiden an psychischen Erkrankungen wie Neurosen, Depressionen, Selbstmordgedanken, Psychosen, paranoiden Vorstellungen und so weiter. Der gesamte psychosomatische Komplex müßte hier eingeordnet werden.

Wenn wir uns nicht ändern können oder nicht in einer akuten Krise stecken, die uns zu einer Lösung zwingt und treibt: dann wird dieser Zustand des Unbehagens geradewegs zu organischen Schäden führen. Ich bin der Überzeugung, daß wir dann irgendeine Krankheit bekommen, die bereits latent in uns vorhanden, durch den von unseren Vorfahren ererbten genetischen Code bedingt war; egal ob Krebs, Herzbeschwerden, Gallensteine, Magengeschwüre oder Asthma. Und dann sterben wir entweder daran oder wir machen weiter, leben vor uns hin wic wandelnde Leichen.

Hier erfolgt der Ansatz unserer Klinik. Der Prozeß der Persönlichkeitsneufindung (New Identity Process) lehrt Menschen, ihre Einstellung zu ändern. Wir zeigen ihnen, daß sie eine Wiedergeburt erfahren können. Wir zeigen ihnen, daß sie ihre Haltung und ihre Denkweise ändern müssen, weil sie sonst auf die eine oder andere Weise zugrunde gehen.

Jeder, der zu uns kommt, befindet sich in einer Krise. Diese besonders charakterisierten Krisen werden von den Medizinern mit tausend verschiedenen Krankheitsbezeichnungen versehen. Und jeder Arzt ist stolz, wenn er einen anderen Fachbegriff für diese Krisen findet. (Manchmal taucht dabei auch der eigene Name des Arztes auf.)

Ich bin fest davon überzeugt, daß spätere Generationen von Ärzten sagen werden: »Was waren diese Kollegen von damals doch für Dummköpfe. Sie haben ihre Namen für Sachen hergegeben, die gar nicht existieren. Alles, was sie als Krankheit bezeichnet haben, ist in Wirklichkeit ein *Zustand des Mangels*, ein *Zustand des Brauchens.*«

Damit erschöpfen sich die Diagnosen der Ärzte. Ich habe das auch jahrelang so gemacht, und schließlich habe ich mit dem Unsinn aufgehört und bin einen Schritt weitergegangen.

Jede Krise signalisiert uns lediglich: »Hör auf, so weiterzuleben wie bisher.« Die Religion sagt das gleiche: »Ändere deinen Sinn. Werde ein neuer Mensch.« Wissen Sie, was das alte Wort Buße heißt? Himmel, wie habe ich jenes Wort gehaßt. Wenn jemand zu mir sagte, tue Buße, lief es mir kalt den Rücken herunter, und ich bekam Gänsehaut. Aber bereuen ist ein Symbol und ein ganz einfaches Wort. Es bedeutet schlicht und einfach nichts anderes als: *»Ändere deine gottverdammte Denkweise.«*

So stellt sich für uns in der Krise die Frage: »Wie können wir unsere Symptome loswerden?« Wir brauchen nicht herauszufinden, warum wir uns in diesem Zustand befinden; das ist unsinnig. Jahrelang Analyse mitzumachen mag nützlich sein für den Arzt, weil er Geld dafür kriegen wird, aber dem Patienten hilft es nicht.

Der Patient fühlt sich zwar besser, wenn eine Analyse gemacht wird, da er die trügerische Hoffnung hat, daß es ihm gut gehen wird, wenn er die Analyse überstanden hat. Der Arzt und die Tabletten, die der Arzt verschreibt, verschwören sich sozusagen mit dem Patienten, um die Hoffnungslosigkeit seiner Lage zu verschleiern.

Wir klammern uns an diese Einstellung, so kläglich sie auch ist, weil wir nie etwas anderes kennengelernt haben. Es mag die Hölle sein, aber für uns bedeutet dieser Zustand *Leben* – die einzige Form des Daseins, die wir kennen. Wir können nicht unser Leben aufs Spiel setzen ohne die Hoffnung, etwas Besseres zu erlangen. Das Festhalten an unserem Bewußtsein ist eine Sucht. Wir sind Sklaven unserer Lebenseinstellung.

Ich verwende das Schreien als Werkzeug in meiner Klinik, da es ein fantastisches Mittel ist, um unsere Konditionierung zu durchbrechen.

In der herkömmlichen Therapie wird unsere Konditionierung noch betont und wird zu einer Beton-Festung, aus der es kein Entrinnen gibt. Wenn wir das Schreien als Werkzeug einsetzen, umgehen wir unsere bewußte Wahrnehmung und werden nach innen gelenkt. Wir kommen nicht nur in Berührung mit Schmerz, Angst und Wut, wir ringen mit uns selbst und werden zu Schmerz, Angst und Wut. Im Idealfall versenken wir uns so tief in uns selbst, daß wir unser Schreien gar nicht wahrnehmen. Beim Schreien drückt jede Zelle unseres Körpers aus, was wir wirklich sind. Wir sollten das werden, was wir sind: ein einziger Hilfeschrei.

Das ist die neue Erfahrung, die wir bei der Arbeit in unserer Klinik anstreben. Wir arbeiten auf den Matten, um unsere Lerninhalte auszuschalten, damit unsere Konditionierung keinen Einfluß mehr auf unsere Gefühle und indirekt auf unser Handeln nimmt. Dann können wir dabeisein, standhalten und die Herausforderung annehmen. Eine von der Gruppe geprägte Umgebung hilft uns dazubleiben. Die Gruppe gibt uns die Hoffnung und die Kraft, um aufzuhören, vor uns selbst davonzurennen.

Durch diesen Vorgang, das »Bonding«, breitet sich in uns ein Gefühl des Behagens aus. Nach und nach verspüren wir eine gewaltige Erleichterung, eine Befreiung. Das ist eine neue Erfahrung. Und dann wird die ganze Energie, die wir in unsere Haltung gegenüber der Umwelt investiert haben, die uns dazu gebracht hat zu fliehen, uns zurückzuziehen, zu kämpfen oder kampfbereit zu halten, freigesetzt. Die ganze Energie, die wir im Kampf gegen die Emotionen Schmerz, Angst und Wut eingesetzt haben, wird frei, und wir fühlen uns reich. Wir sind unendlich bereichert und erfahren eine nie gekannte Fülle.

Wir fangen an, uns berechtigt zu fühlen, auf die von uns geliebten Objekte zuzugehen. Das kann irgendwas sein. Leute mit starken Gefühlen wie Jackie mögen das Verlangen verspüren, einen Baum zu umarmen oder sich auf einer Wiese hin und her zu rollen, nur um den Duft des Grases in reinem, sinnlichem Entzücken einzuatmen. Leuten, die nicht so emotionell veranlagt sind, mag das albern vorkommen. Aber ich sage zu ihr: »Scher dich nicht darum. Steck deine Nase in eine Wiese. Rieche das Gras, das Moos. Geh mit deiner Nase an das Fell eines Tieres heran. Rieche das Tier. Tiere riechen nach Gras und Heu und Sonne.« Das ist Wahrheit. Das ist Schönheit. Das ist Verbundensein. So muß Jackie leben. So sollten wir alle leben.

Es ist so wichtig für uns, zu wissen, daß durch unsere Einstellungen, durch die Art, wie wir die Welt sehen, das Böse geschaffen wird. Christus hat alles Erdenkliche getan, um uns dazu zu bringen, die Welt nicht mehr in dieser unsinnigen Weise zu betrachten. Er hat uns gesagt, daß wir einen Vater haben, der König ist. Daher hat er uns aufgefordert, zuerst die Hand nach dem Königreich auszustrecken, dann würde uns alles andere geschenkt werden. Wenn wir durch unsere eigene Erfahrung herausfinden, daß das Leben eine Einladung zu einem Fest ist, besitzen wir das Königreich, wir dürfen ohne Schuldgefühle an diesem Fest teilnehmen und sollen es gemeinsam mit anderen genießen.

Das ist der Grund für das Entstehen dieses Buches. Indem Jackie über ihre Erfahrungen schreibt, berichtet sie uns von sich selbst, damit wir den Mut finden zu glauben, daß auch wir zu dem Fest eingeladen sind. Schreiben ist ihr Talent, ihre Fähigkeit, und sie muß sie mit anderen teilen.

Jackie schreibt über ihre maßlose Wut. Wir alle haben diese Wut in uns, eine fürchterliche, tiefgehende Wut. Diese Wut wird durch die Enttäuschung verursacht, die uns packt, wenn wir in unserem Leben etwas nicht verwirklichen können: das Bedürfnis zu wachsen, zu reifen und erwachsen zu werden.

Psychiater haben den Begriff »Regression« geprägt und sie betonen, daß es bei der Behandlung eines Menschen erforderlich sei, in die frühen Stadien der Jugend und Kindheit zurückzugehen. Ich glaube nicht, daß die Psychoanalyse richtig liegt, wenn sie den Kindheitserlebnissen eine solche Bedeutung beimißt. Ich bin nicht der Ansicht, daß wir in unsere Kindheit zurückgehen, um Erlebnisse noch einmal Revue passieren zu lassen, oder um sie noch einmal zu durchleben. Wenn wir regredieren, werden wir einfach so, wie wir wirklich sind.

Ich glaube, wir leben ein Leben als unwirkliche Personen. Wir werden Mediziner, Krankenschwestern, Anwälte, Künstler, Handwerker, Ehemänner und Ehefrauen. Aber wenn dann die Krise kommt, kann die Fiktion eines solchen Lebens nicht mehr aufrecht erhalten werden, und wir werden wieder, was wir in Wirklichkeit sind: Kinder.

Da schrumpft das Ego zusammen. Die Krise stutzt uns auf die wirkliche Größe zurück. Es ist so, als wären wir Luftballons, und die Krise ist die Nadel, die unsere dünne Haut verletzt. Wir können es nicht ertragen, daß die Luft entweicht und wir zusammenschrumpfen; also gehen wir zu unseren Ärzten und bitten sie darum, einen Flicken auf das Loch zu kleben und uns wieder aufzublasen. Das bewirkt die Medizin: Sie hilft uns, unseren Ballon wieder mit Luft zu füllen, eine Fassade aufzubauen. In unserer Klinik stechen wir immer neue Löcher in die Ballons der Leute.

Jackie schreit: »Das bin ich nicht. Ich bin verheiratet, habe fünf Kinder. Ich habe in meinem Leben viele hervorragende Dinge gemacht. Du spinnst!« Wir bringen sie dazu, daß sie sich ihrer wahren Größe bewußt wird, daß sie sich als kleines Mädchen sieht. Wenn sie bleibt und sich keine Illusionen über ihre tatsächliche Größe macht, kann sie anfangen, ihr wirkliches Selbst aufzubauen, und sie wird dann keine Tabletten und keine Ärzte mehr brauchen, um ihren Ballon aufzublasen. Sie kann aufhören, eine Fassade zu sein. Ich wiederhole es noch einmal, daß wir alle diesen Schritt tun müssen in der einen oder anderen Weise, oder wir gehen zugrunde. – Entweder wir sterben tatsächlich, oder wir führen ein Leben wandelnder Toter.

Im Verlauf von Jackies Geschichte wird Ihnen allen klarwerden, was für harte Arbeit wir leisten müssen, wenn wir anfangen erwachsen zu werden, verANTWORTungsfähig zu werden.

Kapitel IV

Schmerz, Angst und Wut

1
Jacqueline C. Lair

»Wenn Leben und Liebe entstellt sind,
dann überkommen uns Schmerz, Angst und Wut.«
DR. WALTHER H. LECHLER

Nach der Komitee-Sitzung um 13.00 Uhr an diesem ersten Montag in der Klinik – es ist mein Geburtstag – findet eine weitere Übung in der Kegelbahn statt. Es ist eine kleine Gruppe, Walthers eigene Gruppe. Wir sind etwa zehn. Ich bin ratlos. Nach dem tiefen emotionalen Erlebnis der Vormittagsübung weiß ich nicht, was ich sagen oder tun soll. Einen Moment lang hat mein Verstand die Vorherrschaft, aber meine Gefühle schieben den Intellekt beiseite – fast so, als wollten sie sagen: »Heda, Platz gemacht, jetzt sind wir dran.«

Wir setzen uns auf Stühle, die am hinteren Ende der Kegelbahn um die Matten herum angeordnet sind. Es kommen noch ein paar Leute herein. Mit Walther sind wir jetzt 13. Es geht einmal die Runde herum, jeder bekommt eine Chance, emotionell zu arbeiten. Doch keiner will Gefühle zum Ausdruck bringen, sie wollen intellektuelles Ping-Pong spielen. Sie wollen über Gefühle diskutieren, nicht Gefühle *fühlen*. Ich möchte es der Gruppe gleichtun, aber eine kalte Furcht ergreift mein Herz. Mein Wille, mein Verstand sind mir nicht zuträglich. Mein Wunsch, zu dieser Gruppe zu gehören – aber im Hintergrund zu bleiben –, wird von den Tränen Lügen gestraft, die mir übers Gesicht laufen, und von der Todesangst, die in meinem Körper hochsteigt.

Auch wenn ich in Frage gestellt hätte, was heute morgen auf den Matten mit mir passiert ist, jetzt kann ich es nicht verleugnen. Verlegenheit, Unbehagen und Entsetzen machen sich in mir breit, aber trotzdem schaffe ich es nicht länger, mich hinter meinem Verstand zu verstecken. Er nutzt mir nichts. Meine Reise ins Innere, die ich heute morgen unternommen habe, war zu tiefgehend; ich kann nicht mehr normal funktionieren. Ich bin regrediert. Ich bin in einen tiefen Zustand der Abreaktion geraten, durchlebe längst vergangene Gefühle. Gott sei Dank wußte ich damals nicht, daß ich viele Wochen in diesem Zustand verharren sollte. Was von meinem Ego übriggeblieben ist, reicht kaum aus, um einen Fuß vor den anderen zu setzen, um überhaupt zu funktionieren. Alles in mir drängt danach, diese Gefühle aufzuarbeiten und nicht über sie zu diskutieren, denn nur dadurch kann ich Befreiung erfahren. Der Drang zu leben kommt aus meinem Bauch, nicht mehr von meinem Kopf.

Die anderen Mitglieder von Walthers Gruppe tun mir mit ihrer germanischen Reserviertheit indirekt einen Gefallen. Da sie nicht bereit sind, an ihren Gefühlen zu arbeiten, komme ich in den Genuß, daß Walther einen unverhältnismäßig großen Anteil seiner Zeit auf mich verwendet. Walther ist fair und arbeitet mit jedem, der ein entsprechendes Bedürfnis signalisiert. Aber heute sitzen alle hölzern da und reden herum, anstatt sich mit Gefühlen zu befassen.

Ich komme dran, und Walther fragt: »Was fühlst du?«

»Schmerz«, antworte ich schluchzend, »und Angst.«

»Schau dich um, Jackie. All diese Leute mögen dich.«

Ich blicke auf. Alle lächeln mich an.

»Leg dich auf die Matten, Jackie.« Ich gehorche.

»Jetzt geht alle hin zu Jackie auf die Matte und faßt sie an, um ihr zu zeigen, daß ihr sie gern habt.«

Eine Mauer von Menschen umgibt mich. Sie beugen sich über mich, umringen mich, überwältigen mich.

Walther hat einen Nerv getroffen. Ich kann es nicht ertragen, bedrängt zu werden; das ist eine meiner Angstvorstellungen. Ich verliere den letzten Rest an Beherrschung und fange an, die Leute von mir wegzustoßen. Sie kommen näher heran, murmeln beruhigende Worte. Wut steigt in mir hoch. »Verdammt noch mal, Walther, schaff sie weg. Ich kriege keine Luft – ich ersticke!« Ich schreie, so laut ich kann. Ich habe das Gefühl, als ob ich um mein Leben kämpfe. Ich fuchtle mit den Armen, drehe und winde mich voller Panik.

Walther sagt etwas, und alle ziehen sich zurück.

Schluchzend stehe ich auf und angle nach meinem Stuhl. Ich bin so wütend auf Walther, daß ich am liebsten auf ihn losgehen würde. Er ist noch nicht fertig mit mir. »Steh auf und mach deine Augen zu, Jackie. Nun faßt sie alle an und hebt sie hoch. Entspanne dich, Jackie, und laß sie dich hochheben. Hab Vertrauen, Jackie, Vertrauen.«

Walther zu mir gesagt. »Du hast dich all diese Jahre über beherrscht, aber die Klinik ist ein geschützter Ort, wo du loslassen kannst. Was kann dir hier weh tun? Laß es raus, mache dich frei davon. Ändere deine Einstellung, ändere dein Denken.«

Was weißt du von Angst, Walther, von der Überwindung, die es kostet, loszulassen? Ich habe gewaltige Angst, daß ich meinen Verstand verliere. Wäre ich sonst 7000 Meilen gereist? Ich habe Angst vor meinen Gefühlen. Ich fürchte um mein Leben. Ich fürchte mich vor dem, was in mir ist.

Ich bin seit etwa 30 Jahren verheiratet, und ich fürchte mich vor dem Teil in mir, der die Ehe nicht mehr will.

Ich bin seit 28 Jahren Mutter und fürchte mich vor dem Teil meines Inneren, der Angst hat vor dem, was meine Kinder mit ihrem Leben anrichten, der ihre Blindheit uns gegenüber haßt und darunter leidet, wie sie sich gegenüber ihrem Vater und mir verhalten.

Ich bin jetzt 48 Jahre alt und fürchte den Teil in mir, der nicht 49 werden möchte.

Mein ganzes Leben lang war ich religiös, und ich fürchte die in mir aufgestaute Wut über die niederträchtige Einstellung meiner Kirche zur Geburtenregelung, zu den Frauen, zu ihren eigenen Geistlichen. Ich befinde mich in einem gewaltigen Aufruhr gegenüber meiner Kirche, nicht gegenüber meinem Gott. Ich habe es zugelassen, daß ich unter meiner Religion gelitten habe. Ich mache da nicht mehr mit.

Anderen zuliebe habe ich elf Jahre lang in einer Kleinstadt gelebt, und ich konnte es nicht ausstehen. Wenn ich wegziehen will, muß ich mich von meinem Mann trennen, denn er zieht nicht um. Wissen Sie, was es bedeutet, wenn einer plötzlich beschließt, den Bedürfnissen des Partners keine Beachtung zu schenken, wenn deine Bedürfnisse als neurotisch bezeichnet werden und er nur seine eigenen gelten läßt?

Wut, Walther, die Folge ist Wut. Es erzeugt eine tiefe Wut, die mir den Atem nimmt, die Schmerzen in der Brust und wildes Herzklopfen verursacht.

Wissen Sie, was es heißt, sich sein ganzes gottverdammtes Leben lang die Hacken abzurennen, um Dinge zu tun, von denen man meint, daß andere sie von einem erwarten, und dann wacht man auf und stellt fest, daß man sich selbst zugrunde gerichtet und niemanden zufriedengestellt hat?

Ich war noch vor einigen Wochen mit einer Freundin zusammen. Sie ist ihr ganzes Leben lang im Geld geschwommen. Sie bekam viele

Kinder. Dann hat sie durch geschäftliche Rückschläge ihr Vermögen, ihr Heim, alles verloren. Sie stand weinend in ihrem Badezimmer. »Ich habe geheiratet und Kinder bekommen und mich nur um meine Familie gekümmert, weil ich glaubte, daß dies von mir erwartet wurde. Jetzt ist alles dahin – sogar die Lebensversicherung. Ich muß mir eine Stelle suchen, aber was kann ich tun ohne jede Ausbildung? Was habe ich falsch gemacht, Jackie?«

Ich komme allmählich zu der Überzeugung, daß die Vorstellung, wir hätten irgendwelche Macht – seien in der Lage, irgend etwas in dieser Welt zu steuern –, die sublimste Form der Neurose ist. Es ist qualvoll, den Trümmern unseres Lebens gegenüberzustehen, zu begreifen, daß wir selbst die unheilvolle Saat gesät haben, die zu unserer Zerstörung führt. Und es ist gleichermaßen qualvoll, die selbstzerstörerischen Samen anderer aufgehen zu sehen, die unser Leben beeinträchtigen.

Ich will da raus, Walther, ich kann so nicht weitermachen. Entweder finde ich mit deiner Hilfe eine neue Identität, oder ich sterbe. So einfach ist das. Ich bin in der Krise.

Diese Gedanken auszuspinnen, anstatt sie auszusprechen, ist, wie gewöhnlich, schmerzvoll. Ich habe Angst vor meiner Wut. Ich fürchte, diese Wut sitzt so tief und ist so tödlich, daß ich mich selbst kaputtmache, wenn ich sie artikuliere.

Ein neuer Tag ist angebrochen, ich habe Gruppe mit Peter. Er sieht aus wie ein netter Junge, kaum zu glauben, daß er Psychiater ist. Weil es heiß und sonnig ist, gehen wir mit ihm in die Grünanlagen der Klinik jenseits der Straße. Auf Bänken sitzen wir in einem Kreis. Wir sind etwa 15. Eine leichte Unterhaltung kommt in Gang, nichts von Bedeutung. Anna, ein Mitglied der Gruppe, hat für einige Tage Besuch von ihrem Mann, da sie die Klinik bald verläßt. Ihr Mann bietet sich an, für mich zu übersetzen. Das ist prima, aber er ist ein sehr gereizter Mann, und ich spüre die Spannung, die auf ihm lastet.

»Peter sagt, er möchte, daß wir uns von der Gruppe entfernen. Jeder soll irgend etwas suchen, das eine Bedeutung für ihn hat. In einer Viertelstunde treffen wir uns wieder hier auf der Wiese.«

Alle stehen da und schauen sich um. Viele scheinen etwas unschlüssig zu sein wie ich. Was hat für mich hier in Bad Herrenalb Bedeutung?

Ich habe Durst, also gehe ich in die Klinik zurück, um ein Glas Wasser zu trinken. Während ich das schöne kalte Wasser trinke, überlege ich, daß ein Glas Wasser mir etwas bedeutet. Ich entscheide mich jedoch dagegen, weil ich nicht weiß, ob ich dieses Glas ohne

Erlaubnis mit über die Straße nehmen darf, und komme mir blöd vor, wie ein kleines Kind um Erlaubnis zu fragen. Ich gehe wieder zurück über die Straße.

Ich entdecke einige Blumen in der Wiese und pflücke zwei ab – eine Butterblume und einen Löwenzahn. Ich überlege, was ich als Grund dafür angeben könnte, daß ich sie gepflückt habe. Blöde Übung, denke ich. Ich kehre zurück und setze mich, bin verstimmt.

Die Mitglieder der Gruppe versammeln sich wieder, und einer nach dem anderen zeigt, was er gesammelt hat. Die meisten haben irgendwelche Dinge, die ihnen wirklich viel bedeuten. Da ist noch so ein fadenscheiniger Held wie ich – mit einem Kieselstein aus dem Bach.

Während ich meinem Dolmetscher lausche, der mir die verschiedenen Gegenstände erläutert, die die anderen gebracht haben, lege ich meine Blumen auf den Boden. Ich komme dran.

»Ich habe zwei Blumen gepflückt und wollte eine Geschichte dazu erfinden, daß die Blumen eine Bedeutung für mich haben. Aber ich bin kindisch. Eigentlich wollte ich ein Glas Wasser aus der Klinik mit herbringen und euch erzählen, was für ein Labsal ein Schluck kaltes Wasser bei dieser Hitze sein kann, aber ich hatte Angst, ohne Erlaubnis ein Glas mit über die Straße zu nehmen.« Ich kichere albern, um meine Verlegenheit zu unterdrücken.

»Jackie«, Peter spricht Englisch, aber etwas stockend. »Sei ein Kind. Entspanne dich und lege deinen Kopf in den Schoß deines Nachbarn und gib dich dem Gefühl hin, kindisch sein zu dürfen. Hab keine Angst, hab Vertrauen.«

Ich bringe das nicht fertig. »Nein, Peter.« Ich sitze aufrecht und stocksteif da.

»Tu es für dich selbst«, beharrt Peter.

»Nein!« Ich schaffe es nicht, mich hinunterzubeugen.

Peter wendet sich an den Nächsten und überläßt mich meiner Entscheidung. Ich winde mich vor Verlegenheit.

Die Gruppe ist bald zu Ende. Alle streben lachend und fröhlich auseinander.

Peter sitzt allein in der Sonne mit nacktem Oberkörper und schnürt seine Schuhe zu.

Ich gehe zögernd zu ihm hinüber und knie neben seiner Bank nieder. »Es tut mir leid, daß ich das nicht tun konnte, was du von mir verlangt hast.«

Peter packt meinen Kopf und drückt mein Gesicht in seinen Schoß. Er lacht. Er macht sich lustig über mich.

Als ich meinen Kopf herumdrehe, spüre ich seinen nackten Bauch und zucke zusammen. Ich genieße es, seine Haut zu spüren und den Geruch seines Körpers einzuatmen, aber mein Verstand schaltet sich sofort ein, und ich werde ganz steif.

Du meine Güte, was werden die Leute sagen – eine Frau in meinem Alter legt ihren Kopf in den Schoß dieses Jungen! Und dabei sind wir hier in der Öffentlichkeit, Autos fahren vorbei, Gäste schlendern auf und ab.

Mein Gefühl sagt mir: Ich bin sehr einsam und verängstigt, und da tut es gut, hier so zu sitzen; es freut mich, daß Peter mich neckt und mir erlaubt, so nahe bei ihm zu sein, denn das bedeutet, daß er mich mag.

Ich mache mich augenblicklich von Peter frei; mein Verstand gewinnt die Oberhand, und ich verliere. Ich gehe zur Klinik zurück, und meine Einsamkeit ist noch größer nach diesem Erlebnis.

»Jackie!« Eine heisere Stimme ruft von der Terrasse zu mir herunter. »Komm, wir singen.« Die rauhe Stimme gehört Jutta, die ich in der Klinik gesehen, mit der ich jedoch noch nicht gesprochen habe.

Jutta ist groß und spindeldürr, eine Frau von Mitte Dreißig vielleicht, mit einem ausdrucksvollen Gesicht, das in einem eigentümlichen Kontrast zu dem jetzt so modernen Lockenkopf steht, der es umrahmt. »Wir bereiten uns auf das Treffen an diesem Wochenende hier in der Klinik vor. Wir proben Lieder.« Jutta legt den Arm um meine Schulter und zieht mich in eine Ecke auf der Terrasse.

»Ich kann nicht viel Englisch, aber wir werden es versuchen, ja?« Jutta lacht und greift nach einer Klarinette.

Sie spricht mit einem starken Akzent, und ich kann sie nicht besonders gut verstehen, aber ich möchte in ihrer Nähe sein. Sie zeigt ihre Gefühle offen, und sie ist mir täglich aufgefallen, denn sie sagt immer frei heraus, was sie denkt, ganz gleich, wo sie ist oder wer anwesend ist. Sie setzt ständig die anderen Gäste durch ihre Kommentare in Erstaunen, und ich habe schon beobachtet, wie sie mehr als einen Therapeuten verärgert hat.

Jetzt sitzen fünf Leute um sie herum und singen etwas in deutscher Sprache. Jutta hält ihre Klarinette mit einer Hand und gibt mir einen Zettel mit deutschem Text, während sie weiterspielt. »Sing!« fordert sie mich auf. Ich kann nicht. Ich weiß nicht, wie ich die Worte aussprechen soll. Ich zucke mit den Schultern und stehe da.

Bald ist das Lied aus. »Du wirst die Worte lernen. Ich helfe dir. Dann singst du mit uns wie ein braves deutsches Mädchen. Ja, und ich lerne einen Cowboysong, und den singen wir für Walther bei der

Party. Ich werde englisch singen«, sagt Jutta und lacht freudestrahlend. »Wir überraschen Walther mit ›You Are My Sunshine‹.«

Ich will ihnen den Spaß nicht verderben und werde mitmachen, aber es geht mir gegen den Strich. Ich nehme den deutschen Text mit in mein Zimmer und beschließe, Jutta den Gefallen zu tun.

Nachts, mitten im tiefsten Schlaf, weckt Gisela mich auf. Sie schüttelt mich. »Wach auf, wach auf! Du hast so furchtbar geweint. Das machst du jede Nacht, aber heute nacht hörst du überhaupt nicht auf.«

Ihr schleppendes Englisch dringt langsam durch mein müdes Hirn. Ich setze mich auf, und Gisela lächelt und geht in ihr Bett zurück. Ich habe heftig geweint. Das Kissen ist ganz naß.

Ich strecke mich im Bett aus und denke an Peters Gruppe. Ich war einsam, und Peter hat mir einen Augenblick der Nähe angeboten, der Vertrautheit eines Menschen mit einem anderen Menschen. Ich war nicht fähig, es anzunehmen, und meine Einsamkeit wuchs. Ich bin Tausende von Meilen von zu Hause entfernt, eine Fremde in einem fremden Land, aber meine Erziehung hat mich derartig stark geprägt, daß ich es nicht annehmen konnte. Meine Umweltprägung ließ mich hungrig bleiben so wie die Flieger, die die Maden auf einem Atoll erbrachen und starben. Ich könnte mich auch zu Tode hungern. Die Natur hat es so eingerichtet, daß wir Bonding brauchen, genau wie Nahrung. Und doch kann ich an dem Festmahl nicht teilnehmen. Warum?

Es wird Morgen. Ich liege immer noch auf dem Rücken. Ich glaube, ich habe mich in der Nacht nicht einmal herumgedreht. Die Sonne scheint. Ich muß mich für den Morgenspaziergang anziehen. Mir bleiben nur 15 Minuten.

Heute ist ein großer Tag. Obwohl ich noch nicht ganz eine Woche lang hier bin, darf ich heute mit nach Herrenalb rein, da Walther eine Gesprächsrunde für die Einwohner des Ortes abhält. Die zehntägige Ausgangssperre ist aufgehoben. Wir dürfen alle mitgehen. Wie teuer können einem solche kleinen Freiheiten schon nach kurzer Zeit in einer eingeschränkten Umgebung werden!

Die Vorfreude auf den heutigen Abend beflügelt mich, und ich bin voller Erwartungen.

Unten auf der Terrasse schwingt sich ein großer, dunkelhaariger junger Mann die Treppe herauf – zu dieser frühen Stunde. Dieter, der mir gegenübersitzt, lehnt sich nach vorn.

»Das ist Franz. Er ist der Sport-Therapeut der Klinik. Er war in Urlaub.«

Während ich Franz anschaue, denke ich an meinen Sohn Joe. Der gleiche Typ, gleiche Größe, gleiche Statur.

Franz ist voller Energie und fordert uns offenbar auf, jetzt zu meditieren.

Ich schließe meine Augen und versuche zu beten oder an den heutigen Tag zu denken, aber meine Gedanken kreisen um den Ausflug, den wir heute abend unternehmen werden. Da ich es nicht schaffe, mich richtig auf den vor mir liegenden Tag zu konzentrieren, wie Elke es mir gesagt hat, denke ich über Franz nach. Ich hatte ihn im letzten Jahr nicht kennengelernt, weil er damals ebenfalls in Urlaub war. Peter, der Franz im vergangenen Jahr vertreten hat, war ein kleiner, zartgliedriger, sanfter Mann, der Frieden ausstrahlte. Mein erster Eindruck von Franz ist der überschäumender Energie. Er sieht athletischer aus als Peter, aber ich denke mit Dankbarkeit an den Ästhetiker Peter zurück, denn seine Art lag mir mehr.

Ich lache glucksend. Während mir rückblickend der Gedanke kommt, Peter mit dem Begriff »Ästhet« in Verbindung zu bringen, fällt mir ein junger Mann ein, der im letzten Jahr ständig mit einer verklärten Miene in der Klinik herumlief. Eines Nachmittags sagte Horst im Komitee zu ihm, daß er wie der heilige Sebastian aussehe, der seine Brust entblößt, um sich von den Pfeilen durchbohren zu lassen. Ich wußte sofort, daß Horst den Nagel auf den Kopf getroffen hatte. Der Gesichtsausdruck des Mannes war überhaupt nicht verklärt, es war der eines Märtyrers. Der zartfühlende Horst sagt nicht oft etwas, aber wenn er es tut, dann seziert er wie ein Chirurg – die Zunge ist sein Skalpell.

Die Meditation ist vorbei, und wir gehen los. Ich weiß, daß ich es selbst in der Gruppe der langsamen Spaziergänger nicht bis zu den Hügeln schaffe, und ich sage es ihnen an der Ecke.

»Aber du mußt mitkommen, Jackie.«

Liebe Zeit, was soll ich sagen? Eine Lüge vermutlich.

»Nein, sie haben mir gesagt, ich könnte da laufen, wo es flach ist. Geht ihr nur weiter.«

Niemand fragt, wer »sie« sind, und die Gruppe setzt sich wieder in Bewegung.

Elli, eine Frau in meinem Alter, kommt zu mir herüber.

»Du kannst nicht alleine gehen. Ich werde dich begleiten.«

Meine Lüge wird fatal, aber mein Bein und meine Kurzatmigkeit machen mir an diesem Morgen derart zu schaffen, daß ich nicht mehr zurück kann. »Okay, Elli, komm mit. Du sprichst sehr gut Englisch«, sage ich mit halb zusammengebissenen Zähnen. Es irritiert mich, daß sie bei mir ist, da meine Lüge jetzt für uns beide herhalten muß, aber da ist nichts mehr zu machen. Ich kann Elli besser kennenlernen. Ich wußte nicht einmal, daß sie Englisch spricht.

Ich betrachte sie. Sie ist klein und untersetzt, hat wundervolle Haare und eine schöne Haut. Sie hat rotes Haar, das schon leicht graumeliert ist, und die kessen Sommersprossen auf ihrer Nase geben ihr einen ausgesprochen irischen Anstrich. Ihre Augen sind blau, eine eigentümliche Bläue. Ich muß an Schlittenhunde in Alaska denken und nicht an blauen Himmel. Elli hat etwas Kindliches, Hilfloses an sich, das anspricht und die Wirkung dieser kalten Augen mildert.

»Ich spreche so gut Englisch, weil ich in Amerika gelebt habe. Ich war mit einem sehr wohlhabenden Mann verheiratet, der Unternehmen in Deutschland, in der Schweiz und in Amerika besitzt. Wir lebten fünf Jahre lang in New York und Washington. Dann zogen wir nach Basel. Jetzt lebe ich in Stuttgart.« Während Elli spricht, schiebt sie ihre Hände tief unter einen alten Pullover, und ihre weißen Adidas-Schuhe quietschen, als wir die Eisenbahngeleise überqueren und in Richtung Park gehen.

»Ist dein Mann auch in Stuttgart, Elli?« Es war mir aufgefallen, daß sie nur erwähnt hatte, daß sie in Stuttgart lebe.

»Nein, wir sind geschieden. Ich bin Alkoholikerin und habe jahrelang versucht, mit dem Trinken Schluß zu machen. Ich war viele Male in Behandlung. Mein Mann hat mich jedesmal wieder aufgenommen, bis ich das getan habe.«

Elli streckt mir ihre beiden Handgelenke entgegen. Tiefe, wulstige hellrosa Narben an beiden Handgelenken. Ein Schnitt zieht sich einige Zentimeter hoch ihren Arm entlang, folgt dem Verlauf der Vene. Ihre Handgelenke lassen keinen Zweifel darüber, daß der Versuch ernst gemeint war.

»Wie lang ist das her, Elli?«

»Zwei Jahre. Ich war im Krankenhaus. Dann kam die Scheidung. Ich konnte nicht mehr allein in meiner Wohnung leben, so wurde ich in eine Klinik gebracht. Meine Kinder haben mit ihrem Vater gesprochen, und dann wurde ich hierher gebracht.« Elli erzählt monoton. »Sie behaupten, ich hätte einen Gehirnschaden vom Alkohol und würde nicht mehr gesund. Aber Walther ist anderer Ansicht. Er glaubt, daß ich wieder auf die Beine komme. Am Anfang, als ich herkam, saß ich den ganzen Tag in meinem Zimmer. Jetzt komme ich öfters heraus, aber ich rauche immer noch Zigaretten. Rauchst du?«

»Nein, Elli, ich habe meine letzte Zigarette in Chicago ausgemacht. Ich habe nicht einmal mehr Verlangen nach Zigaretten. Das ist seltsam, da ich seit meinem 12. Lebensjahr geraucht habe. Letztes Jahr habe ich das Rauchen aufgegeben, als ich hier war, und wollte nie wieder zu einer Zigarette greifen, bis ich auf die Waage schaute und sah, daß ich 20 Pfund zugenommen hatte. Da fing ich wieder damit an, um meinen Appetit zu bremsen, aber ich hatte gar kein Bedürfnis zu rauchen. Ich sagte mir lediglich, daß mir die zusätzlichen Pfunde mehr zu schaffen machten als die Raucherei. Ich hoffe, daß mir nicht das gleiche wieder passieren wird.«

Wir sind jetzt im Park, und ich richte meinen Blick auf den üppigen Rasen, da ich weder Elli noch ihre narbenbedeckten Handgelenke anschauen möchte.

»Du bist stark, ich bin schwach«, seufzt Elli.

Da ist wieder dieses blödsinnige »STARK«. Ich glaube, weil ich so groß bin, vermuten die Leute bei mir Stärke, wo gar keine ist.

»Wenn ich stark wäre, Elli, dann wäre ich nicht hier.«

»Die anderen Gäste sagen, du schreibst Bücher, und dein Mann schreibt Bücher, aber du seist tablettenabhängig.

Mein Stolz ist verletzt, und ich will gerade protestieren. Im gleichen Moment weiß ich, daß es keinen Grund gibt zu protestieren. Was ist der Unterschied zwischen einer Tablette pro Tag vierundzwanzig Jahre lang und vierundzwanzig Tabletten pro Tag in einem Jahr? Nur mein Ego will da differenzieren.

»Ja, Elli, ich bin süchtig. Dadurch bin ich auch Alkoholikerin, weißt du. Hier in der Klinik machen sie uns klar, daß wir Medikamente nehmen, um von unserem Schmerz wegzukommen, und wenn wir die Tabletten aufgeben, müssen wir auch mit dem Alkohol aufhören, sonst werden wir in dieser Richtung süchtig, wenn der Schmerz zu groß für uns wird.«

»Ich weiß, Jackie.« Ellis Stimme klingt teilnahmsvoll. »Ich habe auch Tabletten geschluckt. Ich nehme, was ich kriege. Ich bin auch eine Lügnerin. Ich bin einfach nicht so stark wie du.«

Das macht mich wütend. Ellis hilflose Einstellung sieht so nach Selbstaufgabe aus. Ich habe mich niemals hilflos gefühlt. Ich habe immer gewußt, daß alles erreichbar war, wenn ich es nur wirklich wollte. Meine Niederlagen waren meine eigene Schuld; ich war niemals ein hilfloses Rädchen in dem gewaltigen Getriebe genannt »Leben«. Doch halt, Jackie, sei nicht so hart gegenüber Elli. Du hast andere selbstzerstörerische Züge.

»Ich bin *nicht* stark, Elli. Ich fühle mich nicht hilflos, so wie du. Ich weiß, es gibt keinen Weg, aber ich bin nicht stark. Keiner ist das. Wir schaffen es nicht allein, weißt du; wir müssen bereit sein, uns an andere zu wenden, damit sie uns helfen. Du wirst es nicht tun, weil du dir so verloren vorkommst, und ich mache es nicht, weil ich Angst habe, aber das Ergebnis ist das gleiche, oder? Wir sind zwei Frauen mittleren Alters und kämpfen darum, einen Lebensweg zu finden. Ich glaube, daß noch ein Stück Leben vor mir liegt, und ich möchte einen Weg ausfindig machen, der mich dorthin führt.«

»Ich nicht.« Elli zuckt mit den Schultern und verkriecht sich in ihrem Pullover.

Tränen der Enttäuschung brennen mir in den Augen. Wenn du nicht leben willst, wirst du sterben, Elli, denke ich. Und ich werde auch sterben, wenn ich mich nicht zum Leben bekenne. Sterben ist einfach, am Leben bleiben ist schwer. Verdammt, Elli, ich habe doch tatsächlich meine erwartungsfrohe und positive Haltung verloren.

Eingehüllt in unsere Misere, schleppen wir uns durch den Park.

Ich bin froh, zur Klinik zurückzukommen und weg von Elli.

Franz steht oben auf der Treppe. »Ich möchte mit dir sprechen. Ich bin hier der Sport-Therapeut. Ich glaube nicht an neurotische Märchen. Du kannst dich neurotisch aufführen, bei wem du willst, aber nicht bei mir. Ich finde Lügenmärchen Scheiße. Also, keine Märchen mehr.« Und er geht weg.

Ich kratze mich am Kopf. Woher wußte er überhaupt, daß ich die anderen aus der langsamen Gruppe angelogen hatte? Oder waren sie vielleicht eher zur Klinik zurückgekommen als Elli und ich, und irgend jemand hatte es erzählt? Aber eine Lüge ist eine Lüge, und ein Märchen ist etwas anderes. Verwirrt durch Franzens kurze Standpauke, gehe ich in mein Zimmer hinauf. Ich muß allerdings kichern, weil er so ernst war und weil es so zutreffend war – falls er sich auf die Lüge bezogen hat. Ich mag ihn wirklich gern. Er ist so absolut ehrlich und sagt geradeheraus, was er denkt. Er läßt niemanden darüber im unklaren, was in seinem Kopf vorgeht.

Mir wird bewußt, daß ich anders empfinde. Ich bin gerügt worden, und ich war deswegen weder verlegen noch ärgerlich. Ich habe es eingesteckt und mag Franz um so besser leiden. So reagiere ich sonst im allgemeinen nicht. Vielleicht ändert sich schon etwas bei mir.

An diesem Vormittag habe ich nach dem Frühstück »Autogenes Training« bei Verena. Danach bleibe ich gleich in der Kegelbahn zur

Gruppe von Horst und Peter.

Der Kaffee ist ausgezeichnet, viel besser als amerikanischer Kaffee. Das Frühstück ist verschieden wie immer. Es gibt Brötchen, ein Sortiment von Wurst, Margarine und Marmelade. Wir können auch Quark haben, wenn wir wollen. Ich habe dieses vielseitige deutsche Nahrungsmittel schon probiert. Es ist kein Joghurt, keine saure Sahne, kein weißer Käse – es ist irgendeine Mischung, die dazwischenliegt. Der Geschmack erinnert mehr an weißen Käse mit einem Schuß saurer Sahne und Joghurt drin. Er hat die gleiche Beschaffenheit und Farbe wie dickflüssige saure Sahne. Ich weiß, daß er nicht so einen Fettgehalt hat wie saure Sahne, und trotzdem schmeckt er mehr oder weniger so in der Richtung. Er hat auch Ähnlichkeit mit Joghurt. Ich weiß nicht, was es ist, und habe in dem zurückliegenden Jahr in Amerika auch niemanden gefunden, der es mir hätte erläutern können. Einige Leute behaupteten, es sei Kefir, aber die Deutschen bestreiten das, sie kennen auch Kefir, und das ist etwas anderes.

Einige Leute essen Quark mit Zucker und Sahne. Manche essen ihn mit Marmelade. Als ich aufblicke, sehe ich Ingo, den Therapeuten, auf der anderen Seite des Tisches sitzen. Er streut gerade pfundweise Pfeffer auf seinen Quark.

»Das paßt zu dir, Ingo.« Ich lächle, während ich mir diese Bemerkung nicht verkneifen kann.

Ingo kann genug Englisch, um zu verstehen, was ich meine. Er wirft den Kopf zurück und lacht. »Ja, Jackie, ich habe einen Haufen Pfeffer in mir, nicht bloß Quark.«

Ich habe Schwierigkeiten mit Ingo. Er ist ein ausgezeichneter Psychiater und versteht seine Sache gut. Vielen Gästen hier hat er sehr geholfen, aber er besitzt ein sehr starkes Ego. Er ist noch jung genug, zu glauben, daß er alle Arbeit tut oder tun muß, so verbucht er die Siege seiner Patienten auf sein Konto und gerät in Wut über ihre Niederlagen. Folglich ist er ein Kontrolleur oder Steuermann, und ich kann keine zusätzlichen Leute brauchen, die in mein Leben hineindirigieren wollen. Er bewährt sich bei sehr jungen Menschen, die eine starke Heldenfigur als Rückhalt für ihr Leben benötigen, aber seine Persönlichkeit würde mich nur bremsen. Ich bin dankbar, daß ich nicht in seiner Gruppe bin. Ich hoffe, daß Ingo keine Gedanken lesen kann.

Autogenes Training ist prima. Es ist eine Entspannungstechnik, und es macht mir Spaß. Wir liegen auf den Matten in der Kegelbahn, und Verena fordert uns auf, uns zu entspannen und ganz ruhig zu sein. Wir sind fertig, wenn Verena der Ansicht ist, daß wir genug haben, aber ich könnte noch eine weitere Stunde lang einfach so still daliegen. Der Zeitplan läßt das jedoch nicht zu, denn es wird Zeit für die Gruppe von Horst und Peter.

Die Gruppe wird diesmal wieder von Peter geleitet. Horst hat sich die ganze Woche über nicht viel blicken lassen bei den Gruppen, was irgendwie gut für mich ist, da ich nicht dazu neige, mich in Gedanken wegen meiner Angst vor Walther, und weil ich die anderen nicht kenne, an ihn zu klammern.

Peter befaßt sich heute mit Bioenergetik. Wir haben die Matten auf einen Stapel gelegt und stehen auf dem Fußboden herum. Wir sollen den ganzen Körper entspannen, einfach alles hängen lassen. In der Gruppe ist ein Schauspieler namens Wolfgang. Er sieht Joel Grey ziemlich ähnlich, und sein Mienenspiel ist so bewegt und seine Stimme so ausdrucksvoll, daß ich immer unter dem Eindruck bin, er habe eine dicke Schicht Make-up im Gesicht, so daß ich ihn gar nicht richtig sehe. Seine Züge haben nichts Friedliches an sich. Ausdrucksfähigkeit ist eine gute Sache, aber dieser Typ ist irgendwie ungewöhnlich. Während ich ihn diese letzte Woche über beobachtet habe, ist mir aufgefallen, daß er ständig alles um sich herum kontrolliert und steuert und daß er versucht, jede Gefühlsregung beiseite zu schieben. Er macht das natürlich mit den von Gott geschenkten Fähigkeiten. Er trägt ständig ein theatralisches Gehabe zur Schau, und wenn es ihm nicht gelingt, andere durch Reden zu unterdrücken, fängt er an zu singen. Der arme, einsame und wütende Mann.

Heute ist er jedoch ganz anders. Er fängt an zu wimmern, dann weint er, und bald wird er von heftigem Schluchzen geschüttelt. Ich kann mich nicht auf meine Übung konzentrieren und beobachte ihn. Er windet sich unter Schluchzen, beginnt zu würgen, und dann geht er zu einem Papierkorb und übergibt sich. Alle in der Gruppe beschäftigen sich mit ihren Übungen, also versuche ich auch, mich wieder zu konzentrieren. Sein Beispiel ist angetan, mich zu ermutigen, »alles hängen zu lassen« und mich dem hinzugeben, was einfach so über mich kommen mag. Ich habe das sichere Gefühl, daß es mir nicht so gehen wird wie ihm, und außerdem, wenn keiner von ihm Notiz nimmt, kann ich mich auch gehenlassen, ohne mich zu genieren.

Es fällt mir etwas schwerer, mich in diesen Zustand zu versetzen, als beim Schreien, da ich noch nie gesehen habe, wie diese Technik praktiziert wird. Peter kommt herüber und erklärt mir in seinem stockenden Englisch, wie ich mich mit leicht nach innen gerichteten Füßen auf Zehenspitzen so hinstellen soll, daß mein Körper die für den Urmenschen charakteristische Flucht- oder Laufhaltung einnimmt. Als ich meine Knie beuge und mich dann entspanne, fühle ich mich wie eine Feder, richtig sprungbereit.

»Jetzt kannst du machen, was du willst, Jackie.« Peter lächelt.

»Ich möchte auf die Wand einschlagen.« Eine plötzliche Woge der Wut hat micht ergriffen. Ich stelle mich selbst in Frage und warum ich hier bin. Ich habe auf einmal das Gefühl, daß ich zu Hause und Jess hier sein sollte.

»Renn gegen die Wand, schlag auf sie ein«, sagt Peter laut.

Ich trommle mit meiner Faust gegen die Wand und bin froh, daß sie mit Teppichboden bedeckt ist.

»Sag, was du sagen willst.« Peter bestürmt mich.

»Nein, nein, nein!« schreie ich, während ich weiter gegen die Wand hämmere. Die Wand ist Jess. Die Wand sind meine Kinder. Die Wand bin ich. Ich bin so wütend auf uns alle und auf die Schwierigkeiten, die wir miteinander haben. Das Leben ist Liebe, nicht Wut und Selbstsüchtigkeit und Kontrollieren und Unterdrücken.

»Nein!« Ich schreie und sacke schluchzend gegen die Wand. Mein inneres Selbst, das meine possenhafte Darbietung beobachtet, sagt mir, daß ich genauso ein Schauspieler bin wie Wolfgang, und ich höre auf zu weinen. Wieder einmal hat sich meine Erziehung durchgesetzt. Alle meine Lehrer, die ganze Erfahrung meines Kulturbereichs machen sich lustig über meine Vorführung.

»Nein!« Ich schreie wieder und schlage gegen die Wand, daß es weh tut. Ich bin hier, um zu lernen, wie ich behaglich in meiner Welt leben kann. Mein Wissen muß in den Hintergrund treten. *Ich will nicht* länger unterdrückt und zerrissen sein. Wenn meine Familie und meine Freunde einen frühen Tod sterben wollen wegen ihrer Mentalität von »falsch und richtig«, dann müssen sie sterben. Ich weiß es besser und werde mich jetzt nicht mehr selbst unterdrücken.

So viele Autoritäten in meinem Leben haben es fertiggebracht, daß ich *mich selbst* unterdrückt habe. Und das tue ich jetzt immer noch. Hier in der Kegelbahn, wo ich jede Gefühlsregung zum Ausdruck bringen kann, die ich will, wird mir meine eigene innere Verkrampfung bewußt. Mir wird auch bewußt, daß ich durch die voreingenommene Einstellung, mit der ich die Gefühlsäußerung der anderen beobachte, diese beeinträchtige. Wenn ich mich unbehaglich fühle, ziehe ich mich zurück und beobachte. Aber andere merken, wenn ich mich zurückziehe, und sie leiden darunter.

Ich heule immer noch und überlege, wann die Träume gestorben sind. Ich möchte unaufhörlich gegen die Wand schlagen und heulen, aber ich kann nicht mehr. Ich weine noch ein bißchen, dann höre ich auf und drehe mich um. Diejenigen, die mit ihren Übungen fertig sind, bilden jetzt einen Kreis, halten einander fest und wiegen sich hin und her. Ich gehe zu dem Kreis und werde ohne Zögern mit aufgenommen. Wir stehen da und wiegen uns hin und her, und ich registriere eine gewaltige Hitze in der Mitte unseres Kreises. Ein junges Mädchen kriecht zwischen meinen Beinen hindurch und legt sich mitten in dem Kreis auf den Boden. Sie lächelt uns alle an und rollt sich dann einfach zusammen, so als wollte sie schlafen. Alle Augen ruhen auf ihr, und das braucht sie offenbar. Ich spüre, wie in mir eine tiefe Liebe zu ihr aufkeimt. Sie hat den Mut, das zu tun, wonach uns allen zumute ist. Sie nimmt sich, was sie braucht.

Zeit für das Mittagessen. Das Komitee tritt zusammen. Ich lasse die Versammlung über mich ergehen und kann es kaum erwarten, bis wir den Abendspaziergang in die Stadt machen.

Ich schließe mich einer Gruppe an, die auf der Terrasse wartet. Sigrid ist dabei und erzählt mir rasch von den Plänen für das Treffen in Bad Herrenalb.

»Wir wollen alle zusammen gehen, Jackie, kommst du mit?«

»Klar, Sigrid, wann geht's los, und was zieht ihr alle an?«

»Wir machen uns schön, damit Walther stolz auf uns sein kann. Die Leute in der Stadt können sich seine Arbeit nicht besonders gut vorstellen, so wollen wir zumindest gut aussehen.«

»Ein Prophet gilt nichts im eigenen Land.« Hat Christus das gesagt? Ich glaube schon. Wissen diese Leute denn nicht, daß sie in ihrer eigenen Heimatstadt eine Klinik haben, die ihresgleichen auf der Welt sucht? Wissen sie auch nicht, daß man sich überall in Amerika und Kanada darum reißt, daß Walther Lechler Vorlesungen oder Vorträge oder Seminare abhält? Da ist er bekannter als in Bad Herrenalb. Ich möchte wetten, daß nur wenige Leute außerhalb von Deutschland jemals von Bad Herrenalb gehört haben, aber eine Menge Leute kennen Walther. Sie sind wahrscheinlich wie die Einwohner anderer kleiner Städte überall auf der Welt. Änderungen erschrecken und bedrohen sie, und alles Neue ist verdächtig.

Ich tausche die schäbigen Klamotten, die ich die letzten Tage über getragen habe, gegen meinen melonenfarbenen Hosenanzug aus und fühle mich ausgesprochen wohl darin. Wir gehen am Park vorbei in eine Gegend, die für mich neu ist. Ich sehe mich voller Staunen um. Die Welt ist grün. Die Bäume stehen in Saft und Kraft. Menschen flanieren auf den Bürgersteigen. Die Geschäfte quellen über vor Souvenirartikeln. Wo ich hinblicke – überall neue, sehenswerte Dinge.

»Sigrid, ist dies ein Fremdenverkehrsort? Die Leute sehen alle so aus, als wären sie in Ferien.«

»Ja, nur Deutsche und ein paar Schweizer machen hier Urlaub. Sonst gibt es kaum Touristen. Diese Stadt war ein Kurort. Die Leute kamen her, um etwas für ihre Gesundheit zu tun, Bäder zu nehmen – weißt du. Einige kommen immer noch deswegen, aber die meisten wollen einfach Urlaub machen. Komm, laß uns durch dieses Tor gehen und einen Abkürzungsweg zu dem Haus nehmen, wo der Vortrag stattfindet.«

Ich folge Sigrid und habe das Gefühl, in ein Märchenland einzutauchen. Da ist noch ein Park nur wenige Schritte von den Anlagen entfernt, die ich von meinem Morgenspaziergang kenne. Er ist dichter mit Bäumen bewachsen; ein Gewässer schlängelt sich zwischen üppigem Baumbewuchs hindurch. Solche Bäume gibt es auch in Amerika, und doch sind diese hier anders, üppiger. Überall Rhododendronbüsche. Sämtliche Schattierungen von rot, purpur, orange, weiß und lila. Gänseblümchen und Butterblumen leuchten durch das Gras; Weiden tauchen ihre Zweige in den Fluß. Vor mir ist ein Podest für eine Musikkapelle errichtet mit ordentlich aufgereihten Bänken davor – sie warten auf die Kurgäste und Touristen, die sich an kühlen Abenden erwartungsfroh hier einfinden. Daneben beugen sich zwei alte Männer über ein Schachbrett, und einer raucht eine Meerschaumpfeife. Ich kann es kaum glauben. Wenn ich mir eine deutsche Szene vorgestellt hätte – genauso hätte sie ausgesehen. Ich fühle mich froh.

Am anderen Ende des Parks gehen wir durch ein Tor hindurch und stehen vor einem zauberhaften alten Hotel. Es ist elegant, offensichtlich das beste Haus am Platze. Ein höflicher Portier mit weißen Handschuhen öffnet eine Wagentür. Um eine Ecke, eine Straße weiter oben, sehe ich die Reste einer Kirche. Mein Herz krampft sich zusammen. Es sieht aus, als wäre sie im Krieg zerstört worden, dabei will ich nicht an den Zweiten Weltkrieg denken.

»Das ist die Ruine des Refektoriums des alten Klosters Frauenalb. Heute ist sie ein Denkmal. Das Kloster wurde im 15. Jahrhundert erbaut.«

Ich schaue Sigrid erleichtert an – also eine alte Ruine, und nicht, was ich befürchtet habe. Ich bin jetzt in der Lage, mir das Bauwerk genauer anzusehen. Die Mauern stehen noch, aber das Dach fehlt. Mit Dach würde es nicht viel anders aussehen als die Episkopalkirche in Bozeman.

Vor uns liegt der Versammlungsraum. Ich bin nervös wie eine Glucke und hoffe, daß Walther ein gutes Publikum antreffen wird. Ich kenne ihn als Psychiater, als meinen Arzt, aber zunächst habe ich ihn als Freund, als Redner, Lehrer und Mitarbeiter meines Mannes kennengelernt. Ich drücke die Daumen, daß er Erfolg hat.

Ich weiß instinktiv, daß es die Leute um mich herum stören würde, wenn jemand für mich dolmetscht; woher sollten sie auch das Verständnis haben, das die Gäste in der Klinik für mein Sprachproblem aufbringen. Ich sage Sigrid das und sehe, wie erleichtert sie ist. Es macht mir wirklich nichts aus, wenn ich nicht verstehe, was gesagt wird; das bloße Hiersein ist schon ein Vergnügen.

Es ist nicht schwer, den Ablauf des Treffens zu verfolgen. Walther spricht, und dann erzählen einige Gäste der Klinik ihre Geschichte. Walther ist gut in Form und sagt sogar einige englische Worte, um mich mit einzubeziehen. Das ist das Erstaunliche an Walther. Eine große Menschenmenge ist versammelt, das Treffen ist sehr wichtig für ihn, aber er ist sich jedes einzelnen Anwesenden bewußt und schließt auch mich mit ein paar Worten Englisch mit ein. Ich wünsche mir aus tiefstem Herzen, daß ich es lerne, mich bewußter und wacher in dieser Welt zu bewegen, damit ich auch so rücksichtsvoll handeln kann. Walther bezeichnet das als »hautnah dabeisein« oder »wach sein«.

Walther wird gut aufgenommen, und die Gäste beeindrucken offensichtlich mit ihren Berichten. Horst rennt herum und schleppt zusätzliche Stühle herbei für die sich hereindrängenden Zuhörer. Die imposante Jutta erzählt ihre Geschichte, und die Leute lächeln. Jetzt gibt es eine Gelegenheit, Fragen zu stellen. Es sind kaum Spannungen zu spüren, also scheint Walthers Art von Öffentlichkeitsarbeit anzukommen. Während ich mich umschaue, stoße ich auf einige versteinerte Gesichter, aber die meisen sind mit Walther einverstanden.

Ich werde jetzt müde und schließe mich Jutta, Peter und Heidi an, die sich auf den Heimweg machen. Mir wird bewußt, wie leicht ich ermüde. Das beobachte ich schon seit einigen Jahren und weiß, daß ich eigentlich noch nicht so alt bin, daß dies natürlich wäre. Ich habe das Gefühl, daß meine Verspannung der Grund dafür ist, und ich bin traurig.

Wir gehen zur Klinik zurück, aber Waltraut, Horsts Frau, kommt mit ihrem gelben Kombi angefahren und hält an der Ecke.

»Hallo, steigt ein. Ich fahre euch zur Klinik.«

Dankbar nehme ich auf dem Beifahrersitz Platz, die anderen zögern.

»Steigt ein, alle.« Waltraut lächelt.

Wie oft habe ich gezögert und nicht gewagt zu glauben, daß eine Einladung sich auch auf mich erstrecken könnte! Ich erkenne mich selbst in

Jutta, Peter und Heidi wieder, ich fühle für sie mit, habe Verständnis.

Beim Aussteigen erinnert mich Jutta daran, daß ich den Text des deutschen Liedes lernen soll und daß wir zusammen »You Are My Sunshine« für Walther singen wollen.

»Am Freitag, Jackie, setzen wir uns zusammen, um zu singen. Bereite dich darauf vor.« Innerlich zucke ich zusammen. Das liegt mir ganz und gar nicht.

Wir gehen die Treppe hinauf, und Jutta packt mich beim Arm. »Bitte Waltraut, daß sie dir die Cowboystiefel und den Hut von Horst gibt. Frage Heidi nach Walthers Sachen, dann können wir Walther als Cowboys überraschen.«

»Frag sie doch selbst, Jutta.«

»Nein, ihr seid befreundet. Mach du es.« Jutta läuft davon, ehe ich protestieren kann.

Nun gut, also werde ich es tun. Noch zwei Tage bis zur Jahrfeier in der Klinik und der für das Wochenende geplanten Zusammenkunft. Dies ist ein Treffen, zu dem sich ehemalige Gäste der Klinik einmal im Jahr einfinden. Sie kommen von überall her. Einige zelten in den Grünanlagen auf der anderen Seite der Straße. Die jeweils in der Klinik befindlichen Gäste tragen Sketche vor und machen ein Unterhaltungsprogramm, und es gibt ein zweitägiges Picknick. Ich freue mich darauf, und nach der allgemeinen Unruhe zu urteilen, scheint es vielen anderen auch so zu gehen.

Am Donnerstag gleicht die Klinik einem Taubenschlag. Die Fußböden werden mit Hingabe poliert. Immer neue herrliche Pflanzen werden in Schalen und Kübel gepflanzt. Die Gäste sind voller Tatendrang. Einige der Männer, die von der Begeisterung angesteckt worden sind, legen auf dem Hügel hinter der Klinik einen Gemüsegarten an.

Als ich mit meinem Essenstablett auf die Terrasse hinaustrete, höre ich eine amerikanische Stimme. Das habe ich im letzten Jahr auch einmal erlebt. Nachdem ich eine Woche da war, hörte ich einen Amerikaner sprechen. Ich war so aufgeregt, daß ich auf meinen Landsmann – ein Dr. Loomis aus Kalifornien – zulief und ihn umarmte wie einen lang verschollenen Bruder. Es war so ulkig. Ich fühlte, daß er vor Schreck ganz steif wurde und dann sichtlich beschloß, das Spiel mitzuspielen, ganz gleich, wer diese verrückte Frau sein mochte. Als er an meinem Tonfall hörte, daß ich aus dem mittleren Westen kam, wurde ihm klar, warum ich ihn umarmt hatte. Es schien ihn zu beruhigen.

Diesen Ankömmling hier werde ich nicht gleich umarmen, aber ich werde herausfinden, wer es ist. Verstohlen beobachte ich den Fremden.

Es ist ein dunkelhaariger, gutaussehender, seltsam gekleideter Mann. Er trägt lange Hosen, ein schwarzes, dünnes Hemd mit römischem Kragen, wie Priester es haben, und darüber einen Pullover. Ich habe seit mehr als zehn Jahren keinen Priester mehr in solchem Aufzug gesehen. Wer mag das sein, und was macht er hier?

»Hallo, ich heiße Jackie Lair und komme aus Montana.« Ich stehe neben ihm und strecke ihm meine Hand entgegen.

»Ich bin Charlie aus Illinois, Jackie.«

»Tourist? Wie kommst du in die Klinik, Charlie?«

»Ich leite ein Rehabilitationszentrum für Alkoholiker. Ich bin von meinem Amt beurlaubt, hörte in der Schweiz von Walther, habe ihm geschrieben, und er sagte: ›Komm her.‹ Also bin ich gekommen. Herrliches Fleckchen.«

»Toll, Charlie, wie lange bleibst du?«

»Ein paar Tage. Ich wohne in einem kleinen Hotel einige Häuser weiter. Und was machst du hier, Jackie?«

Ich fange an zu frieren. Ich habe noch mit keinem Amerikaner darüber gesprochen, warum ich hier bin. Das rückt mein Problem dichter an zu Hause heran. Was soll ich sagen? Ich bin hier, weil ich Tapetenwechsel brauche? Oh, ich bin gut befreundet mit Dr. Lechler. Ich bin bloß eine Touristin, die von der Klinik gehört hat. Ich studiere und interessiere mich für die verschiedenen hier angewendeten Methoden? – Die Versuchung ist groß, denn mein Instinkt sagt mir, daß dieser Mann nicht mit offenen Karten spielt. Ich möchte auch ein bißchen drum herumreden, bis ich die Situation besser überblicken kann. Plötzlich komme ich mir vor wie ein Tiger im Dschungel, Muskeln angespannt, bereit zu springen oder wieder geräuschlos im Unterholz zu verschwinden.

»Ich bin als Gast in der Klinik«, bringe ich heraus und schenke Charlie damit eine kleine Portion Ehrlichkeit, während ich mich neben ihn in die Sonne setze. Jetzt habe ich ihm den Ball zugeworfen, und ich bin neugierig.

»Wie bist du hierhergekommen? Es gibt doch eine Menge Möglichkeiten in Amerika.«

»Aber keine wie diese Klinik, Charlie.« Ich bin immer noch vorsichtig, und er ist es auch. Das fühle ich.

»Erklär mal«, sagt Charlie mit einem überlegenen Blick.

»Die Klinik baut auf einem dreifachen Grundsatz auf, an den ich glaube. Ich habe Krankenhäuser für den Körper, psychiatrische Kliniken für die Seele und Stätten der Besinnung für den Geist kennengelernt. Ich habe Kliniken für Alkoholiker und Drogenabhängige gesehen, in denen die unmittelbaren physischen Erkrankungen behandelt werden, die die seelische Verfassung der Patienten mit notdürftigen Pflastern stärken und die dem Geist eine Bedeutung zugestehen. Aber noch nie habe ich ein Haus gesehen oder von einem gehört, wo alle drei menschlichen Aspekte ins Gleichgewicht gebracht werden. Diese Klinik ist so einzigartig und bedeutend, daß man es schwer beschreiben kann.«

»Ich leite ein Rehabilitationszentrum, wo man sich intensiv mit den Alkoholikern und Tablettenabhängigen befaßt. Wir leben in einer intensiven Gemeinschaft. Ich bin selbst Alkoholiker, und wir haben eine ausgezeichnete Erfolgsquote.« Charlie scheint sich verteidigen zu müssen.

Mein Instinkt sagt mir, daß Charlie lügt, daß Charlie verzweifelt vor sich selbst, möglicherweise vor anderen davonläuft. Er hat etwas Grandioses, Großspuriges an sich, das typisch ist für viele Alkoholiker und Drogenabhängige. Wenn einer sich derart übertrieben zur Schau stellt, so unterstreicht das nur, was sich für eine verlorene, kleine Figur dahinter verbirgt. Charlie ist nervös und Charlie hat Angst. Charlie ist auch undurchdringlich. Ich werde ihm noch ein Stückchen Wahrheit kredenzen und sehen, was dann passiert.

»Ich bin hier, um Ordnung in mein Leben zu bringen, um zu mir selbst zu finden. Ich bin ein geistiges und körperliches Wrack, das vierundzwanzig Jahre lang Beruhigungsmittel und Antidepressiva genommen hat. Seit fünf Jahren bedeutet mir das Leben keinen Pfifferling mehr.« Da – jetzt ist er dran.

»Du kommst aus Montana. Was treibst du dort?« Charlie flüchtet sich in diese Frage.

»Mein Mann ist Schriftsteller, er hält Vorlesungen, wir haben fünf Kinder und drei Enkelkinder, die alle finanziell von uns abhängig sind. Ich schreibe auch«, sage ich lahm.

»Was für Bücher?«

»Bücher zur Selbsthilfe – kannst du dir das vorstellen? Mein Mann hat das Buch *I Ain't Much, Baby, But I'm All I've Got* verfaßt. Eins haben wir zusammen geschrieben über unser Leben: *Hey God, What Should I Do Now?* Es ist ins Deutsche übersetzt worden (›Sag mal, Gott, was nun?‹). Einige Gäste hier in der Klinik lesen es. Mein Mann hat inzwischen noch zwei weitere Bücher herausgebracht, jeweils Titel mit ›Ain't . . .‹. Manche Leute kennen ihn nur als Verfasser der ›Ain't‹-Bücher.«

»Diese Bücher sind ja ziemlich bekannt in den Therapiezentren.

Eines habe ich auch gelesen. So, er ist also dein Mann?« Charlie taut sichtlich auf.

Ich fühle mich mies. Ich hasse es, über die Bücher zu sprechen. Ich hasse schon den Gedanken an sie. Ich fühle mich vor mir selbst als Versager, da ich alles in Frage stelle, was ich gewußt und geglaubt habe. Wissen und Glauben hilft einem gar nichts, wenn man es nicht in die Tat umsetzen kann.

»Es ist Zeit für die Komitee-Sitzung, Charlie, ich muß jetzt gehen.« Ich gehe schnell weg, unbehaglich nach diesem ersten Kontakt mit zu Hause.

Die Komitee-Sitzung ist langweilig. Ich beobachte Charlie, der mir schräg gegenübersitzt und der geschäftigen Elke lauscht, die für ihn übersetzt. Ich beschließe, ihn nach der Versammlung zu fragen, ob er Priester ist.

Charlie wird rot bei der Frage.

»Ich war sieben Jahre lang in einem Jesuiten-Seminar. Ich habe das angezogen, weil . . .« Charlies Stimme wird leiser, und er verdrückt sich auch.

Du lügst, Charlie. Ich weiß, daß du kein Priester bist, aber irgend etwas stimmt bei dir nicht. Irgendwas ist los mit dir, du brauchst Hilfe, du kannst mich nicht darüber hinwegtäuschen. Ich bin selbst Experte, wie man sich nach außen hin kühl und überlegen gibt, auch wenn man innerlich am Verzweifeln ist. Ich kenne die Symptome. Ich bin allerdings nicht hier, um ihm zu helfen. Es ist nicht meine Aufgabe, sein Geheimnis zu ergründen. Ich gehe zur Küche rüber und reihe mich in die Schlange derjenigen ein, die auf Kaffee warten.

Ich nehme meinen Kaffee mit hinaus auf die Terrasse und sehe Charlie in einem rot-weiß karierten Sporthemd die Treppe heraufkommen – hat der sich aber schnell umgezogen!

Heute nachmittag habe ich frei und werde mich in die Sonne legen. Heute abend ist ein englischsprachiges Treffen der Anonymen Alkoholiker in der Klinik. Ich will hingehen und sehen, wer kommt. Alle reden davon, daß ein Haufen Kanadier käme, die hier in der Nähe stationiert sind. Horst hat mir auch empfohlen, hinzugehen; jeder kann an dem Treffen teilnehmen.

Im letzten Jahr habe ich Bob kennengelernt, einen bei Karlsruhe stationierten amerikanischen Soldaten. Er war wunderbar, und es war so richtig herzerfrischend, wenn er in die Klinik hereinspaziert kam. Im Geiste nannte ich ihn »Silver Tongue« (Silberzunge), da er die wohlklingende Stimme eines Diskjockeys hatte und auch das passende Vokabular. Ich sehe sein kindliches Gesicht noch vor mir und höre seine Geschichten über seine Saufgelage. Zu schade, daß er nicht mehr da ist. Aber ich muß sehen, daß ich von den Kanadiern welche kennenlerne; sie sind Nachbarn. Ich frage mich unversehens, ob vielleicht einige aus Calgary oder Banff sein mögen, das ist ganz in der Nähe von Montana.

Die erste Stimme, die ich höre, als ich zum Versammlungsraum hinübergehe, ist die von Bob. Ich mache einen Satz und reiße die Tür auf. Lieber Himmel, es ist Bob – er ist noch hier!

»Jackie, du bist zurückgekommen. Ich habe mir das ganze Jahr über Gedanken gemacht. Weißt du, was Walther zu mir gesagt hat, als du weg warst? Er sagte: ›Jackie ist abgehauen – sie rannte einfach weg!‹ Wir waren alle sehr bestürzt, daß du abgereist bist.«

Bob grinst von einem Ohr zum anderen, und ich auch. Ich packe ihn und nehme ihn fest in meine Arme. Er ist so ein lieber Kerl, dieser junge Alkoholiker.

Lachend wende ich mich den Deutschen zu. »Das ist ein amerikanischer Soldat und kein Kanadier.«

»Meine Freunde sind auch Amerikaner«, sagt Bob. »Das sind Ralph, Tony und Pete.«

»Es sind alles Amerikaner!« berichte ich überschwenglich den Deutschen. Sie scheint das nicht zu berühren, oder sie können nicht verstehen, wie mir zumute ist.

Bob eröffnet das Treffen. Ich sitze neben ihm und halte seine Hand. Er läßt es geschehen, aber dieser hautnahe Kontakt hier in der Klinik scheint nicht seine Sache zu sein. Ich spüre seine Unruhe und sein Unbehagen und lasse ihn bald los. Mir wird auf einmal bewußt, daß es ein gutes Gefühl ist, jemanden bei der Hand zu halten. Ich habe nie körperlichen Kontakt mit Menschen außerhalb meiner Familie gehabt. Ich mache eine Wandlung durch, und das ist mir nicht klargeworden, bis mir ein Außenstehender über den Weg lief, der nichts mit der Klinik zu tun hat und noch die üblichen, durch die Umweltprägung bedingten Berührungsängste verspürt.

Einen aufgeschlosseneren Menschen als Bob kann man sich gar nicht vorstellen in der Außenwelt, aber sein Verständnis, sein Fassungsvermögen hat Grenzen. Darüber muß ich nachdenken. Das Meeting läuft gut. Bob spricht sowohl englisch als auch deutsch. Die anderen Gäste bitten ihn, die Versammlung in deutscher Sprache abzuhalten, damit sie besser folgen können.

»Nein«, rufe ich, »das ist ein englisches AA-Treffen.« Ich will nicht, daß sie mir diese Möglichkeit nehmen, mich einmal in der Woche von den Zwängen der fremden Sprache zu befreien. Ich sehe den gespannten Gesichtsausdruck der anderen, aber ich will nicht klein beigeben.

»Ihr habt andere AA-Meetings, die alle in deutscher Sprache abgehalten werden. Und die Meetings von Emotions Anonymous. Laßt das hier, wie es ist.« Ich engagiere mich und kämpfe zum ersten Mal, seit ich vor einer Woche hier ankam. Sobald ich meinem Ärger Luft gemacht habe, kriege ich es jedoch mit der Angst zu tun und sinke schnell in mich zusammen.

»Das hier ist ein englisches AA-Treffen, und dabei bleibt es. Wer einen Dolmetscher braucht, soll sich melden. Es stehen welche zur Verfügung.« Bob lächelt.

Ich entspanne mich, und das Meeting geht weiter. Die Deutschen äußern sich alle in ihrer eigenen Sprache, auch diejenigen, die Englisch beherrschen. Ich glaube, sie sind sauer. Schade.

Die »Bauernstube« ist gerammelt voll. Alle Stühle sind belegt.

Es ist lustig, ausgerechnet in diesem Raum eine Versammlung der Anonymen Alkoholiker abzuhalten. Bevor das Gebäude Klinik wurde, war es ein Kurhotel und dieser Raum Schankwirtschaft mit Bar. Überall im Raum sind Tische verteilt, und die 2,40 Meter lange Bartheke steht noch an ihrem alten Platz gegenüber von der Wand. An den Fenstern sieht man, daß dieser Trakt der Klinik viel älter ist als das Hauptgebäude. Es sind wunderschöne bleiverglaste Fenster mit farbigen Darstellungen. Im Raum steht ein Klavier, und ich habe mich schon zwei- oder dreimal darangesetzt, um zu spielen. Ich beschließe, wieder öfter Klavier zu spielen.

Ich genieße das warme Gefühl der Verbundenheit mit den Amerikanern, aber jetzt bin ich an der Reihe, etwas vorzubringen. Ich weiß nicht, was ich sagen soll. Ich weiß, daß ich keinen Alkohol mehr trinken darf, da es nur ein weiteres chemisches Fluchtmittel wäre, um die Schmerzen des Lebens zu betäuben, genauso wie Tabletten. Aber meine Geschichte ist doch etwas anders. Es ist die Geschichte einer psychologischen Abhängigkeit, nicht die eines zwanghaften Drangs, bis zum Umfallen zu essen oder zu trinken. Ich beschließe, tief Luft zu holen und zu sagen, wie es mir geht.

»Ich heiße Jackie, und ich bin tablettenabhängig und Alkoholikerin. Ich weiß nicht, ob ich den Anonymen Alkoholikern beitreten werde oder nicht. Die paar offenen Meetings, die ich in meiner Heimatstadt besucht habe, wurden von einem Haufen kleiner Kaiser geleitet, die auf dem Standpunkt stehen, daß du lügst oder kein Alkoholiker sein kannst, wenn du nicht Tag und Nacht durch das Kneipenviertel ziehst und vom Barhocker fällst oder ständig irgendwo bewußtlos herumliegst.«

Ich mache eine Pause, um Atem zu schöpfen, und spüre, daß Wut und Enttäuschung in mir aufkommen. Zugleich habe ich den plötzlichen Wunsch, diese Regungen zu unterdrücken, weil ich diese Seite meines Wesens nicht preisgeben will. Aber nein. Ich werde nichts unterdrücken. Ich denke daran, wie ich heute morgen in der Kegelbahn auf die Wand eingeschlagen habe. Ich bin berechtigt, meine Gefühle zum Ausdruck zu bringen, egal, ob sie richtig sind oder falsch.

»Ich habe die gleiche Einstellung in Kliniken beobachtet, in denen mein Mann Vorträge gehalten hat. Überall diese Haltung: ›Kannst du das überbieten?‹ Meine Geschichte ist simpel, stupide, aber für mich verhängnisvoll. Meistens habe ich nicht einmal nach Tabletten verlangt; die Ärzte haben sie mir verschrieben zur Überwindung der ganz verschiedenen traumatischen Erlebnisse in unserer Familie. Es war leicht, Nachschub zu bekommen, da ich nicht einmal die verordnete Menge von drei oder vier Tabletten pro Tag genommen habe. Ein Anruf bei der Apotheke genügte, der Apotheker vergewisserte sich bei dem Arzt, und ich bekam regelmäßig monatelang und jahrelang meine Tabletten. Ich bat niemals zwei oder drei Ärzte um Rezepte – ich hatte es nie nötig. Ich hielt mich an die Anweisungen des Arztes, ich nahm sogar weniger als die vorgeschriebene Menge, also ergaben sich keine Probleme. Wir sind während unserer Ehe Dutzende Male umgezogen, und jeder neue Arzt, der unsere Familie kennenlernte, gab der nervösen Mutter nur allzu bereitwillig ein Rezept – damit hielt er sich ihre Neurose aus seiner Praxis fern. Psychiater arbeiten bevorzugt mit Tabletten. Sie sind mehr oder weniger dazu gezwungen; sie wissen, wie die Beruhigungsmittel und Antidepressiva auf erregte Menschen wirken. Sie helfen uns, mit unserer Welt zurechtzukommen. Geschlagene *vierundzwanzig* Jahre lang gab es in meinem Leben keinen Tag, an dem ich keine Tablette geschluckt habe.

Meine Probleme hatten stets logische, in der Außenwelt liegende Ursachen. Während meines ganzen Ehelebens geriet ich von einem Trauma in das andere. Jedesmal habe ich mich tief in diese traumatischen Erlebnisse verstrickt, und weil sie meistens irgendwelchen Mitgliedern unserer Familie passierten, habe ich mich ständig in die Rolle drängen lassen, als Stütze für die restliche Familie zu fungieren. So habe ich mich mit Tabletten betäubt und bin wie in Trance durchs Leben getaumelt.

Jetzt bin ich hier in einer Klinik in Westdeutschland und muß Bilanz ziehen, was ich mir angetan habe. Ich könnte behaupten, daß ich all die Jahre über keinen anderen Ausweg gesehen habe, aber das wäre gelogen. Ich weiß, daß es Zeiten gab, in denen ich übermäßig stark reagierte, in denen ich mich in etwas hineingesteigert habe, um ein Alibi für ein Beruhigungsmittel zu haben. Jetzt habe ich seit einem Jahr nichts mehr genommen, und ehrlich gesagt leide ich deswegen nicht besonders, höchstens im Geiste. Ich habe allerdings nie einen körperlichen Drang nach Tabletten oder Alkohol verspürt. Aber manchmal, wenn wirklich die Fetzen fliegen, habe ich das Bedürfnis, eine Tablette zu nehmen, obwohl mir inzwischen klar ist, daß sie mir nicht so geholfen haben, wie ich glaubte.

Ich bin mit der irrsten Kollektion von Tabletten herübergeflogen, die ihr euch vorstellen könnt. Seit einem Jahr hatte ich weder ein Beruhigungsmittel noch Antidepressiva genommen – ich wollte kein Rezept, aber ich wollte eine Sicherheit für diese gewagte Reise zurück nach Deutschland haben, so brachte ich nichtverschreibungspflichtige Präparate als psychologische Krücken mit.

Am Flugplatz hatte das Flugzeug Verspätung, so ging ich in die Stadt und drehte bald durch vor lauter Angst vor der Reise. Ich bat eine Bekannte in einer Apotheke, daß sie meinen Arzt anrufen und ein Rezept für Lomotil verlangen sollte mit der Entschuldigung, daß ich nach Europa fliegen würde. Lomotil ist gegen Durchfall, aber die paar Male, die ich es genommen habe, wurde ich aus unerfindlichen Gründen schläfrig. Da die Anfrage logisch erschien, bekam ich das Medikament verschrieben. Wenn ich die Tabletten so zwanghaft verschlungen hätte, wie manche Leute das tun, hätte ich vermutlich meine Därme für Jahre außer Gefecht gesetzt. Ich wußte, daß ich die verdammten Dinger nicht nehmen würde. Ich wollte sie nur haben. Als ich zur Besinnung kam, habe ich sie in die Toilette des Flugzeugs gekippt und runtergespült. Das ist die psychologische Abhängigkeit, von der ich spreche, und sie ist für mich genauso verhängnisvoll wie zwanghaftes Essen oder Trinken.«

Ich atme wieder tief durch und fahre fort.

»In unserem Zwölf-Schritte-Programm heißt es: ›Stelle keine Vergleiche an‹, aber meine ganze Erfahrung mit Leuten wie euch beruht nur auf Vergleichen. Ich habe auch eure Intoleranz gegenüber Menschen mit anderen Suchtproblemen beobachtet, und ich wette, daß sich eure Gründungsväter im Grabe herumdrehen. Ich bin nicht wütend auf euch, Leute, ich breche nur eine Lanze für Menschen, wie ich einer bin – und es gibt viele von unserer Sorte.«

Verlegen über meine Erregung, versuche ich mich zu beruhigen.

»Einige weitsichtige Ärzte erkennen jetzt, daß durch die langsame tödliche Regelmäßigkeit, mit der kleine Mengen von Tabletten Tag für Tag über Jahre und Jahre eingenommen werden, mehr Schaden verursacht wird als durch die auffällige körperliche Sucht, die man behandeln muß, weil sonst ein rascher Tod die Folge ist.«

Meine Augen füllen sich mit Tränen.

»Ich bin am Sterben, und ich habe das Gefühl, daß ich nicht von AA akzeptiert werde, obwohl ich weiß, daß es mein sicherer Tod ist, wenn ich zum Alkohol greife, um meinen Schmerz zu stillen.«

Während ich mich umschaue, sehe ich einen Hauch zarter Liebe in den Augen der meisten hier Versammelten. Im Geiste schiebe ich meinen Beitritt zu den Anonymen Alkoholikern noch vor mir her. Zu viele Alkoholiker aus Montana haben mir erklärt, ich sei keine von ihnen – das könnten sie beurteilen, nachdem sie meine Geschichte gehört hätten.

Das ist das Einzigartige an dieser Klinik. Alkoholiker, Neurotiker, Tabletten- und Drogenabhängige, wir alle fühlen uns miteinander verbunden und betonen nicht das, was uns trennt, wie z. B. Wochenbett-Depressionen, Lebenskrisen in mittlerem Alter, Heroin, Tabletten, Alkohol. Sie alle sind nichts anderes als der Ausdruck von jahrelang überdecktem Schmerz, Mangel, Hunger, Durst nach einem anderen Leben, das Bedürfnis nach Hilfe, nach Barmherzigkeit. Die Krise ist das gemeinsame Band, das uns alle verbindet. Diesen zusammengewürfelten Menschen fühle ich mich mehr zugehörig als meinen Freunden und Nachbarn in Bozeman, Montana.

Das Meeting endet bald, und Bob umarmt mich herzlich. »Gut gemacht, altes Mädchen; hast dir heute abend eine Menge von der Seele geredet.«

Bob hat nichts Verurteilendes oder Vergleichendes an sich. Ich liebe ihn.

2
Dr. Walther H. Lechler

Am Anfang dieses Kapitels verwendet Jackie wieder den Begriff »Regression«. Ich betone, daß dies im eigentlichen Sinne des Wortes nicht möglich ist. Was wir Regression nennen, ist, daß wir werden, was wir sind. Jackie hat sich von der fiktiven Person gelöst, die sie zu sein glaubte.

Psychiater machen fast immer den grundlegenden Fehler, daß sie den Menschen, so wie sie ihn in seiner äußeren Erscheinung erleben, für eine reale Person halten. Wenn die wirkliche Person zum Vorschein kommt, nennen sie es »Regression«. Sie sollten es besser mit »Aktualisierung« statt mit »Regression« bezeichnen.

Ich möchte diesen Begriff »Regression« gern aus unserem Vokabular streichen, da er falsche Vorstellungen vermittelt und uns davon abhält, die wahre Bedeutung oder Gültigkeit der Erfahrung anzuerkennen. Wenn wir das werden, was wir tatsächlich sind, wenn wir »uns auf den richtigen Stand bringen«, können wir anfangen, Fortschritte zu machen. Wir können anfangen, erwachsen zu werden; etwas, was wir bisher nie getan haben.

Ein anderes wichtiges Wort, das Jackie verwendet, ist »abreaction« (Abreagieren). In Websters Collegiate Dictionary finden wir folgende Definition dieses Wortes: »Freisetzen (eine unterdrückte oder vergessene Emotion) durch verbales oder anderweitiges Ausdrücken in der Psychoanalyse.«

Bei der Anwendung der Schreitechnik durchleben wir vergessene oder früher gehabte Emotionen noch einmal. In Jackies Fall gab es ein unmittelbares Ereignis, als sie knapp zwei Jahre alt war, wie sie mir erzählte. Wir gehen hier mit ihrem Einverständnis und ihrer Mithilfe darauf ein. Ihre Mutter hatte ihr von diesem Ereignis erzählt, aber sie selbst kam niemals auf die Idee, daß zwischen ihrem Wissen von dem Ereignis und ihren Erlebnissen auf den Matten ein Zusammenhang bestehen könnte. Als Kind hatte sie Hautausschläge und wurde von einem Arzt in einer Weise behandelt, die einen traumatischen Schock in ihr auslöste. Sie wurde völlig eingewickelt, so daß sie nichts mehr sehen konnte, festgebunden und dann zur ultravioletten Bestrahlung allein gelassen. Sie bekam Bandagen angelegt und feuchte Umschläge und mußte über eine lange Zeit hinweg Diät essen. Als sie als Erwachsene davon hörte, erschien es ihr als eine ziemlich unbedeutende Sache – aber für ein Kleinkind war es schrecklich. Sie juckte und kratzte sich, sie blutete, sie roch unangenehm, sie wurde festgebunden, ihr Gesicht wurde abgedeckt, ihre Hände in Handschuhe gezwängt, die gewohnte Nahrung wurde ihr vorenthalten. Ihre ganze Welt veränderte sich.

Zurückzugehen und ein traumatisches Erlebnis noch einmal durchzumachen tut weh, aber für Jackie liegt die wirkliche Qual darin, sich klarzumachen, daß sie in diesem weit zurückliegenden Moment begonnen hat, eine Fassade aufzubauen. Das war ihr Ausweg aus dem traumatischen Erlebnis. Sie konnte es niemals ertragen, sich zurückzuversetzen und sich mit dem Erlebnis auseinanderzusetzen, denn dann hätte sie ihrer Fassade ins Auge blicken müssen. Das Erlebnis war anfangs die Ursache für die Fassade, aber dann wurde es auch zum Alibi für die Fassade. Sie mußte das Ereignis als »unwirklich, nicht real« behandeln, denn es war zu qualvoll, als daß ein Kind damit hätte fertig werden können; aber in dem Maße, wie die Fassade im Laufe der Jahre dicker wurde, wuchs ihre Unfähigkeit, mit diesem traumatischen Erlebnis umzugehen.

Die Krise verlangt, daß wir die Fassade einreißen, daß wir so werden, wie wir wirklich sind. Nur dann können wir anfangen zu wachsen. Wenn wir solche Schmerzen durchleiden, wenn wir zu den Kindern werden, die wir eigentlich sind, ist es sehr wichtig, zu wissen, daß alles Vergangene vergeben ist. Deshalb glaube ich, daß wir den spirituellen Aspekt erkennen müssen, wenn wir uns mit Menschen befassen. Alles Vergangene ist vergeben, und man könnte auch sagen, daß alles Vergangene »für etwas hingegeben ist« (forgiven – given for), wenn man mit der englischen Sprache spielen will.

Die wichtigste Botschaft, die Christus uns gegeben hat, war, daß wir sterben müssen, um wiedergeboren zu werden. Das trifft in der Psychiatrie zu. Das unechte Sein muß sterben, damit sich neues

Leben entfalten kann. Die meisten Leute lassen nicht zu, daß sich dieser Vorgang in ihnen vollzieht, sie können es nicht aushalten. Wenn sie es zulassen, wird ihnen ihre ganze Lebensgrundlage entzogen, und alle ihre dreißig oder vierzig oder achtundvierzig Jahre – wie in Jackies Fall – werden weggerissen und als die Scheinexistenz entlarvt, die sie waren. Das ist furchtbar. Aber es ist der einzige Weg zu einem neuen Dasein.

Für mich als Psychiater ist es wichtig, Vergebung zu lehren. In meiner Klinik erlebe ich es, daß die Gäste sich gegenseitig furchtbare Dinge aus ihrem Leben erzählen. Die Reaktion ist immer die gleiche: »Darum mag ich dich um so lieber.« Wer sich jedoch nicht vergibt, ist gewöhnlich der Betroffene selbst. Wir bringen es nicht fertig, uns selbst zu vergeben. Wir müssen nicht nur uns selbst, sondern auch den anderen vergeben, denen wir die Schuld an unserer mißlichen Lage in die Schuhe schieben. Niemand anderer hat die Krankheit ausgelöst als wir selbst. Wir können unsere Ketten nicht loswerden, ehe wir nicht anderen vergeben und dadurch sie uns selbst freisprechen.

Wir müssen unseren Eltern vergeben. Das ist wichtig, da sie am allerhäufigsten als Verursacher unseres Un-Behagens herausgestellt werden. Wir müssen auch unseren symbolischen Müttern und Vätern vergeben. Das sind all die Leute, die es uns in der Vergangenheit ermöglicht haben, unsere Fassade aufrechtzuerhalten. Unsere wirklichen und unsere symbolischen Eltern machten das möglich, weil sie keinen anderen Weg sahen, uns am Leben zu erhalten, ehe die Krise uns erreichte. Wir hassen sie (manchmal so sehr, daß wir sie töten) wegen all der Dinge, die sie für uns tun mußten. Sie haben diese Dinge getan, weil wir es nicht gemacht haben. Ihr Eingreifen half uns zu überleben.

Das Leben akzeptieren, ja sagen zum Leben – das ist Vergebung. Wir vergeben und uns wird vergeben. Die größte Liebe, die wir allem Vergangenen erweisen können, besteht darin, die Gegenwart aus vollem Herzen zu lieben. Das ist die höchste Stufe des Annehmens. Die Vergangenheit, die Gegenwart und die Zukunft – sie sind alle eins. Das ist Ewigkeit; das ist Ganzsein. Lebenskrisen im mittleren Alter sind schmerzvoll. Sie packen uns, wenn wir plötzlich feststellen, daß wir unser Leben auf Sand gebaut haben. Wir sehen die Wahrheit und wir haben Angst, verrückt zu werden. Aber davor brauchen wir keine Angst zu haben. Verrückt werden in diesem Sinne heißt lediglich aufwachen. Unter dem Sand ist gewöhnlich Fels; wir müssen nur danach graben.

Wir benutzen unseren Intellekt als Werkzeug, um uns selbst im Dämmerzustand zu halten. Dies Buch arbeitet mit einfachen Bildern, die uns wach machen. Die Büchereien sind voll von dicken Wälzern, die mit Hilfe des Intellekts geschrieben worden sind. Sie dienen dazu, uns ruhig zu halten. Die Gesellschaft hat Angst vor Leuten, die aufwachen. Wenn wir aufwachen, machen wir Lärm und machen es für die anderen schwierig, weiterzuschlafen. Wenn wir anfangen, uns unserer Lage bewußt zu werden, schreien wir vor Schmerzen. In unserer Not rennen wir zu den Ärzten, und die armen Herren Doktoren können den Lärm nicht aushalten, so verschreiben sie uns Tabletten, damit wir wieder einschlafen. Ich meine, die Ärzte sollten statt dessen die Pillen einnehmen; dann könnten sie weiter vor sich hin dämmern und hören den Lärm nicht, den sie so schwer verkraften können. Sobald die Tabletten uns wieder einschläfern, sagen wir: »Oh, ich fühle mich jetzt prima.« So ein Unsinn! Ich nehme an, es gibt Leute, die könnten mich erwürgen, weil ich diese Dinge sage. Aber ich glaube daran. Meine Erfahrung hat mich das gelehrt.

Ich möchte eine Parabel anführen, um zu erläutern, was ich meine. Es ist für uns alle schwer, diejenigen zu verlassen, die wir Mutter und Vater nennen, weil sie uns auf die Welt gebracht haben. Sie haben uns einen Raum gegeben und uns davon überzeugt, daß wir uns in der Umgebung wohl fühlen, in der wir nun etabliert waren. Oft gaben sie uns alte Sachen wie Uhren und Möbel und sagten uns, daß wir gut auf sie aufpassen sollten, da sie von Großvater und Großmutter herstammten. Man sagte uns, daß wir sorgfältig mit diesen Sachen umgehen sollten, weil unsere Eltern und Großeltern das auch getan hätten, und daß sie nur deshalb in so gutem Zustand seien.

Wir sind überzeugt, daß diese Behausung mit ihrer kleinen Küche und dem Bad uns für unser ganzes Leben gehört. Wir leben darin mit den ganzen ererbten Sachen und glauben, daß wir glücklich sind, weil man uns das sagt. Wir nennen es »kindliche Liebe«, Fügsamkeit.

Dann wachen wir eines Tages auf. Wir sind entsetzt über den Haufen von altem Krempel, der da herumliegt. Wir sehen eine Tür, öffnen sie und stellen fest, daß wir in Wirklichkeit in einem riesigen Schloß leben. Wir kriegen die Panik – wir wissen nicht, was wir tun sollen. Ein Teil von uns möchte zurückgehen und in dem öden Raum leben, der angefüllt ist mit alten vertrauten Sachen. Aber niemand zwingt uns. Wir müssen durch das ganze Schloß wandern und sehen, was wirklich zu uns paßt. Wir müssen die alten muffigen Sachen rausschmeißen. Wir müssen einen Ausverkauf veranstalten. Unsere

Freunde werden nur zu gerne kommen und gutes Geld für den ganzen alten Plunder bezahlen.

Was wir nicht verkaufen können, müssen wir wegschenken. Stell dir vor, wie die Leute sich freuen werden, wenn sie unsere alten Sachen umsonst bekommen. Mit diesen Dingen können sie ihre eigenen Museen wieder für ein paar Jahre aufmöbeln. Die ganze Pietät und kindliche Ergebenheit, die uns im Schlafzustand gehalten hat, gehört jetzt ihnen. Die ganze Sorgfalt, die erforderlich ist, um die Sachen instand zu halten, müssen sie jetzt aufbringen. Was wir nicht wegschenken können, müssen wir verbrennen. Wir müssen ein riesiges Freudenfeuer entfachen, das alles verschlingt, was noch irgendwo zwischen Keller und Boden herumsteht. Dann können wir anfangen, so zu leben, wie wir wirklich sind – Söhne und Töchter des Königs. Wir werden uns unser Schloß erobern.

Der Intellekt ist das Instrument, das uns im Dämmerzustand hält. Der Intellekt ist unser »goldenes Kalb«. Die Bibel erzählt uns das in der Geschichte von Adam und Eva. Sie waren wach, solange sie im Paradies waren. Sie waren eins mit ALLEM, WAS IST. Eva symbolisiert den Intellekt, der die Frucht vom Baum der Erkenntnis gekostet hat. Sie reichte sie Adam, und beide begannen, ihren Verstand zu ihrem Gott zu machen. Sie verspielten das Paradies, Gott hat sie nicht hinausgeworfen. Von da an lebten sie für alle Zeiten in Schmerz und Pein. Sie schliefen.

Nach dem Ersten Weltkrieg gelangte Hitler an die Macht, weil er der Jugend eine Botschaft übermittelte. Er kam und sagte uns, daß er uns befreien würde; daß er unsere Nation wiederaufbauen würde. Jeder bekäme Arbeit. Wir würden nicht mehr den anderen Völkern ausgeliefert sein. Er förderte die Entwicklung des Volkswagens, damit sich jeder ein Auto leisten könne. Damals kostete ein Volkswagen ganze 900,– DM. Wir hatten freie Schulbildung. Ich wurde mit vierzehn Jahren Segelfliegerpilot. Ich hatte die besten Ausbilder. Im Alter von vierzehn Jahren merkte ich nicht, daß er uns auf den Krieg vorbereitete. Auch als ich ausgebildeter Soldat war, wußte ich es nicht. Ich dachte, dieser Mensch liebte sein Vaterland und sein Volk. Ich wachte erst auf, als der Krieg ausbrach.

Als ich wach wurde, tat ich etwas Verzweifeltes. Ich schrieb an meine Eltern, daß ich desertieren würde, sobald ich meine Offiziersausbildung abgeschlossen hätte. Ich habe ihnen gesagt, daß ich meinen Glauben an die Richtigkeit meines Handelns verloren hatte. Ich wußte, es bestanden gute Chancen, daß der Brief von der Zensur abgefangen und ich erschossen würde, aber ich mußte es tun. Der Brief wurde nicht kontrolliert. Er ist heute in meinem Besitz – meine Mutter hat ihn mir gegeben.

Das Leben hat es gut mit mir gemeint. Ich brauchte nicht zu desertieren. Nach meiner Ausbildung bekam ich Urlaub und fuhr nach Hause. Während eines Spaziergangs geriet ich in einen Bombenangriff amerikanischer Flugzeuge, und ich landete im Lazarett mit einer Bombensplitterverletzung des Schädels. Für mich war der Krieg vorbei. Als ich aus dem Lazarett entlassen war und wieder herumlaufen konnte, ging ich einmal zu der Stelle zurück, wo es mich erwischt hatte. Da waren neun Bombenkrater – können Sie sich vorstellen, daß das einer lebend überstanden hat?

Weil ich diese Dinge in meinem Leben erlebt habe, sehe ich die Lüge, die darin besteht, an den Intellekt zu glauben. Der Intellekt sagt uns, daß wir etwas für andere tun können. Der Intellekt will uns weismachen, andere könnten für uns tun, was wir selbst für uns tun müssen.

In der Klinik müssen wir mit der Wahrheit leben. Das war für mich als Arzt hart. Ich hatte Angst, den Patienten zu sagen, daß sie auf mich den Eindruck von Lügnern machten. Ich hatte Angst, jene Patienten zu verlieren. Ich habe viele Jahre gebraucht, um an der Festlegung der Richtlinien für die Klinik zu arbeiten, denn zuallererst mußte ich mir selbst gegenüber ehrlich sein. Ich mußte mich mit der Tatsache auseinandersetzen, daß es meinen eigenen Bedürfnissen entgegenkam, wenn ich es zuließ, daß die Patienten weiter mit ihren Lügen lebten. Ich diente meinen eigenen Zwecken, indem ich einigen Ärzten erlaubte, länger bei mir zu bleiben, als gut war. Ich hatte Angst, allein zu sein, so ließ ich einige Menschen in meiner Umgebung bleiben, die die Zielsetzung der Klinik nicht verstanden. Manchmal wurde dadurch die Atmosphäre der Klinik beeinträchtigt, und die Patienten litten darunter. Ich muß die Verantwortung dafür übernehmen, weil meine Unsicherheit, meine Ängste dies verursacht haben.

Die Zwölf-Schritte-Programme der Anonymen Alkoholiker und der Emotions Anonymous machten mich darauf aufmerksam, was ich anrichtete. Ich förderte Un-Behagen. Jetzt arbeiten die Mitarbeiter und die Gäste jeden Tag daran, der Wahrheit ins Auge zu schauen, und es ist für alle eine harte Arbeit.

Jackie und ich hatten erwogen, dieses Buch unter einem Pseudonym zu veröffentlichen. Wegen meiner Ängste wollte ich nicht, daß die Leute erfahren, wer ich bin. Ich hatte Angst, sie würden zu große Hoffnungen in mich und die Klinik setzen. Jackie hatte auch Angst. Doch dann beschlossen wir, es nicht zu tun. Dies Buch ist die Wahrheit, so ehrlich wir sie nur irgendwie aufzeichnen konnten. So müssen wir leben, das ist Realität.

Aufrichtigkeit ist das Allerwichtigste von dem Augenblick an, wo einer die Klinik betritt. So müssen wir einander begegnen – alle, die wir hier in der Klinik sind. Wir dürfen nicht unklar werden, um unsere Gäste zu schonen. Das schadet mehr als Aufrichtigkeit. Wenn wir unsere Gäste belügen, stecken wir Ärzte uns selbst und unsere Gäste an, und ihre Spiele gehen weiter.

In diesem Kapitel schreibt Jackie über ihre psychologische Abhängigkeit von Tabletten. Ich weiß, daß auf dem Gebiet der Tablettenabhängigkeit ein Unterschied gemacht wird zwischen psychologischer und physischer Abhängigkeit. Ich halte nichts von dieser Aufteilung. Die Haltung ist die gleiche, ob du eine Tablette oder fünfzig Tabletten pro Tag nimmst oder Heroin in deine Venen spritzt.

Alle Suchtkranken glauben, daß sie die Welt nicht ertragen können ohne ihr Hilfsmittel, mit dem sie ihren Schmerz stillen. Sie werden mit ihrem Mangelzustand nicht fertig, und sie wollen nicht einsehen, daß sie nicht verantwortungsfähig sind. Je größer ihr Elend wird, um so höher werden ihre Dosen. Manche von ihnen – wie Jackie – werden ruhiger, wenn sie wissen, daß sie ihre ein oder zwei Pillen am Tag kriegen. Aber es kommt der Tag, an dem auch diese Leute die kritische Grenze überschreiten, weil der Schmerz so unerträglich wird, und dann fangen sie an und nehmen immer größere Mengen. In Jackies Fall hat es vierundzwanzig Jahre gedauert, bis sie zusätzlich Schlaftabletten und andere Drogen genommen hat. Sie behauptet, Jesses Herzschrittmacher sei schuld gewesen. Aber wenn der nicht gewesen wäre, hätte sich ein anderer Anlaß gefunden. Sie kümmerte sich nicht um ihren Hunger und Durst; sie war drauf und dran zu verhungern. Jedes beliebige Ereignis zu jedem beliebigen Zeitpunkt hätte zum gleichen Ergebnis geführt. Das gibt es nicht, daß man »ein bißchen schwanger« ist – entweder bist du schwanger oder nicht. Wenn du schwanger bist, wird es deine Umwelt früher oder später merken. Jackie muß aufwachen, oder sie wird zugrunde gehen, wie so viele es tun.

Die Behandlung der Süchtigen beginnt damit, daß sie lernen, die Wahrheit ihrer Sucht zu akzeptieren. Dann müssen sie sich ehrlich und aufrichtig mit den Umständen auseinandersetzen, die zu diesem Zustand geführt haben. Die ein oder zwei Tabletten, die Jackie über vierundzwanzig Jahre genommen hat, engten ihre Persönlichkeit ein. Sie war der Meinung, daß sie nicht in der Lage sei, die Welt so zu nehmen, wie sie ist. Statt Vertrauen hatte sie Angst, und solange sie Angst hatte, war ihr Aktionsradius einfach blockiert. Mit ihrer Haltung, die sie dazu brachte, Tabletten zu nehmen, hat sie sich selbst von dem Leben abgeschnitten. Die Haltung durchdringt alles. Sie beeinträchtigt jeden Schritt, den die Süchtigen tun; ihre Arbeit, ihre Ehen, ihre zwischenmenschlichen Beziehungen, ihre gesamte Entwicklung als Menschen. Süchtige sind Sklaven. Sie sind verloren.

Seit vielen Jahren kämpfe ich für eine andere Einstellung gegenüber dem Alkoholismus. Im Jahre 1849 prägte ein dänischer Arzt namens Magnus Huss die Begriffe »Alkoholiker« und »Alkoholismus«. Ich glaube, diese Begriffe haben zu einem nun seit mehr als hundert Jahren bestehenden Mißverständnis geführt. Dieser Arzt dachte, daß das Leiden der Trinker durch das verursacht wurde, wonach sie rochen: Alkohol.

Ein Mensch, der von dem Zwang besessen ist, immer wieder seine Hände waschen zu müssen, hat die Vorstellung, daß die Welt krank und verseucht sei. Sollen wir das etwa als »Seifismus« bezeichnen und alle Seife verstecken? Nein. Wir sehen ein, daß wir die Einstellung des Betroffenen gegenüber der Welt verändern müssen.

Ich glaube, daß alles Süchte gleich sind. Die Alkoholiker müssen sich eingestehen, daß sie trinken, weil sie unfähig sind, dem Leben zu begegnen, und keinen anderen Ausweg sehen. Alkoholismus ist ein Symptom für das Unzulänglichkeitssyndrom. Es ist Flucht!

Heute weiß ich, daß die Depression mein Alkohol ist. Immer wenn ich glaubte, es zu brauchen, versank ich in Depressionen, um der Welt zu sagen: »Was wollt ihr? Seht ihr nicht, daß ich krank bin? Ich werde mit dem Leben nicht fertig.«

Jeder Mensch hat seinen speziellen »Alkohol«. Einige bekommen migräneartige Kopfschmerzen, einige bekommen Herzanfälle, andere nehmen sogar den Krebs als »Alkohol« in Kauf, damit sie sagen können: »Könnt ihr nicht meinen Kummer sehen? Laßt mich in Ruhe. Habt Mitleid. Seid barmherzig.«

Trockene Alkoholiker werden unheimlich wütend auf mich, wenn ich so etwas sage. Selbst wenn sie nüchtern sind, benutzen sie die Tatsache, daß sie Alkoholiker sind, immer noch als Mittel, um sich vor ihrem Schmerz zu verbergen. Viele trockene Alkoholiker sagen, sie könnten nur mit anderen Alkoholikern reden, nur andere Alkoholiker könnten sie verstehen. Schmarrn! Pater Dombrovski, OSB, nennt das die »sozial-pathologische Exklusivität«, und Amerikaner sehr treffend »die tödliche Einzigkeit« der Alkoholiker.

Wenn ein trockener Alkoholiker auf einen sauberen Drogenabhängigen trifft, können sie sich sehr wohl verstehen. Es ist eine Frage der Einstellung und nicht der Drogen, die sie nehmen.

Wir müssen mit dem schrecklichen Unsinn Schluß machen. Alle diese neuen Suchtverhalten werden wie schöne Schmetterlinge einer Sammlung etikettiert. Bald werden wir »Cocaine Users Anonymous«, »Heroin Users Anonymous« haben. Wir brauchten eigentlich nur eine einzige Gruppe für alle, nämlich: »Inadequates Anonymous« oder »Stupids Anonymous«. Jackie haßt dieses Wort, aber mir gefällt es. Ich weiß, daß ich dumm bin, und »Anonyme Dumme« klingt phantastisch!

Am Ende dieses Kapitels sagt Jackie, daß sie seit über einem Jahr keine Tablette mehr genommen hat. Wenn sie ihre Einstellung nicht ändert, ist sie im Grunde nur ein vorübergehend nüchterner Säufer. Es gibt einen alten Witz in Deutschland, der das näher erläutert.

Zwei Betrunkene standen vor dem Hofbräuhaus in München. Sie gingen um die Ecke des Gebäudes, weil einer pinkeln wollte. Ein Polizist kam vorbei und fuhr ihn an, er solle sofort aufhören, einpacken und weitergehen. Der Betrunkene gehorchte, und als der Polizist weg war, wandte er sich seinem Freund zu und sagte: »Den Kerl habe ich aber reingelegt! Ich habe zwar eingepackt und bin weitergegangen, aber zu pissen habe ich nicht aufgehört.«

Genauso verhalten wir uns, wenn wir aufhören zu trinken oder Tabletten zu schlucken, ohne daß wir unsere Einstellung ändern. Die Ärzte sind so stolz auf Patienten, die wahrheitsgemäß sagen können: »Ich habe ein ganzes Jahr lang keine Zigarette angerührt.« Oder keine Tablette, keinen Alkohol. Sie merken nicht, daß sich die Patienten selbst bepinkeln, wenn sie ihre Haltung nicht ändern, und daß sie eines Tages den Boden unter den Füßen verlieren. Sie sind trockene Trinker.

Jackie hat ein großes Bedürfnis, Vergleiche zu ziehen – genau das, was sie den Alkoholikern vorwirft. Wenn wir vergleichen, suchen wir nur nach Alibis. Unser Stolz bringt uns dazu zu behaupten, daß wir uns von einem Heroinsüchtigen oder einem Säufer in der Gosse unterscheiden. Wir alle pennen. Wir hungern uns zu Tode.

Jede Änderung, die wir in unserem Leben vornehmen, um wach zu werden, ist geistige Nahrung und kann uns helfen, unseren Mangel zu befriedigen.

Kapitel V

Bedingungslose Kapitulation

1
Jacqueline C. Lair

»Wenn du nicht stirbst, bevor du stirbst,
du verdirbst, wenn du stirbst.«
JAKOB BÖHME 1575–1624

Am Freitag beginnen die Feierlichkeiten zum Pfingsttreffen. In den Anlagen der Klinik wird ein Würstchenstand aufgebaut. Ein Zelt ist dort bereits aufgeschlagen, und immer neue Leute kommen an. Es sind ehemalige Gäste und Assistenten der Klinik, die das Wiedersehen mit den Therapeuten und miteinander feiern. Das allgemeine Kommen und Gehen regt nicht gerade zu intensivem Arbeiten an. Alle hängen nur so herum.

Das erste mir bekannte Gesicht gehört Dieter, der im letzten Jahr zusammen mit mir hier war.

»Hallo, Dieter, lebst du noch?« Ich lächle ihm zu.

»Mein Gott, Jackie. Du bist zurückgekommen. Ich kann es nicht glauben!« Mit dem für ihn typischen Überschwang stürzt er auf mich zu und umarmt mich.

Dieter und ich könnten Geschwister sein. Unser Teint und die Gesichtsform ähneln sich auffallend.

»Wie ist es dir ergangen? Was macht deine Frau?«

»Gut. Ich habe jetzt seit über einem Jahr keinen Tropfen Alkohol mehr angerührt. Ich gehe zu AA-Meetings. Horst und Waltraut haben mich in diesem Frühjahr besucht, als sie eine Reise gemacht haben. Und, du wirst es nicht glauben, meine Frau ist schwanger!«

»Toll, Dieter, das ist wunderbar! Es gibt da Nebeneffekte bei dieser Klinik, über die man uns gar nichts erzählt hat.«

»Ja, meine Frau und ich haben uns schon lange ein Kind gewünscht. Seit wann bist du wieder hier, Jackie?«

»Gestern war ich eine Woche hier. Es ist schwergefallen zurückzukommen, aber ich bin froh, daß ich es getan habe.«

»Diesmal mußt du ein bißchen abspecken.«

»Sei still, Dieter; du hast mich immer wegen meines Gewichts gepiesackt. Laß das jetzt mal beiseite, okay?«

»Na klar, Jackie, nimm es mir nicht übel. Ich mag dich. Wie geht es deinem Mann?«

»Ihm geht es gut und den Kindern auch.« Ich möchte nicht über persönliche Dinge sprechen. »Bleibst du das ganze Wochenende hier? Kommt sonst noch jemand vom letzten Jahr?«

»Ich besuche Freunde zum Wochenende. Ich glaube, einige werden kommen. Erinnerst du dich an Claus? Er ist nicht trocken geblieben und wurde bei einem Verkehrsunfall schwer verletzt. Und Peter, erinnerst du dich noch an ihn? Er hat in der Musikgruppe letztes Jahr den Baß gespielt. Er kommt, da bin ich ganz sicher. Erinnerst du dich an Greta? Sie ist vor wenigen Monaten gestorben.«

Ich erinnere mich an Greta. Sie war die ständige Begleiterin von Monika. Sie waren zwei sehr junge, gutaussehende Mädchen. Monika und ich sind uns sehr nahe gekommen, aber mit Greta warm zu werden war unmöglich. Obwohl ich lediglich zwei Wochen dagewesen bin, ist das Leben in der Klinik so intensiv, daß es mir so vorkam, als hätte ich all diese Menschen mein ganzes Leben lang gekannt. Aber Greta hat niemandem gegenüber ihre Schranken abgebaut mit Ausnahme von Monika.

»Wie starb sie? Sie war so jung.«

»Hat den Gashahn aufgedreht an dem Tag, als ihre Scheidung ausgesprochen wurde. Horst und andere haben versucht, den Kontakt mit der Klinik aufrechtzuerhalten, aber sie wollte ihre Hilfe nicht annehmen. Niemand schaffte es, an sie heranzukommen, Jackie.«

Mich friert. Als ich Greta im letzten Jahr beobachtete, wie sie sich den Bemühungen der anderen entzog, die Kontakt mit ihr aufnehmen wollten, mußte ich an mich selbst denken. Ich wußte, daß sie zu niemandem Vertrauen hatte und sich selbst überhaupt nicht mochte. Ich hatte mich mit ihr identifiziert. Ich habe oft den verzweifelten Wunsch gehabt, den nächsten Tag nicht mehr erleben zu müssen.

O Gott, laß mich nicht wie Greta enden. Sie war jung und hübsch und hatte noch ihr ganzes Leben vor sich. Wenn sie sich das Leben genommen hat, wie sollte, könnte es dann mit mir weitergehen?

»Noch mehr schlimme Nachrichten, Dieter? Ich kann es nicht fassen, daß Greta tot ist. Sag mir, ob es noch jemand anderen erwischt hat?«

»Nein, Jackie. Denk daran, wir waren siebzig. Zwei von siebzig zusammengewürfelten Menschen ist gut und nicht schlecht.« Dieter lächelt und legt den Arm um mich.

»Du mußt ein bißchen abnehmen.«

»Dieter!«

»Ja, ja, ich weiß, aber tu's.« Er lacht und geht.

Wegen des Treffens habe ich die Erlaubnis, mich frei im Umkreis der Klinik zu bewegen. Ich überquere die Straße und gehe zu dem Flüßchen hinunter. Ich möchte allein sein wie immer, wenn es mir schlecht geht. Greta hat sich das Leben genommen. Ich sitze versteinert am Ufer und starre auf das Wasser. Das sonst sanfte Flüßchen führt noch immer ziemlich viel Hochwasser nach all dem Regen. Der Fluß ist über die Ufer getreten und doppelt so breit wie sonst. Ich bin traurig und weine ein paar heimliche Tränen für die schöne Greta. Hoffentlich hat sie Frieden gefunden. Ich hoffe für mich, daß ich hier Frieden finden werde, bevor meine selbstzerstörerischen Tendenzen außer Kontrolle geraten. Ich weiß tief in meinem Inneren, daß ich lieber sterben würde als so weiterleben möchte wie bisher. In diesem letzten Jahr hat mich allein der Gedanke am Leben gehalten, daß ich es meiner Familie nicht antun könnte. Wer eine solche Einstellung hat, dessen Leben hängt an einem ziemlich dünnen Faden. Mir wird nicht gerade wohler, wenn ich solchen Gedanken nachhänge, also setze ich mich lieber wieder in Bewegung.

Der Parkplatz füllt sich mit Autos, und ich sehe, wie Eva, meine Zimmergenossin vom letzten Jahr, aus einem der Autos steigt.

»Eva, Eva!« Ich renne über den Parkplatz.

»Jackie! Das kann doch nicht wahr sein! Du bist zurückgekommen.« Eva beugt sich vor, während sie diese Worte spricht. Sie ist wie vom Schlag getroffen. Als sie sich wieder aufrichtet, laufen ihr Tränen übers Gesicht, und sie streckt mir ihre Arme entgegen.

Man sieht, wie tief bewegt sie ist. Wir haben meine beiden intensiven Wochen im letzten Jahr hier zusammen im gleichen Zimmer wirklich miteinander geteilt. Wir haben viel gelacht und geweint und uns sehr liebgewonnen.

Eva ist etwa so alt wie ich – eine schlanke, hübsche Frau mit wunderbaren blauen Augen und dunklen, lockigen Haaren. Sie sieht viel jünger aus, als sie ist. Wir sind im Wesen sehr verschieden, aber wir mögen uns unheimlich gern.

Wir halten uns im warmen Sonnenschein umarmt. Die Zeit ist gegenstandslos geworden – wir sind Schwestern. Kein Zufall der Geburt kann einem Menschen aus Fleisch und Blut dieses Gefühl der

Verbundenheit vermitteln, das ich hier auf diesem Parkplatz für diese Frau empfinde. Mein Gefühl hat sich in dem zurückliegenden Jahr noch intensiviert, oder aber ich bin in diesem Jahr eine andere, weil ich weder Schranken der Nationalität noch der Sprache oder des Geschlechts wahrnehme. Wir sind ganz einfach zwei menschliche Seelen, die so tief füreinander empfinden, wie man es wohl selten erlebt.

»Ach, Eva, Eva«, bringe ich wie eine Art Singsang hervor. Wir wiegen uns hin und her und halten uns noch immer umfangen. Mir wird ihre Einfachheit, ihre Einsamkeit, ihr starkes Verlangen nach Zuwendung bewußt. Sie ist viel abhängiger als ich, und ich spüre eine tiefe, beschützende Zuneigung. Von allen hier in der Klinik ist Eva diejenige, die ich am besten kenne, der ich am innigsten verbunden bin. Meine jetzige Zimmergenossin ist nett, aber uns ist mehr bewußt, was uns voneinander unterscheidet als was uns verbindet. Eva und ich mögen uns auf unkomplizierte Weise.

Schließlich lösen wir uns lachend voneinander und wischen unsere Tränen ab. Plötzlich ist die Welt voller Sonnenschein. Die Welt erscheint grüner, üppiger, voller Farben und Düfte, die durch unsere Gefühle an Intensität gewonnen haben. Wenn ich ein Kind wäre, würde ich vor Freude tanzen, weil meine Schwester nach Hause gekommen ist.

Wir gehen Arm in Arm über die Straße.

»Jackie, los, beeil dich.« Jutta steht auf der Terrasse und ruft über die Balkonkästen hinweg. »Wir müssen für heute abend proben.«

»Bis nachher, Eva. Oh, ich freu mich so, daß du da bist.« Ich verlasse sie lachend, bin glücklich und zufrieden.

»Okay, Jutta, altes Scheusal. Was sollen wir üben – das deutsche Lied oder den amerikanischen Song?«

»Den amerikanischen Song. Das deutsche Lied singen wir alle zusammen, also brauchst du bloß den Text zu kennen.« Jutta nimmt ihr Akkordeon unter den Arm und startet in Richtung der Bauernstube.

Ich bin zugleich erleichtert und enttäuscht, daß ich das deutsche Lied nicht besser üben soll, als ich es bisher kann. Ich möchte diese Sprache meiner neuen Heimat erlernen, damit ich intensivere Bindungen zu diesen Menschen knüpfen kann. Aber ein Liedchen ergibt noch keine Symphonie, so muß ich mich mit »You Are My Sunshine« zufriedengeben.

Jutta hat sich ihr Akkordeon umgehängt. Es kann losgehen. Wir singen das Lied einmal, dann ein zweites, ein drittes Mal. Jutta plustert sich auf und will jede Note perfekt haben. Sie ist ein unglaubliches Energiebündel, und ihre Stimme wird lauter und lauter, während sie mit dem Lied vertrauter wird. Das macht Spaß. Ganz einfach kindischen Spaß. Das habe ich seit Jahren nicht mehr erlebt.

Nach dem Abendessen bringt Waltraut die Cowboystiefel und den Hut von Horst. Sie gibt mir die Sachen, und ich mache mich auf die Suche nach Jutta. Die Klinik ist jetzt voller Menschen, die sich für die abendliche Festivität versammeln. Es ist nicht leicht, Jutta ausfindig zu machen. Ich nehme an, sie ist in der Bauernstube, und während ich mich auf den Weg dorthin mache, höre ich das Akkordeon »unser« Lied spielen.

»Hier sind deine Klamotten, Jutta«, unterbreche ich ihr Spiel.

»Ja, mein Kostüm. Jetzt brauche ich nur noch Pistolen für meinen Gürtel«, antwortet sie glucksend, während sie in Horsts Stiefel schlüpft. Sie setzt den Hut auf ihr lockiges Haar und wirft den Kopf herausfordernd in den Nacken.

»Sehe ich jetzt aus wie ein Cowboy aus dem Wilden Westen?«

»Aber klar tust du das, Jutta. Bis später.«

Ich gehe in die Vorhalle zurück, wo sich Unmengen von Leuten aufhalten. Die Anwesenden erzeugen eine unheimliche Hitze. Es müssen mehr als zweihundert Leute sein, die sich da versammelt haben. Ich muß lachen bei dem Versuch, mir eine psychiatrische Klinik irgendwo auf der Welt vorzustellen, deren ehemalige Patienten es kaum erwarten können, einmal im Jahr zu einer Wiedersehensparty zurückzukehren.

Das Festprogramm beginnt, als Walther aufsteht und alle begrüßt. Er lächelt und freut sich offensichtlich über die große Anzahl von Gästen und Besuchern. Es ist erstaunlich, ihn zu beobachten, denn alles, was er anstrebt, ist Einssein mit uns. Da ist auch nicht die Spur von doktoralem oder väterlichem Gehabe. Er ist einfach so wie wir übrigen.

Alle singen zusammen ein Lied. Dann beginnen einige jüngere Mitglieder unserer großen Familie Sketches vorzutragen. Ich habe keinen Dolmetscher und will mir auch keinen suchen. Ich werde zuschauen und sehen, wieviel ich verstehen kann.

Ha! Ich verstehe tadellos. Diese herrlichen Gören porträtieren jeden einzelnen Arzt der Klinik in unnachahmlicher Weise. Selbst ohne die Sprache zu verstehen, kann ich genau erkennen, welcher Arzt gemeint ist. Peter, Ingo, Uwe, jetzt Horst und schließlich Walther. Und ich beobachte die Gesichter der Ärzte, um zu sehen, wie sie es aufnehmen.

Uwe lächelt gütig, Peter feuert sie an, Ingo lacht über die Darstellung von Horst, und Horst fällt fast vom Stuhl, als er sich selbst dargestellt sieht. Walther amüsiert sich über die ungeahnten Talente und das Einfühlungsvermögen der Darsteller und lacht schallend.

Jetzt kommt Walthers Frau Heidi hereinmarschiert in Walthers alter Arbeitskluft von der US-Army. Sie führt eine Gruppe von jungen Mädchen an, die einen genau einstudierten Tanz vorführen. Sie sind keß und lustig, Heidi ist ganz Grazie und einfach bezaubernd. Wir applaudieren begeistert.

Jutta und ich tragen unser Lied vor. Ich bin etwas verklemmt, aber ich mache mit. Jutta stampft den Takt mit Horsts Cowboystiefeln und gibt sich voll aus, als wir loslegen mit: »You Are My Sunshine.«

Als Jutta und ich fertig sind, singen wir alle zusammen ein paar deutsche Lieder, und dann geht das Fest zu Ende.

Als ich auf die Terrasse hinausgehe, treten verschiedene Leute auf mich zu. »Bist du die Frau von Jess Lair?« fragt eine Frau.

»Ja, das bin ich.«

»Ich habe ihn in Basel kennengelernt, er hat mir sehr geholfen.«

In meinem Hirn explodiert eine Sicherung.

»Ja«, murmelt ein Mann. »Ich habe ihn auch dort getroffen. Er ist eine großartige Persönlichkeit.«

»Vielen Dank. Ich werde es ihm ausrichten.« Ich stürze davon und fühle, wie jemand mich an meiner Bluse zupft.

»Bist du Jackie Lair, die Frau von Jess Lair?« Die Stimme einer anderen Frau.

»Ja, das stimmt.«

»Ich habe ihn letztes Jahr in Bad Herrenalb getroffen. Ich war als Gast hier in der Klinik. Ich sagte ihm, ich sei Lesbierin, und er gab mir das Gefühl, daß er mich trotzdem akzeptierte. Er hat mir so geholfen. Du mußt ihn von mir grüßen.«

Ich reagiere hypersensibel, mein Herz pocht wie wild, und das Blut rauscht in meinen Ohren. Wenn diese Leute wüßten, was sie für Erinnerungen in meinem Gehirn auslösen, würden sie den Mund halten. Eine große blonde Frau nähert sich mir. Ich höre wieder die gleichen schmeichelnden Reden über meinen Mann und weiß, daß ich dies keine Sekunde länger aushalten werde.

Horst und Waltraut kommen auf die Terrasse heraus, und ich gehe zu ihnen hinüber, total aufgelöst. Irgendwie muß ich diesen Gefühlen Ausdruck verleihen, aber ich weiß nicht wie. Horst sieht, daß ich durcheinander bin, aber er deutet es falsch.

»Jetzt nicht, Jackie. Heute abend wollen wir uns amüsieren.« Er geht weg. Ich fühle mich verraten und verkauft. Ich weiß, daß sich heute abend alle amüsieren sollen, verdammt noch mal, aber ich hatte nicht mit einem halben Dutzend Bewunderern meines Mannes gerechnet, die mich an die qualvollsten Zwischenfälle in unserer Ehe erinnern würden. Ich möchte Horst am liebsten hinterherlaufen und ihm einen Tritt geben. Dann fällt mir ein, daß er heute abend nicht im Dienst ist – er ist auch hier, um sich zu amüsieren –, aber das hilft mir nicht.

Zwei weitere Leute nähern sich und wollen über Jess reden. Es hat sich herumgesprochen. Ich bin die Frau eines Mannes, der eines der bekanntesten Selbsthilfebücher aller Zeiten geschrieben hat. Ich friere, ich lausche, und dann ergreife ich die Flucht. Mein Verstand sagt mir, daß das unsinnig ist. Jess war vor zwei Jahren hier und in Basel bei verschiedenen Veranstaltungen, und es ist ganz klar, daß er viele Leute aus der Klinik kennengelernt hat, auch Leute aus den Gruppen der Anonymen Alkoholiker und von Emotions Anonymous. Ich schätze Jesses Bücher und respektiere seine Arbeit. Es ist mir nicht unangenehm, was sie sagen, aber es reißt eine Wunde auf.

In der Halle stehen viele Leute herum, die den Besuch nutzen, um wieder miteinander vertraut zu werden. Überall wird Deutsch gesprochen, die fremden Laute überschwemmen mich wie klatschende Wogen. Mir tut alles weh vor lauter Emotionen und Enttäuschung, und ich merke, daß nicht mehr viel fehlt, und ich breche zusammen. Ich drücke den Aufzugknopf. Ich entfliehe in die Stille meines Zimmers.

Ich schließe die Tür auf, gehe hinein, und mit einem Schlag wird mir bewußt, daß ich die Gewalt über mich verloren habe. Ich möchte sterben. Ich möchte davonlaufen, abhauen. Aber die furchtbare Angst, ich könnte vom Balkon springen, treibt mich wieder aus meinem Zimmer hinaus. Der Schweiß rinnt mir in Strömen runter. Meine Hände zittern, so daß ich Mühe habe, die Tür abzuschließen.

Im Geiste schreie ich und schreie ich und hämmere mit den Fäusten vor Angst und Wut.

Ich taumele die Treppe hinunter, es ist mir völlig egal, ob mein Bein sich verkrampft und ich die Stufen hinunterstürze. Bewußtlos oder tot sein wäre besser als diese Wahnsinnsangst. Ich weiß, ich muß zu irgend jemandem hingehen. Ich muß reden, irgend etwas sagen, um diesen Alptraum zum Schweigen zu bringen. Ich entdecke niemanden, der Englisch spricht oder versteht. Ich glaube, ich muß zerspringen. Am anderen Ende des Raumes erblicke ich Peter, den jungen Therapeuten.

Ich mache ihm verzweifelt Zeichen und bitte ihn, in den Vorraum zu kommen.

Peter sieht, in welch aufgelöstem Zustand ich bin, und zieht mich die Treppen hinunter zu seinem Sprechzimmer. Er weiß, daß er mich am besten aus dem Trubel weglotst.

Sobald ich mich im sicheren Schutz seines Sprechzimmers und seiner Anwesenheit weiß, beginne ich zu schluchzen – lautes, abgehacktes Schluchzen löst sich aus meiner Brust. Verdammt, warum muß ich gerade jetzt die Fassung verlieren?

Peter legt den Arm um meine Schultern. »Erzähl mir, was los ist, Jackie.«

»Verdammt, Peter, verdammt, verdammt, verdammt. Jess hat all diesen Leuten hier geholfen, und wir sind zu Hause verreckt. Seine Arbeit, seine Schreiberei, sein Publikum. Ich habe ihn in London angerufen und ihm gesagt, es wäre etwas Furchtbares passiert. Aber er lehnte es ab, nach Hause zu kommen. Er meinte, ich könne mich auch allein darum kümmern. Er war so weit weg. Wir haben ihn so nötig gebraucht.«

Ich schlucke und wische mir die Nase mit dem Handrücken ab wie ein kleines Kind.

»Er war hier und ließ sich von seinem Publikum bewundern, während mit den Kindern die Hölle los war. Er verstand nichts. Es berührt ihn nicht. Er möchte mich jung und unbeschwert sehen. Er will, daß ich die Verantwortung abschüttle, um bei ihm zu sein. Herrgott noch mal, die Kinder brauchten doch jemanden. Ich hasse diese verdammten Bücher; sie haben uns unser Privatleben genommen; sie haben uns unser Leben genommen.«

Ich spreche es aus! Der ganze Frust, die ganze Verbitterung drängt aus mir heraus. Manches ist übertrieben, manches ist unfair, aber das ist mir egal. Ich kann überhaupt nicht aufhören, zu schluchzen, zu schimpfen und zu toben.

»Für fünf Teenager gleichzeitig zu sorgen, sie in der schwierigen Zeit des Vietnamkrieges großzuziehen, zu versuchen, sie vor der Drogenszene zu bewahren. All die Veränderungen, die Sorgen, die Ängste. Ich mußte nächtelang aufbleiben – Jess konnte nicht wegen seines Herzens. Ein Autounfall, ein Unfall mit dem Motorrad – immer war ich diejenige, die die Beine unter den Arm nahm. Kaum hatte ich ein Kind gesundgepflegt oder wieder auf den richtigen Weg gebracht, schlitterte das nächste in irgendeine Katastrophe hinein. Ich konnte Jess nicht auf seinen Reisen begleiten, ich mußte dableiben. Schließlich hatten wir ein Stadium erreicht, in dem wir nicht einmal mehr miteinander reden konnten. Wir hatten uns nichts mehr zu sagen. Wir waren beide krank vor Spannungen, Unfällen und Krankheiten. Und weißt du, was Jess dann zu tun pflegte?«

Ich fuchtele wütend mit meinem Finger unter Peters Nase.

»*Er wurde krank!* Herzanfälle, Herzoperation, Verdacht auf Krebs und schließlich, im letzten Jahr, der Herzschrittmacher. Ein fehlerhafter Herzschrittmacher – er wäre beinahe krepiert! Dann bekam unsere Tochter Krebs, unser Sohn ließ sich scheiden, und mitten zwischen all dem haben wir ein Restaurant eröffnet. Eine Geldanlage, ein Versuch, für später eine Geldquelle zu erschließen. Und mir geht es mies, und ich bin es leid, allein zu sein, nicht geliebt zu werden, nur mit Ärger, Ablehnung und Arbeit, Arbeit und noch mal Arbeit überschüttet zu werden. Für was, Peter? Für was?«

Ich blicke Peter an und merke plötzlich, daß er so gut wie kein Wort von dem verstanden hat, was ich gesagt habe. Ich habe einfach den ganzen, in meinem Inneren angestauten Ärger einem Mann entgegengeschleudert, der meine Worte nicht verstehen konnte.

»Du hast kein Wort von dem verstanden, was ich gesagt habe. Du hast nichts verstanden.«

»Nicht jedes Wort, Jackie, aber das Gefühl.« Peter hält mich fest. Ich schluchze immer noch. Selbstmitleid, Haß, Ärger, alle negativen Gefühle kamen da heraus, aber es ist mir egal. Ich hätte sie unmöglich noch länger zurückhalten können. Ich hätte die Matten gebraucht, um zu schreien, aber das war nach meinem Stundenplan nicht vorgesehen. Dieser ganze Ausbruch kam zum falschen Zeitpunkt und am falschen Ort. Wenn ich es hätte zurückhalten können, bis ich auf der Matte gewesen wäre, hätte ich wie eine Verrückte schreien und es loswerden können ohne die Qual, es in Worte fassen zu müssen. Ich weiß, daß einige meiner Gefühle ungerecht waren, aber es waren meine Gefühle.

»Ach, Peter, es tut mir leid. Es kam nur daher, daß all diese Leute nach Jess gefragt haben.«

»Ich meine, du solltest Jess und die Kinder jetzt vergessen, Jackie. Vergiß sie einfach. Arbeite hier für dich selbst, und dann kannst du anfangen, an sie zu denken. Es ist nicht leicht, aber ich glaube, es muß sein.«

Ich denke über diese Worte nach und frage mich, wie ich neunundzwanzig Jahre vergessen kann – selbst für ein paar Monate. Ich weiß, ich bin wegen mir selbst hier, aber trotz all der Wut und des Ärgers, die sich im Laufe der letzten fünf oder sechs Jahre in mir angestaut haben, spüre ich doch immer noch eine ganze Portion Liebe. Und mir ist klar, daß ich nicht nur wegen der traumatischen Erlebnisse dieser letzten Jahre unglücklich bin, seit ich ein Kind war. Wenn ich diese Todesangst überwinde, kann ich auch dem Heute ins Auge schauen.

Ich danke Peter, daß er mir die Möglichkeit gegeben hat, meine Beklemmung loszuwerden.

»Ist schon in Ordnung, Jackie. Ich glaube, wir sind derzeit beide gleich stark frustriert. Ich befinde mich auch in einer schwierigen Lage. Veränderungen sind hart. Ich habe auch in den vergangenen Wochen geweint.« Peters Gesicht ist ernst. Das ist bezeichnend für alle Ärzte hier; sie geben dir niemals das Gefühl, daß du allein bist. Sie teilen ihre Gefühle mit dir.

Als ich höre, daß Peter auch Schwierigkeiten hat, fühle ich mich ihm gegenüber nicht mehr so gehemmt. Er erzählt mir Einzelheiten von seinem Problem und zieht eine deutliche Parallele zwischen der Wut und Enttäuschung, die bei mir zum Ausbruch gekommen ist, und seinem eigenen Kummer. Es ist ein schönes Gefühl, daß er genug Vertrauen zu mir hat, um mir von seinen Sorgen zu erzählen. Meine Welt ist wieder im Lot, dank Peter. Ich gehe nach oben und werde die Nacht allein durchstehen können.

Am Samstag und Sonntag ist viel los. Picknicks im Park, Lieder, Sketches und glückliche Menschen. Eva weint, als sie am Sonntag von der Klinik Abschied nimmt. Sie ist sehr einsam, aber sie wird sich durchboxen. Achtundvierzig ist ein schwieriges Alter für manche von uns. Seht mich an.

Am Montag morgen ist Schreitechnik angesetzt. Ich schreie und schreie und fühle mich besser, aber da ist eine bleierne Schwere in meiner Seele, die immer stärker an die Oberfläche drängt. Ich bin unruhig und schwitze beim Mittagessen und während der Komitee-Sitzung. Vielleicht kann ich am Nachmittag in Walthers Gruppe über meine Gefühle sprechen.

Wir treffen uns in der Kammer vor Horsts und Peters Sprechzimmern. Birgit ißt lächelnd eine Tafel Schokolade. Sie ist ein zartgliedriges Mädchen mit der melodiösesten, angenehmsten Stimme, die ich je gehört habe. Alle ihre Bewegungen sind anmutig, und sie zeigt gegenüber jedem in der Klinik eine tiefe Zuneigung und Zärtlichkeit. Ich wäre stolz, wenn sie meine Tochter wäre.

Matthias ist ein ganz anderer Typ. Grämlich, mäkelig, ein Schulmeister, der uns alle so behandelt, als wenn wir in seiner Klasse wären und gut daran täten, ihm zuzuhören.

Ein neuer Gast ist am Sonntag angekommen, aus Basel. Er ist etwa 1,88 m groß, hat breite Schultern und ein ansprechendes Gesicht, das unter wunderschönen, schwarzen lockigen Haaren herausschaut. Er hat einen verdrießlichen Zug um den Mund und lacht nervös. Er dürfte so um die Dreißig sein.

»Jackie, das ist Peter. Peter, Jackie kommt aus Amerika und beherrscht unsere Sprache nicht.« Elke steht neben mir, höflich, schulmeisterhaft. Sie übernimmt die Honneurs, wie üblich.

Peter nickt, sagt nichts.

Ich weiß, daß Elke mir später alle möglichen Einzelheiten über Peter berichten wird zusammen mit ihrer Diagnose, warum er hier ist, also schenke ich ihm ein aufmunterndes Lächeln und schaue mich um, wer sonst noch da ist. Nur Uschi ist noch anwesend. Sie ist eine Frau mit einem breitflächigen freundlichen Gesicht, eine Alkoholikerin, deren Mann sich von ihr scheiden lassen und ihr die Kinder wegnehmen will. Elke hat mir letzte Woche ihre Geschichte erzählt.

Walther kommt herein, sein Notizbuch in der Hand, und setzt sich auf einen Stuhl mir gegenüber. Er gibt das Buch herum, damit wir unsere Namen eintragen, und fängt gleich an zu reden.

»Er fordert uns auf zu schildern, wie wir uns gerade in diesem Moment fühlen«, flüstert Elke.

Uschi sitzt neben Walther. Sie lächelt und sagt, es gehe ihr gut. Ich verstehe das auch ohne Dolmetscher.

Sie fährt fort, und Elke lehnt sich zu mir herüber. »Uschi sagt immer, daß alles in Ordnung ist. Sie möchte nicht an ihren Gefühlen arbeiten.«

Ich kriege auf einmal eine Wut auf Elke. Sie färbt jede Übersetzung mit ihren negativen Kommentaren. Manchmal fällt es mir schwer, nicht alles zu glauben, was meine Dolmetscher mir erzählen. Ich fange an und lerne, nur die Worte aufzunehmen, die sie übersetzen, und ihre Reaktionen auf das Gesprochene beiseite zu schieben, weil ich sonst auch noch ihre Beurteilungen mit übernehmen würde. Bei Elke ist das am ausgeprägtesten, Elli kommt in knappem Abstand hinterher. Ich erinnere mich selbst daran, daß ich dankbar dafür sein sollte, daß Elke bereitwillig für mich übersetzt.

Als nächster ist Matthias dran.

»Er ist verärgert – wie immer, Jackie. Jetzt ist er wütend auf seine Frau. Sie leben seit acht Jahren nicht mehr zusammen, aber nächste Woche kommt sie in die Klinik. Matthias ist wütend, weil sie

Alkoholikerin ist und nichts dagegen tut. Ich würde auch anfangen zu trinken, wenn ich mit ihm verheiratet wäre.«

Walther hört geduldig zu, ohne Kommentar; er versucht lediglich, Matthias von seiner Frau weg und zu sich selbst zurückzubringen. Plötzlich setzt sich Walther ganz aufrecht hin, die Hände unter seinen Knien. Ich habe das Gefühl, daß er gleich explodiert. Das tut er auch mit lauter und energischer Stimme.

Elke flüstert: »Walther wirft Matthias vor, daß er immer noch in seinem alten Trott weitermacht. Walther sagt, daß er die Vergangenheit vergessen und etwas Neues anpacken soll. Er sagt, Matthias müßte auf den Matten an seinen Gefühlen arbeiten, aber Matthias weigert sich. Er ist nur immer wütend.«

Als nächste kommt Elke dran. Sie redet ziemlich lange. Ohne Dolmetscher weiß ich nicht, worum es geht, bis Walther sich mir mit einem dünnen Lächeln zuwendet.

»Sie spricht von ihrer kranken Mutter und von ihrem Bruder, der Schwierigkeiten hat.«

Ich merke, warum sein Lächeln so gequält ist. Elke macht das gleiche wie Matthias. Walther wendet sich mir wieder zu.

»Ich sage immer wieder, verlaßt eure alten Wege, schaltet euren Bewußtseinsinhalt durch Schreien aus, arbeitet an euren Gefühlen und dann lernt ›so zu tun als ob‹, lernt, auf eine neue Art zu denken und zu handeln. Elkes Mutter und Bruder sind nicht daran schuld, daß sie krank ist, sie selbst ist der Grund, und die Art und Weise, wie sie über Mutter und Bruder denkt.«

»Weißt du, daß du Englisch sprichst in Anwesenheit von Deutschen?« fährt Peter mit verärgerter Stimme dazwischen.

Walther wendet sich überrascht dem neuen Gast zu. Peter ist wütend und redet lange und laut.

»Peter ist verärgert, verwirrt und erschreckt, weil er neu ist. Walther beruhigt ihn«, flüstert Elke.

Durch Peters Ausbruch werde ich in der Runde übergangen, und als Peter fertig ist, spricht Birgit als nächste, da sie auf der anderen Seite von Peter sitzt. Ich fühle, wie die Spannung in mir wächst. Ich bin voller Angst zu diesem Treffen gekommen, und weil ich nicht drankomme, verstärkt sich meine Spannung noch. Birgit ist seit vielen Wochen hier, sie berichtet ungezwungen und fröhlich, wie sie sich gerade fühlt. Walther fragt sie nach ihrem Gewicht, das kann ich mir zusammenreimen, weil das Wort »Kilo« fällt. Birgit leidet an Magersucht. Das kommt häufig bei jungen Mädchen vor: Sie essen nichts, bis sie sich selbst beinahe zu Tode hungern. Die Klinik hat beachtliche Erfolge mit Magersüchtigen. Birgit sieht prächtig aus.

Ich bin nahe daran zu zerspringen, denn Walthers Bemerkung, daß wir nicht die Schuld an unserem Fehlverhalten anderen geben sollten, erinnert mich an meinen Ausbruch vor einigen Tagen in Peters Sprechzimmer. Ich habe außerdem Angst, daß Walther vergessen könnte, mich noch dranzunehmen. Ich bin wie immer total negativ eingestellt. Walther schaut mich an.

»Also, Jackie, wie fühlst du dich gerade in diesem Augenblick?«

Ich seufze tief und wünsche mir, ich könnte so belanglos plaudern, wie die anderen es getan haben. Aber entweder bin ich verrückter als die anderen, oder meine innere Spannung ist größer als ihre. Ich blicke Walther nur an und fahre fort, mich in meiner Not hin- und herzuwiegen.

»Komm, Jackie, wir gehen auf die Matten.« Ich lege mich auf eine der Matten. Walther legt sich auf mich.

»Ahhh! Los, Jackie, schrei. Laß den Schmerz raus.«

Ich schreie. Es tut gut. Ich schreie vor Schmerz, Wut und Angst. Immer weiter, und auf einmal spüre ich, wie ich in die Vergangenheit zurückkatapultiert werde. Wieder befinde ich mich an jenem düsteren Ort, wo ich hilflos gefesselt und wehrlos bin. Angst überwältigt mich, und mit einer gewaltigen Kraftanstrengung stoße ich Walther von mir weg und schreie immer weiter an diesem alptraumartigen Ort, der, solange ich denken kann, ein Teil meines Lebens gewesen ist. Eine Zeitlang liege ich alleine da und schreie weiter, bis plötzlich alle Verkrampfung von mir abfällt. Zum Henker mit den anderen und was sie vielleicht von mir denken, zum Henker mit meiner Erziehung, zum Henker mit allen! Ich *bin* ein kleines Kind und ich *brauche*. O Gott, wie sehr ich *brauche*!

Ich krieche zu der Stelle hinüber, wo Walther sich hingesetzt hat, knie mich vor ihm hin und lege meinen Kopf in seinen Schoß. Sein Hemd ist aufgeknöpft – es ist naß vom Schwitzen auf den Matten –, und ich spüre seine Haut. Ich muß daran denken, wie Peter meinen Kopf in seinen Schoß geschubst hat draußen im Sonnenschein in den Grünanlagen. Ich erinnere mich, daß ich einen Rückzieher gemacht habe. Diesmal kann ich nicht zurück. Ich bin keine achtundvierzig Jahre alt, ich bin ein kleines Kind, bin verletzt und allein an einem dunklen Ort.

Ich pfeife auf meinen Verstand. Es ist mir gleichgültig, was die Umwelt von mir denkt. Wenn das Wahnsinn ist, dann weiß ich, daß ich nur überleben kann, wenn ich mir erlaube zu glauben, daß ein anderer Mensch so viel für mich empfindet, daß dieses gequälte, verängstigte Kind in mir wieder anfangen kann zu leben und daß es Trost findet.

Ich spüre Walthers Haut und merke, wie ich dieses Gefühl brauche. Er ist mein Großvater, mein Vater, meine Mutter. Er ist mein Bruder, meine Schwester, die ganze Menschheit. Ich habe ein unsagbares Verlangen, unter seine Haut einzudringen, eins mit ihm zu werden. Zum ersten Mal in meinem Leben fühle ich mich liebevoll beschützt vor meinem Alptraum.

Seine Hände streicheln mein Haar, und mir wird bewußt, daß er mit den anderen in der Gruppe spricht. Ich kann seine Stimme kaum hören, ich bin so weit weg von diesem Raum, in dem ich mich befinde. Ich weiß es, und ich weiß es nicht. Ich empfinde auf zwei Bewußtseinsebenen.

Ich bin mit einem Psychologen verheiratet. Ich habe zahlreiche psychiatrische Methoden angewendet oder beobachtet, aber immer wurde ich durch die Ausbildung und die Persönlichkeit der Psychologen und durch meine eigene Erziehung und Bildung gehemmt und daran gehindert, in die Tiefen meiner Seele hinabzusteigen. Deshalb bin ich 7000 Meilen weit gereist. Ich kannte durch Jess und Walther genug von dieser Methode, um zu wissen, daß sie das Richtige für mich ist.

»Ich habe es versucht, gesund zu werden, und nie ist es mir gelungen. Hilf mir, Walther«, wimmere ich.

Plötzlich wird mir klar, daß ich aufhören muß, auf Jess und die Kinder wütend zu sein. Nicht sie sind mein Problem, nicht sie machen mich krank. Sie haben mir sogar geholfen, bis jetzt zu überleben. Sie haben mir den einzigen körperlichen Kontakt zu meiner Welt vermittelt. Nun muß ich aufhören, sie zu benutzen, und muß lernen, wie ich mit Hilfe von Walther und den anderen Therapeuten und den Gästen eine Brücke zu einer neuen Identität bauen kann.

Ich weiß, daß ich achtundvierzig Jahre alt bin, und genausogut weiß ich, daß ich ein kleines, verängstigtes, wieder zum Leben erwecktes Mädchen bin. Ich will es so lange wach halten, bis es geheilt ist. Ich kann nichts anderes tun.

Schreien ist ein Mittel, um Schmerz, Angst und Wut freizusetzen. Liebe braucht Worte! Ich verstehe Walther. Ich verstehe Horst. Mir ist klar, warum ihr meine Litanei nicht hören wollt – weil sie ohne Bedeutung ist. Ich werde so lange schreien, wie ich es brauche, und es ist mir gleichgültig, was andere denken. Schreien hat meine Barrieren eingerissen, für mich ist es ein Ausweg, wenn sonst nichts mehr geht.

Ich wünschte, ich könnte diesen Augenblick für immer festhalten, diese neue, tiefere Verbundenheit, diesen ersten Fortschritt auf dem Weg zu einem neuen Leben. Ich umarme Walther noch einmal, dann stehe ich auf und sehe mich um.

»Schau jedem einzelnen in die Augen, Jackie. Sieh, welche Gefühle sie dir entgegenbringen. Das ist wichtig.«

Unwillkürlich will ich mein Gesicht verstecken. Ich bin auf einmal schrecklich verlegen. Alle lächeln und nicken mir zu. Es ist in Ordnung, daß ich ein kleines Kind bin. Ich habe Freunde gefunden, die mich akzeptieren. Ich sehe Walther an.

»Okay, Jackie, laß uns jetzt Abendbrot essen gehen.«

Ich habe fast zwei Stunden lang auf Knien gelegen und meinen Kopf in Walthers Schoß liegen gehabt.

Oben leistet uns Walther beim Abendessen Gesellschaft, was selten vorkommt. Ich merke, daß ich eine völlig veränderte Einstellung ihm gegenüber habe. Ich habe weder Angst noch Scheu oder Ehrfurcht vor ihm. Als ich vor einer Woche auf den Matten zum ersten Mal mit ihm Bonding erlebt hatte, fühlte ich mich gleich hinterher wieder verkrampft. Aber ich sehe, daß ich inzwischen auf den Matten und auch bei den verschiedenen Gruppen jedesmal ein kleines Stück weiterkomme und immer neue Einsichten gewinne.

»Weißt du, Jackie, wir haben nächste Woche eine Überraschung für dich: Dan Casriel kommt aus New York. Er wird uns seine Technik hier in der Klinik demonstrieren.«

Dan Casriel. Vor einigen Jahren habe ich sein Buch »Die Wiederentdeckung des Gefühls« gelesen. Im Juli kommt er nach Bozeman an Jesses Schule, aber ich werde ihn hier in Deutschland kennenlernen. Das dürfte Spaß machen.

Ich bin jetzt müde und fühle mich verloren wie ein kleines Mädchen – ein Gefühl, das ich schon oft in meinem Leben gehabt habe. Aber heute macht es mir keine Angst.

Ich gehe in die »Bauernstube«, um Klavier zu spielen. Während ich spiele, wird mir etwas bewußt. Stets spiele ich für meinen Vater Klavier. Ich spiele nicht für mich selber, sondern ihm zuliebe. Ich weiß nicht, weshalb das so ist. Verlangte ich nach seiner Zustimmung? Es erscheint albern, denn mein Vater ist ein freundlicher und guter Mensch. Aber offenbar brauche ich mehr Anerkennung als die meisten anderen. Ich beschließe, von nun an nur noch für mich selber Klavier zu spielen.

Es ist 19.00 Uhr, Zeit für die S-Gruppe. Diese findet einmal die Woche statt als eine Frage- und Antwortstunde über Sexualität. Etwa vierzig von uns versammeln sich in der Kegelbahn.

Walther spricht von der Notwendigkeit, unseren Körper zu akzeptieren, daß wir die Vorstellung aufgeben müssen, unser Körper sei etwas Außergewöhnliches.

Der Sex wird übertrieben, wenn es an Sensualität fehlt. Wenn wir nicht frei sind, wenn wir uns genieren. Sensualität: Berühren, Halten, Fühlen; wenn diese Bedürfnisse erfüllt werden, bekommt der Sex seinen angemessenen Stellenwert. Es ist nur der Punkt auf dem i. In unserem Kulturbereich, wo wir durch Konventionen in unserer freien Ausdrucksweise behindert sind, sehen wir überall Sex.

So faßt es mein Dolmetscher für mich zusammen.

Die jungen Leute haben viele Fragen zum Thema Sex. Manche Fragen sind rührend, manche komisch, manche dumm. Alle Fragen werden von Walther mit großem Respekt behandelt.

Nach der S-Gruppe gehen viele in die Sauna. Ich fahre nach oben, ziehe meinen Bademantel an und schnappe mir ein Handtuch. Ich will diese neue Erfahrung ausprobieren. Hier gehen Leute aller Altersgruppen und beidelei Geschlechts gemeinsam in die Sauna, keiner bindet sich ein Handtuch um, wie die meisten Amerikaner das tun. Ich habe große Angst davor, aber ich bin jetzt entschlossen, mich zu überwinden.

Während ich mich nachdenklich ausziehe, wird mir eines klar: Wenn man sich nicht daseinsberechtigt fühlt, wenn man nicht aus der bloßen Existenz für sich das Recht ableitet, geliebt zu werden, dann kommt man zu der Überzeugung, daß die äußere Erscheinung makellos sein muß, damit man überhaupt irgendeinen Krümel vom Tisch der Liebe abbekommt:

Dein Gesicht muß hübsch sein
Und auch dein Haar.
Deine Kleidung muß makellos und modisch,
Dein Körper muß schlank und anziehend sein,
SONST WIRST DU NICHT GELIEBT.

Ich hatte nie das Gefühl, daß ich genügend von diesen äußeren Qualitäten besitze, so war ich in einer doppelt schlimmen Lage. Noch ein Manko, noch ein Grund, sich versteckt zu halten.

Wenn ich die Hemmschwelle überwinde, wenn ich in die Sauna gehe und sich keiner aus Abscheu vor meinem unförmigen Körper von mir abwendet, wenn sich keiner über meine Narben, meine Schwangerschaftsstreifen, meinen Hängebusen entsetzt – vielleicht, ja, vielleicht kann ich dann aufhören zu glauben, daß ich niemals um meiner selbst willen geliebt werden kann. Ich will einen Versuch wagen.

Als ich die Sauna betrete, sehe ich links einige Haken für Bademäntel, vorne einen mannshohen Spiegel und rechts einen riesigen Bottich mit heißem Wasser und einen ebensogroßen Bottich mit kaltem Wasser. Vorne links ragen die Wände der Saunaanlage hervor. Ich höre Lachen und Stimmen, aber alle sind in der Sauna, niemand ist draußen.

Ich mache den Reißverschluß meines Bademantels auf und erblicke mich selbst im Spiegel.

»Fett, häßlich, widerlich«, dröhnt es in meinem Gehirn. »Wer wird dich mögen, wenn er deinen häßlichen Körper sieht? Renne, hau ab! Du bist nicht liebenswert. Sie werden dich auslachen. Sie werden dich hassen. Sie werden sich über dich lustig machen. Deine Brüste sind nicht mehr straff genug. Dein Bauch, dein Rücken sind voller Narben. Überall sind Geweberisse von den vielen Schwangerschaften und vom Übergewicht. Du bist alt. Du bist verbraucht. Geh nicht mit all den Leuten in die Sauna. Wenn du angezogen bist, tolerieren sie dich, aber nackt werden sie dich verabscheuen!«

Ich ziehe meinen Bademantel wieder an und flüchte, während mir Tränen über die Backen laufen. War also doch nichts mit Überwinden! Ich muß jetzt versuchen, mit dem Bewußtsein einzuschlafen, daß ich selbst, nackt und einsam, tief in meiner Seele überzeugt bin, daß niemand, nicht einmal mein Mann oder meine Kinder, mich um meiner selbst willen liebt. Nur wenn ich dies oder jenes *tue*, kann ich auf Liebe hoffen, nicht durch mein bloßes *Sein*.

Es wird Dienstag – wieder ein strahlend schöner Tag. Seit ich angekommen bin, hat es nur warme und sonnige Tage gegeben. Viele der Gäste sagen zu mir, daß ich das schöne Wetter offenbar aus Amerika mitgebracht hätte, denn vorher hatte es wochenlang geregnet.

An diesem Vormittag machen wir in Peters Gruppe eine Wanderung durch den Schwarzwald. Als wir uns unter den hohen Bäumen versammeln, fordert Peter uns auf, einen Partner zu wählen. Der lange Peter, der neue Gast, der so wütend auf Walther geworden war, als er mit mir Englisch sprach, kommt zu mir herüber. Zu meiner Überraschung spricht er ausgezeichnet Englisch.

»Wir machen einen ›Blinden-Spaziergang‹. Schließe deine Augen, und ich werde dich führen. Danach mache ich die Augen zu, und du wirst mich führen. So lernen wir, einander zu vertrauen.«

Ich blicke diesen riesigen polternden Schweizer an. Ich weiß nicht, ob ich mich ihm anvertrauen möchte, aber ich werde es tun.

Während ich meine Augen schließe und meine Hand in Peters Hand lege, schwöre ich bei mir selbst, daß ich nicht blinzeln werde. Ich werde mich dem Experiment überlassen und sehen, was ich für eine Erfahrung dabei machen werde.

»Ich werde dich Schweizer-Peter nennen, damit ich dich nicht mit dem Therapeuten Peter verwechsele, einverstanden?«

Schweizer-Peter hat eine sanfte Stimme. »Ist in Ordnung, Jackie. Jetzt gehen wir los. Hab keine Angst. Ich werde nicht zulassen, daß dir etwas passiert.«

Ich setze mich zunächst zögernd in Bewegung, doch dann wächst das Zutrauen. Ich spüre die Nähe von Peters riesiger Gestalt. Obwohl ich ihn nicht sehen kann, ist mir seine Größe gegenwärtig. Bald registriere ich die Wärme auf meinem Gesicht, dann die Kühle des Schattens. Auf einmal höre ich Vögel singen. Ich weiß wohl, daß sie schon die ganze Zeit gesungen haben, aber ich hatte es nicht bemerkt. Eine Biene oder eine dicke Fliege summt vorbei. Plötzlich ist es sehr kühl, und ich weiß, daß wir im dunklen Schatten laufen. Mein Führer macht mich neugierig.

»Was machst du in der Schweiz, Peter?«

»Nichts. Mein Vater ist gestorben und hat mir und meiner Mutter verschiedene große Unternehmen hinterlassen. Wir haben Leute, die die Geschäfte für uns führen. Ich gehe zu Besprechungen, wenn sie meine Anwesenheit wünschen. Aber das kommt nicht oft vor. Also tue ich nichts. Ich habe eine Menge Psychiater und Kliniken aufgesucht wegen meines Problems. Und jetzt bin ich hier.«

»Bist du Alkoholiker oder nimmst du Tabletten?«

»Nichts. Ich fühle mich nur einfach ständig mies. Ich habe so viel Angst.«

Die Hand vom Schweizer-Peter ist feucht geworden.

Angst – dieses deutsche Wort für unser »anxiety« gefällt mir, weil es genau wie das Gefühl klingt, das es ausdrückt.

»Geh hier langsam. Wir verlassen jetzt den Weg. Hab keine Angst. Ich helfe dir.«

Wir wenden uns nach rechts. Ich spüre Erde unter meinen Füßen. Es geht bergab. Ich greife mit meiner anderen Hand nach Peter, und er stellt sich vor mich. Jetzt kann ich mich an seine massige Gestalt anlehnen und fühle keine Angst mehr. Wir gehen einen Hang hinunter, kreuz und quer, mit vielen Kehren. Ich stolpere über eine Wurzel, aber Peter ist da, und ich brauche keine Angst zu haben, daß ich hinfalle.

Wir bleiben stehen, und Peter sagt, ich solle meine Augen aufmachen.

Blick und Reaktion sind eins. Wir befinden uns auf einer traumhaft grünen Wiese. Ein Meer von Gänseblümchen und Butterblumen um uns herum. Das angeschwollene Flüßchen, das durch die Grünanlagen der Klinik fließt, hat seine Reise bis zu dieser Wiese fortgesetzt und glitzert silbern, während es sich gurgelnd seinen Weg bahnt. Alle von der Gruppe sind entzückt, und wir hüpfen vor Freude wie Kinder.

Ich vergesse mein schlimmes Bein, mein stolperndes Herz und stürme durch das hohe Gras zu meinem natürlichen Element, dem Wasser. Schauen ist nicht genug, ich beuge mich am Ufer hinunter, setze mich auf einen Stein im Flußbett und lasse das eiskalte Bergwasser über mich laufen – in voller Montur. Ich höre einen Schrei, und Hans, ein siebzehnjähriger Gast, flitzt splitternackt an mir vorbei und stürzt sich in ein natürliches Staubecken in der Flußmitte. Die anderen jungen Leute kommen hinterdrein, gefolgt von dem Ehemann einer Patientin. Er ist ein Geschäftsmann in den Vierzigern.

Der Therapeut Peter zeigt mehr Würde und läßt seine Shorts an, aber wir sind alle wie im Taumel und spielen und planschen eine halbe Stunde lang wie die Kinder. Die meisten Frauen sind inzwischen auch im Wasser, aber mit ihren Kleidern. Wir lachen und spritzen und ziehen uns an den nassen Kleidern.

Es wird Zeit zum Aufbrechen. Peter ruft uns zu einem Platz in der Mitte der Wiese. Alle Männer ziehen sich wieder an mit Ausnahme des Vierzigjährigen. Er steht nackt da, die Hände auf den Hüften. Sein Benehmen ist unangemessen, und Peter weist ihn sanft zurecht.

Auf einmal begreife ich, wovon Walther am Abend zuvor gesprochen hat. Das Spielen im Wasser war ein sinnliches Vergnügen, Sexualität war nur ein Nebeneffekt. Nacktsein gehörte zum Spaß dazu, nichts mehr und nichts weniger. Jetzt erscheint die Nacktheit des Mannes und seine Haltung in einem anderen Licht, und Peter hat recht daran getan, als er ihn aufforderte, sich anzuziehen.

Wir Gäste in der Klinik haben ein Gefühl dafür entwickelt, welches Verhalten dem anderen gegenüber angemessen ist. Diesem Außenseiter fehlt dieses Gespür. Ich vermute, daß er sich dem sinnlichen Genießen von Sonne, Wiese und Wasser nicht aus ganzem Herzen wie ein kleines Kind hingegeben hat. Er war nicht spontan; so hat er das Erlebnis mehr unter einem sexuellen Blickwinkel betrachtet.

Wir machen einige bioenergetische Übungen auf der Wiese. Sie sind interessant, und einige Leute werden davon sehr stark emotional berührt. Schweizer-Peter und ich bilden immer noch ein Paar. Wir müssen einander in die Augen sehen. Wir schauen und schauen. Ich fühle mich an diesem Tag so prima, daß ich kichern und lachen möchte, aber auf einmal sehe ich, daß Peters Gesicht von Schweißperlen bedeckt ist. Tränen steigen ihm in die Augen.

»Mein Gott!« murmelt er und bedeckt seine Augen mit den Händen. Kurz darauf nimmt er seine Hände weg und stößt ein knappes bellendes Lachen aus. Ganz gleich, was er noch soeben gefühlt hat – jetzt hat er sich wieder in der Gewalt. Er möchte sich nicht mitteilen oder seine Gefühle herauslassen.

Auf dem Rückweg führe ich Schweizer-Peter. Er benimmt sich wie ein kleines Kind, stolpert, fuchtelt in der Gegend herum und gibt lautstarke Kommentare ab bei jeder Biegung des Weges. Irgendwie habe ich den Eindruck, daß ich einen 1,90 m großen Zweijährigen an der Hand halte. Es ängstigt mich ein wenig. Ich frage mich, ob ich auf die anderen auch so wirke, wenn sie mich beobachten.

Die Tage vergehen jetzt in einem bestimmten Rhythmus, und ich fühle mich weniger verkrampft.

Ich bin schon mehr als zehn Tage hier und darf mich in einem bestimmten Umkreis frei bewegen. Die Straße hinuntergehen und im Café Wiesenthal Eis essen ist eine große Sache für die jungen Leute. Es macht Spaß und ist eine Abwechslung.

Es ist Abend geworden, und Sigrid, meine erste Dolmetscherin, fragt, ob ich mit ins Puszta komme. Das ist ein Lokal auf der anderen Straßenseite von der Klinik.

»Komm, Jackie, laß uns Schnecken essen gehen.«

Schnecken sind nicht gerade mein Lieblingsgericht, aber ich bin einverstanden, mir das Puszta einmal anzuschauen. Es ist ziemlich direkt gegenüber von meinem Zimmer. Jede Nacht höre ich Leute, die lachend und singend das Lokal verlassen und zu ihren Autos gehen.

Das Lokal liegt im Souterrain eines Hauses. Ob es ein Privathaus ist? Es könnte auch eine Pension sein. Ich habe Schwierigkeiten, es einzuordnen. Ich kenne einen älteren Mann vom Sehen, der oben wohnt. Wir haben gelegentlich unten am Fluß ein höfliches Lächeln und ein »Guten Morgen« ausgetauscht, wenn er herunterkam, um die durch das Hochwasser entstandenen Schäden zu begutachten.

Ein dienstbeflissener Ober geleitet Sigrid und mich zu einem Tisch in einem kleinen Raum. Es gibt hier offenbar vier abgetrennte Eßbereiche, und doch hängen sie alle zusammen. Er gibt uns eine Speisekarte. Alles in Deutsch! Sigrid hilft mir, aber ich will doch abnehmen, also bestelle ich mir nur einen Kaffee. Sigrid bestellt sich ihre Schnecken.

»Jackie, machst du beim Schreien mit?« Sigrids Frage überrascht mich. »Aber sicher, Sigrid. Für mich ist es das wirksamste Werkzeug. Warum fragst du?«

»Ich nehme nicht daran teil. Meine Therapeutin in Karlsruhe meint, ich wäre zu zart. Sie empfahl mir, diesen Teil wegzulassen.«

»Na ja, Sigrid, das ist in Ordnung. Es gibt noch eine Menge anderer Dinge hier außer der Schreitechnik.«

»Ja, ich weiß, aber ich möchte von dir hören, wie das beim Schreien ist. Was bewirkt es für dich?«

»Es hat mir das Leben gerettet. Ganz einfach, Sigrid. Wir haben in Bozeman einen phantastischen Psychiater. Er ist kein Scharlatan. Er sitzt nicht herum mit einem gütigen, väterlichen Ausdruck im Gesicht. Er ist wirklichkeitsnah, ehrlich und offen. Ich habe mit ihm gesprochen, als mir die Dinge über den Kopf wuchsen. Als es mir am dreckigsten ging, in der Zeit, als Jess angefangen hatte zu studieren und wir fünf kleine Kinder und kein Geld hatten, als Jesses Herzinfarkt erst ganz kurz überstanden war und uns die Furcht noch in den Gliedern steckte, war der Leiter der psychiatrischen Abteilung der Universität Minnesota mein Therapeut. Aber es lief immer auf dasselbe hinaus, Sigrid. Psychiatrie ist intellektuelles Ping-Pong. Es erinnert mich an eine große Flasche Mineralwasser. Wenn du sie schüttelst und den Deckel ein bißchen lockerst, kommt etwas Kohlensäure heraus. Manchmal kommt sogar ziemlich viel Kohlensäure heraus. Aber wenn die Kohlensäure, die Geräusche und die Bläschen raus sind, hast du immer noch eine Flasche mit Mineralwasser. So kommt mir die Psychiatrie vor. Die Kohlensäure ist mein Intellekt, und sie lassen ihn aus der Flasche entweichen. Aber meine Gefühle, meine Empfindungen, sie bleiben immer gefangen. Bevor ich das Schreien kennengelernt habe, ist mir nie bewußt geworden, daß man nicht über Gefühle *reden* kann, daß man sie *fühlen* muß. Sigrid, ich bin ein sprunghafter, tief emotionaler Mensch, ich reagiere heftig, und soweit ich mich erinnern kann, habe ich mein ganzes Leben lang unterdrückt, wie und was ich *fühlte*. Ich bin mir als Kind, als Heranwachsende, als Erwachsene immer abartig vorgekommen, sozusagen von der Norm abweichend, weil ich so viel Liebe und Schmerz, so viel Freude und Kummer empfand, und um mich herum sah ich niemanden, der auch nur ein Zehntel von dem zum Ausdruck brachte, was ich *fühlte*. Reden, reden, reden. Gedanken, Intellekt bilden deinen Verstand. Aber fühlen tun wir mit dem Körper. Ich habe einen Mann geheiratet, der in aller Öffentlichkeit zugibt, daß er nicht gewußt hat, was Gefühle sind. Das ist kein Witz, Sigrid. Für mich ist das Schreien ein gewaltiger Stammesruf. Das Schreien schaltet die Erinnerung an die Klosterschwestern aus, die mich unterrichtet haben, an meine Familie, die mich aufgezogen hat, an meine Kultur, die Erwartungen in mich setzt, und läßt die körperlich-emotionale Seite meines Wesens leben. Lieber Gott, Sigrid, es ist so, als ob ich mit der Emotionalität der Italiener, Griechen, Franzosen und Spanier geboren worden wäre und mein ganzes Leben in Sibirien verbringen würde. Ich bin gerade dabei, mich aus einer achtundvierzig Jahre anhaltenden Erstarrung zu lösen. Ich weiß nicht, wer ich wirklich bin, ehe ich das nicht hinter mir habe. Ich weiß nur, daß ich nicht so weiterleben kann wie bisher.«

»Also, ich glaube, ich möchte es auch versuchen. Ich werde ja sehen, was passiert.« Sigrid verspeist ihre letzte Schnecke und tunkt ihr Brot in die Sauce.

Sigrid spielt nie völlig mit offenen Karten. Sie macht auf schüchtern. Ich weiß instinktiv, daß sie nicht zu zerbrechlich ist für das Schreien. Durch das Einschalten ihrer Ärztin in Karlsruhe manipuliert Sigrid sich selbst und erreicht damit, daß nur geschieht, was sie möchte, und nichts sonst.

Nun ja, ihr geht es noch nicht schlecht genug, sie ist noch nicht so weit, daß sie ihren Schmerz um jeden Preis der Welt loswerden muß. Meine Erfahrung sagt mir, daß sie so weitermachen wird, bis sie an dem Punkt ankommt, wo die Schmerzen unerträglich werden. Ich habe es durchgemacht.

2

Dr. Walther H. Lechler

Im ersten Teil dieses Kapitels vergleicht sich Jackie mit Greta. Sie sagt, daß Greta sich selbst nicht leiden konnte und zu niemandem Vertrauen hatte. Das ist noch geschmeichelt. Die meisten von uns hassen sich selbst. Wir können uns unsere Unzulänglichkeit nicht vergeben. Wenn wir uns unzulänglich vorkommen, bedeutet das, daß wir Versager sind, und Versager können wir nicht ertragen.

Wir vergleichen uns mit anderen. In unseren Augen sind die anderen die Erfolgreichen, und das ist der Ursprung unseres Selbsthasses. Solange wir es uns nicht selber zugestehen können, Versager zu sein, Fehler zu machen, werden wir uns selbst hassen. Wir negieren das Leben und uns selbst und leben dahin in der Erwartung von Schmerz, Angst und Wut. So sind wir zur Flucht, zum Rückzug oder zum Kampf gezwungen, oder wir halten uns kampfbereit wie Klapperschlangen. Die Quittung für unser Verhalten ist Entbehrung und Elend; ein Zustand des Unbehagens.

Unsere Erziehung, unsere Kultur lehrt uns, daß wir es erreichen müssen, akzeptiert und geliebt zu werden.

Alkohol, Drogen und andere Fluchtmittel dienen dazu, uns unsere Unzulänglichkeit vergessen zu lassen. Frieden stellt sich ein, wenn wir uns mit unserem ureigenen Wesen versöhnen.

Selbstmord-Tendenzen sind an und für sich ein positives Zeichen. Sie sind ein Warnzeichen, daß wir nicht mehr so weiterleben können wie bisher. Wir erkennen, daß wir im Mangel sind. Natürlich ist es dumm, zu glauben, daß wir unserem Körper entfliehen müßten. Wir versuchen, unseren Körper zu zerstören, dabei würde es genügen, unsere bisherige Lebenseinstellung zu zerstören.

Jeder sollte sich klarmachen, daß der Wunsch, sich das Leben zu nehmen, eigentlich Ausdruck eines sehr starken Willens zum Leben ist, aber nicht zu der Art Leben, wie es der Betroffene bisher geführt hat. Es ist ein starker Wunsch nach Sattwerden – nach einer neuen Identität.

Eine der Erfahrungen, die wir in unserer neuen Identität machen, besteht darin, daß wir alle herkömmlichen Schranken von Alter, Geschlecht, Nationalität und Sprache einreißen und daß wir uns als menschliche Wesen begegnen. Alle diese Kategorien trennen uns voneinander und sind Ursache dafür, daß wir verhungern. Wenn wir die Auffassung haben, daß unser Hunger nur von einem Mann oder einer Frau, oder einem Deutschen, oder einem Amerikaner gestillt werden kann, isolieren wir uns selbst. Wir sind alle Teil der menschlichen Rasse und müssen mit allen Menschen eins werden. Jackie berichtet von ihrer Wut und Enttäuschung, die sie überkam, als man entdeckte, daß sie die Frau von Jess Lair ist. Das ist ein wichtiger Abschnitt für viele von uns. Ich werde anhand von Jackies Erfahrung zeigen, was ich meine.

Ihre Reaktion ist Teil ihres Suchtverhaltens. Sie weiß nicht, wer Jackie Lair ist, also trägt sie das Etikett von Jess Lair. Sie hat sich das Zeichen eingebrannt, und die anderen sehen das Zeichen.

Karlfried von Dürckheim, ein berühmter Psychotherapeut hier in Deutschland, hat einmal zu mir gesagt: »Karlfried muß durch Dürckheim gehen, um Karlfried zu werden.«

Das heißt, wir müssen unseren Familiennamen ablegen, oder bei Frauen auch den Namen des Ehemannes, um uns selbst kennenzulernen. Wir müssen uns durch all das hindurcharbeiten, was unser Familienname für uns bedeutet, die ganze Bildung und kulturelle Prägung, die diese Namen symbolisieren, bevor wir herausfinden können, wer wir wirklich sind.

Jackie kann Jackie nicht entdecken, solange sie Jesses Markenzeichen, sein Namensschild, so trägt, als wäre es ihr eigenes. Sie ist die Sklavin von Jess Lair. Sein Zeichen ist auf ihrem Hintern eingebrannt. Das ist eine weitere Form von Suchtverhalten, eine Möglichkeit, sich dem wirklichen Leben zu entziehen.

Der Name Jess Lair ist nicht Jackies Problem. Was für sie ein Problem darstellt, ist die Art und Weise, wie sie den Namen für sich *benutzt* hat. Es war *ihre* Entscheidung, sich durch den Namen ihres Mannes zu definieren und das Gefühl zu haben, daß man sie nach diesem Namen beurteilt. Das ist ihr Problem. Sie kann nicht einfach

Jackie sein, sie war niemals Jackie, so definiert sie sich ihr ganzes Leben als Frau von Jess Lair. Ich bin ganz sicher, daß sie sich vor ihrer Eheschließung als Tochter ihrer Eltern bezeichnet hat. Ich kann nicht ableugnen, daß sich für jemanden, dessen Ehepartner im Rampenlicht der Öffentlichkeit steht, einige negative Aspekte ergeben. Meine Frau leidet auch darunter. Leute kommen zu ihr und sagen: »Oh, Sie sind die Frau von Dr. Lechler! Er ist ein wunderbarer Mensch!« Und so weiter, und so weiter. Meine Frau würde am liebsten sagen: »Möchten Sie uns nicht besuchen und eine Zeitlang bei uns leben? Dann würden Sie sehen, wie er ist, wenn er nach Hause kommt; wenn er müde ist.« Jackie wird durch ihre heftige Reaktion auf Jesses Namen und die damit verknüpften Gedanken an den Rand des Selbstmords getrieben. Ich habe Verständnis für einen gewissen Hang zum Selbstmord; ich selbst habe mich in derartigen Situationen befunden. Mehrfach war ich drauf und dran, meinem Leben ein Ende zu setzen. Und dann habe ich es nicht getan.

Ich weiß mehr über die in mir liegenden, zum Selbstmord neigenden Tendenzen, als mir lieb ist. Sogar jetzt kommen sie noch manchmal an die Oberfläche. Auch die Depression packt mich von Zeit zu Zeit wieder. Aber ich weiß, wie ich mit diesen Gefühlen umzugehen habe. Sie sind für mich so alte Bekannte. Wenn ich in eine Depression abrutsche und glaube, daß ich nicht weiterleben kann, dann lache ich und sage: »Grüßt euch, alte Freunde, ihr seid also wieder da. Ich kenne euch, verschwindet wieder dahin, wo ihr hingehört. Verdrückt euch in meine Archive, in mein Museum.« Ich behandle sie so wie einen Hund, den ich nicht im Wohnzimmer haben möchte. Ich weiß jetzt, daß ich das Recht habe, diesen Freunden zu sagen, daß sie mich in Ruhe lassen sollen. Ich merke, wenn sich diese Gesellen ankündigen. Sie kommen dann, wenn meine Emotionen einen solchen Grad der Intensität erreichen, daß sie anfangen, weh zu tun. Meine alte Grundüberzeugung sagt mir, daß ich den Schmerz nicht aushalten kann, also muß ich ihn ausmerzen. Den Schmerz durch Selbstmord zu töten würde natürlich das Ende von allem bedeuten, und das will ich nicht. Ich möchte mich nicht selbst in die Luft jagen. Um den Schmerz für eine Weile auszuschalten, muß ich lediglich meine Situation verändern.

Wenn ich mich ins Bett lege und dann Schmerzen habe, brauche ich nicht unbedingt einen Arzt zu rufen – ich muß lediglich aufstehen und mich bewegen. Ich muß mir klarmachen, daß ich in einer ungünstigen Position im Bett gelegen und dadurch Schmerzen empfunden habe.

Wenn wir durch die Krise gehen und uns durch unseren Schmerz zu einer neuen Identität durchkämpfen, denken wir häufig, daß diese ganzen negativen Erlebnisse und Empfindungen für immer verschwinden müssen. Diese Schmerzen sind nichts Negatives, sie sind sehr positive Symptome unseres Hungers und Durstes nach Bonding. Sie sagen uns, daß wir im Mangel sind und daß wir etwas für uns tun sollen.

Wenn wir wirklich Hunger haben und uns der Bauch weh tut, dann versuchen wir nicht, uns eine Kugel in den Bauch zu schießen. Wir gehen und suchen uns etwas zu essen, und dann warten wir, bis wir wieder hungrig werden.

Wir müssen unsere Einstellung gegenüber Depressionen oder Selbstmord-Tendenzen ändern. Wir müssen aufhören, ängstlich und defensiv zu reagieren. Wir müssen uns nur darüber klarwerden, daß diese Tendenzen zurückkehren, weil wir unsere Bedürfnisse nach Verbundenheit nicht erfüllt haben. Wir haben keine Wärme und Nähe mit anderen Mitmenschen oder sogar mit unserer Umgebung erfahren. So müssen wir den Prozeß des allmählichen Verhungerns stoppen und Verbundenheit mit anderen Menschen suchen. Bald werden wir feststellen, daß wir das mit einer gewissen Regelmäßigkeit tun müssen, genauso wie wir unseren Hunger nach Nahrung stillen. Wenn wir fasten, dann erschreckt uns das Hungergefühl nicht, wir verstehen die Ursache. Aber wir vernachlässigen unsere biologische Notwendigkeit nach Bonding und sagen dann, daß wir nicht verstehen können, warum wir Depressionen haben.

In unserer Klinik gibt es einen Ausspruch: »Wir kennen kein schlechtes Wetter, wir haben nur manchmal nicht die passende Kleidung.« Das ist eine Lebenseinstellung. Oft schauen wir Menschen zum Fenster raus und sagen: »Du liebe Zeit, ich kann nicht hinausgehen – es regnet zu stark.« Falsch! Es gibt Regenmäntel, es gibt Regenschirme, wir brauchen sie nur herauszuholen und anzuziehen.

Ich bin bei den Lairs durch die Scheune und über die Pferdekoppel gelaufen. Da gab es einen Haufen Pferdemist! Eine mögliche Einstellung: »Wie komme ich nur hinaus? Meine Schuhe werden schmutzig; wie kann ich den ganzen Dreck von meinen Schuhen abkratzen, wenn ich wieder ins Haus gehen will? Das Zeug stinkt ja barbarisch!«

Eine andere Einstellung: »Himmel, diese sechs Pferde produzieren eine Menge Dung für den Garten. Ich weiß, daß draußen ziemlich viel Pferdemist herumliegt, also ziehe ich lieber Gummistiefel an. Da kann ich hinterher den Dreck leicht mit dem Schlauch abspritzen.«

Jackie berichtet von einigen wichtigen Erkenntnissen, die sich für sie aus der Anwendung bestimmter Techniken unserer Klinik ergeben haben. Diese Techniken sind lediglich Werkzeuge, die wir einsetzen wie Metzger ihre Messer. Es wäre absurd, wenn ein Metzger einen Altar in seinem Metzgerladen aufstellen und seine Messer darauflegen würde, um diese anzubeten mit den Worten: »Ihr allein sichert mir meinen Lebensunterhalt, gebt mir mein Leben.«

Jeden Tag betonen wir mindestens einmal in unserer Klinik, daß die Techniken nur die Werkzeuge sind, mit denen wir die bedingungslose Kapitulation erreichen. Heute heben wir die Techniken hervor und erweisen ihnen besondere Ehren: Eric Berne und die Transaktionsanalyse, Lowen und Bioenergetik, Fritz Perls und die Gestalttherapie. Jede von diesen ist gut, aber es ist lächerlich, irgendeine Technik zum goldenen Kalb zu machen. Vielfach nehmen sowohl die Erfinder als auch die Benutzer der Techniken diese Hilfsmittel als Vorwand, um überhaupt nichts zu tun. Am Anfang und am Ende steht dann die Technik. Das ist doch kein Leben!

Die gleichen Symptome habe ich bei Meditationstechniken beobachtet. Menschen gehen so weit, daß sie seltsame Stellungen einnehmen und bedeutungslose Worte murmeln, um sich in einen Seinszustand zu versetzen. Bald können sie nur noch meditieren, wenn alles in einem gewissen Ritual abläuft.

Wir ranken keine philosophische Lehre um ein Metzgermesser. Wir benutzen es so lange, wie wir es brauchen, um das Fleisch zu zerlegen. Danach legen wir es beiseite, kochen das Fleisch und genießen das Essen. Techniken sollte man nicht zu wichtig nehmen. Sie sind Werkzeuge. Wer ein Metzgermesser kauft, ist deshalb noch kein Metzger. Wenn man das Messer kauft und ein paarmal benutzt, bekommt man Übung, eignet man sich eine Technik an. Dann lernen wir alles über das Fleisch, wie es zerteilt wird und wo man das Messer zwischen den Knochen anzusetzen hat. Wir lernen Geduld zu haben und Enttäuschungen zu verkraften – und dann stellen sich allmählich die Ergebnisse ein. Das sind Lebenseinstellungen. So sieht die tatsächliche Arbeit aus, und diese Arbeit kann von den meisten von uns genau dort geleistet werden, wo sich jeder einzelne befindet.

Ich kenne Leute in Deutschland, die alles verkauft haben, was sie besaßen, um nach Amerika fahren und an Janovs Schreitechnik teilnehmen zu können. Sie suchten nach dem Schatz, der sich ihnen mit dieser Technik offenbaren würde, aber da gibt es keinen Schatz. Ich hoffe nicht, daß jemand, der dieses Buch liest, zu der Überzeugung gelangt, daß er in unsere Klinik kommen und in den von uns angewendeten Techniken den Stein des Weisen entdecken wird. Das Geheimnis liegt in der Änderung unserer Einstellung, und die Fähigkeit, sich zu ändern, besitzt jeder von uns.

Jede äußere Umgebung, jedes Verfahren ist in sich gut, wenn sie oder es bei einem Menschen zur bedingungslosen Kapitulation (»surrender«) führt, aber nur, wenn die Technik nicht Selbstzweck des Verfahrens ist oder wenn die Technik nicht den Ehrgeiz ihres Schöpfers verkörpert. Wir dürfen nicht vor Techniken oder Therapeuten kapitulieren.

Mein Ziel in unserer Klinik besteht darin, mir selbst, den anderen Ärzten und den Gästen die wunderbare Erfahrung zu vermitteln, die wir erleben, wenn wir uns der Höheren Macht, wenn wir uns Gott anvertrauen. Ich möchte, daß wir die Freude, die sich durch die und mit der Kapitulation einstellt, gemeinsam erfahren, daß wir sie miteinander teilen.

Wenn wir kapitulieren, wird unser aufgeblasenes Ego auf seine wahre Größe zurückgeschraubt, und dann können wir all die Gaben annehmen, die schon für uns bereitliegen. Mit unserem aufgeblasenen Ego können wir sie nicht empfangen; das bildet ein gewaltiges Hindernis.

Wir dürfen weder bestimmte Therapiezentren noch Techniken noch Therapeuten vergöttern; es wird Zeit, daß damit Schluß gemacht wird. In Amerika hat man von Lourdes gehört. Dort geschehen viele Wunder, aber nicht der Ort bewirkt sie, sondern der Glaube der Menschen. Unser Glaube wird für uns Wunder bewirken – wenn wir glauben. Wichtig ist es, eine Atmosphäre des Vertrauens zu schaffen, in der jeder loslassen und sich Gott anvertrauen kann. Das ist bedingungslose Kapitulation. Überall, wo du eine solche Atmosphäre schaffst, werden Wunder geschehen. Das ist der Erfolg des Zwölf-Schritte-Programms der Anonymen Alkoholiker und von Emotions Anonymous. Man muß nicht nach Bad Herrenalb kommen, um diese Atmosphäre kennenzulernen; man kann sie überall finden. Wir haben die Kraft, diese Atmosphäre in unseren eigenen Familien zu schaffen, wenn wir unseren Mangel sättigen, indem wir unsere Einstellungen ändern und eins mit uns selbst, mit unseren Familienangehörigen, unserer Umgebung werden. Bonding hört nirgends auf; Kapitulieren kennt keine Grenzen. Wenn wir kapitulieren, werden wir zu einem Teil der ganzen Welt. Kapitulation ist auch das Königreich, nach dem wir streben sollten; dann wird uns alles andere gegeben.

Ich verwende das Symbol der neun Punkte in meinen Vorträgen in der Klinik. Die Frage ist: Wie kann ich die neun Punkte durch vier gerade Linien miteinander verbinden, ohne ein einziges Mal den Stift abzusetzen?

Wir sehen uns die Punkte an und sagen: »Es geht nicht!« Aber wenn wir bereit sind, aus dem Gefüge der neun Punkte herauszutreten, ist die Lösung einfach.

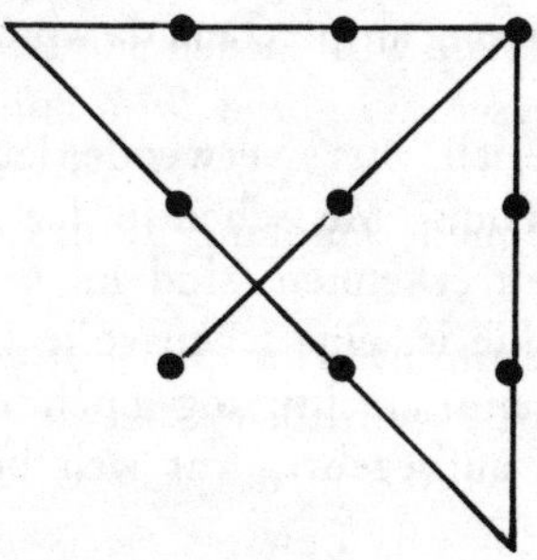

Das tun wir, wenn wir unsere herkömmlichen Bewußtseinsgrenzen zugunsten eines erweiterten Bewußtseins überschreiten. So lernen wir zu kapitulieren. Jedesmal, wenn wir das Schema verlassen und eine höhere Bewußtseinsebene erreichen, gerät die Konstellation der neun Punkte in eine andere Beziehung zu der neuen Anordnung. Unser altes Erkenntnisvermögen kann uns nicht mehr in Schrecken versetzen oder bedrohen. Alles stellt sich nun in einem anderen Licht dar.

Durch die Anwendung der Schreitechnik hat Jackie ihren falschen Stolz verloren. Ihr falscher Stolz hat ihre Beziehungen zu anderen beeinträchtigt. Als sie ihn verloren hatte, erlebte sie Sensualität und das Gefühl, angenommen zu werden – beides in einem Maße, wie sie es seit den Tagen ihrer Kindheit nicht mehr erfahren hatte.

Viele Frauen und Männer, die mich in der Klinik umarmen, sagen zu mir: »Ach, wenn mein Vater mich ein einziges Mal so in den Arm genommen hätte!« Sie können sich nicht daran erinnern, wie sie auf dem Schoß ihrer Eltern gesessen haben. Wir sind alle ausgehungert nach Nähe und Wärme und Sensualität. Da wir im Laufe unseres Daseins keine engen körperlichen Berührungen erfahren haben, ist uns die tiefgehende Erfahrung des Miteinanders mit einem anderen Menschen verlorengegangen, der Zugang zu uns selbst gewissermaßen.

Sensualität ist nur ein anderes Wort für einen hautnahen, innigen Dialog mit dem Leben. Sexualität ist Teil der Sensualität, und wir müssen sie als einen Teil unseres Wesens akzeptieren, ohne uns deswegen schuldig zu fühlen.

In unserer Gesellschaft wird jedem von uns unbarmherzig erklärt, daß wir keine Daseinsberechtigung haben. Während ich als Arzt bei der amerikanischen Armee tätig war, hörte ich häufig, wie Unteroffiziere oder Offiziere ihren Soldaten befahlen, »tot umzufallen«, wenn diese nicht machten, was man ihnen gesagt hatte. Genau das lernen wir von unserer Kindheit an. Unsere Familien, unsere Schulen wollen uns unsere Daseinsberechtigung absprechen, da wir dann leichter zu behandeln sind.

Eine Redensart, die ich öfters verwende, lautet: »Gesund ist, wer noch krank werden kann.« Menschen in der Krise, die in der Lage sind, ihren Mangel zu erkennen, sind im Grunde genommen gesunde Menschen. Jackie ist eine lebensvolle Person. Bei ihr ist das Bewußtsein der Daseinsberechtigung noch nicht völlig abgestorben, so hat sie stets aufbegehrt, war sich bewußt, daß ihr etwas fehlte.

Wenn Patienten zum Bersten angefüllt sind mit den sie bedrängenden Schmerzen und dann zu den Ärzten laufen, müssen diese Ärzte die Patienten erst einmal auf irgendeine Weise ruhigstellen. Die Ärzte können es sich nicht leisten, auf ihren eigenen Mangelzustand, auf ihre eigenen Bedürfnisse aufmerksam gemacht zu werden. Sie versorgen die Patienten mit Tabletten, und häufig ordnen sie eine stationäre Behandlung an. Ich sage, daß diese Ärzte »Mißbrauch« mit den Patienten treiben. Die Ärzte sind hilflos, wenn sie mit tiefem psychischem Schmerz konfrontiert werden. Deshalb laufen sie davon.

Jackie berichtet in diesem Kapitel von ihrem Erlebnis in der Sauna. Sie erwähnt auch, wie selbstbewußt der nackte Mann bei der Szene am Fluß war. Hier in Deutschland gibt es Nudisten-Klubs. Viele Menschen treten diesen Klubs bei. Aber ich habe den Eindruck, daß die meisten von ihnen niemals ihre eigene Nacktheit oder die Nacktheit anderer bewußt erlebt haben. Sie tragen Scheuklappen. In unserer

Klinik dient die Sauna dazu, den Menschen beizubringen, daß sie aufhören, sich ihrer eigenen Körper zu schämen, daß sie ihre Körper so akzeptieren, wie sie sind, und daß sie andere anschauen und sie so sehen, wie diese wirklich sind.

Ich habe die Erfahrung gemacht, daß nur wenige Menschen sich so akzeptieren, wie sie wirklich sind, und sie nehmen das als einen weiteren Grund dafür, daß andere sie auch nicht mögen werden. Jackie ist nicht in die Sauna gegangen. Das ist sehr schade, sie hat sich damit etwas Schreckliches angetan. Wenn sie in die Sauna reingegangen wäre und ihre irrige Vorstellung abgelegt hätte, daß der Anblick ihres nackten Körpers die Leute erschreckt oder dazu gebracht hätte, über sie zu lachen, dann hätte sie eine längst fällige Lektion gelernt. Sie hätte gesehen, daß auch die Körper der anderen nichts von der mystischen Perfektion besitzen, die sie ihnen andichtet.

Wenn sie in der Sauna neben einer Frau mit einer amputierten Brust gesessen hätte, könnte sie mit mehr Gleichmut die Tatsache akzeptieren, daß ihre Brüste schlaff geworden sind. Sie hätte ein paar wunderschöne junge Körper gesehen und einige faltigere ältere Körper. Sie hätte Narben und Krampfadern gesehen. Sie hätte die ganzen verschiedenen Ausmaße und Formen der Menschlichkeit gesehen und hätte festgestellt, daß unsere nackten Körper weder wichtig noch unwichtig für das sind, was wir sind. Unsere Körper *sind einfach da*.

Viele Männer haben einen Horror davor, eine Sauna zu betreten, weil sie fürchten, daß sie eine Erektion haben könnten. Je mehr sie das fürchten und daran denken, desto größer ist die Wahrscheinlichkeit, daß es passieren wird. Es gibt zwei Möglichkeiten, wie die Frauen in der Sauna darauf reagieren. Sie sind entweder beleidigt oder geschmeichelt, wenn ein Mann eine Erektion hat, aber sie machen keine große Geschichte daraus. Viele Männer genieren sich auch, weil sie denken, ihr Penis sei zu klein. In der Sauna lernen sie dann, diese dumme Angst nicht mehr so wichtig zu nehmen und sich zu entspannen.

Der Grund, weshalb wir uns diesen Ängsten stellen sollten, ist die Tatsache, daß wir nicht viel tun können, um unsere Körper zu ändern, und trotzdem verstecken wir uns alle hinter unseren Ängsten und benutzen diese Ängste als Entschuldigung, daß wir an unserer negativen Einstellung gegenüber uns selbst und anderen festhalten. Das Sauna-Erlebnis ist eine weitere Möglichkeit, Luft aus unserem Ballon abzulassen, ein weiterer Ansporn, die Fassade einzureißen. Die meisten Gäste sind sehr erleichtert und lernen aus der Erfahrung ihres ersten Saunabesuchs, und schließlich genießen sie die Sauna in einer schönen kindlichen Unbefangenheit. Dort wird viel gelacht, man hat Spaß und entspannt sich, und alle akzeptieren sich selbst und gegenseitig ganz ungezwungen.

Der Mann auf der Wiese versuchte offensichtlich, sich selbst zu beweisen, daß er keine Angst habe. Jedem wurde deutlich, wie sehr sich dieser Mann seiner *selbst* bewußt war. Solange er versuchte, irgend etwas zu beweisen, war er nicht frei.

Wenn wir zu sehr vom Bewußtsein der eigenen Person beherrscht sind, wirkt alles, was wir tun, plump und untauglich. Wenn wir unsere Ängste abstreifen, sind wir in der Lage, uns frei zu bewegen, und unser Benehmen ist anmutig und angemessen.

Kapitel VI

Hunger nach Liebe

1
Jacqueline C. Lair

»Hier gibt es viele Menschen, die wütend sind.
Ich lache, weil mein Leben nicht von Wut beherrscht sein soll.«
HORST ESSLINGER

Heute habe ich bei Horst Gruppe; sie findet in der Kegelbahn statt. Wenn ich an Horst denke, packt mich immer die Wehmut, und ich sage im Geiste: »Ach, Horst.«

Horst steht in der Klinikgemeinschaft isoliert da. Er ruft mehr Aggressionen hervor als irgendein anderer Therapeut. Gäste, die in die Klinik kommen und über ihre Gefühle und Emotionen reden wollen, anstatt an ihnen zu arbeiten, wollen meist nach kurzer Zeit Horsts Gruppe verlassen und einer anderen zugeteilt werden. Sie behaupten dann:

»Er hat nie Zeit.«

»Er hört mir nicht zu.«

»Er will nicht, daß ich ihm schildere, wie es mir geht.«

»Er versteht mich nicht.«

Das sind typische Kommentare der Gäste. Aber Horst steht wie ein Fels in der Brandung, lacht, umarmt und hält jeden, der körperlichen Kontakt sucht. Da er stundenlang auf den Matten mit denjenigen schreit und schwitzt, die auf diesem Weg ihre Gefühle entladen wollen, ist er vielen ein Rätsel.

Ich hege zwiespältige Gefühle für ihn. Mein altes Ich – der Teil, der noch nicht gestorben ist – wird ganz wild, wenn er mir nicht erlaubt, meine Wut, meine Angst oder meinen Schmerz wie gewohnt durch Worte zu äußern.

Das neue Ich – das Kleinkind, das soeben hier in Herrenalb geboren wurde – sieht klar und deutlich, daß er recht hat. Er und Walther vertreten beharrlich den Standpunkt, daß wir völlig neue Wege suchen müssen. Horst hat mir vor einem Jahr in Bozeman den ersten Eindruck von dem neuen Weg vermittelt. Er ist nachsichtig mit mir, wenn ich in mein altes Gehabe verfalle, aber er geht auf dieses frühere Ich nicht ein. Weil das alte Ich nicht sang- und klanglos verschwindet, befindet sich ein Teil meines Wesens ständig in einem mörderischen Kampf mit diesem Mann, der die neue Richtung deutlicher vertritt als irgendein anderer Therapeut hier – mit Ausnahme von Walther.

Heute sind eine Menge Wut und starke Aggressionen in Horsts Gruppe spürbar, aber keiner will arbeiten, also gehen Horst und ich auf die Matten, um zu schreien. Es ist das erste Mal seit Bozeman, daß ich wieder einmal mit ihm auf den Matten bin.

Ich arbeite heute eine Menge Schmerz auf, denn als ich wieder mit ihm auf der Matte bin, muß ich an zu Hause und Jess und die Schule in Bozeman denken, wo ich Horst kennengelernt habe. Ich schreie und weine, und auf einmal fühle ich mich viel besser. Ich denke an die anderen in der Gruppe, die auf ihren Ärschen sitzen, reden und reden und dieses großartige Durchleben von Gefühlen verpassen. Ich lache, und Horst lacht auch.

»Ach, Horst, ich liebe dich.«

»Liebe, Jackie. Das ist das einzig Wahre.«

Plötzlich sind Horst und ich wie zwei kleine Kinder, die sich in Großmamas Federbett herumwälzen. Wir kugeln uns hin und her. »Ich liebe dich!« kreische ich und versuche Horsts Spezialaussprache nachzuahmen. Horst lacht, als ich ihn nachmache, und wir blödeln noch ein wenig weiter. Ich wünschte, ich hätte ein Kissen und wir könnten eine Kissenschlacht veranstalten.

Auf einmal überkommt mich ein gewaltiger Drang, all den verlorenen Jahren nachzuweinen. Horst spürt es und hält mich fest, während ich bittere Tränen vergieße. Bald ist das vorbei, und ich kann wieder lachen und mich an seiner Nähe freuen.

»Ich bin auf den Matten gewesen, ohne in meinen Alptraum abzugleiten. Ist der Spuk jetzt vorbei, Horst?« frage ich ihn flüsternd und voller banger Hoffnung.

»Ich weiß nicht, Jackie. Du bist jetzt nicht allein. Du brauchst keine Angst vor dem zu haben, was auf den Matten passiert. Wir begleiten dich auf dem Weg, was immer auch kommen mag.«

»Also heute geht es prima. Ich liebe dich!« sage ich wieder und wieder, während ich ihn überschwenglich umarme. Es tut gut, unheimlich gut, und es ist ein ganz neues Gefühl, all diese Empfindungen herauslassen zu dürfen und zu wissen, daß da keine Mißverständnisse zwischen uns sind. Häufig habe ich Schwierigkeiten mit Worten. Ich sage etwas, jemand antwortet, und bald kommt es zu einem Mißverständnis. Jetzt gibt es nur Aufrichtigkeit und ein beglückendes Gefühl, am Leben zu sein. Mir wird mit einemmal klar, daß diese neue Lebensweise sehr schwierig ist, da sie von mir verlangt, meine alten Lebensgewohnheiten abzulegen und alles, was ich bin oder habe, offenzulegen und ganz neu anzufangen. Wenn ich es schaffe, diese neue Lebensweise für mich zu akzeptieren, wird sie mich unweigerlich immer weiter mitreißen, da sie unvergleichlich mehr zu bieten hat. Ich habe Angst, das alte Verhaltensmuster abzulegen, da es eine gewisse Sicherheit bot. Änderungen, selbst Veränderungen zum Besseren, haben stets traumatische Auswirkungen.

Worte wie Glaube und Vertrauen bekommen eine lebenswichtige Bedeutung, wenn du achtundvierzig Jahre alt und 7000 Meilen von zu Hause entfernt bist und unter einem sechsunddreißigjährigen Arzt liegst, der dich anlacht und dir versichert, daß alles gut sein wird, wenn du aufhörst, dumm und töricht zu sein.

Ach, Horst. Ich weiß, aber das Wissen allein hilft mir noch lange nicht, das Richtige auch zu tun. Hab Geduld mit mir.

Ich glaube, Birgit kommt der Sache am nächsten, wenn sie sagt: »Als ich hierher kam, habe ich sechs Wochen lang nicht verstanden, um was es geht. Dann ist es mir klargeworden – hör auf zu denken und sei einfach da. – Diese Klinik birgt so viele Rätsel und ist doch so einfach. Es ist wie mit den Menschen. Sie denken und machen sich das Leben schwer, wo es doch so einfach ist zu leben. Lange Zeit habe ich nicht begriffen, was gemeint war, wenn Horst oder Walther gesagt haben: ›Wir brauchen alle das gleiche.‹ Jetzt weiß ich es.«

Sein statt tun – das ist die Lösung. Nur ein Handeln, das aus unserem Sein herauskommt, ist sinnvoll.

Aber wie können wir so leben? Die ganze Welt ist eine Gesellschaft des »Tuns, des Aktivseins«. Und je wütender die Menschen sind, um so fanatischer stürzen sie sich in Aktivitäten. Wie können wir lernen, mit der Geschäftigkeit wütender Menschen umzugehen, Horst?

All diese Fragen tauchen in mir auf, als ich mit Horst auf den Matten liege. »Im Augenblick leben«, ist die Antwort. In diesem Augenblick gibt es weder Schmerz noch Angst noch Wut. In diesem Augenblick leben wir.

Ich fühle mich prima. »Mir geht es gut.« Heute nachmittag wird Walther noch einmal den Film von Dr. Leboyer über die sanfte Geburt zeigen. Ich denke, ich werde hingehen. Mal sehen, wie ich darauf reagiere, nachdem ich schon seit einer Weile hier bin.

Eine Menge Leute haben sich im Aufenthaltsraum versammelt, auch alle Gäste, die seit meiner Ankunft neu dazugekommen sind. Der Film beginnt. Walther sitzt allein neben dem Projektor, und ich habe auf einmal den Wunsch, neben ihm zu sitzen. Ich gehe quer durch den Raum und suche mir einen Platz in seiner Nähe. Ich lege meine Hand auf seinen Arm.

Ich kann kaum glauben, daß ich das fertiggebracht habe. Ich bin aus eigenem Antrieb auf jemanden zugegangen, ohne aufgefordert worden zu sein, und diese Person hat mir keine Abfuhr erteilt.

Nachdem sich der Schock über mein neues Verhalten gelegt hat, konzentriere ich mich auf den Film. Dieser wunderbare Film übt immer noch einen unbeschreiblichen Zauber auf mich aus. Die heftige Reaktion, die er bei mir auslöste, als ich ihn das erste Mal sah, war nicht auf meine Erschöpfung nach der Reise zurückzuführen. Der Film macht deutlich, was jeder Mensch braucht und wonach er hungert – wonach ich mich zu Tode hungere, weil ich nicht weiß, wie ich es erlangen kann.

Der Film zeigt, wie ein Mensch ein anderes menschliches Wesen mit sanfter Zärtlichkeit berührt und festhält, nur weil beide diesen Augenblick zusammen durchleben. Es wird kein Preis bezahlt, nichts wird verlangt oder erwartet; der Arzt und das Neugeborene sind eins. Ich sehne mich so sehr nach dem Gefühl, das dieses Baby empfindet, daß meine innerste Seele sich öffnet und aus meinem Körper hinausdrängt. Ich habe hier so oft geweint, daß ich den Druck kaum noch aushalten kann. Ich fühle plötzlich, daß ich achtundvierzig Jahre alt bin, und ich habe einen solchen schrecklichen Hunger, ein solches unsagbares Bedürfnis nach Nähe und Wärme.

Ich kann den Schmerz nicht aushalten, weiter hinzuschauen, also lege ich meinen Kopf auf Walthers Arm und versuche mein Schluchzen zu unterdrücken. Seine andere Hand kommt im Dunklen herüber, fährt mir durchs Haar und streicht mir sanft über den Kopf.

Jetzt wird mir vollends bewußt, wie ausgehungert ich bin. Wenn ich mit meinem Mann zusammen bin, führt körperliche Nähe fast immer unweigerlich zum Austausch sexueller Zärtlichkeiten. Seit meine Kinder erwachsen sind, geben wir uns höchstens einen Klaps auf die Wange oder eine rasche Umarmung. Mit meinen Enkeln ist es anders; oft sitze ich da und halte Cydney, die älteste Enkelin, lange Zeit auf meinem Schoß und genieße die Nähe dieses geliebten kleinen Wesens. Es bringt mir unheimlich viel, einfach so dazusitzen. Was ich dabei als schmerzlich empfinde, ist, daß da niemand ist, der *mein* Verlangen stillt, auch so gehalten zu werden, nur um meiner selbst willen.

Als ich hier in diesem verdunkelten Raum sitze und Dr. Leboyer und das Neugeborene beobachte, weiß ich auch, weshalb ich sterben möchte. Weil ich schon so gut wie tot bin mit meiner abgrundtiefen Verzweiflung darüber, daß mein Verlangen nicht gestillt werden kann. Es ist zu spät. Ich bin jetzt erwachsen, und mein Liebesbedürfnis ist so gewaltig, daß es hier auf Erden nicht befriedigt werden kann.

In der Tat tragen meine Erziehung, meine Ausbildung durch Schule und Kirche, alles, was ich gelernt habe – fälschlicherweise gelernt habe –, dazu bei, mich an der Erfüllung meiner Bedürfnisse zu hindern. Immer bin *ich* es, die vor körperlicher Nähe davonrennt, weil ich emotional derartig verkrüppelt bin, daß physische Nähe für mich nichts anderes bedeutet als geben, geben, geben, aus einem Brunnen schöpfen, der längst ausgetrocknet ist. Nur *nehmen* ist etwas, das ich nie gelernt habe.

Jetzt sitze ich hier und fühle mich weder anziehend noch liebenswert, erwünscht oder geliebt. Ich kann mich nicht länger selbst belügen. Ich habe mein ganzes Leben lang geglaubt, ich müßte etwas dafür *tun*, nur geliebt zu werden. Jetzt bin ich nicht länger in der Lage, die nötigen Vorleistungen zu erbringen, um geliebt zu werden. Und ich kann mir nicht vorstellen, daß mich jemand nur um meiner selbst willen gern hat.

Auf einmal verstehe ich, warum ich immer für meinen Vater Klavier gespielt habe. Es ist nicht mein Vater als solcher, er ist nur sozusagen das Symbol für meine innersten Bedürfnisse. Und wenn ich jeden Tag Klavier gespielt habe, so war das meine Vorleistung für ein kleines bißchen Liebe, für ein wenig Anerkennung.

Ich bin fest davon überzeugt, daß ich etwas tun muß, um etwas zu erhalten.

Ein Gedanke fällt mir ein. Unser guter Freund Wally Minto von Alpha Awareness legt genau diesen Aspekt in dem Buch über seine Untersuchungsergebnisse dar. Er sagt, daß wir nicht im Einklang mit dem Universum leben, daß wir *gegen* den Strom schwimmen. Wir alle wollen etwas HABEN. Also tun wir etwas, anstatt zu SEIN. Aber Wally vertritt die Ansicht, daß das Universum eine Stufenfolge hat: vom SEIN zum TUN und dann erst zum HABEN.

Ich möchte Zuwendung HABEN, also TUE ich Dinge, von denen ich annehme, daß sie mich liebenswert machen, damit ich geliebt werden kann. Inzwischen weiß ich, was Walther uns hier in der Klinik zeigen will. Wenn ich überzeugt bin, daß mein DASEIN gleichzusetzen ist mit Liebe, dann ist mein ganzes TUN liebenswert. Dann bekomme ich Liebe und Zuwendung. Und in diesem Kreislauf geht es unendlich weiter.

Hier wird die große Erkenntnis in den Brennpunkt unseres Lebens gerückt. Für uns wird eine Atmosphäre totaler Liebe und Annahme geschaffen, damit wir lernen können, uns berechtigt zu fühlen, und erfahren, daß wir geliebt werden, einfach nur, weil wir da sind.

Jetzt sehe ich ein, warum Walther uns auffordert, so »zu tun, als ob«. Ich stecke so tief in meiner Überzeugung, Vorleistungen erbringen zu müssen, daß ich zunächst beginnen muß, so zu tun, als ob, um diese Atmosphäre auch für mich zu erfahren. Ich muß so tun, als fände ich mich liebenswert, und so handeln, als ob ich liebenswert wäre. Auf diese Weise kann ich mir nach und nach eine neue Identität aufbauen. Es kommt mir vor, als ob dieser Prozeß einige Zeit dauert, weil meine Gewohnheiten derart eingefahren sind.

Ha, eben habe ich es getan, ohne mir dessen bewußt zu sein. Ich habe so getan, als wäre ich berechtigt, neben Walther zu sitzen, also habe ich mich neben ihn gesetzt und hatte ein bewegendes Erlebnis.

Das Licht wird wieder eingeschaltet, und ich bin ganz und gar durcheinander. Ich gehe auf die Terrasse hinaus. Es ist herrlicher Sonnenschein. Ich setze mich auf einen Klappstuhl, um noch ein bißchen Sonnenbräune zu ergattern. Mir gegenüber sitzt Anna, eine Alkoholikerin aus Baden-Baden, und liest ein Buch. Sie ist eine sehr gut aussehende Frau, so Ende Dreißig, sehr sportlich und durchtrainiert; sie steckt voller Bosheiten. Sie spricht kaum Englisch, und unsere Unterhaltung hat sich bisher auf ein kurzes »Hallo« beschränkt. Als ich zu ihr hinüberschaue, tut sie so, als ob sie heult. »Jackie und Walther, huhuhu.« Ich winde mich innerlich vor Verlegenheit. Sie macht sich lustig darüber, daß ich während des Films neben Walther gesessen und geweint habe. Ihr Spott schlägt mir auf den Magen und macht mich mutlos. Vor wenigen Minuten noch diese schönen Erkenntnisse – und nun bin ich wieder mit der rauhen Wirklichkeit konfrontiert.

Nein, ich werde mich durch Annas Gehänsel nicht wieder total verunsichern lassen. Sie macht sich nicht über mich lustig, weil ich etwas Verkehrtes getan habe. Daß sie mich hänselt, ist ihr Problem. Aha, ich möchte wetten, daß sie sich gern berechtigt gefühlt hätte, selbst diese Erfahrung zu machen. Das wird mir allmählich klar, und ich fühle mich wieder besser.

Die Tage vergehen wie im Fluge, auf einmal ist wieder Montag, der

Tag, an dem Dan Casriel erwartet wird, damit er die Anwendung seiner Schreitechnik demonstriert.

Wir versammeln uns alle in der Kegelbahn. Bald kommen Walther und die anderen Therapeuten mit Dr. Casriel herein. Wir müssen eine ganze Weile warten, bis Dan mit seinem Vortrag beginnt, da Ingo, Peter und Uwe eine Videoaufzeichnung machen wollen, und sie sind wesentlich bessere Psychiater als Fernsehtechniker.

Der Vortrag beginnt, und zu meiner großen Freude spricht Dan nur Englisch: So ist es für diese nächsten Stunden einmal umgekehrt – alle anderen Gäste sind aufs Übersetzen angewiesen.

Dan spricht davon, daß Bonding eine biologische Notwendigkeit ist. Die Vereinigung amerikanischer Ärzte hat dies gerade öffentlich erklärt, und so hat sich nun die Lehrmeinung durchgesetzt, die Dan und Walther schon seit Jahren vertreten haben. Dan bezeichnet seine Schreitechnik als Prozeß der Persönlichkeitsneufindung (New Identity Process). Er erklärt, wie wir unsere Bewußtseinsinhalte ausschalten und unseren Schmerz, unsere Angst, unsere Wut hinausschreien. Dann können wir auch positive Erlebnisse auf den Matten haben. Wir können es wirklich genießen, einen anderen Menschen umfangen zu halten und von diesem gehalten zu werden. Er erklärt uns lachend, daß wir dabei selten – aber doch gelegentlich – sexuelle Empfindungen auf den Matten haben und daß uns dies nicht peinlich sein muß – dafür werde keine besondere Gebühr verlangt.

Da ich die einzige Amerikanerin hier bin, komme ich in den Genuß eines ganz besonderen Vorteils. Ich gehe mit Dan Casriel auf die Matten.

Mir ist bewußt, daß die Fernsehkameras laufen, da für Lehrzwecke in der Klinik eine Aufzeichnung gemacht werden soll. Zunächst komme ich mir etwas blöd vor, aber bald gewinnt das Schreien die Oberhand. Ich merke, daß Dans New Yorker Akzent ein schmerzliches Gefühl der Einsamkeit in mir hervorruft, also lasse ich diesen Schmerz heraus. Dan wird im Juli zusammen mit meinem Mann in Bozeman ein Seminar abhalten, und er weiß, wer ich bin.

»Arbeite in den nächsten Wochen hier mit, so gut du es kannst, meine Liebe. Anschließend komm nach New York und nimm an einem einwöchigen Intensivprogramm teil. Dann kannst du gerade rechtzeitig für das Seminar wieder in Bozeman zurück sein.«

Ich bin überrascht, daß Dan dies sagt, aber die weitere Unterhaltung zeigt mir, daß er entsetzt darüber ist, daß ich hier in Deutschland bin, ohne entsprechende Sprachkenntnisse zu haben, die mir bei der

Verfolgung meines Ziels helfen könnten.

Ich kenne ihn nicht gut genug, um ihm zu sagen, daß ich es im Grunde für einen Vorteil halte, daß ich nicht mit allen ohne weiteres sprechen kann; aber ich würde es ihm doch gerne irgendwie stecken. Ich habe beobachtet, daß die anderen Gäste intensive Gefühle in sich entdecken und durchleben und daß sie sich dann durch Reden ganz leicht wieder davon entfernen. Sie lenken sich ständig mit ihrem Verstand ab. Mein Weg ist schmerzlich und einsam, aber ich bin mit dem Bauch beteiligt, mit meinem Inneren, da wo es weh tut. Ich habe nicht die Ablenkung und die Ausflüchte, die den anderen offenstehen.

Wahrscheinlich wären die Therapeuten überrascht, wie viele von ihren deutschen Gästen (Patienten) genauso tiefgreifend aufbrechen würden, wie es mit mir geschah, wenn sie gezwungen wären, ihren Mund zu halten. Ein ganzer Haufen unsinniger psychiatrischer Spielchen würde ihnen versagt bleiben, und dann *müßten* sie fühlen, anstatt zu denken.

Nein, ich möchte nicht nach New York fahren, aber ein Samenkorn ist in mir gepflanzt worden und läßt mich an zu Hause und das Seminar im Juli denken.

Die Demonstration der Schreitechnik ist zu Ende, und ich fühle mich wie gewöhnlich in bester Stimmung. Ich habe einige Kilo abgenommen, und meine langen Hosen hängen mir schlotternd um die Hüften, so schweißdurchtränkt, wie sie jetzt sind. Ich muß lachen, wenn ich mir vorstelle, wie ich auf dem Videoband aussehen werde. Es ist ein schönes Erlebnis, jemanden aus Amerika getroffen zu haben, aber ich weiß, daß ich diesen Gedanken nicht zu sehr nachhängen darf. Ich muß mich auf Bad Herrenalb konzentrieren und hier an mir arbeiten.

Am Donnerstag sind meine ersten drei Wochen um, danach kann ich Post von zu Hause bekommen und Kontakt mit meiner Familie haben. Als mir dies am Tag nach dem Casriel-Seminar durch den Kopf geht, bekomme ich regelrecht Bauchschmerzen. Ich habe heute Gruppe mit Horst, und ich bin total verkrampft, weil ich so viel an zu Hause denke.

Etwa zwanzig von uns treffen sich im Werkraum, den wir erreichen, indem wir außen herum an dem Gebäudeteil vorbeigehen, in dem die Wäscherei untergebracht ist. Schalen mit Efeu, Geranien und Petunien verschönern auch dort den Zugang.

Horst hat sich etwas in den Kopf gesetzt, als er mich drannimmt und fragt, wer mir von den Anwesenden besonders viel bedeutet. Ich blicke mich im Raum um und entdecke Dieter. Er ist der Junge, der im

Gefängnis war. Seine Mutter starb an den Folgen ihrer Suchterkrankung, und weil Dieter ausgezeichnet Englisch spricht und mir etwas von seiner Geschichte erzählt hat, entschließe ich mich für ihn.

»Dieter fühle ich mich hier am meisten verbunden, Horst.«

»Was würdest du zu Dieter sagen, wenn er einer deiner Söhne wäre, Jackie?«

Ich sehe, wie Dieter ganz steif wird. Er wird in eine Richtung gedrängt, die er vielleicht gar nicht einschlagen möchte.

Ich weiß nicht, was ich sagen soll.

»An wen denkst du, Jackie?« fragt Horst hartnäckig.

»Ich denke an Mike.« Tränen treten mir in die Augen, und ich habe mit einem Male Sehnsucht nach meinem jüngsten Sohn.

»Also sprich aus, was du denkst. Sag es zu Dieter«, drängt Horst.

Ich bringe kein Wort heraus, sehe Dieter an und hebe meinen rechten Arm in einer halb hilflosen, halb einladenden Geste.

Dieter sagt plötzlich mit gepreßter Stimme: »Wenn ich Mike wäre, und das alles wäre, was du mir zu bieten hättest, würde ich mich ganz schön mies fühlen.«

Gefühle überschwemmen mich, daß ich kaum Luft kriege, ich stehe auf und gehe Dieter entgegen. »Mike, Mike, o Gott, mein Sohn, mein Kleiner!« Ich schlinge die Arme um Dieter und halte ihn fest.

Ein gepreßter Laut kommt aus Dieters Kehle. Wir sind Mutter und Sohn. Ich kann nur ahnen, was er fühlt, während er mich so umfangen hält, wie ein Sohn seine Mutter umarmt, die er liebt und braucht. Plötzlich empfinde ich eine tiefe Liebe für Dieter – diesen großen, mageren deutschen Jungen, einen Heroinsüchtigen, einen Jungen, der um sein Leben kämpft in einer Welt, die ihn ängstigt.

Wieder diese Erfahrung, auf zwei Ebenen zu stehen: Er ist mein Michael, und durch Dieter wird mir bewußt, wie sehr ich an allen meinen Söhnen hänge. Aber auf einer tieferen Ebene sehe ich ganz klar und deutlich, daß ich ein menschliches Wesen bin, das eine tiefe, innige Liebe für Dieter empfindet. Ich kann es selbst nicht glauben. Dieser Junge ist heroinsüchtig, auf Bewährung aus dem Gefängnis entlassen, jemand, der absolut außerhalb meines Erfahrungsbereiches steht. Und doch ist er mir in diesem Moment wichtiger als irgend jemand sonst auf der Welt.

Schranken. Bewußtseinsinhalte. Schmeißt sie über den Haufen. Jetzt, gerade hier in diesem Augenblick, brauche ich Zuwendung. Dieter braucht Zuwendung. Und die Lektion ist fertig. Wir finden zueinander in einer Weise, die die Tiefen der Seele anrührt und die ich nie vergessen werde. Wir sind eins und empfinden eine starke Zuneigung füreinander.

Auf einmal wird die Intensität des Fühlens zu viel für Dieter. Er verläßt den Raum und kommt nicht zurück. Lauf weg, Dieter, lauf weg! Aber wir empfinden eine starke Zuneigung füreinander, und ich weiß, daß du das genausowenig vergessen wirst wie ich.

Auf der Terrasse, um die Mittagszeit, kommt Dieter auf mich zu. »Ich mag dich, Jackie. Du bist die verrückteste Oma, die ich kenne.« Er grinst mich an.

Ja, wir gehören jetzt zusammen. Wir können uns einer an den anderen wenden, wenn wir Hilfe brauchen. Keiner von uns kann vergessen, was wir gefühlt haben.

Am Nachmittag haben wir wieder Gruppe mit Horst. Ich weiß nicht, ob es die Erfahrung des heutigen Vormittags war, die mich innerlich so stark aufgewühlt hat, auf jeden Fall habe ich an diesem Nachmittag Angst vor dem Schreien. Ich bin total verängstigt.

Als Horst anfängt, einen nach dem anderen dranzunehmen, habe ich plötzlich den Drang, den Raum zu verlassen. Ich will weglaufen. Heute kann und will ich nichts mehr von Emotionalität hören. Ich stehe auf, um aus dem Werkraum hinauszugehen, aber da sitzen Leute auf Stühlen vor der Tür und versperren den Ausgang.

»Entschuldigung.« Ich versuche, mich an ihnen vorbeizudrücken.

»Jackie! Wo willst du hin?« fragt Horst vom anderen Ende des Raumes.

»Ich muß raus, Horst. Ich kann heute nicht bleiben.« Verzweiflung packt mich.

»Jackie, was geht in dir vor? Was fühlst du? Sag, was los ist.« Horsts Stimme klingt sehr bestimmt.

»Nein! Ich muß gehen!« Ich versuche, mich zur Tür durchzukämpfen. Hände packen mich. In meinem Kopf dröhnt es, im Geiste schreie ich bereits, und ich merke, wie sich der düstere Ort unter mir auftut, ohne daß ich auf der Matte bin. Panik ergreift mich. Verliere ich den Verstand? »Haltet sie fest«, sagt jemand, und die Hände fassen mich wie eiserne Klauen.

Ich kämpfe gegen das bekannte Gefühl an, das mich zu ersticken droht. Ich drehe und winde mich und falle auf den Fußboden. Ich bin verloren. Allein. Der vertraute Alptraum hält mich wieder in seinem Bann. Ich muß versuchen zu entkommen. Ich packe ein Stuhlbein mit jeder Hand und krieche auf meinem Bauch unter einen Stuhl. Jetzt schreie ich. Überall sind Hände, die nach mir greifen, an mir zerren.

Was werden sie tun? Und der Alptraum geht immer weiter. Wieder durchlebe ich etwas Furchtbares. Es ist dunkel, ich bin festgenagelt.

»O nein, nicht noch einmal, nicht noch einmal.« Ich weiß nicht, ob ich es sage oder denke. Zeit vergeht, ich weiß nicht wieviel.

Auf einmal höre ich Horsts Stimme: »Jackie, komm her. Schrei auf den Matten.« Mein Gott, ich liege unter den Stühlen.

Ich krieche darunter hervor und rolle mich schluchzend auf den Matten zusammen. »Monika, geh und hilf ihr.« Wieder Horsts Stimme.

Monika legt sich auf mich drauf, und ich schreie und schreie. Ich fühle mich jetzt beschützt – nicht mehr allein wie in meinem Alptraum.

»Umarme mich, Jackie«, sagt Monika leise zu mir.

Ich lege meine Arme um dieses junge Mädchen und schreie weiter. Monika beginnt zu weinen. Ich schreie eine Zeitlang weiter, ohne mich darum zu kümmern; aber dann beginne ich mir Gedanken über ihre Tränen zu machen.

»Monika, warum weinst du?«

»Weil ich glaube, daß du mir ziemlich ähnlich bist, Jackie. Das fühle ich hier auf der Matte.« Liebe, Zuneigung. Noch einmal, zum zweiten Mal an einem Tag, verspüre ich diese tiefe Liebe, die von einem anderen Menschen zu mir und wieder zurück strömt.

Ich schaue Monika an. Sie ist höchstens zwanzig und schon Alkoholikerin. Alkoholismus kennt keine Altersgrenzen. Sie ist so hübsch. Rosige Apfelbäckchen und lockige blonde Haare – ein Gesicht wie aus einem Rubens-Gemälde. Wir halten einander umfangen und genießen einfach die Zuneigung, das Gefühl der Verbundenheit.

Nach der Gruppe spricht Horst mich an. »Du sitzt ganz schön dick in der Scheiße, Jackie, aber mach dir keine Sorgen. Eines Tages wirst du es schaffen, dich ganz durch den Schmerz hindurchzukämpfen, und dann wirst du frei sein.«

Der Ausdruck »shit« (Scheiße, Tinte) für meine Höllenqualen auf den Matten ist geschmeichelt. Es ist ein Amerikanismus aus dem Casriel-Institut. Unser »shit« ist unsere Angst oder Wut, der Schmerz, der uns blockiert, und wir müssen uns auf den Matten davon befreien. Während wir dies tun, lernen wir unsere neue Identität kennen. Also wenn mich das Grauen packt auf den Matten, dann befreie ich mich von meiner »Scheiße«. Jetzt muß ich darüber lachen. Was für ein seltsamer Begriff für eine solche Todesangst.

Monika wartet vor der Tür auf mich.

»Danke, Monika, daß du auf der Matte bei mir gewesen bist. Du hast mir so geholfen.«

»Ich habe mir auch geholfen, Jackie. Aber du hattest dich ziemlich lange unter den Stühlen verkrochen. Ich dachte schon, du würdest nicht wieder hervorkommen. Tun dir deine Zähne weh?«

»Meine Zähne?« Ich greife mit meiner Hand zu meinem Mund und fühle, ob ein Zahn locker ist. »Was soll mit meinen Zähnen sein, Monika?«

»Du bist so heftig mit den Zähnen gegen das Stuhlbein geschlagen, daß die Leute ihre Hände ausstrecken mußten, um dich zu beschützen.« Ich erinnere mich an die Hände, verstand aber nicht, warum sie nach mir faßten.

Ich umarme Monika einige Minuten lang. Wir stehen ganz still beieinander. Diese liebe junge Alkoholikerin und ich – weder das Alter noch die Sprache trennen uns voneinander.

Ein weiterer Tag in der Klinik von Bad Herrenalb. Mein Gott!

An diesem Abend gehe ich mit Jutta ins Puszta. Sie beherrscht nur wenige Brocken Englisch, also ist die Möglichkeit einer Unterhaltung miteinander ziemlich begrenzt, aber sie ist mir von Tag zu Tag mehr ans Herz gewachsen, und ich habe den aufrichtigen Wunsch, sie näher kennenzulernen.

Sie ist sehr energisch und voreingenommen, und ich habe beobachtet, daß sie mit jedem diskutiert, der anderer Meinung ist als sie. Sie hat sogar schon mit Walther Spitze auf Knopf gestanden – ich wüßte niemand sonst hier in der Klinik, der das geschafft hätte.

Längst habe ich gemerkt, daß unter ihrer harten Schale ein ganz weicher, liebenswerter Mensch steckt.

Wir sitzen zusammen in einer der hinteren Ecken, und wir haben ein sehr großes Bedürfnis, uns einander mitzuteilen. Zum ersten Male schäme ich mich, daß ich kein Deutsch kann und daß Jutta die ganze Last tragen muß. Ich merke bald, daß Jutta sehr viel mehr Englisch versteht, als sie selbst sprechen kann, da ist also ein Punkt, wo ich einhaken kann.

»Jutta, ich möchte alles über dich wissen. Ich habe dich sehr lieb. Warum bist du hier in der Klinik?«

Mit Worten, Gesten und Ergänzungen durch meine Phantasie breitet sie ihre Geschichte vor mir aus.

»Ich habe sehr jung einen Mann geheiratet, der aus ganz anderen Kreisen kam als meine Familie und ich. Er war weit von seiner Heimat entfernt und hatte Depressionen. Nach ein paar Jahren bekam ich eine Tochter. Als unser Kind noch ein Baby war, nahm sich der Vater das

Leben, und ich mußte mich allein durchschlagen, Geld verdienen, die Tochter allein großziehen. Ich begann zu trinken und konnte nicht mehr aufhören. So kam ich nach vielen Jahren in diese Klinik, weil ich Alkoholikerin bin.«

Juttas Augen sehen verloren und unheilvoll aus, und sie rutscht unruhig auf ihrem Stuhl hin und her.

»Als ich in die Klinik kam, konnte ich nicht schreien. Niemand durfte mich anfassen. Das ging viele Wochen so, und schließlich mußte ich vors Team. Du kennst das ja, da setzen sich alle Therapeuten zu ihrer morgendlichen Beratung zusammen.«

»Ja, ich weiß, was das Team ist, Jutta.«

»Also, beim Team fragt Walther mich, ob ich mich erinnern kann, ob und wann ich früher jemandem erlaubt hätte, mich zu berühren. Ich sagte ihm: ›Ja, sicher, als ich klein war.‹ Und dann sagte Walther, daß ich wieder ein kleines Kind sein dürfte hier in der Klinik.« Ihre Augen tanzen in freudiger Erregung.

»Also, Jackie, dann sagten die Therapeuten, ich sollte mir unter den Gästen eine Mutter und einen Vater auswählen. Das tat ich auch. Meine Mutter und mein Vater haben mich abends ins Bett gebracht, sie deckten mich zu, lasen mir Geschichten vor und sangen mir Lieder zum Einschlafen. Ich glaube, das Spiel gefiel mir. Ich war die ganze Zeit über ein Baby. Und ich wußte auch, daß alle Leute kleine Kinder gern haben und daß ich viele kindische Dinge tun durfte. Ich beschloß, es zu genießen.«

Jutta lacht, während sie an diese Zeit zurückdenkt.

»Ich wartete, bis die Therapeuten eine wichtige Zusammenkunft hatten, und bin dann ins Zimmer reinmarschiert, wie es ein kleines Kind tun würde, habe gespielt und mich aufgeführt wie ein Kind und habe ihre Besprechung gestört. Ich habe mich innerlich kaputtgelacht, und die Therapeuten wußten, daß sie nicht ärgerlich reagieren durften, weil ich ja nur ein kleines Kind war. Sie machten so komische Gesichter, sie wußten nicht, wie sie sich verhalten sollten.«

Bei der Erinnerung daran hält sich Jutta den Bauch vor Lachen. Ich muß auch lachen, weil sie die Szene mit ihren ausdrucksvollen Gesten so plastisch darzustellen vermag.

»Dann machte ich viel Blödsinn«, fährt sie fort. »Einmal habe ich wichtige Unterlagen aus Horsts Tasche herausgenommen. Er wußte nicht, was er tun sollte. Er durfte seine Wut nicht an einem kleinen Kind auslassen. Nach einer gewissen Zeit fand Walther, daß er etwas tun müßte. Er bestellte mich wieder vors Team, und sie sagten mir, daß ich jetzt lang genug die Rolle eines Kleinkindes spielen durfte und daß ich nun jeden Tag um zwei Jahre älter werden müßte. Mir blieb keine andere Wahl. Ich habe eine Menge dabei gelernt.«

Juttas Augen sind jetzt ernst. »Ich habe einen Tag um den anderen gewartet, bis ich den Mut haben würde, Walther zu umarmen. Ich habe mit niemandem darüber gesprochen, aber eines Tages hatte ich genug Mut, die Sache anzupacken. Ich habe den falschen Zeitpunkt gewählt, er war sehr beschäftigt und hat mich nicht gehört. Ich habe mich so mies gefühlt, weil ich es nicht geschafft habe, diesen großen Schritt zu tun, daß ich mir das Leben nehmen wollte.«

Ich bin sprachlos vor Staunen. »Du hast versucht, dir das Leben zu nehmen? Hier in der Klinik? Mein Gott, Jutta. Wie? Warum?«

»Ich habe ziemlich viele Tabletten geschluckt. Hier in Deutschland ist es leicht, Tabletten in der Apotheke zu bekommen. Ich bin einfach zum Apotheker gegangen und habe dem Mann erzählt, ich könnte nicht schlafen. Da hat er mir Tabletten gegeben. Ich habe sie alle auf einmal genommen.« Sie lehnt sich zurück mit einem nachdenklichen Ausdruck.

»Die Ärzte haben mich gefunden, ließen mich erbrechen und waren ziemlich sauer auf mich. Einer der Therapeuten hat mich mit ziemlicher Verachtung behandelt. Und Walther ist von mir sehr enttäuscht über das, was ich getan habe. Ich sehe alle ihre Gesichter noch vor mir. Ich habe viel daraus gelernt, aber ich glaube, die Therapeuten haben auch eine Menge daraus gelernt.«

Mir fällt wieder C. G. Jung ein, der sagte, er habe als Arzt aus seinen Fehlern gelernt, nicht aus seinen Erfolgen. Nach Juttas Ausdruck zu urteilen bin ich sicher, daß in der Klinik an diesem Tag einiges an Lernprozessen in Gang gesetzt worden ist.

»Aber warum, Jutta? Warum dir das Leben nehmen, weil Walther mit anderen Dingen beschäftigt war? Er ist genau nur ein Mensch wie wir alle. Das weißt du doch – du hast zu viel erwartet. Du wolltest, daß er deine Gedanken liest, daß er spüren sollte, was du brauchtest.«

Ich sacke in mich zusammen. Mir wird klar, daß ich über Jutta spreche und über mich selbst und die meisten anderen von uns. Wir sehnen uns alle danach, verstanden zu werden, aber nehmen uns selbst wenig Zeit, um andere zu verstehen. Das Gebet des heiligen Franz von Assisi kommt mir in den Sinn:

Herr, mach mich zum Werkzeug deines Friedens,
daß ich liebe, wo man haßt,

. . .
Herr, laß mich trachten,
nicht, daß ich getröstet werde,
sondern daß ich tröste;
nicht, daß ich verstanden werde,
sondern daß ich verstehe;
nicht, daß ich geliebt werde,
sondern daß ich liebe . . .

»Ich weiß, Jackie, ich werde so etwas nie wieder tun. Es war grausam und gedankenlos. Ich habe den anderen damit nur weh getan.«

Ich schüttle den bösen Zauber ab, der mich gefangen hält, seit ich Juttas packende Geschichte gehört habe. Einige Dinge davon habe ich selbst auch erlebt. Auch ich weiß, wie es ist, wenn man ein verzweifeltes Bedürfnis oder Verlangen hat und es nicht zeigen oder ausdrücken kann. Mir geht es genauso – ich wage es nicht, jemand anderem mein Bedürfnis oder meine Not anzuvertrauen, weil ich den Gedanken nicht ertragen kann, daß ich abgewiesen werden könnte, daß mein Verlangen nicht gestillt wird. Lieber vor der Welt jedes Bedürfnis verheimlichen als eine Abfuhr riskieren. Mir ist auch klar, daß dieses Verhalten unsinnig ist. Ein unausgesprochenes Bedürfnis kann nicht erfüllt werden, das leuchtet ein, also lebe ich ein Leben voller Einsamkeit und Verzweiflung.

Mir dämmert etwas. Wie oft hat Walther schon zu mir gesagt: »Du tust es für dich selbst, Jackie.« Ich habe bisher nie verstanden, was er damit gemeint hat. Mir wird auch klar, daß ich ihn nie gebeten habe, mir zu erklären, was ich mir selbst antäte, weil ich es zu dem Zeitpunkt überhaupt nicht wissen wollte.

Wie wird man mit dieser Angst fertig? Wie gebe ich eine Verhaltensweise auf, die sich tief in meine Seele eingegraben hat, die seit meiner Kindheit Teil meines Wesens war und ist? Wie schneide ich meinen eigenen Krebs heraus?

Diese Frage weckt eine andere Furcht. Ich habe immer Angst davor gehabt, meinem Schmerz wirklich und total entgegenzutreten, weil ich glaubte, ich würde den Verstand verlieren. Im wahrsten Sinne des Wortes durchdrehen. Ich habe über mich selbst die Strafe verhängt, daß ich am Leben verzweifle, und das schwebt wie ein Damoklesschwert über mir und droht mir den Bauch aufzuschlitzen, mich zu zerstören. Mein Verhalten ist zum großen Teil durch diesen Seiltanz diktiert worden, den ich vollführe. Meine Bedürfnisse sind mir völlig bewußt. Aber sie einzugestehen und dann eventuell keine Möglichkeit zu haben, sie zu befriedigen, ist Wahnsinn. Nirgends auf der Welt gibt es einen Ort, wo dieses Verlangen gestillt werden kann. Es gibt nicht genug Zeit oder Raum oder Menschen, um einen so unersättlichen, so tiefen, so lang aufgestauten Hunger zu stillen. Kein Wunder, daß ich vor Verzweiflung über meine Lage sterben könnte. Jutta und ich gehen zurück zur Klinik. Wir sind uns jetzt nähergekommen.

Die Nacht ist furchtbar. Meine Abwehrkräfte sind gleich Null. Ich habe die ganze Nacht über Alpträume. Die arme Gisela muß immer wieder aufstehen und mich wachrütteln, weil ich mich schluchzend herumwälze. Einmal werde ich wach und merke, daß ich aufrecht im Bett sitze und mit dem Kopf gegen die Wand schlage. Nie zuvor in meinem Leben habe ich so scheußliche Nächte verbracht. Ich habe Angst, aber es ist auszuhalten – ich weiß, ich bin am richtigen Ort, um mich ein für allemal von diesem Gift zu befreien.

Der Freitag dämmert herauf. Walther erzählt mir, daß eine Dame aus Amerika kommt, ob ich mich bitte mit ihr unterhalten könnte, während er beschäftigt sei.

Nach dem Mittagessen ist Komiteesitzung. Schweizer-Peter hat Schwierigkeiten. Er legt weiterhin sein launenhaftes, ärgerliches Verhalten an den Tag und benimmt sich zwischendurch reichlich kindisch. Die Ärzte reden ihm vor versammelter Mannschaft ins Gewissen, wie das einmal pro Woche bei Komiteesitzungen üblich ist.

Elke sitzt neben mir und berichtet Stück für Stück. Die Quintessenz ist, daß er sich unvernünftig verhält und sein Benehmen ändern oder aber die Klinik verlassen soll, um Platz für jemanden zu machen, der sich wirklich ändern will. Elke bleibt vor Staunen die Luft weg, und sie lächelt, als Horst zur Sache kommt. »Gerade hat Horst Peter als ›Hosenscheißer‹ bezeichnet.«

Ich kann mir nur mit Mühe das Lachen verbeißen, weil der Ausdruck so treffend ist, aber statt dessen schaue ich zum Schweizer-Peter rüber. Er ist fürchterlich wütend. Er feuert eine gewaltige Salve von Worten in deutscher Sprache ab, und Elke ist wieder ganz verwundert. Sie ist ganz in ihrem Element, während sie diesen Schlagabtausch verfolgt.

»Peter sagt, er läßt sich nicht beleidigen, er werde die Klinik verlassen.« Sein Gesicht ist gerötet, und sein großer Körper kann die mit Mühe erkämpfte Beherrschung nicht verbergen.

Er verläßt den Aufenthaltsraum, und nachdem einige andere und ich jeder die 1-DM-Strafe für das Nicht-Unterzeichnen der Gymnastikliste bezahlt haben, wird das Meeting beendet.

Wenig später kommt eine winzige Fremde zur Tür herein. Ich nehme an, daß dies die amerikanische Dame ist, und gehe auf sie zu. »Hallo, ich bin Jackie Lair. Bist du der von Walther erwartete Gast aus Amerika?«

»Ja, hallo. Ich heiße Elizabeth und komme aus New Jersey. Ich bin AA-Mitglied und habe über Pater Martin von Walther gehört. Ich befand mich auf einer Europareise und fragte an, ob ich Walther kennenlernen und die Klinik sehen könnte.«

»Prima, Elizabeth. Walther hat noch zu tun. Er bat mich, dir Gesellschaft zu leisten, bis er fertig ist.«

Ich habe von Pater Martin gehört. Jess ist in Basel mit ihm zusammengetroffen. Der Pater ist Alkoholiker, der bei den AA wegen seiner Reden über Alkoholismus, die »chalk talks« genannt werden, weltweit bekannt ist.

»Warum bist du hier in Deutschland, Jackie?«

»Ich bin als Gast hier in der Klinik«, antworte ich ihr mehr oder weniger beiläufig und führe sie in den Aufenthaltsraum.

»Als Gast? Meinst du als Patientin?«

»Ja.« Ich bin jetzt in Abwehrposition. Ich habe sie noch nie gesehen und habe keine Lust, irgendwelche Erklärungen abzugeben. Aber ich stelle fest, ich bin nie in der Stimmung, irgend jemandem irgend etwas zu erklären. »Versuch's doch mal«, sage ich zu mir selbst.

»Ich bin durch und durch neurotisch und tablettenabhängig, Elizabeth.« Da – jetzt ist es heraus. Ich bin versucht, es abzumildern und das Gesicht zu wahren, indem ich die Sache mit der psychologischen Abhängigkeit im Vergleich zu, ja zu was eigentlich, ins Spiel bringe. Aber, was soll's.

»Ich bin auch neurotisch. Ich schätze, alle Alkoholiker sind das. Eigentlich ist alle Welt neurotisch, nicht wahr, Jackie?« Elizabeth lächelt sanft. Sie kramt eine Zigarette hervor.

»Wir dürfen hier in der Klinik nicht rauchen, Elizabeth.« Ich lege meine Hand auf ihren Arm. Dabei fällt mir ein Streifen Klebeverband an ihrem Arm auf. »Warum hast du diesen Streifen da, Elizabeth?«

»Ich hatte Ärger mit dem Herzen. Sie haben eine By-pass-Operation gemacht. Dieses Klebeband ist etwas ganz Neues. Es enthält Nitroglyzerin, das durch die Haut in meinen Körper gelangt und meine Arterien erweitert.«

»Und dann rauchst du noch? Ich muß schon sagen, du hast wirklich eine Neurose, Elizabeth. Du lieber Gott.«

Sie lacht und schaut zu Boden. Ich war ein bißchen zu unverblümt. Walther kommt herein und hält nach uns Ausschau.

»Jackie, seit wann bist du hier?«

»Seit drei Wochen, Walther.«

»Das dachte ich mir auch. Morgen wirst du zusammen mit Elizabeth zu uns nach Hause kommen und uns besuchen. Heidi freut sich darauf, dich wiederzusehen.« Er wendet sich Elizabeth zu und sagt: »Komm, ich zeige dir die Klinik.«

Sie gehen aus dem Aufenthaltsraum, ich bleibe zurück mit zwiespältigen Gefühlen. Sie führt ein Leben, wie ich es auch tun könnte, wenn ich anders veranlagt wäre. Sie reist herum und hat die Freiheit zu tun, was sie will. Sie kommt hierher in die Klinik, um sich mal umzuschauen. Ich lebe hier in der Klinik. Auf einmal fühle ich, daß ich den richtigeren Weg eingeschlagen habe. Aber das ist nicht wichtig.

Ich muß mich beeilen, sonst komme ich zu spät zu Horsts Gruppe. Wir treffen uns alle in der Kegelbahn, und ich stelle fest, daß nicht Horst die Gruppe leitet, sondern Peter.

In der vergangenen Woche waren zwei Außenseiter in der Klinik, die an den Gruppensitzungen teilgenommen haben. Einer ist praktischer Arzt, der andere Psychologe. Beide bemühen sich darum, eine Zeitlang in der Klinik mitarbeiten zu dürfen, und sind mit großem Enthusiasmus dabei. Es gibt allerdings ein Problem. Beinahe sämtliche Gäste haben eine heftige Antipathie gegen den Psychologen. Wir alle mögen den Arzt, aber der andere Mann treibt uns zum Wahnsinn.

Beide Männer sind bei dieser Gruppe anwesend, und die Atmosphäre im Raum ist voller Spannung. Ich lehne den Psychologen genauso energisch ab wie die anderen. Ich halte ihn für einen Heuchler, für herablassend und wahrscheinlich eine gute Portion kränker als irgendeiner der Anwesenden. Ich habe ihn beobachtet, wie er die ganze Woche lang blöde und unsinnige Dinge getan hat, und ich hasse es, wieder in einer Gruppensitzung mit ihm zusammensein zu müssen.

Er bietet mir an, für mich zu dolmetschen, und ich bin entsetzt darüber, wage aber nicht, nein zu sagen. Er kommt zu mir herüber. Peter eröffnet die Runde, und der erste Gast, der drankommt, schaut beim Sprechen geradewegs zu dem Psychologen herüber. Michael, der Psychologe, wird ganz steif, aber ich frage nicht, was gesagt wurde. Ich warte ab und beobachte. Die nächste Person, eine offensichtlich wütende Frau, spricht Michael ebenfalls direkt an. Andere schließen sich an. Ich merke, daß er angegriffen wird. Das geht einige Minuten lang so weiter, schließlich zupfe ich ihn am Ärmel.

»Was ist los, Michael? Was reden sie?«

»Sei still – laß mich zufrieden!« keift er giftig. Zum Teufel mit ihm. Ich stehe auf, gehe auf die andere Seite des Raumes, setze mich neben Dieter und frage ihn.

»Michael kriegt, was er verdient, Jackie. Er hat sich die ganze Woche wie ein Hornochse benommen, und nun sind wir dran.« Dieter grinst.

Jeder kommt zu Wort, und bald bin ich an der Reihe. »Die ganze Woche über hat Michael seine Nase in anderer Leute Sachen gesteckt. Er manipuliert und benützt uns. Er war grausam zu Schweizer-Peter während der Komiteesitzung, und ich glaube nicht, daß er das Recht hatte, den Mund aufzumachen.«

Das ist zuviel für Michael. Er schaut zu mir herüber und sagt in fehlerfreiem Englisch: »Er muß lernen, wenn es hier ein Problem gibt, dann habe ich es verursacht. Wenn ein Mensch sich selbst so akzeptiert, wie er ist, dann kann er sich ändern.« Er lehnt sich mit einem triumphierenden Lächeln zurück.

Der gemeine Hund hat eine Zeile aus einem der Bücher meines Mannes für mich zitiert, und nur er und ich wissen das. Mir ist völlig klar, wie heimtückisch und gerissen dieser gegen mich abgefeuerte Schuß ist. Er sitzt jeden Tag mit den Therapeuten im Team. Ich weiß, daß er weiß, daß mir gerade jetzt das Verhältnis zu meinem Mann sehr zu schaffen macht. Er rechtfertigt sich für das, was er mit Schweizer-Peter gemacht hat, und gleichzeitig geht er auf mich los. Er ist ein ziemlich schlauer Bursche. Ich drehe durch. Ich sitze auf meinem Stuhl, sehe Michael an und fange einfach an zu schreien. Gott, tut das gut!

Peter, unser vertrauensvoller Gruppenleiter, blickt erstaunt auf.

»Warum schreist du, Jackie? Was geht in dir vor?«

»Ich hasse ihn und wünschte, er wäre nicht hier. Ich habe die ganze Zeit mit smarten Besserwisser-Leuten zusammengelebt, und ihre sanfte Art zu reden tut genauso weh, wie wenn ich hier schreie.«

Jetzt stimmen andere mit ein, und innerhalb von kürzester Zeit wird aus unserer Gruppe das reinste Tollhaus. Wir alle spüren das – ganz besonders natürlich Peter. Er greift ein und besänftigt unsere Gefühlsausbrüche, indem er uns erklärt, daß diese Woche eine schwierige Erfahrung für Michael gewesen ist, daß er sein Bestes tue und daß wir von Anfang an wenig getan hätten, um ihm zu helfen.

Michael sitzt lässig zurückgelehnt und genießt es sicherlich, daß Peter versucht, eine Lanze für ihn zu brechen. Der Idiot ist zu dämlich, als daß er einsehen würde, was uns allen offensichtlich ist. Peter ist auch der Ansicht, daß er so ist, wie wir ihn sehen, sonst hätte er die ganze Sache nicht so laufenlassen. Das war eine Epistel für Michael, nicht für uns. Peter hat uns zur Ordnung gerufen, als wir anfingen, gemein zu werden, aber er war der Überzeugung, daß sich dieser Mann – falls er jemals erfolgreich in seinem Beruf arbeiten möchte – darüber klar werden muß, was für schrecklich negative Empfindungen er hervorruft.

Ich habe den Eindruck, Peter hält ihn auch für zu dumm, als daß er eine Lehre hieraus ziehen würde. Dieser Mann müßte als Gast in die Klinik kommen, nicht als Psychologe.

Am Samstag ist es regnerisch und kalt. Das Wetter scheint sich endgültig zu ändern nach diesen herrlichen Sommertagen. Nach Walthers Gruppe in der Kegelbahn und seinem Vortrag im Aufenthaltsraum esse ich rasch etwas zu Mittag, und dann bereite ich mich für meinen ersten Ausflug vor. Ich fühle mich großartig, während ich mit Walther zu seinem Auto gehe. Ich fühle mich berechtigt, das gute Gefühl auszukosten. Ich bin Jackie Lair. Ich habe hier hart gearbeitet, und ich darf mich sowohl zu Walthers Freunden als auch zu den Gästen seiner Klinik zählen. Ich merke augenblicklich, daß ich nach einer Rechtfertigung dafür suche, daß *ich* hier neben Walther herlaufe und nicht irgend jemand anderes. Ich denke an Walthers Worte.

»... Diese Vorstellung von mir, daß ich für ein bißchen Liebe arbeiten und darum zittern muß ..., die verursacht Schmerz und versetzt mich in einen Zustand von Angst und Wut.« Also, zumindest merke ich inzwischen, was ich mir antue. Der junge Arzt, der eine Woche hier bei uns verbracht hat, ist auch gemeinsam mit seiner Frau und seiner Tochter bei Walther eingeladen.

Als wir zusammen bei Walther ankommen, schaue ich ihn an und sage: »Walther, dieser Fide ist ein prima Arzt. Er erinnert mich an Horst. Er wäre gut.«

»Gerade mal eben drei Wochen hier, und schon willst du die Leitung meiner Klinik übernehmen.« Walther lacht. Fide und seine Frau Daxi lachen auch, und wir gehen vergnügt ins Haus.

Walthers jüngster Sohn ist nicht gerade erbaut, als wir ankommen, und er hat ein paar vorwurfsvolle Worte für seinen Vater bereit: »Du kommst spät. Nie hast du Zeit für uns, aber für andere Leute hast du immer Zeit.« Walther spricht mit ihm, dann wendet er sich uns wieder zu mit einem dünnen Lächeln.

»Seht ihr, was Psychiater für angepaßte, glückliche Kinder haben?«

Elizabeth kommt, und wir nehmen alle im Wohnzimmer Platz. Heidi ist noch nicht zu Hause, und Walther verschwindet mit Pascal in die Küche, um Tee für uns alle zu kochen. Fide und Daxi sprechen gut Englisch, und wir unterhalten uns bestens.

Daxis Vater ist nach Kanada ausgewandert und lebt in der Nähe von Calgary, das ist gar nicht weit von Montana. Wir reden über die Reise, die sie im letzten Jahr nach Kanada unternommen haben. Es macht Spaß, von vertrauten Orten zu sprechen.

Dann kommt Heidi nach Hause, ganz außer Atem und reizend. Wir bleiben noch ein Stündchen, dann wird es Zeit zu gehen.

Daxi und Fide nehmen mich in ihrem Wagen mit zur Klinik zurück. Dieser Tapetenwechsel hat mir wirklich gutgetan.

Jutta steht am oberen Ende der Treppe mit einem hübschen jungen Mädchen neben sich.

»Jackie, ich möchte, daß du meine Tochter kennenlernst. Marianne, das ist Jackie aus Amerika, sag ihr auf Englisch ›guten Tag‹«, sagt sie energisch.

»Hallo.« Marianne lächelt schüchtern.

»Hallo, Marianne, bist du ein hübsches Mädchen. Ich habe schon viel von dir gehört. Deine Mutter spricht oft von dir. Sie hat dich sehr lieb.«

Marianne wendet sich verlegen ab. Jutta sieht stolz und glücklich aus. Ich nehme sie in den Arm.

Heute abend gibt einer der Gäste, der die Klinik verläßt, eine Party. Er war drei Monate hier und ist so schüchtern, daß er kaum mal den Mund aufmacht. Für seine Party hat er Unmengen Fruchtbowle und Dutzende von Sandwiches und viele Knabbereien gestiftet. Im Aufenthaltsraum wird gefeiert. Zu meinem Erstaunen ist er aufgeschlossen und lacht. Er flirtet mit den Mädchen, tanzt und ist bester Stimmung.

Ich kann sein Verhalten verstehen. Er kann sich heute voll ausgeben und ganz offen mit uns sein, weil er morgen weggeht. Es ist kein Risiko. Ab morgen wird er keinen mehr von uns sehen. Er braucht keine Bindungen aufrechtzuerhalten, und durch sein Verhalten vergibt er sich nichts, also kann er ganz aus sich herausgehen und spielen. In dieser einen Nacht kann ihm niemand weh tun, weil er sich im Geist schon von uns verabschiedet hat.

Wie oft habe ich genau das gleiche getan?

Der Sonntag ist regnerisch verhangen, und ich fühle mich einsam. Ich habe ein Gespräch zu Jess nach Amerika angemeldet, aber das war vor drei Tagen, und ich habe seitdem nichts gehört. Wahrscheinlich ist er verreist.

2
Dr. Walther H. Lechler

Wir werden immer wieder aufgefordert, alles im Stich zu lassen, unser bisheriges Leben zu verlassen, damit wir wirklich leben können. Wir haben Angst, loszulassen. Wir klammern uns an unsere herkömmlichen schmerzlichen Gewohnheiten, weil sie unser Leben sind. Wir ziehen es vor, mit Schmerz, Angst und Wut zu leben, weil wir nicht wissen, ob wir ein neues Leben finden werden. Neu geboren zu werden ist ein grausames Abenteuer.

Ein Neurotiker ist genauso als Süchtiger zu bezeichnen wie ein Alkoholiker. Wir ziehen es vor, in unseren überkommenen Bewußtseinsinhalten zu verharren – wir sind süchtig und klammern uns an die einzige uns bekannte Art zu leben –, weil wir der Meinung sind, daß es außerhalb dieses unseres Lebens nichts gibt.

Pater Ralph Pfau sagt: »Neurosen – das ist *zuviel* Denken und *zuwenig* Tun.« Immer wenn das Denken das Handeln beeinflußt oder beeinträchtigt, stirbt ein Stück Leben.

In unserer Klinik haben wir eine Wendeltreppe. Wenn ich ohne zu denken diese Treppe hinunterlaufe, gerate ich so in Schwung, daß ich zwei Stufen auf einmal nehme. Wenn ich darüber nachdenke, was ich da tue, komme ich aus dem Rhythmus und fange an zu stolpern. So geraten wir auch im Leben aus dem Tritt, wenn wir anfangen, über das Leben nachzudenken.

Ich sage ironisch, wir sollten unseren Verstand nur so weit gebrauchen, daß wir nicht gegen einen Laternenpfahl rennen, wenn wir eine Straße hinuntergehen. Dafür ist unser Verstand gut.

Ich möchte an dieser Stelle einige Betrachtungen über meine Theorie vom Gebrauch des tödlichen Wortes »aber« einschieben. Jemand, der das Wort »aber« verwendet, verleugnet, was er soeben herausgefunden hat. »Aber« ist das Symptom des Nicht-Glaubens. »Aber« ist ein Alibi. Es sagt uns, daß wir das nicht zu tun brauchen, was wir unserer Überzeugung nach tun müßten. Unser Gehirn versorgt uns mit Ausflüchten und Alibis. Alle Alibis beginnen mit »aber«.

Jackie berichtet am Anfang dieses Kapitels davon, wie sie unaufgefordert auf jemanden zugegangen ist, der ihr dann keine Abfuhr erteilt hat. Ich schätze, wir leben alle mehr oder weniger mit der Überzeugung, daß wir eine Abfuhr erhalten. Wir hassen uns und lehnen uns selbst ab, also glauben wir, daß andere uns auch hassen und ablehnen. Diese Furcht ist bei den meisten von uns so ausgeprägt, daß wir immer und immer wieder auf andere zugehen müssen. Wir müssen es üben, auf andere Menschen zuzugehen, um uns selbst zu beweisen, daß unsere Befürchtungen unbegründet sind.

Wir gestalten selbst die Welt, in der wir leben. Einmal sprang ein Gast namens Ekkart plötzlich während einer Gruppensitzung auf, warf seine Arme in die Luft und sagte: »Jetzt wird mir alles klar. Ich selbst habe die Hölle geschaffen, in der ich die letzten zwanzig Jahre gelebt habe.« Es gibt zahlreiche Gäste, die ähnliche Erfahrungen machen und dann die Klinik verlassen, sobald sie das eingesehen haben.

Wir alle lieben den Film von Dr. Leboyer so sehr, weil er die natürliche Ganzheit der Liebe zeigt. Da gibt es nichts Hilfloses an einem Neugeborenen. Ein Neugeborenes ist Teil eines Ganzen, das die Mutter, den Vater, die Großeltern und Geschwister mit einschließt. Hilflosigkeit ist unsere Erfindung, da wir nicht die Totalität unseres Seins sehen. Ein Neugeborenes kann nicht ohne die Liebe anderer existieren, die es ganz machen. Die Gesamtheit und Ganzheit der Familie gibt ihm seine Daseinsgrundlage, und diese Ganzheit ist nicht Hilflosigkeit. Wir analysieren und zergliedern alles, was mit dem Leben zusammenhängt. Wir schneiden uns selbst von dem natürlichen Ganzen ab, zerreißen das Leben in Stücke und nennen es dann Hilflosigkeit.

Das macht mich verrückt. Wir schaffen eine Welt amputierter Körper und sehen das Ganze nicht mehr. Wenn wir sezieren, töten wir. Wir töten unsere Familien, unsere Freundschaften, sämtliche Beziehungen, wenn wir uns voneinander abschneiden. Nur »tote« Menschen betrachten andere und sich selbst als hilflos.

In der katholischen Kirche sprechen sie von der Gemeinschaft der Heiligen«. Heilige sind Menschen, die eine sehr enge Verbindung mit

Gott haben. Ihr Ego steht nicht zwischen ihnen selbst und Gott. So sollte es auch bei uns hier auf Erden sein. Wir sollten uns im Leben nicht voneinander abkapseln, wir sollten miteinander in Gemeinschaft leben. Das ist geistige Gesundheit, das ist Wachsein. Dann wären wir alle Heilige!

In unserem amputierten Leben gibt es nur wenige Verhaltensmuster, denen wir folgen können. Wir sind wie Tiere in engen Boxen; wir können uns nur in bestimmten Weisen bewegen. Viele Frauen sagen zu ihren Ehemännern: »Niemals nimmst du mich in den Arm – alles läuft gleich auf Sex hinaus.« Das ist Zergliedern, Sezieren, Einordnen in bestimmte Kategorien. Nimm den Sex, genieße ihn, und dann ist es nicht mehr bloßer Sex – er verwandelt sich in etwas anderes. Wenn wir Sensualität und Sexualität voneinander trennen, können wir nicht das bekommen, was wir wollen. Wenn Jackie danach verlangt, von ihrem Mann umarmt zu werden, aber für sich entschieden hat, daß sie den Übergang zum Sexuellen nicht will, dann hat sie sich selbst amputiert und vom Bonding ausgeschlossen. Ihre Haltung drückt Einschränkung aus, also ist auch die Erfahrung, die sie macht, beschränkt, und sie verhungert dabei.

Ich mache mir Sorgen, ich möchte nicht, daß die Leute glauben, ich propagiere Sexualität. Es wäre sinnlos, Sexualität propagieren zu wollen; sie ist einfach das, was sie ist: ein Teil der Sensualität, ein Teil des Lebens. Man kann sie nicht davon abtrennen.

Wir können uns selbst nicht länger verstümmeln, wir können nicht menschliche Empfindungen ausmerzen, auch nicht die menschliche Seele. Wenn wir die Sexualität von uns abtrennen, dann benutzen wir den Geschlechtsakt, um der Intimität auszuweichen. Wenn wir eine Einheit, ein Ganzes sind, können wir den ganzen Tag lang enge *menschliche* Beziehungen mit anderen und mit unserer Umgebung haben. Das bringt viel mehr als der streng abgesonderte Geschlechtsakt – diese besonders sorgfältig etikettierte Entschuldigung, die wir vorbringen, um enge Vertrautheit mit einem anderen Menschen zu vermeiden.

Manche Menschen, die nie in ihrem Leben einen Geschlechtsakt erlebt haben, unterhalten mehr innige und vertraute Bindungen, als die meisten Menschen sich überhaupt denken können. Das ist Ganzsein, eine »Heiligkeit«, die allumfassend ist.

Wenn wir ganz sind, haben wir die Fähigkeit, uns selbst zu erweitern. Wir tun dies ganz instinktiv, so wie wenn wir von einem kleinen Volkswagen auf einen großen Wagen umsteigen. Wir fahren mit erhöhter Aufmerksamkeit, um uns an das größere Auto anzupassen. Einer unserer bedeutendsten Piloten, ein Mann namens Udet, baute nach dem Ersten Weltkrieg seine Fähigkeit, Dinge während des Fliegens auszumachen, zu einer derartigen Perfektion aus, daß er in der Lage war, mit den Enden seiner Tragflächen ein Taschentuch vom Erdboden aufzuheben. Die Schwingen seines Flugzeugs wurden durch sein erweitertes Bewußtsein Teil seines Armes. Als ganze Person erfahren wir dieses Gefühl als etwas Erhebendes. Wir werden gewahr, daß wir mehr sind als wir glauben.

Ich bezweifle, daß die Vertreterinnen der Frauenbewegung Erfolg haben werden, da sie sich nur mit Tatsachen befassen und nicht die Einstellungen berücksichtigen. Frauen haben die Einstellung, daß sie geben müssen – sie sehen nicht ein, daß sie nehmen müssen. Jede Frau weiß instinktiv, daß sie geschaffen ist, zu nehmen und nicht um zu empfangen und nicht um zu geben. Wenn die Frauen ihre Einstellungen ändern würden, brauchten sie keine Tatsachen. Die Frauenbewegung fände einfach statt. Wenn die Frauen einmal aufwachen und anfangen zu nehmen, würde die Hälfte der Männer auf dieser Welt vor lauter Schreck impotent werden.

Jackie sagt, daß sie sich nicht attraktiv findet. Um zu zeigen, wie wichtig es ist, daß wir unsere neuen Einstellungen immer wieder ausprobieren und anwenden, möchte ich Ihnen eine Geschichte über mich selbst erzählen.

In der Schweiz bestieg ich ein Flugzeug, um nach Chicago zu fliegen. Ich bekam einen Platz neben einer bildhübschen jungen Schweizerin zugewiesen. Ich lächelte ihr zu und begrüßte sie, aber sie reagierte nicht. Plötzlich kam mir der Gedanke: »Ich bin ein alter Mann, fünfundfünfzig Jahre alt. Vielleicht hat sie gehofft, daß sich ein gutaussehender junger Mann neben sie setzen würde.« Auf einmal kam ich mir sehr alt vor. Später stellte sich heraus, daß das junge Mädchen total verkrampft war, weil es ihr erster Flug war. Ich merkte, was für einen Unsinn ich mir eingeredet hatte, daß ich den lieben Gott gespielt und mein eigenes Unheil betrieben hatte. Nachdem mir klar geworden war, was ich mir angetan hatte, waren wir in der Lage, den Flug miteinander zu genießen.

Jackie erwähnt Wally Mintos Buch über die Stufenfolge des Universums: vom SEIN zum TUN und dann erst zum HABEN. Das hat Christus gelehrt. Wir können nicht irgend etwas besitzen, wenn wir nicht die Einstellung haben, daß es uns schon gehört. Wir müssen es *sein,* ehe wir es *nehmen* können. Wir können keine Liebe entgegennehmen, wenn unser Sein nicht schon Liebe ist.

Nun ist die Frage: Wie machen wir Liebe zu unserem Sein, unserem inneren Wesen? *Wir tun so, als ob.* Wir programmieren uns neu. Wir streben nach einer neuen Haltung; wir erreichen sie, indem wir so tun als ob. Das müssen wir immer und immer wieder tun. So müssen wir an uns arbeiten; auf diese Weise ändern wir uns. Wir können nicht beschließen, daß unser Sein Liebe ist, und dann losgehen und unsere Umwelt davon überzeugen, daß dies nun plötzlich der Fall ist. Wir müssen diese Haltung, daß unser Leben Liebe ist, üben, üben und nochmals üben.

Es war einmal ein Mann in einer psychiatrischen Anstalt, der monatelang davon überzeugt war, daß er eine Maus sei. Er wurde mit Elektroschocks behandelt und hatte viele Gespräche mit Therapeuten, um ihn von der Vorstellung zu befreien, daß er eine Maus sei. Schließlich war er nach langwieriger Behandlung soweit, daß er sich nicht mehr für eine Maus hielt. Der Therapeut sagte zum Abschied: »Nun, Herr Smith, jetzt wissen Sie, daß Sie keine Maus sind, und ich weiß, daß Sie keine Maus sind, also können Sie nach Hause gehen.« Herr Smith packte seine Koffer und bestellte ein Taxi. Bald kam er schreiend zurück in die Klinik. Der Therapeut hielt ihn fest und fragte: »Was ist denn los, Herr Smith?«

»Draußen vor dem Taxi saß eine Katze.«

»Aber, Herr Smith, Sie wissen doch, daß Sie keine Maus mehr sind.«

»Ja«, sagte der Patient, »aber weiß die Katze das auch?«

Wenn wir nicht lange genug »so getan haben, als ob«, wenn wir uns selbst nicht völlig sicher sind, kann unsere Umwelt uns nicht helfen. Wir müssen *sein*, ehe wir etwas *tun* oder *haben* können.

Es ist wichtig, daß man sich darüber klar wird, daß es ein schrittweises Kapitulieren ist, wenn man sich entscheidet, so zu tun, als ob. Du entscheidest dich, das alte, vorprogrammierte Verhaltensmuster aufzugeben, du verläßt das bekannte Schema deiner neun Punkte und beginnst etwas Neues. Du bist wie ein Schauspieler in einem Stück. Wenn ein Schauspieler seine Rolle zu lesen bekommt, tut er nicht so, als würde er bereits die Rolle kennen, die er darstellen soll. Er übt so lange, bis aus dem vorgezeichneten Charakter auf einmal mit seiner Hilfe ein Mensch aus Fleisch und Blut wird. Dieser Vorgang braucht Zeit. Der Darsteller läßt sich nicht durch die Fehler irritieren, die ihm beim Aufsagen seiner Passagen unterlaufen. Wenn er einen Fehler macht, übt er weiter. Das müssen wir im Leben auch tun.

Jackie erzählt, daß sie nach dem Leboyer-Film auf die Terrasse hinausgegangen sei und daß Anna sie aufgezogen habe. Wir kriegen von unserer Umwelt immer wieder einen Tritt in den Hintern. Die Umwelt duldet keine »wachen« Menschen. Wenn andere Leute jemanden sehen, der »wach« ist, wird ihnen ihre eigene Unzulänglichkeit bewußt, also versuchen sie, solche Menschen auf den angeblichen Boden der Tatsachen zurückzuholen.

Es gibt da eine Sache, die ich in bezug auf Jackie und alle Ehefrauen von Männern, die in irgendeiner Weise auf dem Gebiet der menschlichen Beziehungen arbeiten, klarstellen möchte. Viele Menschen – besonders Frauen – neigen dazu, aus Leuten wie Jess Götter zu machen. In ihrem Leben an Jesses Seite muß Jackie mit ansehen, wie diese Menschen Jess verehren und häufig so tun, als wäre Jackie nicht existent oder sogar ein Hindernis für Jess. Jackie begegnet in jedem Jahr Hunderten solcher Leute. Das ist die Erfahrung, die sie mit ihrer Umwelt macht. Wenn sie eine in sich abgerundete Persönlichkeit wäre, könnte sie einfach darüber lachen und behaupten, daß dies nicht ihr Problem sei, das Problem liege bei den anderen Leuten, die sie und ihre Ehe mit Jess unter diesem Blickwinkel betrachten. Aber Jackie ist keine in sich gefestigte Person, darum erfährt sie die negative Reaktion von seiten ihrer Umwelt wesentlich schmerzlicher und intensiver als die meisten von uns.

Ich glaube, für alle Partner von Menschen, die so im Rampenlicht stehen, ist es lebenswichtig, ihre eigene Persönlichkeit zu entdecken, denn ich fürchte, daß anderenfalls sie selbst und ihre Ehen in die Brüche gehen werden. Diese Leute stehen unter einem besonderen Druck, da ihre Umwelt keine Gelegenheit ausläßt, ihnen ihre Unzulänglichkeiten vor Augen zu führen. Wenige Leute können diesem Druck auf die Dauer unbeschadet standhalten, es sei denn, es handelt sich um Persönlichkeiten, die in sich *ganz* sind. Das ist Jackies Problem, es war immer Jackies Problem. Nicht die Umwelt hat ihre Probleme erschaffen, sie zwingt sie lediglich dazu, ihre Probleme deutlicher zu sehen. Sie hätte vor Jess davonlaufen können – vor allen Problemen davonlaufen –, aber sie entschloß sich, eine andere Lösung zu suchen.

Sie wird es schaffen. Ich bin noch nie einem Menschen mit einem derartig gesunden Naturell, wie sie es besitzt, begegnet, der es nicht geschafft hat. Ich lachte und sagte ihr das in der Klinik. Wir menschlichen Wesen können allerhand durchstehen, wenn wir uns nur an so einen dünnen Strohhalm wie den gesunden Menschenverstand klammern. Wir brauchen nur ein bißchen Zutrauen, ein bißchen Glauben, und wir können Wunder vollbringen.

In unserer Klinik verfolgen wir das Ziel, die Mauern und Barrieren einzureißen und zu erkennen, daß wir menschliche Wesen sind. Das ist die einzige Art, wie wir uns befreien können.

Wenn wir unser Leben in strenge Bereiche aufteilen, töten wir den Fluß des Lebens. Wenn wir einen Fluß begradigen, wenn wir Kanäle und Schleusen bauen, um Hochwasser und Überschwemmungen zu vermeiden, töten wir den Fluß. Dann ist es kein Fluß mehr. Jeder, der den Fluß von früher kannte, sieht das. Die Tiere, deren Lebensgrundlage der Fluß war, verschwinden; die Landschaft hat ihre Natürlichkeit verloren; der Fluß fließt nicht mehr. Wenn ein Fluß ungehemmt dahinströmt, ist er für alles um ihn herum ein Quell des Lebens. Wenn er begradigt und von Ingenieuren in ein festes Flußbett eingemauert wird, ist er sauber und übersichtlich, und es gibt keine Risiken mehr – aber der Fluß hat auch kein Leben mehr.

Wir ahmen unsere Umwelt nach. Wenn unsere Umwelt tot ist, sterben wir auch. Was wir sind, bestimmt unsere Welt; sie formt alles um uns herum. Gute, wohlgesinnte Menschen laden mich ein, zu ihnen zu kommen, damit ich in ihren Ländern Kliniken einrichte. Was wir hier machen, ist keine Zauberei. Was wir tun, kann von jedem getan werden überall. Albert Schweitzer hat gesagt: »Jeder, der durch Schmerz und Elend geht und Erleichterung und Heilung findet, sollte sich einer großen Gemeinschaft von Gleichgesinnten anschließen und seine Erfahrungen anderen mitteilen.« Das war einer seiner Träume: daß die Menschen sich so verhalten sollten.

Ich glaube, jeder, der eine solche Erfahrung gemacht hat, hat die Fähigkeit, Bad Herrenalb an jeden beliebigen Ort zu verpflanzen. Bad Herrenalb ist das Leben. Christus hat uns gesagt, daß wir nie wieder hungern werden, wenn wir dieses Brot gegessen haben. Nach diesem Brot – welches das Leben ist – verlangt jeder, wenn er sieht, daß wir es haben. Wir müssen es mit anderen teilen, um es zu behalten.

Ich spiele mit dem Gedanken, als zukünftiges Ziel für unsere Klinik Vorlesungen und Seminare abzuhalten; schulmäßige Seminare, bei denen Leute zusammenkommen, um ihre Erfahrungen auszutauschen und an praktischen Übungen bei uns teilzunehmen, falls ein entsprechender Bedarf besteht. Bad Herrenalb sollte einfach ein Symbol für das werden, was in Wirklichkeit überall zu finden ist. Ich übertreibe jetzt, aber es wäre fürchterlich, wenn Bad Herrenalb zu einer Pilgerstätte würde. Liebe sollte gelebt und nicht zu einem Denkmal erhoben werden, weil man sie so selten erfährt. Das Leben sollte sein wie Brot, das frisch aus dem Ofen kommt, und nicht wie eine eiserne Ration, die wir vor zwanzig Jahren in Dosen eingemacht haben.

Viele Menschen glauben, daß sie in der Klinik so viel Liebe erfahren, weil es eine beschützte Umgebung ist. »Aber«, sagen sie – dieses berühmte ABER! –, »draußen ist es anders.« Draußen ist es schwieriger, weil wir ständig gegen unsere Umgebung ankämpfen. Draußen müssen wir täglich neue Erfahrungen machen. Wir können und müssen das tun.

Wir suchen immer nach einem Vorwand. Wir halten uns für Märtyrer, wenn wir uns in der »Scheiße« herumwälzen. Das ist so schrecklich! Wenn es weh tut, glauben wir, daß wir leiden wie Christus. Das hat Christus nicht von uns gewollt. Er wollte, daß wir verantwortliche, erwachsene Menschen sind, die wissen, daß sie einen Vater haben, der uns liebt.

Als Jackie ihr Erlebnis in Horsts Gruppe schildert, berichtet sie davon, daß sie jedes Zeitgefühl verloren hatte und nicht wußte, daß die anderen da waren, um sie mit ihren Händen zu beschützen, als sie mit den Zähnen gegen das Stuhlbein schlug. Da hat sie wirklich kapituliert. Es waren Menschen da, um sie zu beschützen. Das war eine neue Erfahrung. Jackie wurde wieder zu einem Kind, und die Gäste waren Engel, die sie beschützten. Wir erzählen unseren Kindern, daß sie einen Schutzengel haben, und wir glauben, daß dies nur eine nette Geschichte sei. Andere sind immer bereit, uns zu helfen und uns zu beschützen, wenn wir wieder wie Kinder werden und es zulassen, daß sie sich um uns kümmern. Es besteht kein Bedarf an Schutzengeln, wenn wir sagen, daß wir alles allein können. Wir behaupten, daß wir uns selbst helfen können, und dann kommt auch kein Engel.

Bei der Episode mit Jutta, die Tabletten geschluckt hatte, muß ich an eine amerikanische Redewendung denken: »Wenn du keinen Erfolg hast, gib irgend jemandem die Schuld.« Jutta muß anfangen zu verstehen, daß sie nicht andere für ihr eigenes Versagen verantwortlich machen kann. Immer, wenn ich jemanden sagen höre: »Das werde ich nie wieder tun«, läuft es mir kalt den Rücken herunter. Das ist nur ein Wunsch. Die Anonymen Alkoholiker haben die richtige Einstellung; sie sagen: »Nur für heute nehme ich mir vor, nichts zu trinken.« Jemand, der sagt: »Das werde ich nie wieder tun«, gibt sich Wunschträumen hin. Wir können nicht voraussagen, was morgen sein wird. Meine Erfahrung hat mich gelehrt, daß jemand, der behauptet »nie wieder«, schlechte Aussichten hat; er weigert sich, jeden Augenblick seines Lebens für den ständigen Versuch zu nutzen, das zu sein, was er als neues menschliches Wesen gewonnen hat. Er glaubt, er hätte es geschafft, und er wird es *nicht* schaffen mit dieser Einstellung.

Einstellung.

Jackie spricht davon, daß sie Angst hat, den Verstand zu verlieren, wenn sie sich wirklich gehen läßt. Sie fürchtet, daß sie tatsächlich verrückt werden würde. Es ist ganz wichtig, daß wir die Gäste in der Klinik davon überzeugen, daß dies nicht passieren wird. Ihre Angst ist nur ihr letzter Versuch eines Alibis, an das sie sich klammert. Obwohl ihr Leben total verfahren ist, bemüht sich ihr umweltgeprägtes Bewußtsein verzweifelt, am alten festzuhalten.

Wir müssen alle Schranken einreißen. Das kann ich nicht oft genug sagen. Jackie erwähnt, wie sie die Frau mit dem Herzfehler beobachtet hat, als diese mit mir zusammen wegging, und daß sie über die unterschiedliche Art nachgedacht hat, wie beide ihre Probleme angingen. Diese beiden Möglichkeiten sind die einzigen, zwischen denen wir Menschen wählen können, wenn wir uns in der Krise befinden. Entweder müssen wir wie wahnsinnig darum kämpfen, daß wir ein neues Leben leben, oder wir sterben innerlich ab – dann kann uns nichts mehr weh tun. Dann sind wir allerdings bereits tot, auch wenn wir noch viele weitere Jahre auf dieser Erde zubringen.

Kapitel VII

Grenzüberschreitungen

1

Jacqueline C. Lair

»Die Blumen erscheinen im Lande,
die Zeit des Singens ist da,
und das Gurren der Turteltaube hebt an.«
HOHESLIED SALOMOS 2, 12

Als ich an diesem Morgen aufwachte, fühlte ich mich froh und glücklich. Ich habe immer noch nichts gehört von Jess, aber dieses neue Heim und meine neue Familie werden mir von Tag zu Tag wichtiger und kostbarer. Ich überspringe sogar einige Stufen, während ich die Treppe hinuntergehe – mein Bein behindert mich kaum noch. Ich habe abgenommen, und obwohl ich Medikamente wegen meines Herzens einnehmen muß, fühle ich mich immer besser.

Diese Klinik setzt mich in Erstaunen. Gestern kam Ingo mit einem Kinderbett an, und jemand anderes brachte einen Laufstall her, damit eine der Patientinnen ihr Kleinkind hier bei sich haben kann. Ich glaube, die Frau leidet an Depressionen, die nach der Entbindung aufgetreten sind. Das Baby ist noch sehr klein. Heute soll sie ankommen, ich bin schon gespannt darauf, sie kennenzulernen.

Häufig rennen Kinder der Ärzte zu den ungewöhnlichsten Zeiten in der Klinik herum. Wir sind wirklich alle eine große Familie. Einer der Therapeuten hat immer Nachtdienst, und wer Familie hat, bringt sie mit. Die Kinder haben jede Menge Ersatzeltern, die nur zu gerne mit ihnen spielen.

Anna, das erwartete Baby, ist zauberhaft. Viele von uns reißen sich darum, sie auf den Arm nehmen zu dürfen. Ihre Mutter wird keine Probleme haben, wenn sie zu ihren Gruppen geht – es gibt zahlreiche freiwillige Babysitter.

Ein weiterer ungewöhnlicher Gast ist heute angekommen. Ihr Name ist Ingrid. Sie ist in den Fünfzigern, etwa 1,80 m groß und die wütendste Frau, die ich je kennengelernt habe. Sie soll in meine Gruppen gehen und dürfte sie sicherlich lebendiger machen.

Noch eine Frau ist eingetroffen, sie ist in den Dreißigern und von großer Schönheit. Ständig kommen und gehen Gäste, und jede Woche treffen zwischen drei und sechs Neuankömmlinge ein.

Walther stürmt die Treppe herauf und ruft mir zu: »Jackie, ich überlege, ob wir in der Bauernstube eine Eisdiele einrichten. Heute kommt ein Mann und bringt verschiedene Sorten Eis zum Probieren. Ich möchte, daß du uns nach dem Essen jedem ein Eis servierst.«

Ich lachte lauthals. Eine gute Art, mich an zu Hause zu erinnern. Im letzten Jahr mußte ich in unserer Eisdiele in Bozeman arbeiten. Ich weiß also, wie man Eis in Waffeltüten serviert.

Nach dem Essen gehe ich in die Küche, wo die in Trockeneis verpackten Behälter mit dem Eis und die Waffeltüten schon bereitstehen. Thomas Lechler, Walthers ältester Sohn, hat sich bereit erklärt, mir zu helfen. Es gibt etwa fünfzehn Geschmacksrichtungen, und eine davon ist mit rumgetränkten Rosinen. Es ist zwar wenig wahrscheinlich, daß es sich um richtigen Rum handelt, aber ich will kein Risiko eingehen, damit nicht etwa einer der Alkoholiker diese Sorte bekommt.

Thomas ist zunächst sehr eifrig und reicht mir Waffeln zu, aber dann wird er abgelenkt, als er entdeckt, was passiert, wenn man Trockeneis in eine Schüssel mit warmem Wasser fallen läßt, die an einem Ende der Theke steht. Innerhalb von Sekunden sind wir alle von Nebelschwaden und Wolken von Dampf eingehüllt, die sich in den Flur ergießen. Alle lachen und schreien durcheinander, welche Sorten sie haben wollen. Bald läuft mir das Eis sogar die Ellbogen herunter.

Zunächst war ich etwas vorsichtig beim Austeilen, denn es ist schwer abzuschätzen, wieviel Eis man für neunzig Leute braucht. Aber als der Andrang nachläßt, sehe ich, daß noch mehr als reichlich Eis da ist, also werden die Portionen jetzt größer. Es ist ulkig und macht unbändigen Spaß. Ich fühle mich prima, wie ich so in der Küche rumwirtschafte. Vielleicht ist es Walther wirklich ernst damit, eine Eisdiele einzurichten. Hoffentlich denkt er auch daran, daß damit eine Menge Arbeit verbunden ist.

Die Tage verlaufen jetzt in ruhigeren Bahnen. Endlich bekomme ich während einer Komiteesitzung auch einmal das Baby zu fassen. Anna ist unruhig und dreht und windet sich auf den Armen ihrer Mutter, also strecke ich einfach meine Arme nach ihr aus. Ihre Mutter gibt sie mir rüber. Die Kleine riecht so gut und fühlt sich so weich und warm an, aber irgend etwas gefällt ihr nicht, und sie dreht ihren kleinen Körper hin und her.

Ich möchte etwas ausprobieren, was ich bei Horst beobachtet habe. So macht er es immer wieder mit seinen Söhnen bei den Meetings. Er setzt sie auf seinen Schoß, so daß sie mit dem Rücken gegen seinen Körper lehnen und ganz entspannt dasitzen. Dann massiert er sie sanft und unaufhörlich. Er reibt ihnen den Bauch, die Arme, die Beine, und unweigerlich entspannen sich die Jungen und schlafen in den Armen des Vaters ein.

Ich setze Anna so hin und fange an. Schon nach wenigen Sekunden spüre ich bei Anna eine Veränderung. Zunächst scheint sie sich innerlich zu entspannen. Ich weiß nicht, wieso ich darauf komme, aber ich bin ganz sicher, daß sie es zuerst von innen heraus spürt, daß meine Hände über ihren winzigen Bauch und ihre Arme streichen. Ich fühle beinahe, wie ein Teil tief in ihrem Inneren meiner Nähe gewahr wird und dann ihr Körper anfängt, sich zu entspannen. Das ist ein mystisches Erlebnis. Während ich Anna massiere, bin ich die Beschenkte, nehme ich von ihr. Ich werde dies mit meinen Enkelkindern probieren, wenn ich nach Hause komme. Ich fahre fort und genieße diese wunderbare neue Empfindung unendlich. Bald ist Anna völlig entspannt, und ihr Kopf rutscht zur Seite. Wir empfinden eine innige Verbundenheit miteinander, die kleine Anna und ich. Es ist so schön. So zart.

Nach dem Komitee haben wir Horst/Peter-Gruppe.

Horst fährt für drei Wochen nach Irland, um Ferien zu machen. In den letzten Tagen hat er pausenlos an seinem Schreibtisch gesessen und Schriftkram erledigt, den er sonst niemals fertigbekommt. Heute übergibt Horst die Unterlagen seiner Patienten an Peter, der nun die doppelte Anzahl von Patienten betreuen muß.

Wir versammeln uns alle in der Kegelbahn. Sobald Horst eintrifft, fangen einige seiner Patienten an, in großer Geschwindigkeit und sehr heftig auf ihn einzureden. An ihren verspannten Körpern kann ich sehen, daß sie wütend sind. Die Atmosphäre ist geladen. Ich schaue mich nach einem Dolmetscher um und erblicke Dieter. Aber er ist am allerwütendsten von allen. Ich gehe zu ihm rüber. Ich möchte wissen, was los ist.

»Wir sagen Horst, was wir von ihm halten. Er hört uns nicht zu. Er erledigt seine Schreibarbeiten nicht. Einige von uns sind sauer auf ihn.«

Ich sehe Horst an, und mir wird flau im Magen. Mir fällt ein, wie wütend ich auf ihn war in jener Nacht, als die Party stattfand und er mich nicht anhören wollte. Aber das ist drei Wochen her. Mittlerweile verstehe ich manches bedeutend besser. Ich betrachte die wütenden

Mienen. Ich möchte wissen, warum sie das nicht sehen, was mir inzwischen klar geworden ist. Jeder einzelne von ihnen gehört zu einer Gruppe von Gästen, die sich mehr zu den technik-orientierten Therapeuten in dieser Klinik hingezogen fühlen, die immer noch der Auffassung sind, daß der Intellekt uns befreien kann. Sie alle erwarten, daß die Therapeuten diesen Schritt für sie tun.

Horst weigert sich, Arzt und Therapeut zu sein. Er glaubt so fest an den gruppendynamischen Heilungsprozeß, daß er sich nur als einer von vielen betrachtet. Er hat keine Weisheiten anzubieten und gibt nicht vor, für alles eine Antwort zu haben, und das macht die Leute fix und fertig. Horst hat beschlossen, ausschließlich HORST ZU SEIN, und das ist seine Lektion. Im Mittelpunkt von Horsts Denken und Tun steht die Liebe. Er hat oft davon gesprochen, daß er ein furchtbar wütender und reizbarer junger Arzt war, als er in die Klinik kam. Ich schaue zu ihm hinüber, um zu sehen, ob er wütend ist. Ich sehe Enttäuschung, Schmerz und vielleicht ein bißchen Wut. Wenn ich jetzt an seiner Stelle säße, würde ich vor Wut kochen.

Ach, Horst, Walther sagt immer zu uns, daß diejenigen, die wach sind, eine schreckliche Bedrohung für jene darstellen, die weiterschlafen wollen. Er sagt auch, daß wir uns immer wieder bemühen müssen, unsere neugefundene Persönlichkeit mit Leben zu erfüllen. Habt ihr jetzt genug Möglichkeiten zu trainieren? Ich kann mir nicht helfen, aber diese Gedanken drängen sich mir unwillkürlich auf. Es kommt mir beinahe so vor, als sähe ich eine Aufführung der Passionsspiele. Horst wird gekreuzigt.

Er nimmt uns nicht zur Kenntnis, wenn wir tief in unseren Neurosen verstrickt sind. Er sieht uns nur in zweifacher Hinsicht. Er steht uns bei, wenn wir bereit sind, entweder auf der Matte oder an unserer Einstellung zum Leben »zu arbeiten«. Oder wenn wir menschliche Wärme, Nähe und Verbundenheit brauchen. Ansonsten sind wir für ihn ohne Bedeutung. Wenige Neurotiker können sich damit abfinden. Neurotiker wollen auf jeder Hochzeit die Braut und bei jeder Beerdigung die Leiche sein.

Ich wüßte zu gerne, was du jetzt empfindest, Horst. Ich spinne meine Gedanken weiter. Jeder Dummkopf kann sehen, daß dies eine geplante Attacke war. Die Gruppe, die auf ihn losgegangen ist, scheint sich ihrer Sache verdammt sicher; jeder einzelne von ihnen weiß, daß die anderen ins gleiche Horn blasen. Was wirst du tun, Horst?

Der Angriff fällt in sich zusammen, während der Gruppe der Dampf ausgeht. Horst antwortet mit keiner Silbe. Er übergibt Peter unsere

Akten, verabschiedet sich und geht. Es ist zum Kotzen. Ich möchte Horst hinterherlaufen und meine Arme um ihn schlingen und ihn festhalten. Dabei bin *ich* diejenige, die Trost braucht. Ich weiß, daß der Schmerz, den ich für ihn empfinde, mein eigener Schmerz ist, und ich habe nichts, was ich ihm *geben* könnte. O Gott, ich würde so gerne von ihm etwas nehmen. Was für ein abwegiger Gedanke! Ich sehe, daß sechs Leute an ihm hängen, und anstatt geben zu wollen, möchte ich nehmen. Ich bringe es nicht fertig, der Gruppe zuzuhören. Ich koche innerlich. Es liegt mir auf der Zunge, ihnen die Meinung zu sagen, aber es will nicht heraus.

Am liebsten würde ich ihnen sagen: »Ihr Idioten! Er will euch Liebe geben, und ihr wollt seinen Verstand. Er läßt euch an seinem SEIN teilhaben, und ihr wollt, daß er für euch TUT. Für keinen von uns wird er das tun, was wir für uns selber TUN können. Er wird nur das für uns tun, was wir nicht für uns selber tun können – und das bedeutet, uns zu *lieben.* Die einzige Art von Liebe, die er bereit ist uns zu schenken, ist *Bonding*, und Horsts Bonding ist voll tiefer, inniger Sensualität. Hundertmal am Tag habe ich gesehen, wie er diese Wärme und Verbundenheit jedem schenkt, der danach verlangt. Er verkörpert den Weg, den wir finden müssen, und wir wollen ihn umbringen.«

Ich glaube, ich verstehe. Horst ist möglicherweise »wacher« als irgendein anderer Mensch, den ich kenne. Er ist eine Bedrohung. Durch seine Anwesenheit wird die gesamte bisherige Bewußtseinshaltung, die ganze alte »Schaffer«-Mentalität in Frage gestellt. Jeder will auf seine Weise erreichen, daß er wieder in den Schlafzustand verfällt. Selbst ich bin da keine Ausnahme, obwohl ich einen gewissen Durchblick habe. Er macht mir angst. Durch seine bloße Gegenwart sagt er: »Ich werde nicht mit dir in deiner Scheiße herumwühlen, aber ich bin hier, wenn du heraus willst und mit mir Bonding erfahren willst.« Horst, ich weiß, du bist nur ein Mensch, aber ich frage mich, ob du nicht auf dem besten Wege dazu bist, das zu SEIN, um dessentwillen Christus gekreuzigt wurde.

Ich empfinde eine solche tiefe Sehnsucht in mir, wie Horst zu sein, als irgendein anderer, den ich gekannt habe. Warum nur?

Peter hat eine völlig entgegengesetzte Persönlichkeit. Ich werde mich auch umstellen müssen. Ich schätze ihn sehr. Er hat mir viel Wärme geschenkt. Ich glaube, ich muß sagen, daß ich ihn nach Walther und Horst am meisten von allen Therapeuten mag.

Die Sitzung ist aus, und wir gehen alle die Treppe rauf. Horst ist noch nicht weg. Er zieht mich zur Seite. »Ich kann dich nicht dazu zwingen, aber ich möchte dir etwas vorschlagen, etwas, was du selbst für dich tun willst. Ich möchte, daß du dich dazu durchringst, während der nächsten drei Wochen, wenn ich nicht da bin, keinen Kontakt mit deiner Familie zu haben. Ich mag Jess. Er ist selbst ernsthaft auf der Suche. Sein Suchen stellt für dich eine Belastung dar. Also tu das für dich, während ich weg bin, sonst bist du vielleicht weg, wenn ich zurückkomme.«

Ich starre Horst bloß an. Er umarmt mich und geht. Ich habe weder »good-bye« noch »bon voyage« gesagt und empfinde ein tiefes Gefühl der Verlassenheit.

Während der nächsten paar Tage denke ich darüber nach, was Horst gesagt hat. Ich bin unentschlossen. Ich kenne Jess so gut. Immer wenn ich nicht zu Hause bin, wird er noch hektischer und aktiver, als wenn ich da bin. Wahrscheinlich ist er nur auf Achse, zum Stillsitzen dürfte keine Zeit bleiben. Ich weiß auch, wie wichtig es für ihn ist, einen sicheren Kurs zu steuern, damit das Boot niemals »ins Schwanken gerät«. Er möchte mich nicht anrufen, er will, daß ich ihn anrufe. Unsere ganze Ehe ist im großen und ganzen so gelaufen. Wenn ich es leid bin, ihm Antworten herauszulocken, und es ihm sage, keift er zurück, daß er nur deshalb schweigt, weil er nie weiß, wie ich reagiere. Wenn er mir gut gesinnt ist, sagt er, er wolle sich nicht einmischen, oder er meint, es wäre besser, wenn er es mir überließe.

Ich weiß, daß mit mir manchmal nicht gut Kirschen essen ist. Ich kann ziemlich unzugänglich und launisch sein. Ich weiß auch, daß Jess sehr sensibel auf fast jeden Vorschlag reagiert hat, den ich ihm in den letzten neunundzwanzig Jahren gemacht habe. Ich fange an zu begreifen, daß ich nicht das alte Weibsstück bin, als das ich mich selbst gefühlt habe. Es lag mir nie, Jess anzugreifen oder ihm etwas an den Kopf zu schmeißen, das sein Ego zerstören würde. Im Laufe der Jahre habe ich erlebt, wie andere Frauen in meiner Anwesenheit grausamere Dinge zu ihren Ehemännern gesagt haben, als ich sie je zu Jess unter vier Augen sagen würde. Das Schuldgefühl, das ich immer gehabt habe, wenn Jess sich zurücklehnt und nichts tut, nimmt allmählich ab, und ich betrachte unsere Beziehung in einem neuen Licht.

Ich muß lachen. Ich war allen Ernstes der Meinung, Jess sei ein Heiliger, der mit einer unmöglichen Frau verheiratet sei. Jetzt sehe ich, daß dieses Gefühl dadurch entstand, daß ich meine eigene tiefe Emotionalität mit Jesses norwegischer Gelassenheit verglichen habe. Jess Lair wird staunen. Ich werde nicht mehr stocksteif werden oder mich schuldig fühlen, wenn ich nicht wie ein Stockfisch reagiere. Wenn es ihm nicht paßt, ist das sein Problem. Ich sehe in der stoischen

Haltung inzwischen auch eine Menge tiefer Wut anstelle der beneidenswerten Tugend, für die ich sie gehalten habe. Zwei Mitglieder meiner Familie waren Stoiker. Ich hatte immer den Eindruck, daß sie sich mir und meiner gefühlsbedingten Art gegenüber haushoch überlegen vorkamen. Vielleicht habe ich einen Stoiker geheiratet, um meine Unterlegenheitsgefühle nicht aufgeben zu müssen. Wäre das nicht erstaunlich?

Ich werde wohl tun, was Horst sagt. Ehe ich zu einem Spaziergang aufbreche, gehe ich bei der Rezeption vorbei und sage der Frau an der Vermittlung »keine Gespräche von zu Hause«. Ich bin nicht sicher, ob sie mich versteht – ihr Englisch ist fast gleich Null. Draußen auf der Terrasse sehe ich Peter. Ich erzähle ihm, daß ich beschlossen habe, keine Anrufe entgegenzunehmen. Peter ist erfreut. Ich ziehe meinen Pullover über und starte in Richtung Wald. Heute abend ist englischsprachiges AA-Treffen, und ich freue mich darauf, Bob und die anderen Amerikaner wiederzusehen. Jetzt werde ich mir erst einmal einen einsamen Spaziergang genehmigen. Die Luft ist sauber und kühl, wie an einem Herbsttag in Montana. Während ich den Hügel hinaufgehe zu dem Weg, der in den Wald führt, wird mir ein tiefes Gefühl der Erdverbundenheit bewußt, das mir ganz neu ist. Ich fühle mich eins mit den Bäumen und der Sonne und dem Himmel. Tief in meiner Seele bin ich Mutter Erde. Ich gehöre zu diesem Fleckchen Erde in einer Weise, wie ich nie irgendwo hingehört habe.

»Liebe Vorfahren, schaut ihr zu, wie euer Abkömmling in euer Vaterland heimkehrt? Regen sich eure Gene, die auch die meinen sind, und räkeln sie sich seufzend angesichts des vertrauten Wesens? Ist das die Luft, die ihr geatmet habt? Vielleicht gehe ich den gleichen Weg, den einst einer von euch lange vor meiner Zeit gegangen ist. Riecht das Moos. Seht das Farnkraut. Fühlt die Baumrinde. Hört die Vögel. Ihr begleitet mich, euren auf der Erde zurückgelassenen Abkömmling. Ich erweise dem Vermächtnis meiner Vorfahren Ehrerbietung. Endlich habe ich mich mit meiner deutschen Abstammung ausgesöhnt. Diese Menschen sind wundervoll. Das Land ist schön. Ich bin stolz darauf, deutsche Großeltern gehabt zu haben. Danke.«

Ich fühle mich großartig. Mit federndem Schritt gehe ich zur Klinik zurück.

Das AA-Meeting heute abend ist sehr unterhaltsam. Wir alle lachen und haben Spaß miteinander. Bob spielt Klavier und singt ein bißchen dazu. Dann wird das Meeting eröffnet.

Mittendrin während des Meetings geht die Tür auf, und Heidi macht mir Zeichen, daß ich herauskommen soll.

»Ein Anruf aus Amerika, Jackie.«

Mein Herz schlägt wie verrückt, und ich stürze ohne nachzudenken zum Telefon. Mein Gott, ich kann es nicht glauben! Ich trete in die Telefonzelle.

»Hallo, Jac, hier ist Jess. Tut mir leid, daß ich nicht früher anrufen konnte, aber ich war in den Bergen und habe deine Nachricht erst jetzt erhalten.«

»Wie geht es dir? Was machen die Kinder?«

»Wir kommen gut zurecht. Wie geht es dir?« Jesses Stimme klingt vorsichtig, aber herzlich.

»Mir geht es prima. Die Sache läßt sich gut an hier.« Auf einmal weiß ich nicht, was ich sagen soll. Seit ich ein junges Mädchen war, hat sich meine ganze Liebe, mein ganzer Schmerz auf diesen Mann konzentriert. Ich ändere mich mit einer derartigen Geschwindigkeit, daß ich nicht weiß, ob er mich noch wiedererkennen wird.

Jess räuspert sich, wie er es immer tut, wenn ihm unbehaglich zumute ist. »Ich bin letzte Woche mit Jan und Barb und den Enkeln zum Camping weggefahren. Wir haben die Tetons besucht.«

Ich fühle einen Stich. Ich mag die Tetons. »Schön, war es nett?«

»Herrlich. Sie haben alle viel Spaß gehabt. Nächste Woche muß ich nach Prescott zu einer Tagung. Dann kommt Jim zu uns raus, und wir werden mit den Pferden ausreiten.«

»Gut, Jess. Genieß die Zeit, während ich nicht da bin. Ich liebe dich. Grüß bitte alle.«

»Mach ich. Ich liebe dich auch. Ruf mich an, wenn du willst.«

Wir hängen ein. Ich bin total durchgeschwitzt, aber glücklich darüber, daß er angerufen hat. Erst jetzt fällt mir Horsts eindringlicher Rat ein. Ich kriege die Panik und suche im Geiste nach einer Rechtfertigung. Es ist in Ordnung. Ich fühle mich besser, nicht schlechter. Nichts von dem ist eingetreten, was Horst befürchtet hat. Ich kehre zum AA-Treffen zurück.

Ich genieße es, amerikanische Stimmen zu hören. Ich weiß jetzt, was ich machen werde, wenn ich nach Amerika zurückkomme. Alkohol ist ein Problem für mich, genauso wie Tabletten, und ich sehe inzwischen ein, daß ich nichts trinken sollte. Die Treffen der Anonymen Alkoholiker sind für jedermann offen. Ich bin froh, daß ich diese Möglichkeit habe.

Nach dem Treffen gehen wir alle auf die Terrasse hinaus. Peter ist da. Ich gehe zu ihm hinüber.

»Ich habe gerade mit Jess gesprochen«, sage ich mit einem breiten Grinsen.

»Nein, Jackie!«

»Doch, Peter. Er hat vorhin angerufen, und sie haben mich aus dem Meeting rausgeholt.«

»Du hast gesagt, du würdest keinen Anruf entgegennehmen!« Peters Gesicht ist wütend, und er beugt sich vor und klopft mir gegen die Stirn. Es tut nicht direkt weh, aber es ist auch kein zärtliches Streicheln. Ich bin ganz durcheinander.

»Peter, ich will es dir erklären.«

»Nein.« Peter dreht sich um und haut ab.

Bob steht neben mir und reagiert heftig.

»Du liebe Zeit, Jackie, das war ziemlich unfair. Was ist denn los mit Peter?«

Obwohl ich gerade jetzt ein bißchen Mitgefühl gebrauchen kann, weiß ich, daß Bob im Grunde nicht ahnt oder versteht, worum es hier in der Klinik geht. Peter hat so reagiert, weil er Verständnis für mich und mein neurotisches Verhalten hat. Kein Außenstehender könnte das jemals verstehen.

»Ist schon in Ordnung, Bob. Peter hat völlig richtig reagiert. Mach dir keine Gedanken. Es tut mir leid, daß du den Wortwechsel mit anhören mußtest. Ich kann es dir nicht erklären. Peter ist ein prima Kerl. Es ging ums Prinzip.« Ich muß mit Peter sprechen. Ich trenne mich von Bob, um nach Peter zu suchen.

Ich kann ihn nirgends entdecken, also gehe ich schlafen, zwar nicht mehr ganz so beschwingt, aber auch nicht am Boden zerstört, was auch der Fall hätte sein können. Ich habe Mist gemacht. Trotzdem glaube ich nicht, daß es so schlimm war. Zumindest hoffe ich das.

Das Wochenende ist regnerisch. An Regentagen kann man nicht viel unternehmen, ich fühle mich einsam, ruhelos und fremd. Die Angelegenheit mit Peter bleibt in der Schwebe, aber ich fühle mich nicht wohl bei dem Gedanken, wie ich mich verhalten habe.

Am Dienstag starten alle jungen, energiegeladenen und gesunden Gäste zu einer dreitägigen Wanderung mit Franz und Peter. Wir Älteren oder weniger Gesunden bleiben zu Hause, aber wir machen am Mittwoch einen Minithon. Das bedeutet, daß wir eine Dauersitzung in der Kegelbahn machen werden, die die ganze Nacht andauert. Walther wird die Leitung dieser Übung übernehmen. Ich weiß, daß die bei uns in der Klinik verbliebenen Therapeuten nicht unbedingt begeistert darüber sind, deswegen eine ganze Nacht aufbleiben zu müssen. Sie sind alle jünger, aber sie haben nicht so viel Energie.

Der Dienstag ist wolkig und feucht, aber das kann die Wanderer nicht von ihrer Tour abhalten. Das Erdgeschoß und die Terrasse sind voller unternehmungslustiger Leute, die den Inhalt ihrer Rucksäcke überprüfen, Schlafsäcke aufrollen und Wanderstiefel schnüren. Wir versammeln uns alle auf der Terrasse, um uns voneinander zu verabschieden. Lachen und liebevolles Geplänkel sind bis weit hinaus auf die Straße zu hören. Ich stehe hinter einem Blumenkasten und schaue über die Brüstung. Uwe kommt herüber und stellt sich neben mich. Er legt seinen Arm um meine Schulter, während wir den anderen zuschauen. Es ist ein schönes Gefühl, ich mag Uwe. Er ist Walthers dienstältester Therapeut in der Klinik. Ich habe keine Gruppen bei ihm, und er scheint mehr Wert auf therapeutische Technik zu legen als Walther und Horst, und folglich begegnet er allen in einer mehr väterlichen Haltung. Er ist voller Wärme und Behutsamkeit, er registriert uns alle wirklich bewußt. Es ist tröstlich, ihn um sich zu haben, aber ich sehe ein, daß er für mich eine falsche Art von Trost ist. Ich brauche nicht zu lernen, wie man sich einem Psychiater gegenüber verhält. Ich muß lernen, mit meinesgleichen umzugehen. Gerade jetzt ist es allerdings schon ein gutes Gefühl, Uwe so nahe zu sein. Ein Kobold wird in mir wach, und ich wette mit mir selbst, wer sich als erster von uns frei macht. Ich gewinne! Endlich ist meine Fähigkeit, Nähe zu ertragen, einmal stärker gewesen als die eines Therapeuten. Aber vielleicht mußte Uwe zu einer Versammlung. Er ist ein vielbeschäftigter Mann.

Wir versammeln uns in der Kegelbahn. Der Gedanke, beinahe vierzig Stunden aufbleiben zu müssen, gefällt mir gar nicht. Ich fühle mich scheußlich, wenn ich nicht genug Schlaf kriege. Walther strotzt nur so vor lauter Energie. Wo nimmt er nur all die Kraft her? Er hat einen vollen Arbeitstag hinter sich, und jetzt flitzt er herum wie ein kleines Kind. Die Arbeit auf den Matten beginnt, und ich gehe mit Gisela auf die Matte. Meine Zimmergenossin und ich, wir vertragen uns gut, aber wir haben nicht eine so innige Beziehung zueinander entwickelt, wie ich sie letztes Jahr mit Eva hatte. Wir sind auch sehr verschieden im Wesen, wahrscheinlich ist das der Grund. Wirkliche Überschwenglichkeit hat bei mir stets bewirkt, daß ich mich in mich selbst zurückziehe, und Gisela ist eine der überschwenglichsten Frauen, die ich jemals kennengelernt habe. In gewisser Weise beneide ich sie; aber ich weiß, daß ich nichts davon in mir habe. Trotzdem macht mir unsere Beziehung zu schaffen, denn Gisela hat mir unendlich viel Liebe gegeben.

Wir sind alle albern und in »Hochstimmung«, während wir uns auf dieses neue Abenteuer einlassen. Gisela und ich raufen uns, bis wir uns darüber einigen können, wer auf dem Rücken liegen wird. Ich fühle mich unbehaglich, mit ihr auf die Matte zu gehen, und habe deshalb ein schlechtes Gewissen. Es wird mir klar, daß ich mich Gisela gegenüber stets schuldig gefühlt habe. Vielleicht wird mir diese Erfahrung auf der Matte Aufschluß darüber geben, warum das so ist. Ich liege unten, und einen Moment lang packt mich die Panik, als Gisela sich auf mich legt. Ich fühle mich erdrückt. Sie ist eine liebe, gute Frau, die Nacht für Nacht meine Alpträume erträgt. Sie ist unablässig fröhlich, sie hat mir das gegeben, was ich in der ersten Nacht nach meiner Ankunft brauchte, und sie hat mich mit vielen der Gäste bekannt gemacht. Wie oft haben wir nachts gesessen und haben mit Hilfe meines deutsch-englischen Wörterbuches Gespräche geführt. Warum habe ich den Eindruck, daß wir nach vier Wochen nicht mehr voneinander wissen als am Abend meiner Ankunft?

Ich fange an zu schreien, merke aber, daß es zu nichts führt. Ich muß an mich halten, um sie nicht immer wieder von mir wegzustoßen. Ich fange an zu schwitzen und weiß, daß es nicht von der Arbeit auf den Matten kommt. Ich schaffe es nicht.

»Gisela, leg du dich auf den Boden, ich bin noch nicht soweit.«

»In Ordnung.« Sie lächelt wie gewöhnlich.

Ich klettere auf sie drauf, und während unsere üppigen Busen sich berühren, kichere ich und stelle fest, daß ich noch nie mit einer Frau auf der Matte gewesen bin. Eine gewisse Furcht schleicht sich ein. Es macht mir inzwischen nichts mehr aus, sexuelle Empfindungen zu verspüren, wenn ich mit einem Mann auf der Matte bin; aber was ist, wenn ich jetzt mit Gisela sexuell erregt werde? Bedeutet das, daß ich eine latente Homosexuelle bin? »Mein Gott, Jackie! Du bist achtundvierzig Jahre alt, seit vielen Jahren Ehefrau und Mutter – was für eine dämliche Idee! Nein, es ist nicht dämlich. Ich kann schwören, daß ich noch niemals in einer solchen Situation mit einer Frau gewesen bin.«

Ich fange an, Giselas Körper zu spüren. Es ist das erste Mal, daß ich engen körperlichen Kontakt mit einer erwachsenen Frau habe. Junge, das ist wirklich ein Unterschied zu einem Mann. Ganz weich und prall, anstatt fest und verhärtet. Gisela kommt auch nicht richtig zum Schreien. Ich überlege, ob auch sie erkennt, daß wir keine Beziehung zueinander haben. Wir setzen uns auf, sind beide verkrampft und verlegen. Erst fünfundvierzig Minuten sind vergangen von dieser langen Nacht, und ich wünschte, ich hätte zu Bett gehen können.

Gisela und ich trennen uns, ohne daß wir es fertigbringen, uns in die Augen zu schauen.

Drüben in der anderen Ecke sehe ich Jutta. Ich gehe zu ihr hin, und mir wird bewußt, daß die beschützende Liebe, die ich für sie empfinde, in diesem Augenblick den Ausschlag für meine besondere Beziehung zu ihr gibt. Ich möchte herausfinden, warum es mir so widerstrebt hat, physischen Kontakt mit Gisela zu haben. Ich beschließe, daß heute nacht der richtige Zeitpunkt gekommen ist, um mit Frauen auf die Matten zu gehen und herauszufinden, wo das Problem für mich liegt. Davor habe ich mehr Angst, als mit Männern auf die Matten zu gehen.

Ich erinnere mich, daß Walther eine junge Frau gefragt hat, ob sie Lesbierin sei.

»Nein, ich habe meine Wahl getroffen«, war ihre Antwort.

Damals habe ich mir den Kopf zerbrochen, was sie mit ihrer Antwort gemeint hat. Ich hatte mir die Frage nicht einmal gestellt. Aber in Gedanken beschäftigte ich mich doch irgendwie damit, denn die nach Freud orientierte Psychologie betont nachhaltig, daß latente Homosexualität bei vielen Neurosen ein auslösender Faktor sein kann.

Bin ich mutig genug, um mir diese Frage hier in dieser langen Nacht zu stellen? Was habe ich zu verlieren? Ich sehe mich um und fange einen Blick von Annamarie auf. Sie lächelt mich an, und ich weiß die Antwort. Sie ist Lesbierin und macht kein Getue darum. Sie lebt mit einer Frau in Frankfurt zusammen. Also, los.

»Gehst du mit mir auf die Matte, Annamarie?«

»Ja, klar, Jackie«, sie grinst mich völlig ungezwungen an. Annamarie legt sich auf die Matte, da gibt es kein Gerangel darum, wer unten und wer oben sein soll. Ich lege mich auf sie drauf und denke lächelnd: »Wenn meine Freunde mich jetzt sehen könnten.«

Annamarie fängt an zu schreien, und sie schreit wirklich. Da ist viel Schmerz in ihr, das kann ich fühlen. Ich spüre ihren jüngeren Körper. Er ist schlank, nicht so füllig wie Gisela, aber immer noch weich und geschmeidig. Ihr Schmerz ist tief, und Tränen laufen ihr übers Gesicht. Ich halte sie fester, und auf einmal spüre ich, wie sie ihr Becken anhebt und gegen meines preßt. Sie fängt an, unmißverständliche sexuelle Bewegungen unter mir zu machen. Ich bin verwirrt. Was mache ich jetzt? Zum Teufel! Starre Umweltprägung, gesellschaftliche Verhaltensregeln, schieb sie beiseite, und du wirst sehen, wohin dies führt. Annamarie ist ein menschliches Wesen, das leidet und Zuwendung braucht. Ich presse dieses zauberhafte junge Mädchen noch enger an mich und spüre den Druck ihres Beckens.

Eine tiefe Zuneigung und Liebe zu Annamarie ergreift mich, aber sie hat keinerlei sexuelle Wirkung auf mich. Ich muß innerlich lachen, während ich feststelle, daß sie für mich nicht entsprechend ausgestattet ist. Ich kann sie nur so lieben, wie sie ist! Ich kann sie eng umschlungen halten, und selbst wenn sie einen Orgasmus bekäme, würde das nicht die Liebe schmälern, die ich für sie empfinde.

»Nimm, Annamarie. Wir erleben es unterschiedlich, aber die Liebe ist allumfassend, mein Herz, und ich liebe jeden Zentimeter von dir. Ich habe keine Angst davor, wo du herkommst.«

Nach meinem Zusammensein mit Annamaria verspüre ich ein tiefes Gefühl einer neugewonnenen Freiheit. Ich habe nicht die leiseste Veranlagung zur Lesbierin. Dessen war ich nie ganz sicher, weil ich mir diese Frage nie gestellt hatte. Ich weiß, daß man in meinem Kulturbereich sehr empfindlich auf Homosexualität reagiert, und mir wird auf einmal klar, daß ich mir diese Frage nie gestellt habe, weil dieser verdammte Freud und seine Theorien über latente Veranlagungen zur Homosexualität mich stets verunsichert haben.

Jetzt wird mir bewußt, wie sehr ich mich immer vor Frauen zurückgehalten habe. Ich wollte unbedingt vermeiden, daß mich jemand für homosexuell halten könnte, und so habe ich es niemals fertiggebracht, Frauen genauso innig zu umarmen wie Männer. Verdammt! Ich habe mir den Zugang zu der Hälfte der menschlichen Rasse verbaut, weil ich diese unsinnige Einstellung akzeptiert habe. Da geht mir ein neues Licht auf. Ich habe diese Einsicht übernommen, weil sie mir eine weitere Entschuldigung dafür lieferte, mich abseits zu halten.

Wieder sind einige Stunden vergangen, und ich werde plötzlich müde. Irgend jemand hat Sandwiches gebracht. Ich gehe hin und hole mir eins, fühle mich aber schuldig, weil ich Diät halten soll. Scheißegal, nein – ich muß etwas essen!

Walther steht auf, nachdem er drei Stunden lang mit einem der Gäste auf den Matten war.

»Komm, wir gehen in die Sauna und entspannen uns.« Er ist immer noch voller Energie.

Etwa die Hälfte der Leute gehen in die Sauna. Die übrigen setzen sich zusammen und unterhalten sich, einige schreien immer noch. Ich rolle mich neben Jutta und Sigrid auf einer Matte zusammen. Ich gäbe etwas drum, wenn ich nur schlafen gehen könnte. Ich muß tatsächlich für eine Weile eingenickt sein, denn als ich wach werde, höre ich lautes Schreien und sehe, daß die anderen aus der Sauna zurück sind.

Jutta ist ganz übermütig. Ich registriere, wie albern sie ist, und lege mich auf meinem Bauch neben sie hin.

»Ahhh!« Jutta stößt einen leisen Schrei aus und lacht.

»Schau dir die alte Kuh dort drüben an. Hör ihr zu. Ahhh.«

Jutta und ich fangen an zu kichern. Wir benehmen uns wie ungezogene Gören. Wir fangen an, über alles und jeden hämische Bemerkungen zu machen. Die Erschöpfung und die emotionale Erregung bringen uns dazu, daß wir weitere Schranken einreißen und uns plötzlich wie zwei garstige Weiber aufführen, die sich über die Arbeit der anderen lustig machen. Wir lachen und werden zunehmend abscheulicher.

Wir merken beinahe gleichzeitig, was wir tun. Jutta ist so entsetzt über sich selbst, daß sie aufsteht und die Kegelbahn verläßt.

»Ich geh' ins Bett. Ich hasse diese Minithons«, sagt sie.

Ich rolle mich allein in meiner Ecke zusammen. Es ist 3.45 Uhr. Geht diese Nacht nie zu Ende? Ich drehe mich auf meinen Bauch und liege allein da, weit weg von der übrigen Gruppe. Ich schaue zu, ich höre zu. Sie sind jetzt alle zu zweit. Die paar, die nicht auf den Matten sind, unterhalten sich ruhig miteinander. Ich fühle mich als Amerikanerin, ich möchte mich nicht zu den anderen gesellen, weil es sie zwingen würde, in einer anderen Sprache zu sprechen.

Wieder Ausflüchte. Ich merke, daß ich in dieser Beziehung immer noch das kleine Kind bin, das auf dem Schulhof in der Volksschule mit dem Rücken gegen die Wand gelehnt stand und den anderen beim Spielen zugeschaut hat. Ich wollte damals kein Risiko eingehen; ich will auch jetzt kein Risiko eingehen. Ich bin eifersüchtig auf die Frau, die bei Walther ist. Ich bin eifersüchtig auf Giselas Leutseligkeit. Ich bin eifersüchtig, daß sie alle Deutsche sind und ich Amerikanerin. Ich bin eifersüchtig auf Elke und den jungen Mann, der die ganze Nacht mit ihr auf den Matten gelegen hat.

Um 5.45 Uhr steht Walter auf. Denjenigen, die nichts tun, macht er ein Zeichen, und wir gehen in den angrenzenden Raum, um über unsere jeweilige Einstellung zu sprechen. Wir sind zu acht. Wir stellen Stühle im Kreis auf und setzen uns. Walther schaut mich an, und ich fange an zu weinen. Er steht auf und ich auch. Ich gehe zu ihm hinüber, und er legt die Arme um mich, während ich schluchze.

»Ist ja gut, Jackie. Wir alle reagieren. Die Erschöpfung reißt alle Schranken nieder.«

Es ist gar nicht nötig, über all das zu sprechen, was ich in dieser langen Nacht über mich erfahren habe. Es tut gut, in seinen schützenden Armen zu weinen. Ich nehme Platz.

»Ja«, Walther seufzt tief. »Wer möchte über seine Gefühle sprechen?« Keiner antwortet. Wir sind alle wie benommen.

»Ich habe eine Menge gelernt, als ich zugesehen habe, wie du Jackie getröstet hast«, sagt einer der neuen Gäste. Der Ärmste ist gestern erst angekommen und mußte gleich voll einsteigen.

»Was hast du empfunden?« fragt Walther.

»Ich fühlte die Liebe hier in der Klinik, und das hat mir geholfen, einige meiner Ängste abzubauen.«

»Ja, sicher. Das ist prima. Was noch?« Walther bohrt mal wieder.

»Nichts.« Der Gast lehnt sich zurück. Er sieht noch nicht, daß er es auch nötig hat, daß man ihn in den Arm nimmt und daß Walther oder ich oder irgendein anderer ihn genauso umarmen würde.

»Zeit für einen Spaziergang. Wir werden den Tag wie gewöhnlich verbringen. Um neun Uhr geht ihr zu Bett heute abend und nicht früher.« Walther erhebt sich. Ich bin sicher, daß für ihn die gleichen Regeln gelten.

Nach dem Komitee habe ich Gruppe bei Walther. Die beiden neuen Gäste sind auch bei ihm. Heute geht es um Einstellungen.

Walther spricht mit der bezaubernden Frau, die neu angekommen ist. Sie mag nicht zugeben, daß sie Alkoholikerin ist. »Ich bin aus freien Stücken in diese Klinik gekommen, und ich kann selbst beurteilen, ob ich Alkoholikerin bin oder nicht«, antwortet sie kurz. Die neue Ingrid legt los in deutscher Sprache und schleudert die Worte förmlich heraus. Sie ist hier, weil sie ihren Gefühlen gegenüber machtlos und ständig wütend ist. Das braucht sie uns nicht erst zu sagen, das sieht man. Die Arme.

Ich komme dran und bin ziemlich reserviert. Wenn andere Leute wütend sind, erstarre ich. Ich will heute in dieser Gruppe nichts riskieren. Walther hat anderes im Sinn.

»Jackie, steh auf, geh zu jedem einzelnen hin, schau ihnen in die Augen und sage: ›Bitte, hab mich lieb.‹«

»Nein, Walther!« Ich bin wütend.

»Tu es!« Er ist unerbittlich und schaut mit strengem Blick durch seine Brille.

Verdammt. Ich muß wieder mal ein Exempel vorführen. Ich stehe widerwillig auf und fange an.

»Bitte, hab mich lieb.« Ich schaue Birgit in die Augen. Das fällt mir nicht leicht.

»Bitte, hab mich lieb.« Die neue Ingrid, die wütende. Ich bekomme fast eine Gänsehaut, als ich ihr in die Augen schauen muß.

»Bitte, hab mich lieb.« Jetzt ist Hans an der Reihe. Ich möchte aufhören damit und drehe mich zu Walther herum.

»Mach weiter.« Er ist ganz ernst.

»Bitte, hab mich lieb.« Ich könnte heulen, weiß aber nicht, ob es Wut ist, oder ob es die Worte sind, die ich sage.

»Bitte, hab mich lieb.« Die hübsche junge Frau ist dran und schaut verlegen zur Seite. Das macht das Maß voll! Jetzt bin ich mit meiner Beherrschung am Ende, heule los und würde »Seine Majestät« mitsamt seinem verdammten »weiter« am liebsten erwürgen. Ich will diese Worte nicht sagen. Ich komme mir vor wie ein Bettler. Warum zwingt er mich dazu? Ich schaue wieder zu Walther rüber. Ich bin so kaputt. »Weiter!«

»Bitte, hab miiiich lieb!« Die Worte sind ein Winseln. Ich fühle mich schauderhaft und schluchze kläglich. Barbara steht auf und legt ihren Arm um mich. Bald geht es mir besser.

»Wo liegt ihr Problem?« höre ich die neuangekommene Frau fragen.

»Das gleiche wie bei allen hier«, antwortet Walther.

Das gleiche wie bei allen anderen auch! Ich verstehe und fange an, heftig zu weinen. Ich brauche, ich brauche, ich brauche. In meiner Erschöpfung bin ich wirklich nahe dran zu verhungern.

»Komm, Jackie. Wir gehen auf die Matten.« Walther steht auf. Mein Gott, wo nimmt er seine Kraft her? Ich lege mich auf die Matten, umgeben von den anderen, die auf ihren Stühlen sitzen bleiben.

Walther liegt auf mir drauf, und ich weine so bitterlich, daß ich einen stechenden Schmerz in der Seite verspüre. Ich fange an zu schreien, und dann weine ich noch eine Weile. Ich möchte Jess und die Kinder sehen, aber ich möchte hierbleiben. Ich bin ganz durcheinander, einsam und müde.

Ich bin jetzt ruhig und halte Walther einfach umfangen. Er kann nie stillhalten. Das beobachte ich immer bei ihm.

»Mein Gott, Walther, wirst du überhaupt nie müde? Kannst du denn niemals stillhalten? Wir sind doch keine Kinder mehr, nicht wahr?«

»Ich bin immer in Bewegung. Dann weiß ich, daß ich lebe.«

Walther lacht. Auf einmal entspannt er seinen ganzen Körper und verhält sich vollkommen ruhig.

Während er für einige Augenblicke so verharrt, wird mir plötzlich bewußt, wie erschöpft er in Wirklichkeit ist. Dieser gottverdammte Mann. Er lehrt uns zu nehmen und zu nehmen. Wann nimmt er für sich? Ich weiß, daß sein TUN aus seinem SEIN kommt, und zwar in einem viel stärkeren Maße, als ich es bei irgendeinem anderen Menschen bisher erlebt habe, und dadurch verfügt er über beträchtlich mehr

Energie als wir übrigen, obwohl ich auch beobachtet habe, daß bei ihm manchmal das TUN in eine Richtung geht, während das SEIN in eine ganz andere deutet. Er ist nicht vollkommen. Er hat seine eigene Lektion nicht voll gelernt, sonst würde er keine Hemmungen haben, mehr zu nehmen, als er es tut.

Meine Träumereien werden jäh unterbrochen, als Walther zu sprechen anfängt.

»Jackie, ich möchte, daß du eines Tages so gewaltig schreist, daß du hier auf den Matten vor aller Augen in die Hose scheißt.«

»Walther!« Mir bleibt vor Schreck und Verlegenheit die Luft weg. Die anderen lachen. Aber Walther lacht keineswegs. Er hebt seinen Kopf von meiner Schulter und blickt mir geradewegs in die Augen.

»Ich meine das ernst. Ich wünschte, du würdest so tief in deine Wut und deinen Zorn abtauchen, daß du im wahrsten Sine des Wortes einen Haufen auf den Matten zurücklassen würdest.«

Er steht auf. Ich bin wütend. Der Verdammte »Kraut« (Deutsche)! Ich habe mir mehr als die meisten anderen Leute »den Arsch aufgerissen« – und er will immer noch mehr!

Die Gruppe ist um, und Walther geht hinaus. Ich hänge noch ein bißchen allein herum, muß nachdenken. In meinem Herzen weiß ich, was er meint. Ich bin Schmerz »geworden«, ich bin Angst geworden. Aber mich in Wut zu verwandeln ist etwas, vor dem ich zurückschrecke. Wenn ich nur daran denke, klopft mir das Herz im Halse.

Ich kann akzeptieren, daß Schmerz und Furcht in mir sind. Vor meiner Wut habe ich mich jedoch stets geschämt – eigentlich gefürchtet. Ich bin der Überzeugung, daß sie sündig, falsch und ein schwerwiegender Makel in meinem Wesen ist. Ich erinnere mich daran, daß ich als Kind immer das Gefühl hatte, daß mich meine Eltern und meine Geschwister verachteten, wenn ich meine Wut zeigte. Ich hatte immer das Gefühl, daß keiner von ihnen sich als einen wütenden Menschen betrachtet hat. Auch bei Jess hatte ich stets den Eindruck, daß er die gleiche Einstellung mir gegenüber hatte. Ich muß wohl zugeben, daß ich meine Wut von jeher für meinen gravierendsten Charakterfehler gehalten habe. Ich muß wohl auch zugeben, daß dies die Ursache für einen guten Teil meines Schmerzes und meiner Angst ist.

»Also gut, Walther, vielleicht schaffe ich es eines Tages, meiner Wut ins Auge zu blicken; vielleicht kann ich Wut ›werden‹.« Ich unterhalte mich im Geiste mit meinem Mentor. »Aber« – und das ist jener berühmte Ausspruch – »ich werde nicht auf die Matte scheißen!«

2
Dr. Walther H. Lechler

Während wir heranwachsen, suchen wir das gleiche umfassende Gefühl der Berechtigung, das wir im Mutterleib erfahren haben. Wir haben das erlebt, und so ist es ganz natürlich, daß wir alle nach sofortiger Bedürfnisbefriedigung, einem Höchstmaß an Sicherheit, Macht ohne Verantwortung und nach diesem wunderbaren Gefühl des Berechtigtseins suchen. Viele von uns haben nicht gelernt, daß wir hart arbeiten, Geduld haben und Enttäuschungen einstecken müssen, um diese Erfahrung erneut zu machen.

Wir versuchen, uns ein Nest zu bauen, damit es uns dieses Gefühl wiedergibt. Wir legen uns einen Garten mit Obstbäumen an. Wir schaffen uns ein schönes Heim und richten es nach unserem Geschmack ein. Wir errichten einen riesigen Zaun um unseren Besitz. Wir suchen uns die Leute aus, mit denen wir verkehren. Wir versuchen, unabhängig zu sein. Wir haben eigene Brunnen. Wir bemühen uns, das anzubauen, was wir brauchen, um nicht von anderen abhängig zu sein.

Manchmal gehen wir in unsere Dachstube hinauf und schauen hinaus. Jenseits von unserem Zaun erblicken wir ein weites Land. Herrliche Wiesen, Flüsse, Seen, Berge. Wir sehen riesige Viehherden und lärmende Viehtreiber, die die Herden zusammenhalten. Nachts sehen wir ihre Lagerfeuer und hören ihre Lieder, die der Wind zu uns herüberträgt. Wir möchten nicht mit so vielen Risiken leben wie sie. Sie sind draußen bei Wind und Wetter, bei der ärgsten Kälte. Wir haben unser schönes, wohlbehütetes kleines Nest, unseren künstlichen Mutterleib, den wir uns geschaffen haben.

Dann kommt eines Tages die Krise. Ein Tornado fegt über das Land und zerstört unseren Obstgarten. Unsere Zäune werden umgeworfen; unser Haus wird aus seinem Fundament gerissen. Das Dach unseres Hauses wird abgedeckt, und wir sind schutzlos. Uns ergreift die Panik. Schmerz und Furcht setzen uns zu. Wir fühlen eine gewaltige Wut darüber, daß dies passiert ist. Manchmal wollen wir sogar Hand an uns legen, weil das Leben uns so übel mitgespielt hat.

Wenn wir Glück haben und uns nicht selbst vernichten, gehen wir hinaus und verlassen unser verwüstetes Gelände. Wir tun es voller Verwirrung und Angst. Wir haben keine Ahnung, wem dieses Land gehört. Wir fühlen uns unbehaglich und gehen ganz vorsichtig, warten, daß andere Leute auftauchen, daß wir beschimpft werden, weil wir fremdes Land betreten haben. Wir nähern uns schüchtern dem Lagerfeuer der Viehtreiber, die wir all die Jahre von unserem Dachfenster aus beobachtet haben. Wenn wir Glück haben, fordern sie uns auf, uns zu ihnen zu setzen. Sie reichen uns einen Teller und einen Becher und teilen ihr Essen mit uns.

Dann beginnen wir eine vorsichtige Unterhaltung mit diesen Viehtreibern. Schließlich haben wir den Mut, sie danach zu fragen, wem dieses Land gehört.

»Dieses Land gehört den reichen Leuten dort hinter dem Hügel. Sie haben ein wunderschönes Haus und einen Obstgarten und einen hohen Zaun darum. Wir sehen sie nie, aber das gehört alles ihnen. Ist es nicht traurig, daß sie niemals herauskommen, um ihr Land anzuschauen? Ihre Seen, ihre Berge, ihre Weiden? All diese Viehherden gehören ihnen auch. Wir arbeiten für sie. Wir bekommen nur Anweisungen von ihnen. Wir haben sie noch nie gesehen.«

Wir können es nicht fassen. Sie sprechen von *uns*! Das Land gehört uns, und wir haben es nicht gewußt!

Daß *wir* die Besitzer dieses neuen Landes sind, macht uns angst. Jetzt müssen wir für all das Verantwortung übernehmen, was wir besitzen. Wir haben das Gefühl, daß wir für diese Aufgabe nicht entsprechend ausgebildet sind, und möchten zurückgehen und wieder einen neuen Zaun um das uns vertraute Gelände errichten. Manchmal tun wir das. Wir bauen unsere Zäune wieder auf, aber mit unserem neuen Wissen können wir nie mehr so empfinden wie zuvor. Weil das Leben uns liebt, kommt danach eine zweite oder sogar eine dritte Krise. Die Krise kommt immer wieder, bis wir zugeben, daß wir die Besitzer sind.

Wenn wir Verantwortung für das übernehmen, was wir sind, müssen wir hinaus auf unser Land gehen und es in Besitz nehmen. Wir müssen unsere Freude und unsere Liebe finden. Das ist Verbundenheit, deshalb sind wir hier auf Erden.

Wir müssen den Viehtreibern zuhören und den Förstern, die sich um unsere Wälder kümmern. Sie haben die Arbeit getan, die wir nicht gemacht haben. Wir verdanken ihnen unser Leben. Sie können uns den Weg zeigen, wie wir draußen in unserem Land leben und es in Besitz nehmen können.

Jackie hörte von dieser Geschichte und fragte: »Warum, Walther? Was macht mich so unruhig? Ich kann zu Hause in meiner Stadt tausend Leute anschauen, denen es schlechter geht als mir. Sie sind zufrieden. Was ist los mit mir? Warum kann ich nicht einfach zurückgehen und meinen Zaun wieder aufrichten? Es wäre einfacher. Das Leben wäre mehr eingeschränkt, aber es wäre nicht so eine Schinderei.«

Wenn du erst einmal aufgewacht bist und weißt, daß mehr da ist, gibt es kein Halten mehr. Selbst in deinen Träumen wird es dich verfolgen. Wenn du wach bist, kannst du deine Begabungen nicht vergraben. Du mußt sie einsetzen, um mehr aus ihnen zu machen. Wenn du wach bist, mußt du Verantwortung übernehmen. Du mußt die Tatsache akzeptieren, daß wir alle Söhne und Töchter eines Königs sind.

Wenn wir wach sind, werden wir jede Hilfe erhalten, die wir brauchen. Wir bekommen nur so viel aufgeladen, wie wir auch tragen können. Wir können es schaffen und wir müssen es.

Viele Menschen, die eine neue Identität gefunden haben, freuen sich an ihren neuen Gefühlen und sind dann auf einmal ganz erschrocken, wenn ihre alten Bewußtseinsinhalte wieder zum Vorschein kommen. Depression, Selbstmordgedanken, sämtliche alten Gefühle und Gedanken machen sich sehr deutlich erneut bemerkbar.

Ich sage euch, habt keine Angst davor. Ihr wißt es jetzt besser – jetzt *müßt* ihr es besser wissen. Begrüßt eure früheren Gefühle wie Besucher, die ihr kennt und mit denen ihr umgehen könnt. Sagt zu den alten Freunden: »Hallo, ich kenne euch. Ihr seid nichts Neues für mich; ihr seid alte Freunde. Aber zur Zeit kann ich euch nicht gebrauchen. Schön, daß ihr gekommen seid; schön, daß ihr nach mir schaut. Ihr meint bestimmt, ich würde mich nach euch sehnen, aber ich bin gerade intensiv damit beschäftigt, mir eine neue Haltung anzueignen. Lebt wohl.«

Diese Gefühle kommen aus den Hinterzimmern zurück, weil sie lebende Archive sind; aber jetzt haben wir die Wahl, sie zum Gehen oder zum Bleiben aufzufordern. Wichtig ist, daß wir eine neue Einstellung zum Leben bekommen, damit unsere Vergangenheit uns nicht mehr erschrecken kann, denn dann verliert sie ihre Macht.

Ich möchte mich jetzt an die Frauen wenden. Meiner Schätzung nach werden 99 Prozent der Frauen auf dieser Welt dazu erzogen, ein Sklavendasein zu führen, Männer werden zu Sklavenhaltern erzogen.

Ich erinnere mich noch sehr genau daran, wie es in meiner Familie war – meine Urgroßmutter, meine Großmutter und sogar meine liebe Mutter waren schöne Sklavinnen. Wunderbare Frauen! Voller Hingabe! Sie opferten ihr Leben für ihre Familien und Ehemänner auf. Alle Männer in meiner Familie – erfolgreiche Männer, auf ihre eigene Weise – waren beherrschende Männer.

Alle Frauen in meiner Familie waren Sklavinnen, die nie etwas erfuhren über ihre eigenen Bedürfnisse. Sie vergruben ihre Bedürfnisse und lebten nur für andere. Das ist alles, was Männer und Frauen verstehen, denn mehr hat man ihnen nicht beigebracht.

Frauen müssen sich klarmachen, daß sie die Seele des Mannes beflügeln und daß ihnen ein Anteil in gleicher Größe zusteht. Sie schaffen zusammen.

In der Bibel werden wir aufgefordert, Mutter und Vater zu verlassen. Das bedeutet, daß wir alles das hinter uns lassen sollen, was man uns gelehrt hat, und daß wir ein neues Leben anfangen sollen. Wir müssen die irrige Vorstellung ablegen, daß wir Sklaven und Sklavenhalter sind. Wir müssen unsere Ehen so leben, wie es für gleichberechtigte Männer und Frauen angemessen ist.

Wenn Männer mit Sklavinnen zusammenleben, teilen sie nicht wirklich, also verlassen sie häufig die unbefriedigenden Ehen, weil sie mehr brauchen. Sie brauchen Fülle.

Für eine Frau ist es schwierig, ihre Knechtschaft abzuschütteln; sie muß sich durch ihre Erziehung und später durch ihre Ehe hindurcharbeiten, um zu sich selbst zu finden. Damit ist Jackie gerade beschäftigt. Sie zeigt, daß eine Frau fähig ist, dies zu tun. Ich wünschte, alle würden dies tun. Es ist die Vorbedingung für eine wirklich gut funktionierende Ehe.

Wir können nicht zwei Herren dienen. Wir können nicht Gott und dem Mammon dienen. Nach meiner Glaubensüberzeugung ist Gott Gesundheit, Glück; unsere wirkliche göttliche Bestimmung. Der Mammon schafft uns Probleme. Sobald wir uns entschließen, Gott zu dienen und unsere Probleme außer acht zu lassen, sind wir frei von ihrem Zwang. Wir erfahren Vergebung. Das ist ein Gesetz! Uns wird vergeben, sobald wir uns dazu entschließen, Gott zu dienen.

Christus hat uns dies gelehrt: Er sagte, daß wir am Leben bleiben würden, wenn wir unsere Probleme loslassen. Das bedeutet, daß »wir unser Leben um seinetwillen verlieren«. Diejenigen, die sich an ihre Probleme klammern, verlieren ihr Dasein.

In unserer Klinik schaffen wir keine Probleme aus der Welt. Die Leute, die zu uns kommen, müssen einsehen, daß sie sich selbst von der fixen Idee lösen müssen, daß sie Probleme haben. Was sie umbringt, ist die Vorstellung, sie hätten Probleme. Die Gäste müssen sich selber für das Leben entscheiden. In unserer Klinik geben wir ihnen alle nur erdenklichen Hilfen, die sie brauchen, um sich auf diesem neuen Weg zurechtzufinden. Wir stehen in dieser Klinik für das *Leben* ein. Unsere Gäste müssen sich entscheiden, wo sie stehen.

Wenn ein Gast nach zehn oder zwölf Wochen in unserer Klinik immer noch sagt: »Ich bin hierhergekommen, um eine Lösung meines Problems zu finden«, dann hat sich dieser Gast dazu entschlossen, dem Mammon zu dienen.

Alle unsere menschlichen Errungenschaften, unsere Erfindungen in dieser Welt sind Geschenke, die uns gemacht worden sind, damit wir sie mit Gottes Hilfe und Führung zum Einsatz bringen. Wenn wir die Dinge dieser Welt nehmen und sie gegen uns verwenden und sie dann als »Probleme« bezeichnen, dann nehmen wir die von Gott gegebenen Dinge wie Mammon und benutzen sie, um uns selbst und unsere Welt zu zerstören.

Wir sind begrenzte menschliche Wesen. Wir können die Wahrheit nicht *wissen*, wir können sie lediglich *erfahren*. Erfahrung ist unser Geschenk Gottes. Wenn wir schlafen, wenn wir lebende Leichen sind, können wir nicht erfahren, und daher sind wir von Gott abgeschnitten. Wenn wir das Leben als Problem ansehen, machen wir keine Erfahrungen für uns selbst. Das sagt uns die Bibel immer wieder. Das wird in der Bibel als Sünde bezeichnet.

Nur durch Erfahrung können wir lernen, was es heißt, ein Kind Gottes zu sein. Wir können es erst *wissen*, wenn wir eins mit der Quelle sind.

Ziemlich oft haben wir schwangere Frauen in unserer Klinik, und wir haben sie gerne bei uns. Die Frauen, die ungeborenes Leben in sich tragen, werden mit Liebe umgeben und fühlen sich angenommen. Häufig wollten es die Ehemänner, daß ihre Frauen schwanger wurden, aber dann haben sie sich an ihren dicken Bäuchen gestört. Männer nehmen selten Anteil an Schwangerschaften. Hier in der Klinik sind viele Menschen, die es genießen, wenn sie die Bewegungen des Ungeborenen im Bauch seiner Mutter spüren. Ich habe es beobachtet, daß Männer schallend gelacht haben, wenn sie gespürt haben, wie ein Baby sich bewegt. Ein Baby streckt sich und bewegt sich ziemlich viel im Bauch seiner Mutter, wenn diese entspannt ist.

Manchmal gehen unsere schwangeren Frauen ins Krankenhaus zur Entbindung und kommen dann zurück, um noch ein paar Wochen bei uns zu verbringen. Diese Kinder haben so viele Eltern. Bei unseren Vollversammlungen werden die Babys von einem zum anderen gereicht. Es ist großartig! Die Lektionen, die dabei gelernt werden, sind großartig. Das ist einer unserer Versuche, die Gäste mit dem ganzen Spektrum des Lebens vertraut zu machen.

Es tut mir leid, daß wir nicht über eine kleine Entbindungsstation verfügen, wo diese Kinder zur Welt kommen könnten. Es wäre wunderbar, wenn wir alle das Wunder einer Geburt miteinander teilen könnten. Dr. Max Ploquin hat einen Film gedreht, der zeigt, wie die kleinen Brüder und Schwestern am Fußende des Entbindungstisches sitzen und die Geburt ihres neuen Geschwisterchens verfolgen. Es wäre wunderbar, wenn wir das in unserer Klinik haben könnten: eine Schwangerschaft mitverfolgen und die Ankunft eines neuen Erdenbürgers erleben. Das ist ein Wunder.

Ich träume von einer Klinik, die alle Realitäten dieser Welt mit einschließt. Säuglinge, alte Menschen, Tiere, alle Erfahrungen des Lebens in einer Klinik, damit wir dummen Menschen lernen, welche Möglichkeiten uns das Leben eröffnet. Zusammen könnten wir entdecken, was wir bereits unser eigen nennen.

Jackie erwähnt, daß wir so besorgt waren wegen des Eises mit Rum. Das ist eine Überzeugung, die wir propagieren. Für Leute, die keine Ahnung vom Alkoholismus haben, mag das verrückt klingen. Süchtige müssen die Einstellung haben, daß sie auch nicht das winzigste Atömchen von dem zu sich nehmen dürfen, was sie süchtig gemacht hat. Wenn wir uns einreden, daß eine kleine Menge uns nicht schaden wird, negieren wir jede Realität bei uns. Das ist Sünde.

Für einen Alkoholiker ist der Alkohol gleichzusetzen mit der Einstellung: »Ich weigere mich, der Realität ins Auge zu blicken.« Ein Nicht-Alkoholiker denkt keinen Augenblick lang darüber nach, was er trinkt. Es ist ohne Bedeutung für einen Nicht-Alkoholiker.

Alkohol erzeugt keine Alkoholiker, so wie Heroin keine Süchtigen hervorbringt. Die »sieche«, süchtige, für die Anforderungen des Lebens völlig unzureichende Haltung führt zur Abhängigkeit all dem gegenüber, was auch nur andeutungsweise verspricht, aus dem schmerzhaften Bezug zum Leben zu erlösen. Die Menschen weigern sich, Verantwortung für ihr eigenes Leben zu übernehmen. Sie haben nie gelernt, oder man hat ihnen nie beigebracht, einen Dialog mit dem Leben zu führen und Erfüllung darin zu finden.

Es gibt Alkoholiker, die alkoholfreien Sekt trinken. Es ist Traubensaft mit Kohlensäure, und es wird in den gleichen Flaschen abgefüllt wie Sekt. Das ist Betrug. Das ist ein Vertuschen der Realität. Es ist wichtig für Alkoholiker, daß sie dies erkennen und sich nicht mehr mit den nachgemachten Produkten betrügen.

Um 1200 wurde eine wissenschaftliche Arbeit über bemerkenswerte Heilungen geschrieben, die mit Hilfe von Alkohol möglich sind. Man glaubte, daß der Alkohol die Antwort auf alle Krankheiten des Menschen brächte. Er wurde treffenderweise »Lebenswasser« (aqua vitae, Aquavit) genannt. Heute sind es die zahllosen Medikamente. Die Folgen sind die gleichen: Sucht. Wir benutzen etwas, das von außen kommt, um uns selbst zu retten und uns mit Leben zu erfüllen. Die Antwort liegt in uns selbst. Sich selbst zu finden ist der Beginn allen Lebens.

Wenn Suchtkranke in unserer Klinik aufwachen und dann hinausgehen in die Welt, treffen sie häufig auf Menschen, die sie wieder in den Schlafzustand versetzen wollen. Es ist unheimlich wichtig, daß wir uns von solchen Leuten fernhalten. Ein Alkoholiker hat nichts verloren in einer Bar. Seine alten Saufkumpane sind immer noch tot, und sie wollen den Alkoholiker wieder einschläfern. »Los, trink nur ein Glas.« Das ist der Tod. Laß die Toten die Toten begraben. Halte dich von ihnen fern.

»Es tut mir leid – das ist nicht das, was ich suche«, ist eine mögliche Antwort. Wir müssen das auch zu denjenigen sagen, die uns nahestehen. Auch unseren Partnern dürfen wir nicht erlauben, daß sie uns einlullen.

Ich glaube, Gott muß Alkoholiker und Süchtige geliebt haben. Im Hebräerbrief 12,6 steht: »Denn wen der Herr liebhat, den züchtigt er.« Durch die Qualen, die diese Menschen erleiden, sind sie gezwungen, die Folgen ihrer Selbsttäuschung zu sehen. Es gibt kein Entrinnen, also müssen sie sich zur Nüchternheit und zu einem neuen Leben durchkämpfen. Die Stelle aus dem Hebräerbrief könnte also lauten: »Wen Gott liebt, den läßt er Alkoholiker werden.«

Jackie erzählt, daß sie das Baby in der gleichen Weise massiert und gestreichelt hat, wie Horst dies bei seinen Söhnen tut. Die meisten von uns versagen sich das Vergnügen, einen anderen menschlichen Körper mit unseren Händen und unserem ganzen Körper zu spüren. Die Struktur der menschlichen Haut, die Form der Muskeln zu fühlen, das Vergnügen, Umrisse und Formen, verschiedene Strukturen wie Knochen und Sehnen zu spüren, ist Teil unserer menschlichen Erfahrung. Ich glaube, wir verschenken ein ganzes Universum, wenn wir uns nicht berühren.

Wir scheuen uns davor, einander zu berühren, weil wir vollgestopft sind mit Verhaltensregeln, die uns Derartiges untersagen. Unsere Verhaltensregeln erwecken in uns so viele unnatürliche Wünsche, daß wir ein solches Verhalten, wie wir es mit kleinen Kindern praktizieren, untereinander für unnatürlich halten.

Ich komme nochmals auf sexuelle Einstellungen zurück, um zu zeigen, wie beschränkt und eingeschränkt wir sind. Ich benutze das Beispiel einer Frau, die kürzlich in unserer Klinik war und von ihren Kindheitserlebnissen berichtet hat.

Es handelt sich um die Frau, deren Hände beschnuppert wurden, um festzustellen, ob sie onaniert hatte. Weiter muß erwähnt werden, daß sie im Alter von neun Jahren zum ersten Male eine Erregung der Klitoris erlebt und daraufhin ihre Mutter gefragt hat, was das für eine Empfindung sei. Ihre Mutter sagte, daß es schmutzig und schlecht sei und daß sie nichts tun dürfe, um noch einmal ein solches Gefühl aufkommen zu lassen. Drittens wurde ihr gesagt, daß sie nicht mehr zu ihrem Vater ins Bett schlüpfen dürfe, um sich aus einem Buch Geschichten vorlesen zu lassen, wie sie das seit frühester Kindheit gewohnt war. Viertens beobachtete dieses Mädchen einige Monate später, daß sich ihre Brüste zu entwickeln begannen. Sie nahm eine kleine Anstecknadel mit einem Schmetterling und heftete sie an ihr Kleid, genau über die Spitze ihres winzigen Busens. Stolz lief sie in die Küche, aber ihre Mutter riß ihr entsetzt die Nadel weg. Das Mädchen wurde ausgeschimpft und lächerlich gemacht. Dann wurde ihr gesagt, daß sie ihren kleinen Bruder nicht mehr küssen dürfe, weil er einen roten Fleck davon bekäme.

Also! Man sage mir bitte, welche Erfahrungen dieses Mädchen in ihrem Leben machen kann, ohne sich als Verführerin oder Verführte zu fühlen.

Was bleibt diesem zehnjährigen Mädchen an physischer Nähe und Vertrautheit?

Diese Geschichte kommt in abgewandelten Formen bei uns allen vor, und derartige Erfahrungen sind eher die Regel als die Ausnahme. Beinahe jeder körperliche Kontakt hat jetzt für uns sexuelle Bedeutung, und wir betrachten ihn deshalb als »schmutzig«.

Wenn wir in unserer Klinik »Tag der offenen Tür« haben, sind die

Leute schockiert, wenn sie sehen, wie sich unsere Gäste und Therapeuten streicheln und umarmen. Es gibt zweierlei Arten, wie das Publikum gewöhnlich reagiert: Die Leute werden entweder depressiv oder aggressiv. Das sind die beiden interessantesten Reaktionen. Das Publikum reagiert auf diese zweierlei Arten, weil diesen Leuten ihre eigene Armut, ihr Mangel, ihr Hunger und Durst bewußt geworden ist.

Die deprimierten Menschen sagen: »Das ist geheuchelt, es ist nicht wahr, das ist nicht die reale Welt.«

Die aggressiven Menschen greifen uns an und werfen uns schreckliche Dinge vor wie Promiskuität in der Klinik und so weiter. Sie tun dies, weil sie sich einzureden versuchen, daß das, was sie sehen, nicht wahr sei. Sie meinen, daß es nicht möglich sein kann, so zu leben.

Der Teil dieses Kapitels, in welchem von dem Angriff auf Horst berichtet wird, ist sehr wichtig. Ich glaube, hier wird deutlich, daß wir Ärzte in der Klinik nicht versuchen, Helden oder perfekte Menschen zu sein. Wir lassen die Gäste auch unsere Schwächen sehen. Wir versuchen nicht, eine Welt von unfehlbaren Menschen für sie zu schaffen. Eine solche Welt gibt es nicht. Wenn die Gäste sehen, daß ich auch Hunger und Durst habe wie jeder Mensch, sagen sie häufig: »Jetzt fühle ich mich viel wohler bei dir, weil du genauso menschlich bist wie ich.«

Die Leute neigen dazu, Therapeuten auf ein Podest zu heben, und das gibt ihnen ein Alibi, daß sie niemals so »gesund« werden können wie die Therapeuten.

Vor einigen Wochen kam eine Krankenschwester aus einer anderen Klinik zu mir, um sich zu erkundigen, was man für Patienten nach der Entlassung aus dem Krankenhaus tun könne.

Ich sagte ihr, daß wir sie nicht für einen solchen Zweck ausbilden könnten. Erstens hätten wir keine Patienten – nur Gäste. Zweitens werden sie niemals entlassen. Drittens gibt es nichts zu tun, weil es erwachsene, verantwortungsvolle Menschen seien, die niemanden brauchen, der sich ihrer annähme.

Ich sagte ihr außerdem, daß sie nach einer weiteren Zusatzausbildung suche, weil sie nicht wisse, was sie im Leben anfangen solle. Das sei ihr Problem, und daß sie ihre Schwierigkeiten auf andere übertrage, indem sie vorgebe, ihnen zu helfen. Nicht zu helfen sei die beste Hilfe.

In unserer Klinik legen wir Wert darauf, daß die Mitarbeiter den Gästen zeigen, wie wir alle Reaktionen behandeln, die sich aus unseren eigenen Unzulänglichkeiten ergeben. Solange wir Ärzte und Therapeuten problem-orientiert sind, schaffen wir Probleme. In unserer Klinik überlassen wir es Gott, so wie wir ihn verstehen. Das muß für andere

Mediziner und Therapeuten schrecklich klingen, aber das tun wir hier in Bad Herrenalb nach besten Kräften.

Alle unsere Anstrengungen, eine Änderung herbeizuführen, sind eigentlich Versuche, uns innerhalb der selbstgesteckten Grenzen zu ändern. Christus hat uns gesagt, daß es unmöglich sei, innerhalb unserer Grenzen zu verharren. Er sagte uns, daß wir ersticken würden. Die Religion, die Psychotherapie und die Medizin versuchen alle, uns innerhalb gewisser Grenzen zu ändern. Sie wissen nichts über Metanoia, das ist eine tiefe geistige Wiedergeburt. Sie lehren uns nicht, wie wir unsere alten Überzeugungen abtöten und unsere Existenz aufgeben können. Das ist die Welt, in der wir leben, so wie die Welt wirklich ist. Aus uns heraustreten bedeutet sich dem Willen Gottes anheimgeben. Jeder Schritt nach draußen ist ein Akt der bedingungslosen Kapitulation.

Jackie spricht davon, was sie durchlitten hat, als sie Horst beobachtete. Sie sieht ihre eigene Unfähigkeit, mit einer derartigen Situation fertig zu werden. Sie berichtet, daß sie am liebsten hingegangen wäre und ihre Arme um ihn geschlungen hätte, aber daß sie gar nichts geben könne. Das ist wunderbar und nicht seltsam. Wir sollten erkennen, daß ihr Verlangen, mit ihrer Not zu Horst zu gehen und von ihm zu nehmen, nach allem, was er durchgemacht hatte, eigentlich ein Geben ist. Ihre Not zeigt Horst, daß er stark ist und daß er selbst in seinem Schmerz Jackie das geben kann, was sie gerade braucht, und das macht ihn reicher.

Wenn Jackie zu Horst gegangen wäre, um ihm etwas zu geben, ohne wirklich etwas zu haben, was sie ihm geben konnte, hätte sie Horst ausgenützt. Die Welt ist voller Schmarotzer. Nur wenn wir berechtigt sind zu nehmen, können wir geben. Wenn wir von jemandem nehmen, der Kummer hat, sagen wir ihm, daß wir wissen, daß er trotz allem noch etwas zu geben hat, auch wenn er es derzeit selbst nicht so empfinden kann.

Problem-orientierte Menschen sind selbstsüchtige Leute, und selbstsüchtige Leute sind tote Leute. Wenn wir selbstsüchtig sind, reduzieren wir uns selbst auf das Minimum und ziehen uns zurück. Wir sind egozentrisch und können nicht innerlich wachsen und uns dadurch eins mit der ganzen Welt fühlen. Wenn wir über unsere Grenzen hinausgewachsen sind, gibt es für uns keine Unterschiede mehr in punkto Hautfarbe oder Nationalität.

Horst stellt eine Bedrohung für andere Leute dar, weil er wach ist. Er zeigt uns unseren Mangel, unsere Fehler. Wenn wir Horst anschauen, wissen wir, daß uns Wärme oder Verbundenheit fehlt. Wir wissen, daß wir kein Vertrauen haben, uns wird klar, daß wir nicht wissen, daß wir eine Daseinsberechtigung haben.

Horst hat Jackie gebeten, für die Dauer von drei weiteren Wochen keinen Kontakt mit ihrer Familie zu haben. In unserer Klinik erteilen wir keine Befehle, wir bitten oder empfehlen, dies oder jenes zu tun. Horst bat Jackie zu »fasten«. Er bat sie, ihre alten Gewohnheiten aufzugeben und zu versuchen, sich einer neuen Erfahrung zu überlassen. Sie brauchte noch mehr Zeit, um ihre Einstellungen zu ändern und um das tiefe Loch zu erkennen, das sie für sich gegraben hatte. Wenn sie wirklich gefastet hätte, wäre sie in der Lage gewesen, eine neue Art zu leben kennenzulernen. Er war der Meinung, daß sie das brauchte, und bat sie daher, auf Kontakte zu verzichten. Es wäre besser für sie gewesen, wenn sie es getan hätte. Alles führt in dieser Klinik zur Kapitulation.

Jackie erzählt, daß die Gäste von Horst eine Behandlung mit dem Intellekt erwarten und daß er nur Liebe geben will. Das versuchen wir hier in der Klinik zu vermitteln. Alle Mitarbeiter zeigen den Gästen, was sie selbst suchen. Sie bitten die Gäste, ihnen zu helfen und ihnen zu zeigen, wie sie es erreichen können. Das macht die Gäste wütend, weil sie ihrerseits ein Patentrezept haben wollen. Die Gesellschaft lehrt uns, nach einem Gott Ausschau zu halten, der die Arbeit für uns erledigt. Die ganze Medizin ist ein gigantisches Lagerhaus voller Rezepte. Wir wollen keine Risiken mehr übernehmen.

Das Leben fließt dahin: ein ständiger Abschied und eine immerwährende Geburt. Es liegt bei uns, zu entscheiden, ob wir auf der Seite des Abschieds und Todes bleiben wollen, oder ob wir jede Sekunde unseres Lebens in ein neues Leben hineingeboren werden. Um wiedergeboren zu werden, müssen wir wieder zu Kindern werden. Ein Kind wird nicht von Äußerlichkeiten abgelenkt, ein Kind ist einfach da. Wir benutzen unseren Verstand, um herauszufinden, was wir fühlen, und dadurch wird es uns unmöglich, im Augenblick zu leben. Unser Verstand hindert uns, das zu sein, was wir sind. Häufig brauchen wir Menschen, die uns den Weg zeigen, den wir gehen sollten. Aber wenn wir glauben, daß ein Mensch uns mit dem versorgen kann, wonach wir suchen, sind wir auf dem Holzweg. Jackie sagt, sie möchte am liebsten so sein wie Horst. Sie sieht, daß Horst im Augenblick lebt, und obwohl er ein hochbegabter Mann ist, benutzt er seinen Intellekt nicht auf destruktive Weise. Das ist prima, aber wir müssen alle lernen, daß wir nicht andere Menschen zu Göttern machen. Die Anonymen Alkoholiker drücken das so treffend aus mit dem Satz: »Prinzipien vor Persönlichkeit«. Jackie kann Horst als Richtungsweiser benutzen, um ihren eigenen Weg zu finden, aber ihren Weg muß sie selbst gehen. Wir sollen nicht andere Menschen gottähnlich verehren.

Es macht mir ein bißchen angst, wenn ich in Büchern der Anonymen Alkoholiker lese, welche Bedeutung sie der Gemeinschaft beimessen. »AA und die Gemeinschaft« ist es nicht, und trotzdem *ist* es AA und die Gemeinschaft. Das ist sehr subtil, aber sehr wichtig. »Wir sollen uns kein Bildnis Gottes machen«, heißt es. Sobald wir glauben, wir hätten ein Bild Gottes, ist der wirkliche Gott nicht mehr. Oder, anders ausgedrückt, sobald man von einer Sache spricht, zerstört man sie. Wenn wir unseren Verstand dazu benutzen, unser Leben zu definieren, lösen wir damit eine Lawine von Schwierigkeiten aus.

Wenn wir in unserer Vorstellung Krankheiten erfinden, *haben* wir die Krankheiten. Die Psychotherapie tut das. Wir haben Krankheiten entstehen lassen, die nicht existieren. Unsere Patienten bekommen die von uns definierten Krankheiten, und dann müssen wir Ärzte sie heilen. Alles, was die Psychotherapie definiert, ist Ausdruck von Mangel; in der Medizin gibt es Hunderte von Bezeichnungen dafür – Bezeichnungen, die der menschliche Verstand den Symptomen von Mangel und Entbehrung gegeben hat.

Alles, was wir für unsere Gesundung brauchen, liegt in uns selbst und wartet darauf, von uns entdeckt zu werden. In unserer Klinik begleiten wir Ärzte unsere Gäste auf dem Weg zu ihrem eigenen Wissen. Alle unsere Gäste wisssen schon längst, was wir sie lehren; sie sind sich dessen nur noch nicht bewußt. Unsere Mitarbeiter müssen immer wieder lernen, daß sie nicht Dinge für die Gäste tun, die diese für sich selbst tun können; durch ihre eigene Suche sollen sie den Gästen lediglich den Weg zeigen, den sie auch gehen müssen. Wir sind eine Gemeinschaft, und doch sind wir es nicht.

Wir dürfen die Gäste nicht in ein Abhängigkeitsverhältnis zu uns bringen, um unsere eigenen Bedürfnisse zu befriedigen. Ärzte, die das nicht einsehen wollen, haben in unserer Klinik nichts verloren. Wir sind eine Gemeinschaft, und doch sind wir auch keine Gemeinschaft. Wir sind Ärzte, und doch sind wir es nicht.

Jackie berichtet, wie sie mit Gisela auf den Matten war. Für sie war es ein Fehlschlag, sie hat keine neue Erfahrung gemacht. Sie ist innerhalb ihrer neun Punkte geblieben. Das paßt haargenau zu der Art, wie Jackie auf das Leben reagiert. Die meisten von uns verhalten sich so. Wir bleiben innerhalb des Rasters unserer neun Punkte, obwohl der Boden, auf dem wir uns bewegen, mit Scheiße bedeckt ist. Wir setzen unsere ganze Familie ein, um den Dreck von einer Ecke in die andere zu schaufeln, und dann stellen wir fest, daß wir gar nicht mehr anders können, als uns mit Unrat zu befassen. Neue Erfahrungen zwingen uns, die alten Lebensumstände zu verlassen, und dann können wir nicht an unseren alten Gewohnheiten festhalten, immerfort im Dreck zu wühlen. Wenn das passiert, müssen wir entweder etwas mit unserer Umweltprägung tun oder uns umbringen.

Wenn Jackie aus ihren neun Punkten heraustritt, werden Jess und die Kinder das als bedrohlich empfinden. Sie haben sich verdingt, um ihr beim Hin- und Herschaufeln ihrer Scheiße zu helfen. Sie haben viel Zeit und Energie aufgewendet, um diesen Dreck zu schaufeln. Wenn Jackie den Dreck in einer anderen Ecke haben wollte, weil sie glaubte, er würde sich dort besser ausmachen, haben sie eine Menge Zeit und Schweiß investiert, um es für sie zu tun. Die meisten Familien machen das. Wir schieben den Dreck füreinander hin und her. Dann kommt es vor, daß einer aus der Familie das gemeinsame Heim verläßt und den Rest der Familie betrachtet und sagt: »Was macht ihr denn da, warum schaufelt ihr den alten Scheiß von einer Ecke in die andere? Seht ihr nicht, daß dazu keinerlei Notwendigkeit mehr besteht?«

Das ist furchtbar für einen Betroffenen. Jess hat viele Jahre zusammen mit Jackie und den Kindern damit verbracht, Dreck hin- und herzuschaufeln. Jetzt stehen er und die Kinder immer noch im Dreck und lehnen sich schweißbedeckt auf ihre Schaufeln, und da kommt Jackie anspaziert und fordert sie auf, zu ihr in den Garten zu kommen und zu spielen. Es ist wichtig, festzustellen, daß Jackie weder Jess noch die Kinder gezwungen hat, für sie im Dreck zu wühlen. Das ist die Verschwörung innerhalb einer Familie. Wir alle verschwören uns miteinander, um unsere eigene, ganz besondere Sorte Scheiße zu finden, die wir als Vorwand beutzen können, um uns auf Trab und im Schlafzustand zu halten. Niemals ist eine einzige Person der Anlaß in einer Familie; wir sind alle miteinander beteiligt. Jackie heuert Jess an, dann heuert Jess Jackie an; auch sämtliche Kinder sind an der Verschwörung beteiligt. Wenn man das erkennt, stellt es für die anderen eine Bedrohung dar, und letztlich müssen sie es auch zugeben, wenn die Ehe und Familie in anderer Weise weitergeführt werden soll.

Genaugenommen wühlt jeder im Dreck herum. Wenn es zu einem Aufstand der emsig Schaufelnden kommt, rufen wir nach der Polizei, nach Rechtsanwälten oder Richtern, oder wir machen Krieg.

Viele Ehen sind lediglich Verträge zwischen Leuten, die Scheiße schaufeln. Wir sind es leid, es für uns allein zu tun, also suchen wir uns einen Partner, der uns bei der Arbeit hilft, und so rekrutieren wir neue schaufelnde Fanatiker. Auch Freundschaften entstehen auf diese Weise. Wir finden einen Freund, der gerne im Dreck wühlt, und dann tun wir uns zusammen.

Als Menschen mit neugefundener Persönlichkeit (wenn wir wach sind) zerstören wir nur selbstzerstörerische Verträge. Wir müssen die, die für uns geschuftet haben, entlassen. Wir werfen sie zu ihrem eigenen Wohl raus, aber sie verstehen es nicht.

Wenn sie gefeuert werden, können sie nicht ahnen, daß dies der Beginn von ganz neuen und schönen Erfahrungen ist. Ärzte, Pfarrer und Anwälte verschwören sich mit unseren Sklaven, damit sie ja nicht einsehen, daß das nur zu ihrem Besten geschieht. Es ist so schwer, eine so bittere Pille.

Wir sind nicht auf diese Erde gesandt worden, um im Dreck zu wühlen, um Sklaven zu sein. Wir sind Söhne und Töchter eines Königs. Wir sind auf dieser Erde, um loszulassen und frei zu sein.

Das wichtigste Ziel bei der Arbeit auf den Matten besteht darin, alle unsere erlernten Verhaltensmuster vollständig fallen zu lassen. Die neue Erfahrung ist tief und sinnlich und öffnet uns gegenüber unseren Mitmenschen. Das hat Christus gemeint mit »Verlaß deinen Vater und deine Mutter«.

Es klingt hart, wenn ein Psychiater zu einem Gast sagt: »Scheiß auf die Matten.« Was ich Jackie sagen wollte, war, daß ich nicht das Gefühl hatte, daß sie wirklich das Risiko eingegangen ist und vollkommen losgelassen hat. Das war die drastischste Weise, in der ich ihr meine Meinung übermitteln konnte. Ich will alle meine Gäste so weit bringen, daß sie genug Vertrauen haben, um das zu werden, was sie wirklich sind. Ich wollte Jackie zeigen, daß in ihr immer noch tote Zonen sind und daß diese Zonen in meinen Augen »Sünde« sind.

Abschließend möchte ich Jackie in einer Äußerung zu Wort kommen lassen, die aus tiefster Erfahrung stammt und daher revolutionär ist. Sie wirft ein Licht auf all unsere Sucht- und Krankheitstheorien. »Ich erinnere mich«, sagte sie, »daß ich bereits als kleines Mädel einen Schmerz verspürte, und ich versuchte herauszubekommen, was mir so weh tat. Ich brauchte etwas, was diesen Schmerz stillen konnte. Ich fand dies nicht in meiner Kirche, in meiner Familie, in meiner Erziehung und Ausbildung, bei anderen Menschen. Ich suchte die Lösung im Alkohol, in Medikamenten, die mir die Ärzte großzügig verordneten, und in meiner sklavisch-dranghaften Abhängigkeit von meinem Mann Jess.

Aber Alkohol, Medikamente, Essen und meine zwanghafte Abhängigkeit von Jess waren niemals mein *Problem.* Sie waren schlicht meine

Antwort, die ich auf den Anruf des Lebens hatte. Mein *Problem* war, wie ich meinen Weg zu Gott, dem liebenden Vater, zurückfinden kann. So habe ich in meinem Leben viele schmerzhafte und quälende Dinge ausprobiert, weil ich meinen Weg nicht finden konnte.

Und dadurch mußte ich in einen so schmerzhaften, entsetzlichen Zustand kommen, um endlich bereit zu sein, ohne Bedingungen zu kapitulieren. Ich mußte erkennen, daß dies die körperliche Erfahrung in einem geistigen Sinne war und daß wir alle hier auf Erden sind, um ein geistig erfülltes Leben als Menschen leben zu lernen.

Wegen dieses Wegs klage ich mich nicht an und hasse mich nicht. Dies war der geistige Weg, den ich gehen mußte. Und wenn ich diesen Weg heute noch einmal zurücklegen müßte, um dort hinzukommen, wo ich heute bin, ich würde ihn nochmals antreten.«

Kapitel VIII

Eine Flucht, die keine war

1
Jacqueline C. Lair

Ich bin nicht geflohen, ich habe meine Seele dort zurückgelassen.

Ich bin jetzt fast sechs Wochen in der Klinik und befinde mich in einem gewaltigen Aufruhr. Ich fange an, mir viele harte Fakten über mich selbst einzugestehen, und dieses Wissen ist unerträglich. Meine Augen sind jetzt offen. Ich weiß, was Berechtigtsein ist. Sich berechtigt zu fühlen ist ein wundervoller Schmerz.

Mit dem Freitag beginnt meine sechste Woche hier. Ich bin von einer tiefen Ruhelosigkeit erfüllt, einem Verlangen, »etwas anzupacken«. Ich möchte die Sicherheit der Klinik verlassen, ich möchte die Nabelschnur, die mich mit Walther und der Klinik verbindet, durchtrennen und anfangen, mich in die Welt hinauszuwagen. Diese Gefühle sind gut, und doch machen sie mir angst. Wenn ich die Schnur durchschneide – selbst nur für ein paar Stunden –, kann ich dann überleben?

Die wenigen kurzen Ausflüge, die ich von der Klinik aus nach Karlsruhe unternommen habe, waren durchaus amüsant für mich, aber es war immer so, als ob ein Teil von mir im schützenden Bereich der Klinik zurückgeblieben sei und ich mich selbst ungeduldig zur Rückkehr angetrieben habe, um wieder eins mit mir zu werden. Jetzt habe ich das Bedürfnis, mein ganzes Selbst aus der Klinik herauszunehmen.

An diesem Nachmittag bin ich total unruhig und rastlos in Walthers Gruppe. Uschi verläßt die Klinik, um zu ihren Kindern zurückzukehren. Sie hat die Nachricht erhalten, daß ihr Mann sich von ihr scheiden lassen will und daß er auch beabsichtigt, ihr die Kinder wegzunehmen mit der Begründung, daß sie Alkoholikerin sei. Sie ist vollkommen verzweifelt und möchte dagegen ankämpfen.

Ich sehe mich selbst deutlich in Uschi wieder und beschließe zu sprechen. »Uschi, ich glaube, du rennst davon. Du weißt, daß du noch nicht soweit bist, daß du die Klinik verlassen kannst. Wenn du jetzt zurückgehst, könnte das weiter zu deiner Selbstzerstörung beitragen. Du rennst von uns weg, weil du anfängst zu sehen, wie sehr wir dich alle mögen, und das kannst du nicht vertragen. Du kannst Nähe nicht ausstehen. Du hast Angst vor uns. Du erinnerst mich daran, wie ich es im letzten Jahr gemacht habe. Gerade wo du drauf und dran bist, hier in dem Prozeß aufzugehen, ergreifst du den ersten besten Vorwand, um dich davonzumachen. Wenn du bleibst und wenn du dir Zeit gibst, hier zu wachsen, wirst du deine Kinder nicht verlieren. Wenn du jetzt gehst, besteht die Chance, daß du alles zerstörst und nicht nur deine Kinder, sondern auch dich selbst verlierst.«

Uschi weint, und ich fühle mich abscheulich. Ich frage mich, ob ihr klar ist, daß ich auch zu mir selbst spreche.

Wir machen weiter, und als ich drankomme, schaue ich Walther an. »Ich wünschte, ich hätte ein Auto. Ich würde gerne eins mieten und hier in der Gegend rumfahren. Außerdem würde ich gerne in die Schweiz fahren und nach Paris. Ich möchte die ganze Welt sehen.« Ich gerate in Panik, als ich meine eigenen Worte höre. Ich habe sie ausgesprochen, aber ich habe Angst, danach zu handeln.

»Mach's doch. Verdammt noch mal, Jackie, mach's doch.« Walther lächelt und antwortet ernst.

Ich lehne mich in meinen Stuhl zurück und bin verwirrt durch den Sturm von Emotionen und Angst, den ich bei seinen Worten empfinde. Na schön, ich habe es gesagt, aber ich muß ja nicht gleich zur Tat schreiten.

Um 16.40 Uhr wendet sich Walther an mich: »Wo ist dein Paß? Wenn er oben im Büro ist, geh und hole ihn. Wir beide fahren nach Karlsruhe, um ein Auto für dich zu organisieren.«

»Nein, das will ich nicht!« schreit es in meinem Kopf. Ich spüre extreme Gefahr und Verzweiflung. Ich möchte aber über diese Gefühle nicht sprechen, so lächle ich nur und gehe nach oben, um meinen Paß zu holen.

Als ich zurückkomme, ist die Gruppe aus, und Walther sucht in seiner Tasche nach den Autoschlüsseln. »Komm, Mädchen, wir fahren nach Karlsruhe.« Er geht in sein Büro, macht einen Anruf und läßt einen Ford Taunus reservieren. Die Mietwagenfirma hat bis 19.00 Uhr geöffnet, also haben wir reichlich Zeit.

Während ich in Walthers Auto sitze, bin ich ganz stumm vor lauter widerstreitenden Gefühlen.

»Jackie, dein Wunsch nach einem Auto ist die erste für dein Ego positive Äußerung seit deiner Ankunft in der Klinik, und deshalb fahre ich jetzt sofort mit dir nach Karlsruhe.«

Ich denke darüber nach. Ich nehme an, daß es für mein Ego positiv ist, daß ich meine Augen öffne und allmählich ein Gefühl der Berechtigung verspüre. Hah, vielleicht werde ich doch langsam erwachsen. Jetzt geht es mir besser.

In Karlsruhe sehe ich mein Auto, es gefällt mir auf Anhieb. Ich unterschreibe die Formulare und bekomme die Schlüssel. Es ist ein großartiges Gefühl, aber es ist auch ein bißchen Angst dabei. Während ich Walthers Wagen durch das Gewirr von Straßen folge und nach Herrenalb zurückfahre, versuche ich den Druck zu verstehen, der auf mir lastet.

In den vergangenen Tagen sind meine Gedanken immer wieder um meine Rückkehr nach Hause gekreist. Ich weiß, daß ich spätestens nach einem weiteren Monat oder so wieder nach Hause fahren muß. Es wird Zeit, erwachsen zu werden. Noch wesentlich länger ein Kind zu bleiben würde Abhängigkeit bedeuten, und das läßt die Klinik nicht zu. Ich fühle mich nach vorwärts geschoben. Und doch ist mir klar, daß der größte Schub aus mir selbst kommt, weil ich jetzt bewußt lebe.

Letzte Woche habe ich das Gefühl gehabt, daß ich das Schlimmste hinter mir habe. Ich habe mich an das Leben in der Klinik gewöhnt wie ein kleiner Vogel in einem Nest, und meine Unsicherheit und Furcht sind von mir abgefallen. Ich wünschte, ich könnte für immer hierbleiben. Ich habe mit der Idee gespielt, die Sprache zu lernen, mir ein Appartement zu mieten und nach einer Möglichkeit Ausschau zu halten, wie ich einfach hier in Bad Herrenalb bei meiner »Familie« bleiben könnte. Ich habe mir vorgestellt, daß ich endlose Wanderungen durch den Schwarzwald machen und mein ganzes Geschick aufbieten würde, um irgendwie Teil dieser Klinik zu werden. Ich wußte, daß Walther eine umfangreiche Korrespondenz mit Amerika unterhält. Im Geiste habe ich meinen Aufenthalt in der Klinik damit bezahlt, daß ich englische Briefe für ihn schreiben würde. Auf diese Weise könnte ich meine Teilnahme an den Gruppen finanzieren. Im Geiste habe ich mich von Jess scheiden lassen und ihn beim Wort genommen mit seinem Angebot »tausend Dollar im Monat und ein Auto«, und ich habe mir ausgerechnet, daß ich davon leben könnte. Es stand für mich fest, daß ich hier in Bad Herrenalb begonnen habe, zum ersten Mal bewußt zu leben, und daß ich einen Weg finden müßte, um hierbleiben zu können.

Heute bin ich soweit, daß ich erkenne, wie morbide jene Gedanken, jene Wünsche waren. Während ich die von Bäumen gesäumte Straße in meinem Wagen entlangsause, atme ich tief und erleichtert ein. Ich möchte so wahnsinnig gern hierbleiben, daß ich das Gefühl habe, ich muß die Beine unter den Arm nehmen. Ich fange an einzusehen, daß dieser Wunsch eine weitere Flucht ist – und doch steckt der Wunsch zu bleiben so tief in meiner Seele, daß ich nicht wage, über diese Gefühle zu sprechen, weil ich schon weiß, daß ich den Schmerz nicht ertragen kann, wenn ich die Wahrheit höre. O Gott, ich liebe diese Menschen. Ich gehöre zu ihnen.

Ich denke an Jutta, ihre krausen Locken, ihre laute Stimme. Jutta, du bist meine Schwester, du bist mein Leben, du und ich, wir sind für immer miteinander verbunden. Jutta, Dieter, Uwe, Horst, Eva, Monika, Uschi – und immer mehr fallen mir ein, die ich liebe. Wenn mein wirkliches Zuhause in Stuttgart oder München wäre, würde ich dann auch diesen quälenden Schmerz spüren? Ich glaube nicht. Wenn ich aus Stuttgart wäre, könnte ich die Klinik verlassen und hätte trotzdem noch die Möglichkeit, hin und wieder den einen oder anderen aus meiner Familie zu sehen, wenn der Druck entsprechend groß wäre. Ich könnte in die Klinik fahren und an Samstags-Sitzungen teilnehmen, wenn ich Verlangen danach hätte. Aber ich bin das heimlich untergeschobene Kind, das adoptiert wurde – und Entfernung, Zeit und Sprachbarrieren stehen in Wirklichkeit zwischen mir und meiner Familie.

Mein Gott! Das sind Wachstumsschmerzen. Ich werde erwachsen! Natürlich. Mein Gefühl des Berechtigtseins ist schon so weit entwickelt, daß ich langsam einsehe, daß ich eines Tages das Nest verlassen muß, und meine Tagträume werden durch meinen Wunsch genährt, ein behütetes und geliebtes Kind zu bleiben. Die gleiche Unruhe, die mich ergriffen hat, habe ich bei meinen eigenen Kindern beobachtet. Ich mache den gleichen Tanz, den sie bei uns zu Hause vollführt haben. Ich liebe dich – ich hasse dich. Ich möchte ewig zu Hause bleiben – ich will morgen abhauen. Ihr seid die besten Eltern in der Welt – ihr seid die miesesten Eltern, die es gibt. Ich mache die ganze qualvolle Entwicklung durch.

Auf einmal fühle ich reine Sehnsucht nach Jess und den Kindern. Zum ersten Mal seit meiner Ankunft ist das Verlangen nach ihnen nicht von Kummer oder Bedauern gefärbt. Sie erscheinen mir unheimlich gut und liebenswert.

Wohin soll ich als erstes fahren in meinem schönen kleinen Auto? Straßburg dürfte ein gutes Ziel für meinen ersten Ausflug sein. Es ist nah – nur etwa 90 Kilometer. Diese Gegend von Frankreich ist sehr reizvoll. Elsaß-Lothringen. Straßburg hat zu Frankreich gehört, zu Deutschland und nun wieder zu Frankreich. Die Sprache ist einzigartig. Weder deutsch noch französisch, eine Art Mischung aus beidem. Mal sehen, wer mitkommt. Am Sonntag geht es los.

Noch drei weitere Frauen aus der Klinik werden mit von der Partie sein. Wir stehen früh auf und holen uns vom Koch einen Picknickkorb mit Proviant für das Mittagessen. Aufgeregt und voller Vorfreude steigen wir in mein Auto ein und fahren durch die schöne Landschaft. Es ist ein herrlicher Tag, wir haben die Scheiben heruntergekurbelt und lachen und singen während der Fahrt. An der Grenze tauschen wir Geld um. Ich habe eine annähernde Vorstellung davon, was Dinge kosten. Der Dollar-Kurs schwankt zwar und wird niedriger, aber für meine Zwecke entspricht eine deutsche Mark 50 Cent, ein französischer Franc ist etwa 25 Cent. Das ist genau genug, so über den Daumen gepeilt.

Als wir in Straßburg ankommen, suche ich mir einen Parkplatz, und dann starten wir vier in Richtung Altstadt zu der riesigen Kathedrale, die den Platz beherrscht. Es erscheint wie Zauberei: Gerade als wir eintreffen, sammelt sich ein Spielmannszug aus Freiburg. Vor ihnen sehen wir etwa zwanzig junge Paare in wunderschönen Trachten aus Elsaß-Lothringen. Heute scheint eine besondere Folklore-Veranstaltung zu sein!

Die Kapelle beginnt zu spielen, und die Paare treten vor. Ich packe meine Begleiterinnen, und wir marschieren hinter dem Spielmannszug her. Ich bin fest entschlossen, mich nicht abhängen zu lassen. Egal wo sie hingehen, ich gehe mit. Während ich hinter einer gewaltigen Kesselpauke aus Messing herlaufe, fühle ich mich stolz und vergnügt wie ein Lausejunge. Viele Leute haben sich den vier Gästen aus der Psychosomatischen Klinik Bad Herrenalb angeschlossen. Wenn die nur wüßten! Ich lache in mich hinein.

Mein kindlicher Spaß an der Freude ist so groß, daß ich nicht widerstehen kann, albern zu sein. Ich fange an, allen Zuschauern am Straßenrand zuzulächeln und zuzuwinken. Meine drei Begleiterinnen sind zurückhaltender. »Um Himmels willen, Jackie!« rufen sie schokkiert. Zum Teufel mit ihnen. Das ist so ein herrlicher Spaß, und ich tue niemandem weh. Ich lache und winke immer weiter. Die Menge fängt ebenfalls an zu winken. Bald lächeln und winken alle, die hinter dem

Spielmannszug herlaufen, und wir tanzen in den Straßen. Nur meine drei entsetzten Begleiterinnen nicht, sie würden am liebsten in den Erdboden versinken.

Ein fetter alter Mann an einer Straßenecke ruft mir »Allo!« zu. Ich lächle und winke zurück. »Crazy American«, rufe ich. »Voilà!« schreit er zurück. Alle lachen und sind vergnügt, während wir hinter den Musikanten in ein Freilicht-Amphitheater einmarschieren. Ich laufe geradewegs vor bis zur ersten Reihe und setze mich voller Begeisterung hin. Meinen Begleiterinnen ist jetzt wohler zumute, nachdem wir nicht festgenommen worden sind wegen Erregung öffentlichen Ärgernisses, aber eine von ihnen nimmt drei Reihen hinter uns Platz. Egal, mit ihr kann man sowieso nicht viel anfangen.

Die Musik beginnt, die Tänzer strömen herein und tanzen, springen und winken. Ich komme mir vor wie eine Königin bei einer Galavorführung. Die schöne Sonderüberraschung ist extra für mich arrangiert worden. Nachdem bei mir so viele Emotionen freigesetzt worden sind, spüre ich die Musik, den Tanz, den Sonnenschein mit jeder Faser meines Körpers. Habe ich jemals eine derartig reine, einfache Freude erlebt? Ich glaube nicht. Mein Gesicht leuchtet, das weiß ich, und bald fangen einige der Tänzer an, mir zuzulächeln, während sie an mir vorübertanzen.

Ein kleines Kind, das in der Gegend herumstolpert, bleibt bei mir stehen, streichelt mein Knie und lehnt sich gegen mein Bein. Natürlich. Ich erlebe diesen wundervollen Tag, weil ich berechtigt bin. Mir wird auch klar, daß die Macht meiner offen gezeigten Freude Liebe und Freundlichkeit anzieht wie ein Magnet. »O Gott, ich danke dir, und laß mich wach bleiben, daß ich mich so freuen kann«, denke ich. Ich bin eins mit diesen Menschen. Ich bin eins mit dieser Welt.

Nachdem die Tanzdarbietungen vorbei sind, streifen meine Begleiterinnen und ich durch die alten Straßen und Gäßchen. Ich bin sprachlos vor Staunen und Entzücken und genieße jede Minute. Wir setzen uns in ein kleines Straßencafé und trinken Kaffee. Ich beobachte die mit Kameras und Umhängetaschen schwerbepackten Touristen, die an uns vorbeischlendern. »Zu schade. Wenn ihr mit der Welt eins wärt, wüßtet ihr, daß dies eure Heimat ist«, denke ich. Ich weiß, daß ich selbst keine Touristin bin; dies ist mein Land!

Es ist Nachmittag geworden, und Monika ist müde. Sie ist immer müde, aber wir übrigen beschließen, es ruhig hinzunehmen und zum Auto zurückzugehen, um die lange Rückfahrt nach Hause durch die sanften Hügel des Schwarzwaldes anzutreten.

Wir verlassen Frankreich, und dann bekomme ich Schwierigkeiten an der deutschen Grenze. Der Beamte wirft einen Blick auf mein Paßfoto und dann auf mich. Er schüttelt den Kopf und stellt mir eine Frage.

»Er sagt, das Bild sähe dir überhaupt nicht ähnlich«, berichtet Sigrid mir. Sie beginnt zu lachen. »Du hast abgenommen seit deiner Ankunft, Jackie. Dein Gesicht ist viel schmaler.« Sie erzählt dem Zollbeamten das in Deutsch. Er zuckt die Schultern und reicht mir meinen Paß mit einem skeptischen Blick zurück.

»Hab' ich mich so viel verändert?« frage ich Sigrid.

»Laß mich mal deinen Paß sehen.« Sigrid greift nach dem auf der Ablage liegenden Paß. »*Mein Gott.*« Sie lacht und reicht ihn den hinten sitzenden Frauen. »Du warst aber nicht so dick, als du herkamst. Du hast überhaupt keine Ähnlichkeit mit dem Bild!«

Ich werfe einen kurzen Blick auf das Bild, das jetzt wieder in Sigrids Händen ist. »Gott sei Dank sehe ich nicht mehr so aus.« Ich muß auch lachen. Wieder ein Grund zur Freude. Ich nehme ab!

Es geht jetzt bergan, und wir tauchen in die schattige Kühle der Bäume ein. Dieser Tag ist verzaubert. Ich kenne diese Straße. Auf einmal bin ich hellwach. Ich bin noch niemals hiergewesen, und doch habe ich diese Straße schon tausendmal gesehen. »Gleich kommt eine Ortschaft. Das weiß ich. Wartet, der Name liegt mir auf der Zunge«, sage ich zu den verblüfften Frauen. Noch eine Kurve, und da liegt das Städtchen vor uns. Ich habe es gewußt. Ich weiß nicht wieso, ich wußte es einfach. Wäre es möglich, daß ich dieses Wissen von meinen Vorfahren habe? Vielleicht.

Wir fahren gemächlich weiter in der Nachmittagssonne mitten durch die bewaldeten Hügel. »Laßt uns anhalten und ein bißchen im Wald spazierengehen, Jackie«, sagt Monika vom Rücksitz aus. Nur wenige Meter weiter sehe ich einen Parkplatz und bringe den Wagen zum Stehen. Eine wunderschöne Wiese breitet sich vor uns aus. Die anderen Frauen fangen an, die Straße hinaufzugehen, aber ich kann dieser Wiese nicht widerstehen. Tausende und Abertausende von Gänseblümchen sind über die weite Grasfläche verstreut. Vor mir kann ich sehen, wie sich die Straße, die wir soeben heraufgeklettert sind, in sanften Biegungen zu dem schwach beleuchteten Tal hinunterschlängelt.

Ich laufe in die Wiese und fange an, einige Gänseblümchen zu pflücken. Mir fällt ein, wie wir als Kinder Ketten von Gänseblümchen geflochten haben, und ich beginne, eine für mich zu winden. Ich möchte einen Kranz von Gänseblümchen tragen als symbolische Krönung dieses Tages. Das ist der erste und einzige Tag in meinem Leben, an dem ich Ganzsein empfunden habe. Ich fahre drei Frauen aus der Klinik von Deutschland nach Frankreich und zurück; ich fühle mich selbstbewußter und besser, als ich mich je zuvor gefühlt habe. Die Gegend, durch die wir kommen, ist mir so vertraut, daß ich mich nirgendwo verlaufen könnte. Sprache, Ort und Zeit stellen keine unüberwindlichen Schranken mehr dar, nichts ist mehr von Bedeutung in diesem Augenblick. Ich erkenne, daß das völlige Aufgehen im Jetzt nicht mit Schmerz oder Furcht erkauft werden muß; jetzt ist der Zeitpunkt zu leben, und diesem Augenblick bin ich verbunden. Ich erkenne jetzt die Ganzheit der »Vögel in der Luft« und der »Lilien auf dem Felde«. Wenn man dem Augenblick verbunden ist, braucht man tatsächlich nichts zu tun. Ich muß nur sein. Ich stelle meine Gänseblümchenkette fertig und kröne mich damit. Ich weiß, daß ich diesen Tag stets in besonderer Erinnerung behalten werde. Mit diesem Gedanken zerbreche ich den Zauber. Die Pflicht ruft. Ich muß sehen, daß wir in die Klinik zurückkommen. Die Sonne geht unter.

Es ist Montag, der 3. Juli. Diese Klinik erdrückt mich. Ich möchte nach Hause. Der Tag ist kalt und regnerisch. Die Bäume sind in Dunst gehüllt. Das Tal sieht wie abgeschnitten aus. Ich habe Gruppe in der Kegelbahn, möchte aber nicht mitmachen. Das Schreien steht mir bis zum Hals. Ich bin müde. Ich sehne mich nach meinem Zuhause, meinem eigenen Bett, ich möchte meinen Mann und meine Kinder um mich haben. Ich habe eine Abneigung gegen die Kegelbahn und die Menschen, die hier sind. Ich werde heimfahren.

Ein neuer junger Therapeut mit einem Bart und Augen wie Christus packt mich. »Wir gehen auf die Matten«, sagt er in schleppendem Englisch.

Verdammt, ich möchte allein sein. Ich gehe mit ihm auf die Matte und schreie. Alle Freude von gestern ist verschwunden, und ich fühle mich mieser als je zuvor. Warum?

Bei der Besprechung nach der Arbeit auf den Matten ergreift der junge Therapeut das Wort, und Elli, meine Zimmergenossin, dolmetscht für mich.

»Er sagt, es war furchtbar, mit dir auf der Matte zu sein, aber er möchte, daß du dich dazu äußerst. Er will nicht darüber sprechen.« Elli erschreckt mich mit ihren Worten. Hat dieser junge Mann gespürt, wie tot ich bin? Was hat er empfunden? Oh, zum Teufel, wie hätte ihm entgehen können, daß ich einen gewaltigen Haß auf alles habe, daß ich nicht hier war, ich war in Amerika. Verdammt, ich habe diese Klinik satt, diesen Wahnsinn. Ich bin ganz durcheinander im Kopf und verlasse die Kegelbahn, sobald wir gehen dürfen. Ich ziehe mich um und beschließe, mit dem Auto wegzufahren – einfach von hier weg.

Am Empfang unterschreibe ich mit meinem Namen, setze die Uhrzeit ein – es ist zwölf Uhr –, und als Ziel gebe ich Stuttgart an. Ich beabsichtige, einige Stunden wegzubleiben. Ich muß nachdenken. In mir toben die verschiedensten Emotionen. Es ist nicht in Ordnung, daß ich die Klinik allein verlasse, ohne um Erlaubnis gebeten zu haben. Das ist mir egal. Was können sie machen? Mich nach Hause schicken? Ich wünschte, sie würden es tun. Ich wünschte, sie würden mich mit einem Tritt aus diesem Nest hinausbefördern, aus diesem falschen Heim, das nicht das meine ist.

Je länger ich hier bin, um so lieber möchte ich bleiben, und doch kann ich es nicht. Das ist nicht mein Leben, das ist nicht die Realität. Jetzt kommt mir die gleiche Sicherheit, die ich in den vergangenen Wochen zu spüren begonnen habe, wie eine Gefahr vor. Ich bin keine Deutsche, ich bin Amerikanerin. Dies ist ein unvergeßliches Erlebnis, ich werde nie wieder die gleiche sein. Ich möchte jetzt nach Hause. Ich will sehen, ob meine Ehe noch zu retten ist. Ich will herausfinden, ob mir ein Leben in Bozeman, Montana, noch etwas bedeutet, oder ob ich weggehen und ein neues Leben für mich selbst aufbauen muß. Ich muß wissen, ob ich meine eigenen Leute so lieben kann wie diese Menschen hier. Mein ganzes Sein steckt in dieser Klinik, und das ist nicht in Ordnung. Es ist ein Dasein wie im Märchen.

Den Weg nach Stuttgart finde ich auf Anhieb. Die Unwirklichkeit meiner Realität setzt mich selbst in Erstaunen. Ich fahre auf der Autobahn, als gehöre sie mir. Ohne einen Blick auf eine Karte zu werfen, weiß ich, wie ich durch das ganze Gebiet des Schwarzwaldes fahren muß. Ich verfüge über ein untrügliches Wissen, wo alles ist. Das macht mir langsam angst. Woher weiß ich das alles? Ich beschließe, zum Flughafen zu fahren. Ich weiß nicht warum, und doch tue ich es. Ich werde nach Hause zurückkehren; wann das sein wird, steht noch nicht fest, aber es wird bald sein. Ich habe ein starkes Verlangen danach, mich einfach wieder in mein altes Leben zurückzuversetzen und zu sehen, was es mir zu bieten hat. Ich habe wirklich keine Ahnung, ob meine Ehe noch weiterbesteht, und dieses Fragezeichen in meinem Leben quält mich derartig, daß ich der Frage bald auf den Grund gehen muß. Wenn ich mir ein neues Leben aufbauen muß, dann muß ich die Ärmel hochkrempeln.

Als ich zum Flughafengebäude gehe, sitzt mir die Angst im Genick. Mir ist überhaupt nicht klar, was ich tue. Ich schlendere zum Lufthansa-Schalter hinüber.

»Sprechen Sie Englisch?« Das Mädchen nickt bejahend.

»Wann kann ich nach Chicago fliegen?«

Während die junge Dame die Flugpläne durchsieht, fange ich an zu schwitzen und zu zittern. Was ich hier tue, ist absoluter Wahnsinn. Ich verstehe es nicht. Ich möchte in die Klinik zurückrennen, Walther suchen und mit ihm darüber sprechen. Ich wünschte, Horst wäre zurück aus Irland, vielleicht könte seine Umarmung mir helfen zu verstehen, was ich tue.

»Sie können für morgen einen Flug buchen.« Die Stimme der jungen Dame scheucht mich aus meinen Gedanken auf.

»Ich nehme ihn. Ich habe schon einen Flugschein.« Mir wird ganz übel im Magen.

»Gut, der Flug ist bestätigt. Kann ich bitte Ihren Namen haben?«

Mir wird ganz schwindlig und flau, als sie meinen Namen notiert. Ich muß hier raus. Ich kann die Buchung morgen früh stornieren, wenn ich aufgestanden bin.

Ich bin verrückt. Ich bin wahnsinnig. Was tue ich hier in Stuttgart? Wenn ich am letzten Freitag nicht meine große Klappe aufgerissen hätte, wäre ich niemals an dieses Auto gekommen. Ich wäre nicht hier. Was geht in mir vor? Das ist qualvoller als irgend etwas, das ich jemals in meinem Leben gefühlt habe. Mir ist, als wäre ich mitten durchgerissen.

Ich flüchte wieder mal und renne zu meinem Auto. Ich muß in die Klinik zurück, bevor ich den letzten Rest von Beherrschung verliere. Dank lebenslanger Fahrpraxis werde ich ruhiger, sobald ich hinter dem Steuer sitze, und ich kann wieder atmen. Ich muß Licht in dieses Dunkel bringen. Ich bin jetzt sechs Wochen hier und bin nie zuvor in meinem Leben so in mir abgerundet und ganz gewesen. Diese Wahnsinnstat ist ein Alptraum. Warum mußte er in mein ruhiges Dasein einbrechen? Ich muß nachdenken. Ich muß versuchen, mir darüber klar zu werden, was ich wirklich will.

Als ich jetzt in Richtung Karlsruhe fahre, weiß ich plötzlich, daß ich links abbiegen kann, um die Stadt zu umgehen. Wieder verblüfft es mich, daß ich das weiß. Ich fahre bei der nächsten Ausfahrt rechts raus, biege links ab und komme auf eine Landstraße. Ich weiß, wo ich bin, ich weiß, wo ich langfahre. Ich habe dieses Land tausendfach durchwandert. Das ist auch Wahnsinn.

Ich komme in der Klinik an. Mein unfehlbarer Sinn für die richtige Richtung hat mir gute Dienste geleistet. Etwa 45 Kilometer Fahrt über Land, und da bin ich wieder. Das Abendessen ist vorbei, und keiner ist zu sehen. Ich gehe schlotternd in mein Zimmer hinauf. Kaum bin ich angekommen, möchte ich schon wieder die Flucht ergreifen. Ich zerre weinend meine Koffer herunter. Es klopft, und Anna kommt herein. Sie hatte sich über mich lustig gemacht, als ich bei Walther saß und weinte. Ich werde ganz steif.

»Jackie, mein Gott – was machst du denn?« Anna kommt mit ausgestreckten Armen auf mich zu.

Nur keine Umarmungen jetzt, verdammt. Ich will nicht, daß sie mich in den Arm nimmt. Ich trete einen Schritt zurück. Anna packt mich und schlingt ihre Arme um mich. »Nein, Jackie, bleib. Du gehörst zu uns hierher«, wimmert sie. Wir setzen uns aufs Bett, und ich fange an zu schluchzen. Das tut gut. Ich bin zu Hause. Ich kann noch ein bißchen bleiben. Walther hat mir nicht dieses Auto besorgt, um mich nach Hause schicken zu können. Mein Gott, so ist das! Unser »Großer Vater« hat mir ein Auto genehmigt. Er hat mir Freiheit gegeben. Und ich hatte geglaubt, er habe mir eine Botschaft geschickt. Die Botschaft, die ich erhielt, lautete: »Mach, daß du nach Hause kommst, Yankee.«

Mein ganzes Leben lang habe ich damit gerechnet, abgelehnt zu werden. Immer habe ich dafür gesorgt, daß ich ablehnte, bevor ich abgelehnt *werden* konnte. Ich habe niemals Bedürfnisse gezeigt, weil ich den Kummer nicht ertragen konnte, daß diese Bedürfnisse nicht befriedigt würden. Die wichtigste Antriebskraft für meine Persönlichkeit ist die Überzeugung: »Ich brauche nichts und niemanden – ich schaffe es alleine.« Sie hat mich wieder eingeholt, die alte Umweltprägung hat sich wieder durchgesetzt.

Ich habe eine Menge Arbeit vor mir, aber zuerst muß ich verstehen, warum ich mich so verheerend fühle. Ich denke an das letzte Wochenende zurück; ich weiß, daß dort Anhaltspunkte liegen. Stück für Stück erinnere ich mich.

Ich war in Karlsruhe, um das Auto abzuholen. Ich bin nicht sofort in die Klinik zurückgefahren. Walther rief Heidi an, weil es spät war, und dann haben wir irgendwo haltgemacht und zu Abend gegessen. Ich lächle, als ich daran zurückdenke. Walther hatte über zweihundert Mark für Fotos bezahlt, die wir in Ettlingen abgeholt hatten – Fotos von dem letzten Ehemaligentreffen in der Klinik. Er hat ein wunderschönes Chiffonkleid für Heidi gekauft. Als wir dann bei unseren

Steaks saßen, stellte er fest, daß er kein Geld mehr hatte. Ich habe unser Essen bezahlt. Wir saßen zusammen und unterhielten uns wie zwei Freunde. Keine Spur von einer Doktor-Patientin-Beziehung.

Dies ist ein wesentliches Merkmal im Heilungsprozeß hier in der Klinik. Die anderen Gäste haben Familienangehörige und Freunde, mit denen sie allmählich wieder Verbindung aufnehmen können. Ich habe niemanden. Solange Horst in Irland ist, sind Walther und seine Familie meine einzigen Kontakte nach draußen. Das ist einerseits kompliziert, aber es ist typisch für die Einstellung hier in der Klinik. »Zum Henker mit den überkommenen Vorstellungen, zum Henker mit Doktor-Patienten-Beziehungen. Wir tun, was wir tun müssen. Wir sind eins.«

Ohne Schwierigkeiten und unbewußt war ich wieder in meine alte Beziehung zu Walther verfallen. Meine Freundschaft ist jetzt viel enger, weil er in den vergangenen sechs Wochen mein wirkliches Wesen kennengelernt hat. Ich kenne ihn einen guten Teil besser, als ich ihn früher gekannt habe. Ich empfand eine warme, unbeschwerte Vertrautheit, als ich während dieses Abendessens mit ihm zusammensaß. Ich war erwachsen und wurde von einem anderen Erwachsenen akzeptiert.

Samstag. Was war an diesem Tag geschehen? Ich muß es rekonstruieren. Ich bin nach Karlsruhe gefahren und habe mir ein Kleid gekauft. Walther hatte mir gesagt, ich könne kommen und gehen, wie ich wollte; ich sollte mich nur in die Liste eintragen, damit sie wüßten, wo ich sei. Ich kaufte ein Kleid und war überrascht, wieviel ich abgenommen hatte. Ich war immer noch rundlich, aber nicht mehr fett. Zum ersten Mal seit zehn Jahren machte es mir Spaß, etwas zum Anziehen zu kaufen.

Am Nachmittag kehrte ich in die Klinik zurück, da Walther für mich einen Vortrag über Bonding auf Band aufnehmen wollte. Wir nahmen das Band im Aufenthaltsraum auf in Anwesenheit von etwa zwanzig anderen englisch sprechenden Gästen, die zuhörten. Dann forderte Walther mich auf, mit zu ihm nach Hause zu kommen, wir wollten einige englische Briefe für ihn schreiben und das Band auf eine Kassette überspielen, die ich behalten und mir anhören konnte.

Wieder eine Gelegenheit, meine Flügel in der realen Welt zu testen.

Pascal war zu Hause und spielte im Hof herum, als Walther und ich besprachen, was ich für ihn schreiben sollte. Heidi kam vom Tennisplatz zurück und machte sich daran, das Abendessen für uns alle zu richten.

Walther und ich arbeiteten weiter, und Dominique und Thomas kamen in den Garten heraus. Die drei Jungen warteten voller Ungeduld auf das Essen, und Walther und ich arbeiteten weiter. Dann registrierte ich auf einmal Spannung. Was war das?

Ich begann mich an ähnliche Szenen zu erinnern, die sich bei uns zu Hause abgespielt hatten. Ich mußte an all die Male denken, wo sich Jesses Arbeit bis in die wenigen Stunden erstreckte, die die Kinder und ich mit ihm verbringen konnten. Ich erinnerte mich daran, wie mir in den vergangenen sechs oder sieben Jahren allmählich alle diese Leute und ihre Verehrung für Jess auf die Nerven gingen. Ich nahm es ihnen übel, daß sie durch ihre Bedürfnisse Forderungen an unsere ganze Familie stellten. Während meine Verbitterung und die der Jungen wuchs, gestaltete sich unser Familienleben zunehmend schwieriger. Ich fing an, Jesses Leben als einen gewaltigen Egotrip zu betrachten, und wir hörten auf, miteinander zu reden.

Ich projizierte mal wieder meine eigenen Gefühle auf diese Familie, und ich war mir klar darüber; trotzdem habe ich Walthers und Heidis Haus so bald wie möglich verlassen. Ich kam mir wie ein Eindringling vor, und das Gefühl konnte ich nicht ertragen.

Der nächste Tag, Sonntag, war reinste Freude. Heute die Katastrophe. Wie reimt sich das alles zusammen?

Die Antwort ist einfach, wenn sie kommt. Ich muß noch eine Zeitlang hierbleiben und muß es üben, mich berechtigt zu fühlen. Ich muß so gut wie möglich lernen, auf eigenen Füßen zu stehen. Und dann, wenn der richtige Zeitpunkt gekommen ist, muß ich nach Hause fahren und der Realität ins Auge sehen.

All das geht mir durch den Kopf, als ich in Annas Armen weine.

»Komm mit runter in die Kegelbahn. Walther wird gleich mit seinem Vortrag über Sexualität fertig sein; du mußt jetzt unter Leute gehen.« Annas Stimme ist sanft und vernünftig.

Wir gehen zusammen zur Kegelbahn. Walther spricht immer noch zur Gruppe, während ich mich auf den Fußboden setze. Jutta kriecht über die auf dem Boden liegenden Matten zu mir herüber, greift nach meiner Hand und flößt mir Zuversicht ein mit dieser zarten Geste. Sie hat intuitiv erfaßt, daß es mir heute schlecht gegangen ist.

Walther kommt zum Ende seines Vortrages und schaut lächelnd auf. »So, Jackie. Bist du fertig mit Kofferpacken, oder bleibst du noch ein Weilchen bei uns und benimmst dich wie ein braves deutsches Mädchen?« Sein Lächeln ist nicht sehr überzeugend, und seine Augen sind kalt. Er billigt mein Verhalten nicht, und ich weiß es.

Eine Welle der Wut packt mich. »Verdammter selbstgefälliger Psychiater. Was weißt du schon?« Der Gedanke verschwindet so rasch, wie er aufgetaucht ist. Er schuftet sich die Seele aus dem Leib, unzählige Stunden lang, und dabei brauchte er sich nur zurückzulehnen und zu warten, bis wir erwachsen werden. Er ist in Ordnung. Er tut nur seine Arbeit.

»Ja, ich werde noch bleiben und lernen, mich wie eine brave Deutsche zu verhalten.« Mein Lächeln kommt von Herzen. Ich habe wieder einmal kapituliert.

Dienstag ist der 4. Juli. Zu Hause ist es ein vergnüglicher Feiertag. Ich denke daran, wie viele Picknicks wir im Laufe der Jahre an diesem Tag unternommen haben. In drei Tagen, am 7. Juli, sind Jess und ich neunundzwanzig Jahre verheiratet. Hier in Deutschland ist heute ein ganz gewöhnlicher Arbeitstag. Ich muß mit meinen Gedanken hierbleiben.

Wir haben Gruppe mit Peter in der Kegelbahn. Er macht wieder Bioenergetik. Wir sollen uns alle einen Partner auswählen, ihm in die Augen sehen und »Nein!« schreien. In dieser Woche sind etwa sechs junge Ärzte hier, die sich den Betrieb in der Klinik anschauen. Einer der jungen Männer ergreift meine beiden Hände, schaut mir in die Augen und brüllt: »Nein!«, so laut er kann. Ich bin versucht zu kichern, und doch bin ich verwirrt. Ich kriege plötzlich Angst. »Nein!« schreit er mir wieder entgegen.

Das ist idiotisch. »Nein!« sage ich leise mit gelangweilter Stimme.

»Nein!« schreit er wieder und zerrt mich an den Händen. »Nein«, sage ich sanft, blicke zur Seite und dann zu Boden. Ich fühle mich ungemütlich bei diesem Spiel.

»Tu so, als wäre ich Jess und sag ›nein‹.« Sein ruhiger, sehr kultivierter englischer Akzent überrascht mich. Ich sehe ihm ins Gesicht und werde wütend. Ich weiß nicht einmal, wie er heißt. Ich habe ihn noch nie gesehen; und trotzdem weiß er genug von mir und meiner Krankengeschichte, um mich mit Jesses Namen aus dem Gleichgewicht zu bringen. Verdammt, ich habe diese kindischen Spiele satt. Wenn ich Grund habe, mich gegen Jess zu wehren, werde ich ihm das »Nein« direkt ins Gesicht sagen. Ich habe inzwischen genug Selbstwertgefühl, daß ich in der Lage sein werde, das Richtige zu tun, wenn ich nach Hause komme. Aber ich werde für mich selbst entscheiden, ob »ja« oder »nein«, ich brauche diesen blöden Kram nicht mehr. »Nein!« brüllt er wieder.

Also gut, du Wichtigtuer, ich werde dein dämliches Spiel mitmachen. »Nein!« fauche ich zurück.

»Nein!« wieder und wieder, und ich stelle fest, daß es nicht leichtfällt, nein zu sagen. Für mich ist es ein gefährliches Wort. Ich fühle mich unwohl dabei. Das Motto meines Lebens ist »Vielleicht!«. Niemals nein oder ja – nur vielleicht. Es flößt mir sogar Furcht ein. Ich habe Angst davor wie vor einem körperlichen Übergriff. Warum?

Die Übung ist zu Ende, wir gehen dazu über, daß einzelne ihrem Schmerz auf verschiedenste Weise Ausdruck verleihen. Ich stelle fest, daß ich noch vor wenigen Wochen an der gleichen Stelle war, wo sie sich heute befinden. Ich verspüre geringfügige Spuren ihres Schmerzes, wenn ich sehe, wie sie sich quälen, aber ich bin mittlerweile auf einer anderen Ebene. Gestern hatte ich einen Rückfall, aber es war nur ein Ausrutscher. Mit jedem neuen Tag wird meine Realität stabiler. Es wird nicht mehr allzu viele Wochen dauern, und ich habe es geschafft, das ist gut. Ich muß nach Hause zurückkehren und mein Leben leben. Das ist mein Wunsch, und ich habe ein gutes Gefühl dabei.

Der Mittwoch ist ruhig. Walther fährt nach Basel und verabschiedet sich wortreich nach allen Seiten. Er bleibt nur einen Tag weg, um einen Vortrag zu halten. Morgen abend kommt er wieder. Ich beschließe, zu Hause anzurufen. Es ist 16.30 Uhr hier; also ist es drüben 9.30 Uhr. Jess dürfte noch zu Hause sein.

Ich rufe an, und Jess junior, unser ältester Sohn, ist am Apparat.

»Hallo, Jess, wie geht es dir?«

»Mami! Mir geht es prima, was machst du?« Seine Stimme klingt so freundlich, so vertraut.

»Alles bestens, mein Lieber. Am Freitag ist unser Hochzeitstag, und ich denke an Vater und an euch alle. Ich werde bald nach Hause kommen.«

»Toll, Mami, wann?« Ich habe ein feines Ohr und glaube eine gewisse Unruhe in seiner Stimme zu hören. Ein Kobold flüstert mir ins Ohr, und ich antworte: »Morgen? Was meinst du dazu?« Warum, zum Teufel, sage ich das? Was sind das für Kräfte, die mich nach Hause ziehen? Mir wird klar, wie unsagbar einsam ich bin.

Jesses Stimme ist jetzt vorsichtig. »Prima, wann kommst du an?«

»Ich habe noch nicht gebucht. Wo ist Vater? Gib ihn mir bitte.«

»Er ist gerade nicht zu Hause. Ich sage ihm, daß er dich anrufen soll.« Jesses Stimme klingt noch vorsichtiger.

»Weißt du was, Jess. Du buchst jetzt gleich einen Flug für mich von Stuttgart für morgen. Hier ist Abend und ich kann es nicht selbst tun. Dann richte bitte Vater aus, daß er mich anruft. Er kann mir sagen, ob es mit der Reservierung geklappt hat.«

»In Ordnung, Mami. War nett, mit dir zu reden.« Jess hängt auf, und ich fange an zu schlottern. Ich möchte gar nicht sofort nach Hause. Ich brauche noch einige Wochen hier. Ach was, ich sage Jess einfach, daß das eine dumme Idee von mir war und daß er den Flug wieder stornieren soll. Was für eine Neurose! Ich versuche meine Empfindungen abzuschütteln und gehe zum Abendessen. Ich kann mein eigenes Verhalten nicht begreifen.

Den ganzen Abend über bin ich total benommen. Ich werde mich besser fühlen, wenn Walther zurückkommt. Ich muß mit ihm darüber sprechen, was ich für widerstreitende Gefühle in bezug auf die Klinik und mich selbst habe.

Um 23.00 Uhr läutet in meinem Zimmer das Telefon. Es ist mein Mann.

»Jac? Es ist etwas passiert, und ich meine, du solltest es erfahren, ehe du nach Hause kommst.« Jesses Stimme klingt gepreßt.

»X hat vorgestern einen Selbstmordversuch unternommen.« Mein Herz hört auf zu schlagen. Unser Sohn – einer unserer Söhne – hat versucht, sich das Leben zu nehmen. Das ist zu entsetzlich. Ich bin unfähig zu sprechen.

»Er ist in Sicherheit, aber er braucht Hilfe. Ich fliege morgen mit ihm an die Ostküste. Du könntest morgen kommen und uns treffen, aber es liegt bei dir. Ich schaffe es schon.«

In meinem Kopf dröhnt es. Jawohl, du schaffst es schon, verdammt noch mal! Jetzt weißt du, was ich durchgemacht habe, als du vor zwei Jahren hier warst. Glaubst du, das wäre alles passiert, wenn du in diesen letzten fünf Jahren ein wirklicher Vater gewesen wärst, wenn du auch nur einen roten Heller für mich und die Kinder gegeben hättest? Ich hasse dich, du egoistisches Monster. Du hast uns im Stich gelassen. Du hast deine Herzanfälle als Vorwand benutzt, um dich mit deinen eigenen Dingen zu befassen. Die Bücher haben dir Geld und Freiraum gegeben, und du hast uns gezeigt, wie wenig wir dir in deinem Leben bedeuten. Leide nur, du Schuft. Mach das durch, was ich ganze fünf Jahre lang ausgestanden habe. Es geschieht dir recht, daß du jetzt alleine bist. Endlich bist du mal mit Pflichten konfrontiert, die größer sind als deine eigenen verfluchten Bedürfnisse. Ich hasse dich, ich hasse dich. Ich weine unhörbar, in meinen Eingeweiden wütet ein grauenhafter Schmerz. Ich kann dich nicht hassen, Jess. Es wäre einfacher, wenn ich es könnte. Nein, kein Haß. Wenn ich nur unbeteiligt bleiben könnte, wenn ich aufhören könnte, mitzufühlen und mir Sorgen zu machen, dann könnte ich ohne dich weitermachen. Wir haben zu viele schöne Jahre miteinander verlebt, um es so enden zu lassen. Ich werde nach Hause kommen mit dem, was ich gelernt habe, und zusammen werden wir diese furchtbare Sache durchstehen. Dann werden wir sehen, ob wir aus den Trümmern ein gemeinsames Leben aufbauen können.

»Ich komme, Jess. Hat es mit der Reservierung geklappt?« Meine Stimme ist angestrengt und müde. Sorgen, Pflichten, Schmerz, Last. Das Alte ist zurückgekommen.

»Ja, Jac, wir holen dich am Flughafen ab. Ich sehe dich morgen nacht.« Ich lege auf und renne aus meinem Zimmer. Hoffentlich ist noch jemand wach, der Englisch spricht.

Ich drücke den Aufzugknopf, aber ich bringe es nicht fertig zu warten. Ich haste die Treppe hinunter. Das Licht an der Rezeption brennt noch. Elke steht in der Eingangshalle und spricht mit Dr. Angela Bruderer. Verdammt, warum ist Walther nicht hier oder Horst? Angela kenne ich so gut wie gar nicht:

»Was ist los, Jackie? Du siehst furchtbar aus.« Elke ist besorgt wie eine Mutter.

»Mein Sohn hat versucht, sich das Leben zu nehmen. Ich fahre nach Hause«, bricht es ohne Vorwarnung aus mir heraus.

»Ist er tot?« fragt Elke.

»Nein, Elke, er hat es nur versucht, aber ich reise morgen früh ab.«

»Komm und setz dich, Jackie. Du zitterst ja.« Angela hat eine angenehme Stimme und spricht ein hervorragendes Englisch. Sie sieht sehr gut aus. Zu jung, um Ärztin zu sein. Zu jung, um mir zu helfen. Ich brauche jemanden, der in meinem Alter ist, jemand, der selber Kinder hat.

Trotzdem akzeptiere ich ihre Anwesenheit. Mehr habe ich im Moment nicht. Wir unterhalten uns. Zu meiner Überraschung sprechen wir über belanglose Dinge. Das zwanglose Geplauder wirkt beruhigend auf mich.

»Ich muß jetzt schlafen gehen, ich habe eine lange Reise vor mir.« Während ich spreche, wird mir klar, daß mir noch mehr auf der Seele liegt, aber ich muß allein damit fertig werden. Im Geiste habe ich die Klinik bereits verlassen, und ich habe niemals ein derartiges Gefühl der Einsamkeit verspürt. Ich wünschte, ich könnte mich neben jemandem zusammenrollen – irgend jemandem, sogar Elke – und mich in dieser Nacht trösten lassen. Aber ich kann nicht bitten. Ich habe Angst, dieses Bedürfnis zu äußern.

»Morgen früh mußt du vor das Team gehen und erklären, warum du abreist, Jackie«, sagt Angela sanft.

Daran habe ich nicht gedacht. Das gefürchtete Team. Ich werde es tun müssen. Das bin ich ihnen schuldig.

Ich kann nicht schlafen. Ich tue so als ob, damit Gisela mich in Ruhe läßt. Ich habe zu viele Schwierigkeiten mit ihr, als daß ich versuchen würde, diese Nacht mir ihr zu teilen.

Sobald es hell wird, stehe ich leise auf und fange an zu packen. Das ist eine vertraute Routine. Genau vor drei Tagen habe ich das gleiche getan. Ich bin bald damit fertig und lasse mir ein heißes Bad ein, um den Schmerz mit dem Wasser wegzuspülen. Ich höre, daß Gisela sich regt, und stelle fest, daß es Zeit für den Morgenspaziergang ist. Aber ich brauche nicht mitzumachen, denke ich traurig. Ich wünschte, ich könnte weinen. Ich wünschte, ich würde etwas anderes fühlen als diese Leere, dieses Ausgebranntsein.

Ich trockne mich ab und verlasse das Badezimmer. Gisela lächelt mir zu und blickt zur Seite. Es gibt keine Kommunikation mehr zwischen uns. Es ist vorbei. Wir haben nicht zusammengepaßt, und ich weiß, daß das für sie schlimm war. Es gibt nichts zu sagen.

Ich nehme in jede Hand einen Koffer und starte in Richtung Tür. Ich muß noch eine Menge Dinge erledigen, um bis 11.00 Uhr am Flughafen in Stuttgart zu sein. Ich verstaue meine Koffer in meinem Auto und schaue zur Klinik hinauf. Mein Heim – der Platz, an dem ich geboren wurde – muß ich unter so traurigen Umständen verlassen. Ich liebe jeden Nagel in deinen Wänden, jeden lieben Menschen innerhalb deiner Mauern. Ich verlasse das Nest und möchte es nicht in dieser Weise tun. Ich habe meine Lektionen nicht so gut gelernt, wie ich es hätte tun sollen, aber ich habe so viel wie möglich gelernt. Ich hoffe, es wird mir helfen, die nächsten Tage durchzustehen.

Ich kehre in mein Zimmer zurück, um die Dinge zu holen, die man mir bei meiner Ankunft ausgehändigt hat. Ich muß sie zusammen mit der Krankenschwester durchgehen. Auf das Frühstück werde ich verzichten. Ich möchte jeder Unterhaltung aus dem Weg gehen. Was kann ich sagen? Nichts.

Ich hocke in meinem Zimmer und starre die Wände an. Ich verstecke mich vor den anderen, das ist mir klar. Mir ist nicht nach Abschiednehmen zumute. In meinem Herzen weiß ich, daß ich hierbleiben sollte, aber ich weiß auch, daß ich es nicht tun werde. Ich sage nicht mehr, daß ich es nicht kann. Dieses Wort ist eine Lüge, und ich habe es aus meinem Vokabular gestrichen. Wenn wir sagen: »Ich kann nicht«, meinen wir in Wirklichkeit: »Ich will nicht.« Ich will nicht hierbleiben. Das ist die Wahrheit.

Es ist Zeit, zum Team zu gehen. Sämtliche Therapeuten mit Ausnahme von Walther und Horst sind da. Ich werde ihnen sagen, daß ich nach Hause fahre und fertig. Dann werde ich in meinen hübschen beigen Ford Taunus einsteigen und wegfahren.

Ich fahre mit dem Aufzug nach unten und bereite mich seelisch auf das Meeting vor. Bald geht die Tür auf, und Franz gibt mir ein Zeichen, daß ich eintreten soll. Der kleine Raum ist angefüllt von Mitarbeitern. Ich fühle mich scheußlich.

»Warum bist du hier, Jackie?« fragt Uwe.

»Ich fahre heute nach Hause.«

»Nein! Warum sagst du das?« Das ist die Stimme von Franz. Er deutet auf einen Stuhl neben ihm. Ich setze mich und blicke mich um. Was für eine Art Spiel ist das? Wissen sie denn nicht Bescheid? Hat Angela ihnen denn nichts erzählt? Ich schaue mich nach ihr um. Sie lächelt sanft zurück, ihr Gesicht ist voller Rätsel.

»Mein Sohn hat vor kurzem versucht, sich umzubringen. Ich fliege nach Amerika, um meinen Mann zu treffen. Wir werden uns darum kümmern, daß er die nötige Hilfe bekommt.«

»Das ist idiotisch. Du kannst deinem Sohn nicht helfen. Laß es Jess in die Hand nehmen. Du bleibst hier und tust etwas für dich selbst«, sagt Ingo emphatisch.

Ich fange an zu weinen. Ich möchte bleiben, aber ich werde es nicht tun.

»Laß sie. Du kannst ihnen nicht helfen. Bleib hier«, schließt sich Uwe an.

»Ich soll also zu meinem Sohn und zu meinem Mann sagen: ›Zum Teufel mit euch‹? Meinst du das wirklich, Uwe?«

»Ja, genau, du rennst weg«, antwortet er.

Ingo lehnt sich vor und ergreift meine Hand. Ich klammere mich an seine Hand und fange an, laut zu schluchzen.

»Ist schon gut, Jackie. Du bleibst hier. Bleib hier bei uns sitzen, bis wir mit unserer Besprechung fertig sind, und dann werden wir dir helfen«, sagt Peter.

Ich lasse Ingos Hand los, befreie mich aus Franzens Armen und stehe auf. »Nein. Ich gehe jetzt. Auf Wiedersehen.«

»Mein Gott!« Ich höre Uwes sanfte Stimme.

»Genau wie im letzten Jahr, Jackie.« Peters Stimme ist wutverzerrt. »Lauf nur. Du lebst mit einer Lüge.« Das ist jetzt Ingo. Die beiden jungen Heißsporne haben gesprochen.

Ich drehe mich um, öffne die Tür und renne schluchzend die Treppen rauf. Raus aus der Tür und über die Straße zum Auto. Ich kann nichts sehen. Der Schmerz ist furchtbar. Ihr verdammten sturen Deutschen. Dickschädel, engstirnige, ihr könnt nichts weiter sehen als eure Zielsetzungen und eure eigene Klinik. Ich lasse mir mein Zuhause nicht wegnehmen. Ich bin nicht gegangen, als ihr es wolltet, aber das ist mein Zuhause. Schert euch doch alle zum Teufel, da gehöre ich hin! Warum konntet ihr nicht zu mir sagen, daß ich nach Hause fahren, das Durcheinander in meinem Leben in Ordnung bringen und dann zurückkommen und weitermachen solle? Warum konntet ihr nicht begreifen, daß ich eure Hilfe brauche, damit ich gehen und später zurückkommen und meine Arbeit beenden kann? Das ist kein gewöhnlicher Anlaß. Ich bin an meiner schwächsten Stelle getroffen worden, meinem Schuldgefühl. Gerade jetzt, wo ich an einem für mich wichtigen Wendepunkt angekommen bin, hat es mich getroffen – und ihr drescht noch weiter auf mich ein.

Ich lege den Rückwärtsgang ein und fahre aus dem Parkplatz. Jutta kommt die Treppe vor der Klinik heruntergelaufen. Mein Gott, Jutta! Ich hatte nicht einmal an sie gedacht. Ich halte an und springe aus dem Wagen. Schluchzend umarmen wir uns mitten auf der Straße.

»Es tut mir leid, Jutta. Es ist eine lange Geschichte, und das Gespräch vor dem Team hat mich sehr aufgeregt. Der Abschied von dir tut unheimlich weh, aber es muß sein. Wir werden uns wiedersehen. Ich verspreche es. Ich werde dich wiedersehen.«

Ich blicke in ihre traurigen, tränenerfüllten Augen. Ich liebe diese wundervolle Frau so sehr. Sie ist großartig. Wenn ich Jutta vor einer Stunde begegnet wäre, würde ich jetzt nicht abreisen. Ich weiß jetzt, warum ich mich in meinem Zimmer versteckt hielt. Es wäre mir unmöglich gewesen zu gehen, wenn ich die Hand nach den Menschen ausgestreckt hätte, die ich kenne und liebe.

»Sag Walther auf Wiedersehen von mir. Ich habe ihm einen Brief dagelassen. Er ist in seinem Büro.«

Ich steige in mein Auto ein und fahre weg. Mir wird klar, daß ich anderen die Schuld dafür zuschiebe, daß ich weggehe. Gerade als ich sie am nötigsten gebraucht habe, hatte ich keine Kraft. »Gott, laß es nicht umsonst sein. Hilf mir, daß ich das einsetzen kann, was ich gelernt habe. Ich werde es brauchen.«

Mein Herz fängt plötzlich an zu rasen, während mich ein furchtbares Schuldgefühl überkommt. Die Ärzte haben mir immer wieder diese Tabletten verschrieben. Mein Sohn ist süchtig und genauso auch sein Bruder. Ich habe während beider Schwangerschaften Tabletten eingenommen!

O Gott! Ich möchte in die Klinik zurückgehen und mich vor allen Schmerzen verstecken, die mich da draußen bedrohen. Wie kann ich die Wahrheit akzeptieren und mit ihr leben? Wie kann ich diese Qualen durchstehen? Ich wage es nicht, der Möglichkeit ins Auge zu blicken, daß ihre Sucht aus meinem Mutterleib herkommt, von diesen gottverdammten Tabletten, die ich selbst eingenommen habe.

O mein Gott! O mein Gott! Ich winde mich unter Qualen.

Im Grunde bin ich überzeugt, daß ich es getan habe. Es ist mir egal, wie die Ärzte und Pharmahersteller versuchen, sich selbst einzureden, daß dies nicht wahr ist. Ich kenne die Wahrheit.

Ich wende auf der Straße. Ich brauche die schützende Liebe der Menschen in der Klinik, um mich darin zu verbergen. Ich fahre an den Straßenrand und schluchze. Meine Welt bricht zusammen, ich hoffe, daß wir alle die harten Zeiten überleben werden, die vor uns liegen.

O Uwe, Ingo, Peter. Meine Schuld konnte ich nicht mit euch teilen. Ihr habt recht. Mein Leben war eine Lüge. Ich habe mit der Lüge gelebt, weil ich es nicht fertiggebracht habe, ihr ins Auge zu blicken. Ich habe nicht versucht, etwas zu vertuschen, ich konnte nur nicht dazu stehen. Ich bin süchtig, einige meiner Kinder sind süchtig, und jetzt ist endlich der Zeitpunkt gekommen, wo ich etwas dagegen unternehmen muß.

Ich blicke aus dem Autofenster. Ich habe in Marxzell unter einem der riesigen ausladenden Bäume angehalten, die die Straße säumen. Mir ist kalt wie der Tod – an diesem Sommertag. Ich kann überhaupt nicht aufhören zu zittern.

Daß dieser eine Sohn, zu dem es mich jetzt drängt, tablettenabhängig ist, wußte ich, lange bevor ich mir Sorgen um meine eigene Abhängigkeit von Beruhigungsmitteln gemacht habe. Ich erinnere mich daran, daß ich mir eingeredet habe, ich brauchte eine Pille, um den Schmerz zu lindern, den der Anblick seiner Krankheit verursachte. Ich wußte, daß er versuchen würde, sich das Leben zu nehmen. Er wollte sterben.

Jess! Jess! Du bist auch davor davongelaufen. Du hast es nicht fertiggebracht, bei uns zu bleiben und uns zu helfen.

Du hast es geleugnet. Du bist wütend auf mich geworden und hast mir gesagt, daß ich eine negative Einstellung hätte, als ich versuchte, mit dir darüber zu sprechen.

Du hast dir ein eigenes Leben ohne uns aufgebaut. Das war *deine* Flucht. Ich kann dich nicht tadeln, aber hätte es keinen anderen Weg gegeben? Hättest du mich nicht wenigstens anhören können? Hättest du nicht bei uns sein können?

Nein! Es gab keinen anderen Weg, nicht solange nicht jeder einzelne von uns bereit war, bei sich selbst reinen Tisch zu machen. Das weiß ich.

All die Zeiten fallen mir ein, in denen ich »allein« war. Alle Tage und Nächte dieser vergangenen zehn Jahre, wenn eine Pille meinen Schmerz gelindert und mich eingelullt hat. Denn ich wußte sehr wohl, was mit meinem Leben, mir selbst, meinem Mann und meinen Kindern los war.

Mein Leben läuft wie ein Film vor mir ab, wird mir schreckhaft bewußt. Vielleicht werde ich hier sterben in diesem Auto unter den Bäumen von Marxzell.

Nein, sage ich zu mir selbst, ich werde nicht sterben. Ich werde leben, und wenn mein neues Leben verlangt, daß ich ohne meine Ehe weiterleben muß, werde ich auch das schaffen. Möge Gott uns allen beistehen.

Ich versuche, das Auto in Gang zu setzen. Ich bringe es nicht fertig. Ich zittere zu arg. Ich möchte in die Klinik zurückkehren. Ich möchte in Walthers Büro runterrennen, wo das Team versammelt ist, und auf Uwe zustürzen und ihm sagen, daß er mich festhalten soll.

»Halte mich fest, Uwe. Mein Gott, nimm mich einfach in den Arm. Ich werde nicht fertig mit dem Schmerz.«

»SCHMERZ?« Ich höre Walthers Stimme. »Auch Schmerz sagt dir, daß du am Leben bist, Jackie. Du beißt dich fest an der Vorstellung, daß etwas außerhalb von dir selbst den Schmerz stillen kann. Deine Tabletten verfügen nicht über Zauberkräfte. Chemikalien schläfern dich nur ein und wollen dir einreden, es gäbe keinen Schmerz. Wenn du aufwachst, ist der Schmerz immer noch da, also mußt du wieder eine Tablette nehmen. Durch deine Einstellung, daß eine Tablette dir helfen könnte, mit der Lüge zu leben, hast du dahinvegetiert wie der lebende Tod. Du kannst leben, Jackie. Du kannst es!«

Ich schüttle den Kopf. Wie oft habe ich Walther und Horst und Peter, Uwe und Ingo das zu mir und zu den anderen sagen hören.

Du *kannst* leben. Du *kannst* es schaffen.

Ich lasse den Motor an. Ich werde mich in den nächsten Monaten an diese Worte klammern.

ICH KANN ES SCHAFFEN. ICH KANN LEBEN.

2

Dr. Walther H. Lechler

Wenn unsere Gäste in der Klinik von uns Abschied nehmen, beginnt ihre Arbeit.

Sie müssen an die neue Sprache glauben, die sie zu sprechen gelernt haben. Sie müssen an die neuen Einstellungen glauben, die sie sich zu eigen gemacht haben. Sie müssen lernen, mit ihrer »neuen Identität« zu leben. Sie müssen die neuen Erfahrungen jeden Tag üben, immer wieder aufs neue.

Die Menschen draußen erinnern unsere Gäste ständig an ihre früheren Gewohnheiten. Christus sagte: »Liebt eure Feinde.« Draußen in der Welt sind die meisten Menschen »Feinde«, deren Verhalten uns daran erinnert, daß wir unsere neu gewonnene Einstellung immer wieder üben müssen. Das ist schwer, aber wir müssen es tun.

Wir brauchen Menschen in unserem Leben außerhalb der Klinik. Sie sind unser Prüffeld. Wir sollten sie lieben – unsere Feinde –, weil sie uns nicht erlauben wollen, dort zu verharren, wo wir sind. Sie drängen uns. Sie erinnern uns daran, daß wir unsere neue Persönlichkeit festigen müssen, oder wir gleiten wieder in die alten Gewohnheiten ab. Deshalb heißt unsere »New Identity« strenggenommen »The New Identity Process« – Persönlichkeitsneufindungsprozeß. Das ist das Leben. Das Leben ist ein fortschreitender Prozeß.

Haben Sie jemals einen Bergsteiger getroffen, der Viertausender bezwungen hat – auch wenn es ihn fast das Leben gekostet hat –, der nicht auch bereit wäre, sich an einen Fünftausender und mehr heranzuwagen? Er betrachtet sich als Bergsteiger. Und ein Bergsteiger geht so lange in die Berge, wie er kann. So kommt es zu Bindung, zu Engagement. Ein Künstler oder Handwerker bleibt bei seinem Material und kämpft mit seinem Material, bis ihm das Werk gelingt, das ihm vorgeschwebt hat. Er geht nicht weg; er läuft nicht davon und beginnt mit einem anderen Material. Er sagt nicht: »Das ist nicht das richtige Material.«

Wenn wir von einem Ort zum anderen hasten und glauben, wir würden uns selber finden – finden, was wir brauchen –, dann ist das nur eine geographische Veränderung. Für unseren Dialog mit dem Leben brauchen wir Partner.

Als ich jung war, habe ich versucht, meine Probleme durch Ortsveränderungen zu lösen. Ich hielt es für eine Beeinträchtigung, daß ich als Deutscher geboren wurde und unter dem Hitler-Regime leben mußte. Ich wollte meine Zugehörigkeit zu den Deutschen verleugnen. Ich ging nach Frankreich und wollte Franzose werden. Dadurch lernte ich akzentfrei französisch sprechen. Ich wollte meinem Heimatland entfliehen.

Heute bin ich froh, Deutscher zu sein. Innerhalb der deutschen Landesgrenzen bin ich Bayer. Innerhalb der bayrischen Landesgrenzen bin ich Franke. Ich liebe die Mundart der Gegend, aus der ich stamme, ich liebe die Bräuche und die Trachten. Ich verleugne meine Herkunft nicht mehr. Ich bin jetzt stolz darauf, Deutscher zu sein.

In diesem Kapitel litt Jackie an dem sogenannten »Kofferpacken-Syndrom«. Sie begann aufzuwachen und wollte davonlaufen. Wir räumen unseren Gästen diese Freiheit ein. Sie können ihre Koffer packen und jederzeit gehen, wenn sie wollen. Unsere Erfahrung ist, daß sie meistens bleiben. Diejenigen, die uns verlassen, die aber ein wirkliches Bedürfnis haben, zurückzukehren, um mit uns zu arbeiten, dürfen jederzeit wiederkommen.

Einige Gäste packen ihre Koffer auf symbolische Weise. Sie lehnen es ab, sich dem Erneuerungsprozeß zu überlassen; sie bleiben am Rande und halten Woche für Woche an ihrem alten Verhalten fest. Dann müssen wir ihnen den Gefallen tun und ihre Koffer für sie packen. Wenn diese Gäste zurückkehren und neue Erfahrungen mit uns in der Klinik machen wollen, erlauben wir ihnen, daß sie wiederkommen. Wir spielen keine Spielchen mit unseren Gästen. Wir halten unsere Methoden nicht für den einzig gangbaren Weg. Wenn ein Gast wirklich überzeugt ist, daß er einen besseren Weg kennt, kann er jederzeit seine eigenen Erfahrungen machen. Wir behaupten nicht, daß wir Götter wären. Wir nehmen Techniken nicht allzu wichtig, noch idealisieren wir unseren eigenen Prozeß.

Unser Prozeß ist eine sich stets und ständig verändernde Realität.

Häufig bereitet das den Therapeuten, die unsere Arbeit hier in der Klinik beobachten, Schwierigkeiten. Sie kommen und sehen und verstehen. Ein Jahr später sind wir dann möglicherweise schon etwas weiter in der Entwicklung unseres Wachstumsprozesses. Ich betrachte den Prozeß so, wie ich das Leben betrachte. Es gibt nichts Absolutes – es kann nichts Derartiges geben. Wenn ich etwas entdecke, das sich auf das Leben anderer positiv auswirkt, bin ich dumm, wenn ich nicht überlege, ob es sich auch auf unsere Arbeit so auswirken würde. Es ist für mich als Arzt nicht leicht, so zu handeln. Ich bin ein Mensch und sehne mich nach Anerkennung durch meinesgleichen. Eines habe ich jedoch festgestellt: Nachdem ich meine eigene Neurose in den Griff gekriegt habe, habe ich von Alkoholikern, Süchtigen und anderen Neurotikern etwas über das Leben erfahren.

Die Schulmedizin erachtet meine Methode als nicht wissenschaftlich. Aber sie funktioniert. Unsere Rückfallquote ist niedriger als die der meisten anderen. Ich bin damit zufrieden und lebe damit. Ich kann nicht vor mir selbst bestehen, wenn ich meine Gäste als krank etikettiere und dann versuche, die ihnen von mir selbst verpaßte Krankheit zu heilen. Ideal wäre eine Klinik für Gesunde, die einen Weg suchen, um »gesünder als gesund« zu werden. Das können wir natürlich nicht machen, weil dann die Versicherungsträger nicht zahlen würden. So verwende ich eben einige wenige Krankheitsbezeichnungen, um den Anforderungen zu genügen.

Wir möchten die Menschen so weit bringen, daß sie sich endlich dort zu Hause fühlen, wo sie gerade sind. Wenn wir niemals unser Dorf verlassen, können wir nicht wachsen. Je mehr wir wachsen, um so mehr entwickeln wir die Fähigkeit, eins mit der ganzen Welt zu werden.

Wenn ich Jackies achtes Kapitel gelesen hätte, unmittelbar nachdem sie die Klinik verlassen hatte, wäre ich überzeugt gewesen, daß sie es nicht schafft. Alles, was sie getan hat, war im Grunde destruktiv. Daß sie einen Anruf von Jess entgegengenommen hat, widersprach dem, was sie dabei war hier zu lernen. Da hat sie wieder Dreck geschaufelt, als sie den Anruf angenommen hat.

Unsere Therapeuten im Team haben ihr die Meinung gesagt, und sie hatten recht. Sie benutzte den Selbstmordversuch ihres Sohnes für ihre eigenen Zwecke. Ich bin in der einzigartigen Lage, daß ich Jackies gesamte Familie kenne. Sie haben füreinander Dreck hin- und hergeschaufelt. Jackies Wunsch, nach Amerika zurückzukehren, war eine Flucht in die falsche Sicherheit der alten Umweltprägung und der

Wunsch, wieder die Oberaufsicht beim Unratschaufeln zu übernehmen. Sie scheute den schmerzhaften Prozeß, sich selbst freizusetzen, denn dann wäre sie vielleicht in der Lage gewesen, ihrer Familie zu zeigen, daß sie auch mit der Schaufelei aufhören könnten.

Jackie erwähnt, daß sie sich gewünscht hätte, unsere jungen Therapeuten hätten ihr geholfen, nach Amerika zu fahren, und hätten sie dann ermutigt, wieder zurückzukommen. Das ist Blödsinn. Das klingt nach einer guten Lösung, um dieser Krise zu begegnen, wenn man die Welt aus einer Problemhaltung heraus betrachtet. Wir weigern uns in der Klinik, diesen Standpunkt gelten zu lassen. Jackie hat den Selbstmordversuch von X zum Problem gemacht. Sie hat sich daran geklammert und rannte davon. Wenn sie eingesehen hätte, daß es kein Problem darstellte, daß es nur ein Versuch von X war, aus der Enge seiner neun Punkte herauszutreten, dann wäre sie noch eine Zeitlang bei uns geblieben und hätte X die Möglichkeit eingeräumt, für sich selbst das zu tun, was er tun mußte. Als sie wegfuhr, ist sie wieder zu ihrem alten Verhaltensmuster zurückgekehrt – der Verschwörung mit ihrer Familie.

Jackie hat uns Therapeuten zugleich beschämt und überglücklich gemacht. Das kommt gelegentlich vor, und es war eine große Freude. Jackie fuhr nach Hause, und es sah so aus, als würde sie wieder in den Schlafzustand verfallen, aber sie tat es nicht. Sie hat bei uns genug Erfahrungen gemacht, so daß sie nicht wieder in ihre alten Verhaltensmuster abgeglitten ist. Bei dieser Flucht hat sie einen neuen Weg beschritten.

Was sich nach Jackies Abreise abgespielt hat, entsprach nicht unseren Vorstellungen. Wir Therapeuten machen uns von den Gästen ein bestimmtes Bild, und wir glauben zu wissen, was das beste für sie ist, weil wir über so große Erfahrungen verfügen. In diesem Falle haben wir gelernt, daß unser Weg nicht immer der beste ist. Für alle von uns, die wir auf diesem Gebiet arbeiten, ist es wichtig, bescheiden und demütig zu bleiben. Therapeuten und Gäste müssen sich auf einer allen gemeinsamen Basis begegnen, und diese Basis heißt Vertrauen. Wir müssen aneinander glauben; wir müssen eine wirkliche Gemeinschaft sein.

Während ich mit Jackie zusammen an diesem Buch gearbeitet habe, konnte ich sehen, daß sie mit wachen Augen durch das Leben geht. Sie hat es geschafft, alle ihre Sklaven zu feuern. Es fällt ihr nicht leicht, aber sie läßt sich nicht unterkriegen. Sie vergißt nicht, wo sie herkommt. Sie weiß, daß sie ständig an sich arbeiten muß, um wach zu bleiben. Sie hat eingesehen, daß sie ihrer Umgebung sagen mußte, daß sie wach bleiben und sich nicht wieder einlullen lassen wollte. Sie weiß inzwischen, daß sie auch Jess klipp und klar sagen muß, daß sie ihn verlassen wird, wenn er sie nicht versteht. Sie kennt die Gefahr. Sie ist sich jetzt bewußt, daß sie ihr Leben selbst in der Hand hat und daß nur sie allein entscheiden kann, was sie tun muß.

Ich habe Jackie vor vielen Monaten vorausgesagt, daß ihre Blüte anfangen würde, sich zu öffnen. Ich sah, daß sie nicht noch einmal den gleichen Fehler beging. Es war wunderbar für uns, dies mitzuerleben.

In unserer Klinik legen wir den Gästen Fragebogen vor und fordern sie auf, die Klinik zu bewerten. Wir stellen viele Fragen, angefangen von der Reinlichkeit der Zimmer bis zur Qualität der Therapeuten. Ich habe die Erfahrung gemacht, daß diejenigen, die alles mit »ausgezeichnet« bewerten, das gelernt haben, um dessentwillen sie hergekommen sind. Die Leute, die alles als mies bezeichnen, erwarten gewöhnlich, daß sie mit allem versorgt werden, was sie brauchen. Das ist Unsinn. Nirgendwo auf der Welt gibt es eine Klinik, die uns mit dem versorgen kann, was wir brauchen. Was wir brauchen, steckt in uns selbst. Unsere Klinik ist nur dazu da, den Menschen das klarzumachen. Wir lehren sie, unabhängig zu werden. Wir sagen, daß wir in die Wüste hinausgehen und fasten müssen, damit wir zu uns selbst finden. Wir sagen, daß man alles über Bord werfen muß, um das zu finden, was man braucht.

Wir versuchen zu erreichen, daß unsere Gäste vergessen, daß wir Ärzte sind, aber wir stellen fest, daß viele von ihnen nach Ärzten verlangen. Sie warten auf den großen Zauberer, der etwas für sie tut.

Ich hatte einen Therapeuten hier in der Klinik, den ich sehr gern mochte. Er war sehr warmherzig, und er nahm sehr intensiv an vielerlei Dingen Anteil. Er war unfähig, sich selbst zu akzeptieren, und konnte nicht glauben, daß wir ihn nur um seiner selbst willen liebten. Also klammerte er sich an seine Doktor-Rolle. Er hatte großen beruflichen Ehrgeiz und brachte es nicht fertig, sich davon zu lösen. Ich wußte, daß er ein hervorragender Mitarbeiter für unsere Klinik werden konnte, denn er war so herzlich und menschlich. Aber es war zu schwierig für ihn, unsere ständig im Umbruch befindliche Klinik zu akzeptieren. So etwas macht mich traurig.

Ich habe auch meinen Stolz, ich weiß, wie das ist. Wenn Gäste uns verlassen und sich verabschieden, stehen sie häufig bei der letzten Versammlung auf und erwähnen die Therapeuten, die ihnen besonders geholfen haben. Dann denke ich bei mir: »Dich haben sie nicht genannt, und dabei habe ich die ganze Sache aufgebaut. Meine Familie und ich haben einen schrecklich hohen Preis für diese Klinik bezahlt, und die haben sich nicht einmal bei mir bedankt.« Ich bin ein Mensch, ich sehne mich nach Anerkennung. Wir alle brauchen das. Aber ich kenne diese Schwäche, also arbeite ich an diesen Gefühlen. Das ist die einzige Art und Weise, in der eine Gruppe von Medizinern, die zu Wissenschaftlern ausgebildet wurden, gemeinsam in diesem Prozeß überleben können. Wir müssen alle ständig an uns selbst arbeiten.

Wir alle – Ärzte und Gäste – arbeiten, um unser wahres Selbst zu finden. Wir werden das Ziel erreichen, wenn wir in der Lage sind, einander als menschliche Wesen zu begegnen – nicht als ein Mann und eine Frau oder eine Frau und eine Frau oder als ein Mann und ein Mann. Wenn wir einen wirklichen Dialog führen, können wir einander intensiv und aufrichtig begegnen, ohne dabei an unsere Fortpflanzungsorgane zu denken. Wir verfehlen unsere eigentliche Bestimmung, wenn wir einander ansehen und überlegen, ob wir altersmäßig oder aufgrund einer ähnlichen Tätigkeit zusammenpassen, oder ob wir vielleicht sogar in sexueller Hinsicht harmonieren würden. Wenn wir andere Menschen betrachten und sie mit Hilfe unseres Verstandes in bestimmte Kategorien einordnen, engen wir unsere Beziehungen ein. So töten wir uns selbst und andere. Wir sind durch unseren Verstand regelrecht festgenagelt.

Wenn ich einen neuen Gast kennenlerne, sehe ich häufig in ihm oder ihr das kleine Kind, und ich sehe, wie ausgehungert dieses Kind ist. Ich sage ihnen, daß ich sie Nahrung kosten lassen werde, die sie nie probiert haben: Liebe, Anteilnahme und Angenommenwerden.

Als kleiner Junge war ich auch schüchtern und ängstlich. Ich weiß, wie das ist. Ich beneidete alle Kinder, die miteinander spielten, sangen und herumtollten. Ich hatte keinen Mumm, sie zu bitten: »Laßt mich mitmachen.«

Da wurde ich sehr wütend auf die anderen, meine Eifersucht machte mich deprimiert und traurig. Ich war eifersüchtig auf meinen Bruder. Er war stets umringt von vielen Kindern, er lachte und vergnügte sich. Damals empfand ich tiefe Wut und viel Schmerz und Traurigkeit, und manchmal steigt das wieder in mir hoch.

Ich habe meinen Bruder und seine Art so sehr bewundert und mich selbst so sehr gehaßt, daß ich meinen Eltern während des Krieges einen Brief geschrieben habe. Ich schrieb ihnen, falls nur einer von uns diesen Krieg überleben sollte, so hoffte ich, daß Helmut es sein würde. Ich schrieb dies, weil ich nicht geglaubt habe, daß ich wirklich ein

Recht zu leben hatte, weil ich das Gefühl hatte, daß mein Bruder die absolute Verkörperung des Lebens war.

Ich habe den Krieg überlebt. Mein Bruder ist seit 1945 in Rußland verschollen.

Manchmal denke ich, daß ich mich immer noch nicht berechtigt fühle, zu leben. Manchmal denke ich, daß es entsetzlich ist, daß mein Bruder, der so gut zu leben verstand, nicht zurückgekommen ist.

Als ich eines Tages in der Sauna war, kam ich aus dem Saunaraum in den Ruheraum. Alle lagen in Gruppen oder paarweise herum, und ich schaute zu ihnen hinüber und setzte mich dann einfach auf einen Stuhl. Ich war unfähig, mit der Situation fertig zu werden, und hatte nicht den Mut, zu sagen: »Darf ich mich zu euch setzen?« Nach einer Weile redete ich mir ein, daß mir langweilig sei, und so ging ich wieder in die Sauna hinein. Ich habe mich selbst belogen. Ich hatte keinen Mumm, weil es überwiegend junge Leute waren, und ich dachte: »Was würden sie sagen, wenn dieser fünfundfünfzigjährige Mann sich zu ihnen setzen wollte?« Ich glaubte, sie würden denken: »Dieser blöde alte Knacker.« Ich fühlte mich nicht berechtigt; ich war wieder über meine alten Bewußtseinsinhalte gestolpert. Ich beobachte das an mir selbst und arbeite an diesem Problem, wenn es auftaucht.

Wir alle rufen: »Bitte hab mich lieb« – ob wir das nun laut sagen oder nicht. Ein umfassender Dialog mit dem Leben ist die Erfüllung dieses »Bitte hab mich lieb«. Die Tatsache, daß wir hier auf dieser Erde leben, ist der Beweis dafür.

Wir werden von Gott geliebt, aber wir wissen es nicht, also flehen wir unsere Mitmenschen an, uns ein bißchen Liebe zu schenken, damit wir gewissermaßen einen Abglanz der Liebe Gottes zu spüren bekommen. Das ist der wahre Sinn der Aussage: »Ich glaube, hilf du meinem Unglauben.«

»Bitte hab mich lieb« ist kein Zeichen der Schwäche. Es ist lediglich unser Wunsch, das Gefühl zu erfahren, daß wir reich und voll sind und ein erfülltes Leben haben. Dieses Gefühl stellt sich nicht ein, wenn wir allein sind, also brauchen wir andere Menschen, die uns lieben. Das ist für die anderen nicht lästig; es ist ein Vergnügen, aber wir müssen das wissen. Wenn wir fragen, zeigen wir damit, daß wir offen sind, und wir sagen den anderen, daß wir wissen, daß sie auch offen sind.

Es gibt so viele dumme Mißverständnisse über das, was ich auszudrücken versuche, daß ich manchmal glaube, ich müßte meinen Schädel gegen die Wand schlagen. Die Verwirrung kommt von unserer Neurose. Ein Mensch wie Jackie, die körperliche Vertrautheit und

Nähe unter dem Blickwinkel einer engen sexual-orientierten Umweltprägung betrachtet, welche sie dazu brachte, Nähe stets mit einem gewissen rituellen Verhalten in Verbindung zu setzen, muß alles, was ich sage, unweigerlich für Sünde halten. Aufgrund ihrer Erziehung konnte sie nur ihren Mann innig umarmen oder ihre Kinder in einer Weise an sich drücken, die durch ihre Umweltprägung und ihre religiöse Überzeugung bestimmt war.

Mit Jackies Einverständnis werde ich Ihnen eine Geschichte erzählen, die sie mir berichtet hat. Ich tue dies, weil ich der Meinung bin, daß wir alle etwas aus dieser Geschichte lernen können. Wir werden unseren eigenen Mangel, unsere Verwirrtheit und unsere kranken, neurotischen Haltungen durch sie erkennen.

Vor ein paar Jahren war sie einmal allein zu Hause. Jess war in der Schweiz. Einer ihrer heranwachsenden Söhne rief sie um 11.00 Uhr nachts an und sagte ihr, daß er sofort nach Hause komme, weil etwas Furchtbares passiert sei und er mit ihr reden müsse.

Als dieser sechzehnjährige Sohn nach Hause kam, war er völlig aufgelöst und verstört, weil einer seiner Freunde gerade getötet worden war. Sie sprachen miteinander, und ihr Sohn weinte. Sie hielt ihn in ihren Armen und tröstete ihn einige Stunden lang. Dann waren sie erschöpft und brauchten beide Ruhe, aber dieser Junge brachte es nicht fertig, allein zu bleiben.

Jackie berichtete mir, daß sie ihn am liebsten mit in ihr Bett genommen und die ganze Nacht eng an sich geschmiegt gehalten hätte, denn sie wußte, daß er das brauchte. Jackie wußte, daß es für sie auch ein Trost gewesen wäre, ihn im Arm zu halten. Sobald ihr der Gedanke kam, begann sie wegen ihrer religiösen Überzeugung an sich zu zweifeln. »Er ist ein junger Mann, und es schickt sich nicht. Ich gehe zu weit. Was mache ich, wenn er eine Erektion bekommt? Was würde er dann über sich selbst denken? Mütter und Söhne sollten keinen so engen Kontakt mehr miteinander haben.«

Sie tat das, was ihr gerade noch vertretbar erschien. Sie sagte ihm, daß er sich auf das Bett seines Vaters legen könnte. Sie lachte und sagte, sie würde ein Kissen zwischen sie und ihn legen und die ganze Nacht seine Hand halten, weil sie sich komisch vorkäme, mit ihrem Sohn im Bett zu liegen. Es war gut, daß sie offen und ehrlich über ihre Gefühle sprach. Ihr Sohn hat diese Haltung akzeptiert, und so schliefen sie die ganze Nacht in dieser Weise.

Die Erinnerung daran verfolgte sie, denn sie wußte, daß er so viel mehr gebraucht hatte und sie nicht fähig war, es ihm zu geben. Es war das erste Mal, daß sie einzusehen begann, wie beschränkt ihre Fähigkeit zu körperlicher Nähe war und wie mächtig und einengend ihre sexuellen Ängste waren.

Kann irgend jemand begreifen, warum ich heulen könnte – warum wir alle heulen sollten – über das, was wir uns angetan haben? Ich hoffe es. Ich habe den Unsinn, die Wut, die Mißverständnisse so satt, mit denen wir uns wegen unserer Überzeugungen herumquälen. Durch diese Einstellungen wird unser wahres Selbst zerstückelt, und wir können weder uns selbst noch irgend jemand anderem geben, was wir in Wirklichkeit brauchen und wonach wir uns sehnen, weil wir alle so verkrüppelt sind.

Wenn wir einem anderen Menschen nahe sind und nur die kleinste sexuelle Erregung verspüren, halten wir uns für Ungeheuer. Erregung ist für uns gleichbedeutend mit sexuellen Beziehungen, und solange wir uns an diese Überzeugung klammern, ganz gleich, wie destruktiv sie sich auf uns auswirkt, werden wir verhungern.

Erregung bedeutet Fülle, Leben, Vertrautheit, Nähe und Verbundenheit. Es bedeutet keineswegs Beischlaf, es sei denn, wir entscheiden uns dafür. Solange wir uns selbst körperliche Nähe zu anderen Menschen versagen wegen unserer Ängste, werden wir niemals wissen, wie sehr uns Gott, unser Vater, wirklich liebt. Wir sind allein, fühlen uns unerwünscht und ungeliebt.

Ohne Erfahrung gibt es kein Wissen, ohne Mut keine Erfahrung. Die Römer haben das erlebt, als sie den Mut hatten, sich mit den Christen auseinanderzusetzen. Danach wußten sie, worum es ging.

Nach unserer etablierten Weltordnung wird Verstand mit geistiger Gesundheit gleichgesetzt. Die meisten Menschen glauben, über eine Sache zu reden sei das gleiche wie sie zu durchleben. Die Erfahrungen unserer Klinik liegen für sie an der Grenze des Wahnsinns. Das Gegenteil trifft zu: Wir sind die Gesunden. Wir kennen unseren Hunger und unseren Durst; wir suchen nach einem neuen und besseren Weg.

Wenn jemand wie Jackie anfängt, die Welt als Ganzes zu sehen, wenn sie sich darüber klar wird, über welche Kraft sie verfügt, besteht eine Neigung, die Vorhänge zuzuziehen. Wir Menschen leben in dieser Welt und nutzen nur etwa zehn Prozent der uns von Gott gegebenen Möglichkeiten. Wir erleben das hier immer wieder in unserer Klinik. Unsere Gäste kriegen mehr Treibstoff in ihre Maschinen, und dann starten sie durch, und hui brausen sie los!

Sie wollen davonlaufen und sich verstecken oder schlüpfen in eine neutrale Rolle. Wir müssen diesen Überschwang akzeptieren. Wir dürfen uns dieser Freude hingeben. Das Leben besteht immer noch aus verschiedenen Jahreszeiten. Wir werden trotzdem noch Kummer und Zweifel kennen. Es wird immer noch dunkle Nächte geben. Wenn wir uns »alles, was ist« zu eigen machen, können wir unseren Kummer und Zweifel besser annehmen. Wir wissen dann, daß es wieder Frühling werden wird. Unser persönliches Leben spiegelt auch den Lauf der Jahreszeiten wider.

Jackie verfügt über Kenntnisse in Psychologie. Sie wußte, daß es in der Psychotherapie allgemein heißt, daß man für Leute über vierzig nichts mehr tun kann. Wir Therapeuten haben geglaubt, daß man diese Leute nur ruhigstellen und ermutigen sollte, weiterzumachen. Obwohl sie über dieses Wissen verfügte, ist sie voll eingestiegen und hat alle verfügbaren Möglichkeiten aufgegriffen. Das ist nicht ungewöhnlich bei uns. Wenn jemand entschlossen ist, sich zu ändern, spielt das Alter keine Rolle. Wir haben schon Gäste gehabt, die über sechzig waren, und ein Gast war zweiundsiebzig. Wenn sie wollen, können sie alle etwas Positives für sich mit nach Hause nehmen.

In jedem von uns gibt es Gebiete, die gefühl- und ernergielos geworden sind. Wie ich bereits früher gesagt habe, bezeichne ich diese Stellen als »Sünde«. Wir alle haben diese erstarrten Bezirke mit anderen gemeinsam. Wir müssen wach sein. Sobald wir eine solche gefühllose Stelle in uns entdecken, können wir uns in demselben Augenblick ändern, in dem es uns bewußt wird. Genau in diesem Augenblick ist es uns auch vergönnt, die Musik, die wir hören, die Sonne, die scheint, die Vögel, die singen, bewußt zu erleben.

Die Jahre, die mir noch zum Tätigsein auf dieser Erde vergönnt sind, möchte ich dazu verwenden, bewußt jeden Augenblick so zu leben, die Sünde, diese leblosen Anteile in mir zu überwinden. Ich habe bemerkt, daß in den letzten zehn Jahren einige meiner gefühllos gewordenen Zonen geschwunden sind.

Jackie wurde nachdenklich, als wir darüber sprachen, und meinte: »Weißt du, daß du von Heiligkeit sprichst?«

Es ist mir gleichgültig, wie wir das nennen. Ich weiß nur, daß es das ist, was wir hier auf Erden zu tun haben. Im Grund ist alles sehr einfach. Unser ganzes Leben steht uns dafür zur Verfügung, und wir brauchen es jeweils nur für 24 Stunden zu tun.

Meine Gäste wissen, daß ich nicht behaupte, dieses neue Leben sei leicht. Es ist nicht leicht, aber es ist so simpel. Wir sind hier auf dieser Welt, um jeden Tag neu zu üben, aus dem Karree der neun Punkte herauszuspringen, hinein in einen immer größer werdenden Bewußtseinszustand.

Bei Lukas 12, Vers 48, heißt es: »Von jedem aber, dem viel gegeben ist, wird viel gefordert werden, und wem man viel anvertraut hat, von dem wird man desto mehr verlangen.« In diesem Neuerungsprozeß wird uns allmählich klar, wieviel uns gegeben worden ist. Wir finden uns mit dem ab, was erforderlich sein wird. Ich weiß, wie stark meine Gäste hier in der Klinik auf uns fixiert sind. Ich bete darum, daß sie einsehen, daß die Forderungen eigentlich mehr an sie selbst gerichtet sind.

Jeder, der zu unserer Tür hereinkommt, trägt seine eigenen Antworten bereits in sich. Sie verfügen alle über Kenntnisse, sie brauchen nur jemanden, der an sie glaubt und sie ermutigt. Das ist uns eine heilige Treuepflicht. Unsere Methoden werden von manchen als avantgardistisch bezeichnet, aber ich bestreite das. Unsere Wege sind so alt wie das Leben selbst. Wir sind unserer Zeit nicht voraus; wir versuchen lediglich, etwas lang Vergessenes in unser Leben zurückzubringen, damit wir in Frieden, Freude und Harmonie miteinander leben können als Menschen, die einander verbunden und voll von Gottes Liebe sind.

Ich muß am Ende dieses Kapitels noch eine Bemerkung über Jackies traumatisches Erlebnis im Auto unter den Bäumen von Marxzell anfügen.

Schuld! Sie muß akzeptieren, daß sie Schuld auf sich geladen hat und daß dadurch ein Teil ihres Schmerzes verursacht wurde. Sie muß der Tatsache ins Auge sehen, daß sie während ihrer Schwangerschaften Tabletten genommen hat. Das ist ein Schritt, den Jackie tun muß. Sie muß sich über die ganze Tragweite ihres Tablettenmißbrauchs klar werden und über die Rolle, die ihre Sucht in ihrem Leben gespielt hat. Dann muß sie es beiseite schieben und etwas tun, was ihr noch schwerer fällt. Sie muß sich selbst *vergeben.* Das fällt den Menschen unendlich schwer. Wir können uns nur selbst vergeben, wenn wir voll zu dem stehen, was wir getan haben. Es ist hart, aber sie muß es tun, oder sie wird daran zugrunde gehen.

Ich habe häufig beobachtet, daß viele Menschen sich derartig in Schuldgefühle hineinsteigern, daß es wie eine Sucht ist, und daß sie dann *diese Sucht* als Vorwand nehmen, um wieder vor dem Leben davonzulaufen. Auch Jackie neigt dazu, aber es muß nicht unbedingt so sein. Sie muß einsehen, daß ihr Tablettenkonsum Teil einer inzwischen weltweit verbreiteten Einstellung war. Wir lernen alle voneinander. Das Verhaltensmuster, die Einstellung ist endemisch. Wir alle sind eine drogenorientierte Gesellschaft, und diese Sünde wird von einer Generation auf die andere übertragen. Wann wird unsere Gesellschaft endlich vom Leben bestimmt werden?

Ärzte und Drogenhersteller sind Teil dieser Gesellschaft. Sie haben sich mit uns allen verschworen, damit wir unseren Schmerz mit Medikamenten besänftigen. Wir sollten alle die Last unserer eigenen Schuld an dieser Überzeugung, an dieser unausgesprochenen Verschwörung tragen.

Jackie sollte wissen, daß sie nicht allein ist mit ihrem Kummer. Sie sollte sich klarmachen, daß wir alle in Selbsttäuschung und Verblendung gelebt haben. Die pharmazeutische Industrie, die Beruhigungsmittel und Antidepressiva herstellt, die Ärzte, die sie ihr verschrieben haben, ihre Familie und Freunde, die vor ihrem Schmerz davongerannt sind und sich in ihre eigenen Süchte geflüchtet haben, statt sich um den Schmerz in ihrer Umgebung zu kümmern, alle müssen sich dieser Wahrheit stellen.

Die Verschwörung! Die Verschwörung, mit der wir alle gelebt haben. Diese gottverdammte Überzeugung, daß irgend etwas außerhalb von uns selbst unseren Schmerz lindern könne.

Die Macht, die Kraft und der Glaube, es schaffen zu können, liegen in Jackie, nicht in einem Medikament. Alle Substanzen, die wir brauchen, tragen wir in unserem Körper, und zwar genau aufeinander abgestimmt. Wenn wir die richtige Einstellung haben, werden die richtigen chemischen Komponenten durch unseren eigenen Körper produziert, wir brauchen keine weiteren.

Bei Matthäus 15, Vers 11 sagt Jesus: »Höret zu und verstehet! Nicht was in den Mund hineinkommt, verunreinigt den Menschen, sondern was aus dem Mund herauskommt, das verunreinigt den Menschen.«

Die Macht, an sich selbst zu glauben, lag in ihr selbst, und dadurch, daß sie Tabletten genommen hat, verlor sie diese Macht. Die Tabletten beließen sie in ihrer kindlichen Einbildung, daß etwas oder jemand ihr die Arbeit abnehmen würde.

Bei einer Sucht kommen viele Dinge zusammen. Ärzte und Pharmahersteller können mit Recht behaupten: »Wir wissen nicht, daß Jackies regelmäßiger Tablettenkonsum während ihrer Schwangerschaft dazu führte, daß ihr Sohn süchtig geworden ist.«

Genausogut können wir zu ihnen sagen: »Wir wissen nicht, daß

Jackies Tablettenkonsum während ihrer Schwangerschaften *nicht* dazu beigetragen hat, daß ihr Sohn süchtig geworden ist.«

Die Sucht hängt zu einem gewissen Teil mit Einstellungen zusammen. Solange Jackie oder ihre Kinder an der Einstellung festhalten, daß sie sich durch eine Tablette besser fühlen, werden sie weiterhin Tabletten nehmen. Solange irgendeiner von uns sich an die Überzeugung klammert, daß Schmerz nicht ein Teil des Lebens ist und daß wir vor dem Schmerz davonlaufen und mit Hilfe von Medikamenten ein künstliches »Hoch« hervorrufen müssen, werden wir auch weiterhin eine von Drogen regierte Gesellschaft bleiben. Und die Zahl der Menschen, die Medikamente einnehmen, wird sich hundertfach erhöhen.

Diejenigen von uns, die nicht tablettenabhängig sind, müssen sich fragen, welche Fluchtmittel sie benutzen. In unserer trügerischen Gesellschaft gibt es außer Medikamenten noch viele andere Dinge, nach denen wir süchtig sind. Wir müssen uns umschauen und überlegen, was uns das »Hochgefühl« verschafft, das uns den Schmerz vergessen läßt. Es gibt Äquivalente zu Drogen, die bei vielen von uns genauso zu Suchtverhalten führen, zum Beispiel Arbeit (Arbeitssüchtige), Essen (Eßsüchtige), Anerkennung verwechselt mit Liebe (Anerkennungssüchtige) und Sex (Sexsüchtige).

Und was ist mit Nikotin und Koffein? Das sind chemische Stoffe. Wie viele von uns können keinen Tag ohne das eine oder beides und die damit verbundenen ehrwürdigen Rituale verbringen? Mit Rauchen wird eine Leere überbrückt, Hunger und Durst gestillt. Jedesmal, wenn wir uns eine Zigarre, eine Zigarette oder eine Pfeife anzünden, sagen wir: »Bitte hab mich lieb.« Wir führen mit dem Leben einen Dialog, der uns umbringen wird.

Schnaps, Bier, Kaffee oder Tee sind alle Teil eines Rituals, das wir vollführen, um das Zusammenleben zu erleichtern, um einander leichter näherzukommen, um einander zu lieben.

Das Wichtigste, was wir von unseren Gästen in der Klinik verlangen, ist eine Änderung ihrer Einstellung. Den Einfluß von Medikamenten schalten wir aus, indem wir unsere Gäste auffordern, für die Dauer ihres Aufenthalts bei uns auf Tabletten zu verzichten. Dann beginnen wir damit, an der Angst, der Wut, den Schuldgefühlen, der Einsamkeit zu arbeiten, an all diesen Einstellungen, die die *wirkliche* Quelle ihres Schmerzes sind.

Wir zeigen unseren Gästen, daß wir sie lieben, daß wir an sie glauben, daß wir eine Familie sind. Wir versuchen nicht, die Liebe zu vergeistigen. Wir reden nicht von Transferenz, von Übertragung. Wir *zeigen* Liebe, wir praktizieren Liebe. Vielleicht können wir eines Tages alle Liebe *werden,* damit jeder einzelne von uns die Liebe VERKÖRPERT, für die wir geschaffen worden sind.

Kapitel IX

Durch Liebe zum Leben erweckt

Jacqueline C. Lair

»Du tust es für dich selbst, Jackie.«

»Du tust es für dich selbst.« Ich glaube, diese Feststellung hat mir in der Klinik mehr geholfen als irgend etwas sonst. In meinem Leben gab es eine schreckliche negative Kraft. Jetzt sehe ich, was wir uns an jedem Tag, den wir erleben, selber antun. Ich glaube, der grundlegende Unterschied gegenüber meinem früheren Leben besteht darin, daß ich jetzt die Wahl habe, wie ich mit mir selbst umgehe.

Solange ich in meiner Neurose verfangen und angefüllt war mit Schmerz, Angst und Wut, hatte ich keine anderen Möglichkeiten. Mein ganzes Leben war nur ein einziges Reagieren. Ich war ein emotionaler Krüppel und hatte keinen Handlungsspielraum.Ich befinde mich gerade auf dem Weg nach Zürich an Bord eines Flugzeuges der Swissair. Es ist angemessen, daß dieses Kapitel mit diesem Flug beginnt. In wenigen Stunden werde ich das Flugzeug wechseln und danach in Stuttgart landen, auf diesem mir inzwischen wohlbekannten Flughafen. Walther wird mich abholen, und ich weiß, daß er es gerne tun wird. Ich komme diesmal nicht als Patientin nach Bad Herrenalb, sondern als eine von ihnen. Ich werde von diesen Menschen lernen, weil ich eins mit ihnen bin. Und sie werden ihrerseits von mir lernen. Die Gemeinsamkeit, die uns verbindet, ist der beste Lehrmeister, den die Welt zu bieten hat.

In meinem Koffer befindet sich das Manuskript dieses Buches. Es zu beenden ist das Schönste, was ich mir je in meinem Leben gegönnt habe. Die Vorarbeiten bis zur Veröffentlichung sind ein Geschenk, das ich mir selbst mache. Ich habe ein Recht, das zu sagen. Ich bin nicht ängstlich wegen der Wahrheiten, die dieses Buch aufdeckt. Die Wahrheiten, schlicht und einfach – das bin ich selbst. Ich übernehme die endgültige und volle Verantwortung für das, was ich bin.

Mein innerstes Wesen besteht darin, daß ich mich mit der ganzen Welt eins fühle. Ich fliege zu dem Ort, an dem ich geboren wurde. Wenn ich entsprechend meinem eigenen SEIN lebe, bin ich überall in der Welt zu Hause, und alle Menschen sind mir verwandt. Wenn ich mir selbst nicht entfremdet bin, kann ich mich nirgendwo fremd fühlen.

Jetzt wird mir klar, daß ich eine Botschaft in mir trage. Das ist nichts Ungewöhnliches. Jeder Mensch auf dieser Welt hat eine Botschaft zu überbringen. Meine Botschaft ist mein SEIN. Jede mir noch verbleibende Minute meines Lebens muß ich darauf verwenden, einfach zu SEIN. Das schaffe ich nicht, wenn meine Gedanken um die Vergangenheit kreisen oder wenn ich von der Zukunft träume. Ich habe nur dieses mir von Gott geschenkte Heute. Nur für heute will ich SEIN. Was ich TUN werde, wird sich einfach ergeben; was ich HABEN werde, ist unbedeutend. Ich weiß, daß ich mehr als genug haben werde, und das Handeln ist nur Teil der Bewegung außerhalb meines Wesens. Wenn ich diese Auffassung habe, sprudele ich über vor Energie. Es leuchtet mir ein, daß Energie ein Brunnen ist, der sich selbst speist.

Als ich im letzten Sommer zu Hause ankam, war ich erfüllt von neuen Dingen. Für meine Familie und Freunde war es ein sehr schmerzvoller Lernprozeß. Wie üblich war unser Leben ziemlich turbulent. An dem Tag, nachdem wir unseren Sohn an die Ostküste gebracht hatten, trafen fünfundsiebzig Leute ein, die an einem Seminar in Jesses Schule teilnehmen wollten. Ich war de facto zu Hause, aber meine Seele und meine Gedanken waren in Deutschland.

Ich mußte die ganze ungeschminkte Wahrheit über mich selbst, meinen Mann, meine Familie und mein Leben verarbeiten. Es tat weh, aber es hat mich nicht vernichtet. Was ich gefürchtet hatte, trat ein, und zu meiner Verwunderung hat es mich nicht zermalmt. Meine neue Einstellung machte es mir möglich, die Verantwortung für meinen Anteil an der Katastrophe zu übernehmen.

Meine neue Einstellung half mir zu erkennen, welche Rolle andere bei den morbiden Spielen spielten. Ich habe mir nicht mehr allein die Schuld an allem gegeben. Ich war nicht mehr der Meinung, daß ich die Ursache allen Übels war. Ich hörte auf, den Märtyrer zu spielen.

Die vergangenen sechs Monate waren unvorstellbar. Wie ein Jo-Jo schnellte ich von meiner neuen Identität zurück in die alte und dann wieder in die neue. Wahrscheinlich mußte das so sein. Ich bin noch so unerfahren in dieser neuen Welt, in der ich lebe. Das Hin- und Herpendeln war wichtig für mich, da es mich gelehrt hat, wie hart ich arbeiten muß, um das zu behalten, was ich gefunden habe. Jeden Augenblick muß ich die neue Lebensweise üben und stärken, sonst besteht die Gefahr, daß ich wieder in den alten Trott verfalle.

Unser Sohn ist inzwischen dabei, seinen eigenen Weg zu finden. Er ist ein wunderbares Geschöpf, und wir geben ihm unsere Liebe und Unterstützung. Er wird es schaffen. Er ist eine starke Natur, genau wie seine Mutter.

Jess und ich haben sehr schmerzvolle Zeiten durchgemacht. Kein Wunder, daß bei uns schließlich ein gewisser Sättigungspunkt erreicht war. Unsere Vergangenheit zählt nicht mehr, und ich will sie ruhen lassen; ich will auch die Leser dieses Buches nicht überfordern, indem ich weiter darüber schreibe.

Eines Tages im Dezember wurde mir bewußt, daß ich Jess und unsere Ehe nicht mehr brauchte. Er war vor einigen Jahren zu dieser Erkenntnis gekommen. Ich sah, daß unsere Ehe nur überleben konnte, wenn wir eine *neue* Ehe daraus machen würden. Es hat keinen Sinn, alte Scherben zusammenzuflicken, das hält nicht. Ich habe mir eine Liste gemacht, was die Ehe für mich beinhalten muß. Hier ist sie:

ICH BRAUCHE

1. Vergebung der Vergangenheit
2. Liebe
3. Gemeinsame Freuden; physisch, geistig und seelisch
4. Kameradschaft
5. Vertrauen
6. Freies Ausdrücken von Gefühlen – gesunde Auseinandersetzungen und gesundes Lachen
7. Sex
8. Eine Zukunft, die auf gemeinsamen Vorstellungen aufbaut mit Mitgefühl, Einfühlungsvermögen und gegenseitiger Achtung, während wir älter werden.

Das erwarte ich von meinem Partner, und ich bin bereit, das auch meinerseits zu geben.

Jess und ich leben jeweils für einen Tag. Wir glauben an gegenseitige Bindungen. Ich weiß inzwischen, daß das Leben voller Unwägbarkeiten ist. Ich habe die Zukunft nicht in der Hand und Jess genausowenig. Nachdem wir uns gegenseitig oder unsere Ehe nicht mehr brauchen, hat unsere Ehe wieder eine Chance. Was wir vorher hatten, war lediglich Abhängigkeit.

Ich habe die Erfahrung gemacht, daß viele Menschen, die durch eine Krise gehen, die ihre Zäune niederreißt und das Dach ihres Hauses abdeckt und sie zwingt, sich hinaus in die Welt zu wagen, einen entscheidenden Fehler machen. Diese Leute fühlen sich durch das, was mit ihnen geschehen ist, so verjüngt, daß sie ihre Familien ebenso wie ihr Zuhause beiseite schieben wollen. Manchmal ist das erforderlich, aber in den meisten Fällen sind die Familienangehörigen genauso erleichtert, dem Gefängnis zu entfliehen, wie wir es sind, und sie sind überglücklich, ein neues Leben anfangen zu können und mit uns zusammenzuarbeiten.

Ich lande in Zürich und kann es kaum erwarten, in eine kleinere Swissair-Maschine nach Stuttgart umzusteigen. Ich gehe durch den Flughafen in Zürich und habe wieder das Gefühl, daß ich das alles kenne. Unfehlbar finde ich meinen Weg zum Flugsteig nach Stuttgart. Ich kann mich nicht verlaufen.

Der Flug nach Stuttgart ist kurz. Ich sehe Teile der Schweizer Alpen, und dann wird die Landschaft allmählich sanfter und geht in die dunklen Hügel des Schwarzwaldes über, meine Heimat; das Land, dem ich durch meine neue Persönlichkeit verbunden bin. Der Flughafen ist unverändert. Ich gehe durch die Paßkontrolle in den Raum, wo das Gepäck ankommt. Keiner da, um mich abzuholen! Vor einem Jahr wäre ich in Panik geraten. Ich habe keine Angst, ich kann mir nicht vorstellen, daß keiner gekommen ist. Ich drehe mich um und warte am Förderband auf mein Gepäck. Für eine Weile bin ich völlig darin vertieft, nach meinen Sachen Ausschau zu halten.

»Jackie.« Ich werde von hinten gepackt. Natürlich! Niemand von den Umstehenden scheint ihn zu kennen. Er sieht nicht einmal wie ein Arzt aus! Er hat einen riesigen alten Parka aus Armeebeständen und eine Kordhose an, ein Cowboyhemd schaut aus seinem Jackett heraus, und er grinst.

»Walther! Lange nicht gesehen.« Ich höre auf, nach meinem Gepäck zu schauen, und gebe mich ganz der Freude des Augenblicks hin, während wir uns hier auf dem Flughafen umarmen. Es ist ein bittersüßer Augenblick für mich. Ich habe viele Male meine Seele erforscht, bevor ich mich dazu entschlossen habe, diese Reise nur mir selbst zuliebe zu unternehmen. Ich stellte voller Schrecken fest, daß es in vielerlei Hinsicht leichter ist, als abhängige, kranke Neurotikerin nach Deutschland zu kommen statt als die lebensfrohe, tatkräftige, glückliche Frau, die ich heute bin.

Die ganze Verantwortung liegt bei mir, daß ich an dieser neuen Rolle festhalte. Ich kann meine Gedanken und Gefühle nicht diesem Mann übergeben und zu ihm sagen: »Tu etwas.« Er ist nicht länger mein Arzt, er ist mein Freund. Ich bin jetzt seine Mitautorin bei diesem Buch, das wir zusammen schreiben.

Mir wird klar, daß nicht nur ich Mut bei diesem neuen Unternehmen beweise. Walther erprobt ein völlig neues Konzept auf dem Gebiet der Psychiatrie. Er hat den Mut, eins mit uns zu sein. Er teilt *diese gemeinsame Basis* mit uns.

Es dauert lange, bis wir nach Bad Herrenalb kommen. Es sind viele Dinge zu erledigen, und wir machen wieder bei dem Restaurant in Karlsruhe halt. Ich muß daran denken, wie wir das letzte Mal hier gesessen haben, als wir das Auto für mich gemietet haben. Das Leben kommt mir heute so total verändert vor.

Es ist fast fünf Uhr, als wir schließlich bei meinem lieben Heim ankommen. Ich nehme die Atmosphäre in mich auf, während ich die Treppen hinaufsteige. Durch die Türe sehe ich Jutta, die mich anschaut. Wir gehen aufeinander zu und sinken uns in die Arme. Wieder habe ich das Gefühl zu trinken. Wissen Sie, wie gut ein Glas kaltes Wasser schmeckt, wenn man erhitzt und müde und durstig ist?

Über Juttas Schulter hinweg erblicke ich Peter, den sympathischen Arzt mit der eisernen Faust. Ich umarme ihn und höre das vertraute Brummen aus seiner Kehle. Freudentränen laufen mir über die Wangen. Ich fühle dieses ganze wunderbare Geschöpf. Ich rieche seine Haut, und sein Backenbart kitzelt meine Nase.

Hinter mir höre ich »Jackie«, und da kommt ein weiterer Freund. »Ach, Horst.« Er ist es. Ich kann mich nicht sofort von Peter trennen, also muß Horst warten. Beide stehen mir sehr nahe, und ich bin berechtigt, erst den einen, dann den anderen zu umarmen. Ich weiß, daß Horst warten wird. Ich brauche mich nicht an alles zu klammern und Gefahr laufen, daß ich hinterher mit leeren Händen dastehe.

Horst fühlt sich genauso an, wie ich ihn in Erinnerung hatte, sein Geruch, seine Berührungen sind mir vertraut. Daheim, ich bin daheim – wie ich nie irgendwo zu Hause gewesen bin. Dieses Heim ist mein Zuhause, weil es mir gehört. Ich *bin* Herrenalb, weil ich sage, daß ich es bin, und weil ich weiß, daß ich es bin. Niemand kann das für mich tun, und niemand kann mir das nehmen. Herrenalb ist eine Einstellung und eine Überzeugung. Ich weiß dies besser als irgend jemand sonst. Viele werden nach Herrenalb kommen und nicht finden, was ich gefunden habe. Sie finden es nicht, weil sie es nicht finden wollen. Es ist da für jedermann, wir haben es selbst in der Hand, zu wählen.

Jeden Tag in meinem Leben nehme ich Herrenalb neu in Besitz, das ist die einzige Möglichkeit. Herrenalb ist nicht im Gestern, Herrenalb ist nicht für morgen – nur für heute.

Bald entdecke ich Chuck, Fide und Angela. Ich umarme einen nach dem anderen und esse und trinke. Mir fällt etwas Eigenartiges auf: Ich bin gar nicht besonders hungrig, und doch kann ich mehr und mehr zu mir nehmen. Als ich als Gast hier war, war ich ausgehungert und konnte nur kleinste Portionen auf einmal vertragen. Jetzt nehme ich gleich pfundweise Liebe und Zuneigung zu mir, weil ich nicht mehr so verhungert bin. Das Leben ist voller Wunder!

Einen Augenblick überlege ich, was das für ein Gefühl in mir hervorruft, dann wird es mir klar – es ist überschäumende Freude. Weil Herrenalb mein eigen ist, kann ich mich vollständig dem wunderbaren, schrecklichen Mysterium der Liebe überlassen. Plötzlich bin ich das begnadete Kind, als das ich geboren wurde. Ich bin eins mit »allem, was ist«.

Ich bin müde und verziehe mich bald in eine kleine Pension, wo ich ein Zimmer bestellt habe. Ich müßte dringend schlafen. Die Zeitverschiebung macht mir jedoch zu schaffen, und ich bin die ganze Nacht wie aufgedreht. Wahrscheinlich werde ich doch etwas geschlafen haben, aber meine Gedanken und mein Körper waren die ganze Nacht hellwach.

Am Samstag ist Großgruppe in der Kegelbahn. Ich beschließe, daran teilzunehmen. Ich bin nicht allzu müde. Ich ziehe lange Hosen und ein T-shirt an und gehe zur Klinik rüber. Die Luft ist feucht und kühl und dunstig. Ich atme tief ein und genieße die Morgenstunde und daß ich aus dem Bett heraus bin, in dem ich keine Ruhe fand.

Ich bezahle dreißig Mark und darf mir dafür in der Kegelbahn die Seele aus dem Leib schreien und hinterher Walthers Bibelstunde anhören. Viele Ehemalige kommen zu diesen Samstags-Gruppen; es kommt mir seltsam vor, daß ich eine von ihnen bin.

Die Kegelbahn jetzt wieder zu betreten ist ein Erlebnis, an das ich oft zurückdenke. Ich empfinde keinen tiefen Schmerz mehr. Ich habe keine Angst vor dem dunklen Ort, weil ich den Alptraum durchlebt habe. Das Heute zählt, und ich will mich ganz der Erfahrung überlassen, welche die nächsten Stunden bringen werden.

Ein paar bekannte Gesichter begrüßen mich, als ich mich inmitten all der Menschen auf den Matten niederlasse. Fremde berühren und streicheln mich, und ich sauge das alles tief in mich auf. Bei den Anonymen Alkoholikern gibt es ein Wort, das als Synonym für Gefahr verwendet wird: H.A.L.T. Das bedeutet: Nimm dich in acht vor Hunger, Wut, Einsamkeit und Erschöpfung (*H*unger, *A*nger, *L*oneliness, *T*iredness). Ich bin nur müde, aber das reicht, um mir meinen Hunger und Durst bewußt werden zu lassen, also weiß ich, daß ich mich an diesem Morgen voll dem Bonding hingeben muß.

Walther beginnt zu uns zu sprechen, und ich betrachte jeden einzelnen im Raum. In der anderen Ecke des Raumes entdecke ich ein vertrautes Gesicht. Es ist Claus, ein blonder Halbwüchsiger, der im letzten Jahr zusammen mit mir in der Klinik war. Er bekommt ganz große Augen vor Staunen, als er mich sieht, und dann lächelt er mir zu.

Walther spricht, und ich brauche keinen Dolmetscher. Seine Ansprachen sind immer verschieden und doch alle gleich. Bedingungslose Kapitulation, Bonding, unser Hunger und Durst, neue Erfahrungen machen, die alten Verhaltensweisen ablegen, wir müssen sterben, um wiedergeboren zu werden. Bald stehen wir auf, fassen uns an den Händen und schreien. Ich mache Claus ein Zeichen, daß ich ihn umarmen möchte, bevor wir anfangen, und er kommt zu mir rüber. Wir umarmen uns, und dann schließen wir uns den anderen an und bilden alle einen Kreis. Ich weiß noch nicht, mit wem ich auf die Matten gehen werde, da ist immer noch ein Rest der alten Hemmungen, wenn es darum geht, jemanden auszuwählen. Wir schreien Ahhh, und wieder Ahhh, immer wieder. Der junge Claus bricht zusammen und fängt an zu schluchzen. Er windet sich in seiner Qual. Ich brauche nicht lange zu überlegen. Wir gehen miteinander auf die Matten, dieser junge Mann und ich.

Erinnerung! Auf einmal erinnere ich mich an den Tag in Horsts Gruppe, als ich mit Dieter Bonding erlebt habe, wie es zwischen Mutter und Sohn sein kann. An diesem Nachmittag in der Kegelbahn war Claus zu mir herübergekommen und hatte gefragt, ob er seinen Kopf in meinen Schoß legen dürfe.

Er hatte gesagt: »Als ich dich heute morgen mit Dieter beobachtet habe, hätte ich etwas darum gegeben, wenn ich an seiner Stelle gewesen wäre.« Ich habe ihn in den Arm genommen, und dann hat er seinen Kopf in meinen Schoß gelegt, aber ich habe nicht weiter darüber nachgedacht. Vielleicht werde ich heute erfahren, was er gebraucht hat. Aber möglicherweise ist das vollkommen unwichtig. Ich werde offen sein für alles, was sich ergeben wird. Claus schluchzt heftig. Ein herzzerreißendes Schluchzen schüttelt ihn, während er auf dem Rükken liegt. Ich liege auf ihm drauf und lege meine Arme um ihn. Einen Teil meines Gewichts verlagere ich auf mein rechtes Knie. Ich halte ihn fest und fühle die Zerbrechlichkeit seiner menschlichen Natur. Er fängt an zu schreien. Sein Schmerz schüttelt mich. Er schreit weiter und weiter; Schmerz, Schmerz, Schmerz! Ich fühle, wie mir Tränen in die Augen steigen bei dem, was ich erlebe. Er ist so ein Bild von einem Jungen – warum müssen wir uns alle selbst solche höllischen Qualen bereiten?

Bald windet sich Claus unter mir. Jetzt wird sein Schmerz von Wut abgelöst. Ich packe ihn fester und er mich auch. In seiner Wut umklammert er mich so heftig, daß mir die Knochen weh tun, aber das ist unwichtig.

»Laß es raus, Claus, scheiß auf die Matten«, denke ich. Seit mehr als einer Stunde halte ich ihn und seine Wut fest. Der Schweiß läuft mir den Rücken herunter und zwischen meinen Brüsten hindurch – das spüre ich. Mein Haar hängt mir in wilden Strähnen ins Gesicht, und Schweißtropfen laufen mir in die Augen. Ich fahre Claus mit der Hand durchs Haar, er ist auch in Schweiß gebadet. Wieder eine Erfahrung in diesem neuen Leben, das ich führe! Das ist harte körperliche Arbeit, aber die Freude, mit einem anderen Menschen so eng zusammen zu sein, gibt Kraft, und ich werde nicht müde, weiterzumachen. Claus ist unbändig stark in seiner Wut und wirft mich hin und her. Aus Erfahrung weiß ich, daß mir heute abend sämtliche Muskeln weh tun werden.

Claus ist fertig, und wir entspannen uns und bleiben einfach noch eine Weile zusammen auf den Matten. Ich habe meine Arme um ihn geschlungen, und er hält mich, und das ist wunderschön. Was sich hier in der Kegelbahn abspielt, hat Gültigkeit. Es ist nur ein kleiner Teil des Heilungsprozesses, aber es ist der spektakulärste Teil, und daher konzentriert sich auch das Interesse der Außenstehenden auf diesen Teil. Mein Gott, ich wünschte, die Leute würden den *ganzen* Prozeß verstehen. Ich wünschte, mehr Leute würden aufwachen und anfangen, das Ganze zu verstehen, anstatt sich an einer Methode oder einem Hilfsmittel festzuklammern.

Die Übung auf den Matten geht zu Ende, und Claus und ich trennen uns. Ich muß in die Pension hinübergehen und mich umziehen, mir wird jetzt kühl. Walther ist zu einem Notfall gerufen worden; ich gehe in die Klinik zurück und esse mit den anderen zu Mittag. Die Bibelstunde fällt aus, also habe ich den Nachmittag zur freien Verfügung. Ich genieße es, mit den Gästen zusammenzusein; wir lächeln einander zu und tauschen viele Umarmungen aus. Dann mache ich einen Spaziergang im Regen und betrachte den Wald.

Am späteren Nachmittag holt Walther mich ab, und wir fahren zu ihm nach Hause, um an dem Buch zu arbeiten. Ich bin etwas beklommen – wie wird er das von mir Geschriebene wohl aufnehmen? Aber alles läuft prima. Walther und ich kommen gut voran und machen am nächsten Morgen weiter. Im Verlaufe unserer Arbeit lernen wir beide manches Neue über die Klinik. Es macht viel Freude. Der Sonntag vergeht.

Am Montag gehe ich zur Versammlung des Teams. Ich muß innerlich lächeln, wenn ich an meinen letzten Auftritt vor dem Team denke. Diesmal beobachte ich, wie andere Gäste hereinkommen und schwitzen. Ich wünschte, ich könnte ihnen sagen, wie einfach es ist, von ihrer Position in die Position überzuwechseln, die ich jetzt innehabe. Es ist lediglich eine Frage der Einstellung und das *»So tun, als ob«*, aber das werden sie schon selbst herausfinden, wenn sie das wollen.

Die Tage sind ausgefüllt mit vielerlei Aktivitäten. Es ist schön, hier zu sein, und ich genieße es, in der Gegend rumzufahren, wenn wir die Arbeit an dem Buch unterbrechen und Besorgungen zu erledigen haben.

Am Samstag wird eine große Gruppe von Psychologiestudenten in der Klinik erwartet. Es sind alles Amerikaner, und daher ist es für mich ein besonderes Vergnügen, bei dem Einführungsvortrag über die Klinik dabei zu sein. Zuerst spricht Horst, und er macht seine Sache wirklich gut. Danach redet Walther und fordert mich dann auf, den Amerikanern zu erzählen, was die Klinik für mich als Amerikanerin bedeutet. Ich ergreife gern diese Gelegenheit, aber mir ist durchaus bewußt, daß ich zum ersten Mal mit meinen eigenen Landsleuten über Dinge spreche, wie ich sie in dem Buch geschildert habe. Ich erforsche ihre Gesichter, um zu sehen, wie sie reagieren, als ich ihnen erzähle, daß ich süchtig bin. Ich fahre fort und rede über dieses Haus und was es für mich bedeutet. Diese Menschen lieben mich und sind nicht entsetzt – wunderbar!

Die ganze Zeit über, während ich gesprochen habe, tat ich etwas für Herrenalb Typisches. Mir ist es kaum aufgefallen bis zum Schluß. Als ich aufstand, um zu sprechen, faßte ich nach Horst, stellte mich vor ihn hin und legte seine Arme fest um meine Schultern. Aus der Sicherheit von Horsts beschützenden Armen habe ich zu diesen Fremden gesprochen. Es war ganz natürlich für mich, und ich frage mich nur, was sie sich jetzt denken mögen. Was soll's.

Ich verdrücke mich wieder in den Hintergrund und höre Walther zu, der noch einige Erläuterungen gibt. Mir wird eigentümlich warm ums Herz, während ich der vertrauten Stimme lausche, die so viele mir längst vertraute Dinge beschreibt.

Wir machen eine Kaffeepause und danach einen Rundgang durch die Klinik. Kurz darauf versammeln sich alle wieder, und die Fragestunde beginnt. Eine Frage zielt natürlich in Richtung Sauna. Das erscheint den Amerikanern besonders unfaßbar. Walther bittet mich, mein Saunaerlebnis zu schildern. Ich erzähle es genauso, wie ich es im Buch getan habe, und zum Schluß füge ich lachend hin: »Und ich bin kein einziges Mal in der Sauna drin gewesen.« Das hätte ich nicht sagen dürfen.

»Heute abend wird in die Sauna gegangen, Jackie.« Walther lacht und Horst, und Waltraut, seine Frau, auch.

»Wir gehen auch, Jackie, alle zusammen.« Waltraut lächelt mir zu. »Ich werde bei dir sein.«

Ich bin starr vor Schreck. Ich bin nach Herrenalb zurückgekehrt, um mein Buch zu Ende zu bringen. Bedeutet das auch Sauna? Ich muß unwillkürlich an meinen Körper denken. Ich hasse ihn. In den vergangenen zehn Jahren habe ich ihn ignoriert und vernachlässigt, indem ich fett geworden bin, und ich behandle ihn so, als wäre er nicht vorhanden. Mein Bauch ist zu oft von den Messern der Chirurgen geöffnet worden, da gibt es keinen intakten Muskel mehr. Gott im Himmel! Bringe ich das fertig? Kann ich mich diesen Menschen anvertrauen und den Abscheu überwinden, den mein eigener Körper mir verursacht? Ich werde es erst wissen, wenn ich den Versuch wage. Ich weiß, daß dies mehr Vertrauen und eine größere Bereitschaft zur Kapitulation erfordert als irgend etwas, das ich bisher gekannt habe.

Die Versammlung ist zu Ende. Mir bleiben drei Stunden, um über diesen »kleinen Tod« nachzudenken, der mir bevorsteht. Ich nehme einen Regenschirm und gehe in den Regen hinaus. Ich muß jetzt mit mir allein sein. Warum habe ich solche panische Angst davor?

Es gibt einen Grund, der mir urplötzlich bewußt wurde, als ich das erste Mal in die Sauna gehen sollte. Die Gedanken kamen immer wieder, aber es ist schwierig, mit diesen Menschen darüber zu sprechen.

Während des Krieges war ich ein junges Mädchen. Ich erinnere mich voller Entsetzen an die Berichte über die von den Deutschen begangenen Greueltaten. Als junge Frau habe ich *»The Rise and Fall of the Third Reich«* gelesen. Ich habe nie vergessen, welchen schrecklichen, entsetzlichen Abscheu und Ekel ich verspürt habe, als ich darüber las, wie die Frauen nackt in die Verbrennungsöfen getrieben wurden und man ihnen erzählte, sie würden zum Duschen gehen. Die Geschichten von den SS-Männern, die lachten und sich über die Frauen lustig machten, die zum Teil mit kleinen Kindern auf dem Arm vorbeizogen, fand ich grauenvoll. Die Berichte waren so anschaulich, daß ich ihr Schreien zu hören glaubte, während die Türen hinter ihnen geschlossen wurden.

Der Abstammung nach bin ich keine Jüdin. Aber durch gewisse äußere Umstände fühle ich mich manchen Juden sehr verbunden. Ich laufe durch den Regen und kriege ganz weiche Knie, während mir all diese Dinge durch den Kopf gehen. Ich liebe diese Deutschen mehr als irgend jemand sonst in meinem Leben – sie sind mein Leben. Ich kann ihnen nicht begreiflich machen, welche Angst und welches Entsetzen ich angesichts des Bevorstehenden empfinde. Es wäre weder richtig noch fair ihnen gegenüber. Aber eines weiß ich ganz sicher – mehr noch als mein Abscheu vor meinem eigenen Körper hat dieses endgültige Kapitulieren, diese Bereitschaft, eins mit ihnen zu werden, für mich eine tiefere Bedeutung, als sie auch nur erahnen können.

Es ist Zeit, und ich gehe in die Sauna. Es ist seltsam, aber ich bete zu Gott, daß ich nicht an die Vergangenheit denke, während ich mich fertig mache. Ich konzentriere mich auf Waltraut, die mir in gewisser Weise näher steht als eine Schwester. Ich werde nur für diesen Augenblick leben und sehen, was ich lernen muß. Ich kichere, als ich daran denke, daß ich immer noch die verrückteste Großmutter auf der ganzen Welt bin. Meine Gedanken wandern zu meinen Freunden in Amerika. Ich denke gar nicht erst: »Wenn meine Freunde mich jetzt sehen könnten.« Ich weiß nämlich verdammt gut, daß jeder einzelne von ihnen sagen würde: »Die kenne ich nicht«, wenn er mich jetzt sähe. Was ich im Begriff bin zu tun, ist so völlig außerhalb meiner Bewußtseinsinhalte und derer meiner Freunde, daß man es auch nicht erklären kann. Ich würde es nicht fertigbringen, bei einem Mittagessen in Bozeman, Montana, darüber zu plaudern.

In der Sauna sind alle wunderbar. Es ist gestopft voll, und alle schwitzen, lachen, albern herum und sind sehr nett. Keine Spur von der Art von Sexualität, die sich in Esalen oder bei Nacktbade-Veranstaltungen angeblich entfalten soll. Lieber Himmel, sie könnten auch im Café Wiesenthal drüben sitzen und Eis essen. Alles ist harmlos und nett, nichts schockiert mich. Sie ziehen mich auf, weil meine Brüste gar nicht so weit herunterhängen, wie ich angedeutet hatte, und daß keiner beim Anblick meiner vielen Narben ohnmächtig geworden sei. Ich fühle mich wohl, aber mir ist auch bewußt, daß ich nicht voll bei der Sache bin. Ich überlasse mich dem Abenteuer, und es macht mir auch etwas Spaß, aber innerlich bleibe ich irgendwie reserviert. Ich weiß aus Erfahrung, daß ich irgendwann in den nächsten Tagen darauf kommen werde, warum das so ist. Ich glaube, ich bin in die Sauna gegangen, um den Grund dieser Reserve herauszufinden.

In der Pension treffe ich eine Freundin. Sie kichert und erzählt mir eine lustige Geschichte.

»Heute abend hatten wir Gruppe, und es war kaum jemand da. Dann ging ich in den Aufenthaltsraum zum Tanzen, aber da war auch kein Mensch. Schließlich fragte ich jemanden: ›Wo sind die denn alle?‹ Und weißt du, was sie gesagt haben? Sie antworteten: ›Jackie und Walther sind in der Sauna, also sind die anderen auch hingegangen!‹ Ist das nicht ulkig? Normalerweise geht Samstag keiner in die Sauna, alle gehen tanzen.«

Das ist also der Grund, weshalb die Sauna so voll war! Diese liebenswerten irren Typen, ich habe sie einfach gern.

Am Sonntag fühle ich mich ganz gerädert. Ich habe nicht gut geschlafen. Ich fühle mich seltsam und irgendwie losgelöst. Eine vage Erkenntnis nimmt langsam Gestalt an, und ich wehre mich beinahe dagegen. Ich fange an einzusehen, warum das Erlebnis in der Sauna so wichtig für mich war. Ich verbringe den Tag abseits von den anderen. Ich mag viele Menschen gern und kann heute mit vielen Bonding erleben, aber ich sehe jetzt, daß ich mich selbst niemals total aus der Hand gegeben habe, mich nie wirklich voll eingebracht habe.

Heute nachmittag hält Walther Bibelstunde, und ich höre zu, aber innerlich bin ich weit weg. Er fragt mich hinterher, ob ich einen Kaffee mit ihm trinke, und ich lehne ab. Ich mache auf Greta Garbo. Ich möchte allein sein.

Ich kehre in mein Zimmer zurück und denke nach – besser gesagt, ich überlasse mich meinen Gefühlen. Ich kann offenbar gar nicht klar denken. Ich bin dabei, etwas über mich selbst zu erfahren, und das war es, was die Sauna mich gelehrt hat.

Jede neue Erfahrung, die ich in meinem Leben gemacht habe, seit ich im letzten Sommer in die Klinik kam, war positiv. Jede Erfahrung hat mich aus der Begrenzung meiner neun Punkte in ein größeres Feld von neun Punkten hinausgestoßen. Jeder Versuch, meine alten Bewußtseinsinhalte hinter mir zu lassen, war von mir zuvor sorgfältig abgewogen worden, ich habe mich Schritt für Schritt vorangetastet. Die Idee, in die Sauna zu gehen, stammte nicht von mir – niemals hätte ich das gewollt –, ich bin also in völlig unkontrollierbarer Weise aus meinem normalen Verhaltensmuster hinauskatapultiert worden. Mein Verstand versuchte, mich zu beschützen, indem er sich reserviert verhielt. Das Erlebnis war jedoch so neu und so stark, daß der Schutzmechanismus nicht ganz funktionierte. Ich befinde mich auf einer neuen Ebene, ohne daß ich es gewollt habe. Ich war mit Menschen zusammen ohne jegliche trennenden Barrieren mit Ausnahme meines kläglichen Versuches einer Selbsthypnose. Wenn ich das Erlebnis der Sauna akzeptiere, muß ich die Tatsache akzeptieren, daß ich keinen Grund mehr habe, mich abseits und allein zu fühlen. Ich kann nicht mehr behaupten, ich sei nackt und allein und ungeliebt, also bleibt mir gar nichts anderes übrig, als weiterzumachen und mich mehr und mehr berechtigt zu fühlen. Ich habe keine Wahl, als wach zu bleiben, und das Schreckliche ist, daß ich nicht froh bei dem Gedanken werden kann, völlige und totale Verantwortung dafür zu übernehmen, wer ich bin und was ich bin. Ich möchte immer noch einen hübschen Zaun um meine Wiese behalten. Ich habe mein Terrain weiter ausgedehnt, als die meisten Menschen es je tun, aber bei jeder Erweiterung habe ich sorgfältig darauf geachtet, daß auch die Zäune entsprechend versetzt wurden.

Die Sauna hat mich gelehrt, daß ich Schluß machen muß mit dem Einzäunen. Ich muß mich selbst vollständig dem öffnen, was auf mich zukommt. So verrückt das klingt, das Erleben der Sauna, so wie es hier in der Klinik abläuft, hat mit Glauben und Vertrauen zu tun. Vertrauen zu uns selbst und Vertrauen zu anderen. Vertrauen, der Zukunft entgegenzugehen und zu nehmen, was kommt, und wissen, daß andere immer dasein und mich lieben und ermutigen und sich einfach um mich kümmern werden, wenn ich es zulasse.

Jeder Schritt, den ich außerhalb meiner neun Punkte getan habe, erfolgte in verstandesmäßiger oder geistiger Hinsicht. Die Sauna war ein rein körperliches Erlebnis. Meine Familie, meine Kirche, meine Schule, meine Kultur haben mich gelehrt, daß ich meinen Körper verleugnen müsse, um gut und heilig zu sein und um meine unsterbliche Seele zu retten. Jetzt weiß ich ganz sicher, daß diese Lehre falsch war. Ich habe versucht, glücklich und »abgeklärt« zu sein, indem ich mein körperliches Ich verleugnete. Jetzt habe ich erfahren, daß ich Spiritualität, Güte, Wahrheit und Liebe nur dann erleben kann, wenn ich mich selbst so akzeptiere, wie ich wirklich bin. Ich sehe inzwischen ein, daß ich in dieser *körperlichen* Welt als *körperliches* Wesen leben muß, aus dem sich Verstand und Geist entwickeln. Mein Körper bin ich, und weil ich geglaubt habe, er müßte verleugnet werden, wirkten der Verstand und der Geist, die sich daraus entfaltet haben, nie völlig überzeugend.

Hier sehe ich wieder einmal, welche Kraft in Herrenalb zum Tragen kommt. Körper, Geist und Seele müssen gemeinsam geheilt werden, sonst kann es kein dauerhaftes neues Leben geben.

In der Sauna habe ich mich selbst weggeworfen, damit ein neues Selbst an die Stelle des alten treten konnte. Ich weiß nicht, wo ich hingehen werde oder was aus mir werden wird, aber die Sauna hat mich gelehrt, keine Angst zu haben, weil ich den Mut aufgebracht habe, vor meinen Mitmenschen zu kapitulieren, mich selbst mit einzubringen. Ich habe für mich selbst beschlossen, mich dem Sauna-Erlebnis hinzugeben, und das war das Wesentliche.

An diesem Dienstag fahre ich mit nach Stuttgart, wo eine Sendung mit Walther und Gerhard Rein beim Süddeutschen Rundfunk aufgezeichnet werden soll. Ich bin bester Stimmung, während ich bade und mir Strümpfe und ein Kleid anziehe anstelle der üblichen langen Hose und Pullover. Ich sprühe mir Estée-Lauder-Parfüm ins Haar, lege Schmuck an und genieße es, Frau und lebendig zu sein. Als ich zur Klinik rübergehe, lugt die Sonne durch die Wolken. Sicher wird es wieder ein wundervoller Tag hier.

Ich betrete die Klinik und warte darauf, daß Walther mit seiner Arbeit fertig wird, damit wir gehen können. Auf der Treppe, die sich spiralenförmig bis zum zweiten Stock hinaufwindet, sitzt Wolfgang. Er ist ein Alkoholiker, der letzte Woche in die Klinik gekommen ist. Er befindet sich im Delirium tremens und zittert am ganzen Körper. Er ist allein. Ich habe nichts zu tun, also gehe ich die Treppe hinauf und setze mich für eine Weile zu ihm, um ihm zu zeigen, daß er nicht allein ist. Wolfgang wendet mir sein verwundetes Gesicht zu, und ich schaue ihm in die Augen. Sie jagen hin und her, es ist das sogenannte Augenzittern, das durch eine Fehlfunktion des Gehirns verursacht wird als Folge der verheerenden Entzugserscheinungen.

Auf einmal erinnere ich mich daran, wie ich einen ähnlichen Entzugsprozeß durchlitten habe, als ich vierundzwanzig Jahre alt war. Ich hatte zwei Eingriffe an der Wirbelsäule innerhalb von zwei Wochen und bekam drei volle Wochen lang alle drei Stunden Morphium. Als der Arzt schließlich das Morphium absetzte, habe ich das durchgemacht, was sich jetzt in Wolfgangs Gesicht widerspiegelt. Ich erinnere mich noch daran, was für ein scheußliches Gefühl das mit dem Augenzittern war. Selbst wenn ich meine Augen geschlossen hielt, fühlte ich, wie die Augäpfel hin- und hergezogen wurden. Ich hatte schreckliche Visionen, Fratzen sprangen mich an. Ich erinnere mich daran, daß riesige schwarze Spinnen von der Decke auf mich herabfielen und ich spürte, wie die scheußlichen vielbeinigen Tiere über meinen Körper krochen. Da waren Ratten und Schlangen, aber am deutlichsten erinnere ich mich an Ärzte und Schwestern und meine Familie, die einfach dastanden und mich mitleidsvoll anschauten. Manchmal hielt jemand meine Hand oder tätschelte mir den Arm, das war alles, was ich an Liebe bekam. Sie hatten keine Ahnung, was ich brauchte. Sie wußten nicht, was sie mit mir anfangen sollten.

Ich weiß noch, daß ich rief: »Helft mir, ich werde wahnsinnig«, während mir der Schweiß aus allen Poren rann und ich in meiner Qual schlotterte und zitterte.

Ich hätte mir gewünscht, daß jemand zu mir ins Bett geschlüpft wäre und mich festgehalten hätte. Ich brauchte einen Menschen, der mich hin- und hergewiegt und mir zur Beruhigung etwas vorgesungen hätte. Ich hatte so ein wahnsinniges Verlangen nach beschützender Liebe, Nähe und Wärme.

Während ich an jene Tage vor so vielen Jahren zurückdenke, schaue ich zu Wolfgang rüber, und auf einmal ist es mir egal, daß ich ein schönes Kleid anhabe. Ich nehme ihn in meine Arme.

»Wolfgang, kannst du Englisch?«

»Ja«, antwortet er mit bebender Stimme.

»Du ist nicht allein. Ich war dort, wo du jetzt bist. Morgen wird es besser gehen. Lebe nur für heute, Wolfgang. Du bist hier in diesem Haus, wo wir dich liebhaben.«

»Du kennst das, Jackie? Du weißt Bescheid?«

»Ja, ich kenne das.« Ich fange an, ihm ein Lied vorzusingen, das ich für meine Kinder gesungen habe, dabei ersetze ich »Tammy« durch »Wolfgang«.

Ich spüre, wie sich sein müder, übelriechender Körper entspannt. Er ist mit Schweiß bedeckt und strömt den sauren Geruch von Krankheit aus. Als ich mit dem Wiegenlied fertig bin, wird Wolfgang ganz steif. Neue Halluzinationen bedrängen ihn. Vielleicht wäre ein weiteres Lied angebracht. Also singe ich ihm das Lied, das für mich Herrenalb bedeutet, das Lied mit dem Titel »Today«.

Ich singe weiter, und Wolfgang entspannt sich wieder. Einige der

Gäste haben uns gesehen, und bald sind Wolfgang und ich von anderen umringt, die sich alle eng an uns anschmiegen. Wir sitzen etwa eine Stunde lang so bei Wolfgang auf der Treppe, wir halten ihn fest und geben ihm unsere Liebe.

Walther kommt aus seinem Büro herauf, und plötzlich wird mir etwas bewußt. Ich liebe diesen Trinker in seinem Delirium tremens mehr als irgend etwas in meinem Leben. Wenn ich wählen müßte: mit Walther nach Stuttgart fahren oder hier bei Wolfgang auf der Treppe sitzen bleiben – ich würde Wolfgang wählen.

Für einen von diesen würde ich alles im Stich lassen, was ich habe. Ich würde »Mutter und Vater« verlassen, denn ich weiß jetzt, daß ich mit diesen Leuten arbeiten muß.

Was mir an Reichtümern gegeben ist, kann ich nur behalten, wenn ich sie weggebe. Mein Leben kann sich nicht mehr darin erschöpfen, in Bozeman, Montana, zu sein, mit Bekannten zum Essen zu gehen, Dinge einzukaufen, die ich nicht brauche, mit Jess zu reisen, zu lesen, zu essen und Zigaretten zu rauchen, für die Kirche aktiv zu sein und meine Kinder und Enkelkinder zu besuchen. Fragen Sie mich nicht warum – ich kann es nicht erklären. Man würde behaupten, ich habe alles. Ich habe ein schönes Heim, genug Geld, um das zu tun, was ich mag, eine wunderbare Familie. Und doch werde ich alles im Stich lassen, wenn es sein muß.

Mein Leben ist für mich gleichbedeutend mit der Erfahrung von Herrenalb. Ich möchte alles von Herrenalb kennenlernen und erfahren, damit ich mein Leben wirklich danach leben kann – jeweils für einen Tag – und der Welt zeigen kann, was es bedeutet, *im wahrsten Sinne des Wortes neugeboren* zu sein. Ich möchte anderen Süchtigen zeigen, daß Gott uns so sehr liebt, daß er uns zu Süchtigen gemacht hat, damit wir so viel leiden, daß wir wach werden, anstatt weiterhin mit geschlossenen Augen durchs Leben zu gehen.

Ich stehe auf. »Wolfgang, ich muß jetzt gehen.«

Sein Gesicht verkrampft sich, und sein Körper wird steif. Mir fällt noch etwas ein aus jener weit zurückliegenden Zeit. Ich hatte vor Wolfgang eine unerwartete Bewegung gemacht, als ich mich erhob. Jede plötzliche Bewegung oder laute Stimme, oder jedes Geräusch wird als furchtbar bedrohlich empfunden, wenn man unter Entzugserscheinungen leidet. Es tut mir leid, daß ich das vergessen hatte. Ich erinnere mich, daß sogar Lachen mich erschreckt hat und daß es sich negativ auf mich auswirkte. Ich stehe jetzt ganz ruhig da und bitte Wolfgang, mich anzusehen. Ich warte, bis sich seine Augen richtig eingestellt haben.

»Wolfgang, ich bin es, Jackie. Ich muß jetzt nach Stuttgart fahren. Ich komme morgen wieder.«

»In Ordnung, Jackie, morgen.« Wolfgang steht auf. »Nein! Heute – Today!« Er fängt an, das Lied zu singen.

Ich gehe die Treppe hinunter und schaue zu ihm zurück. Er ist umgeben von der Liebe der wunderbaren Gäste. Wir singen ein albernes Duett zusammen, mein deutscher Bruder und ich. Er lächelt mir zu, und ich gehe.

O dieses irre schöne Haus, voller wunderbarer Deutscher, die genauso irre sind wie ich. Ich rieche jetzt nach Wolfgang, nicht mehr nach Estée Lauder. Dieser Geruch gefällt mir besser als irgendein Parfüm, das ich jemals gekannt habe. Wieder habe ich Bonding erfahren. Ich muß weitermachen mit dem, was ich gelernt habe.

Später höre ich, daß Wolfgang die nächsten vierundzwanzig Stunden damit verbracht hat, »unser Lied« zu singen und mit den Schwestern und Gästen englisch zu sprechen. In dem verwirrten Zustand, in dem er sich befand, wurde meine Verrücktheit Teil von ihm. Ein irres Bonding, was?

An einem anderen Tag meines Aufenthaltes fuhren Walther und ich von Herrenalb nach Karlsruhe, um irgend etwas zu erledigen. Mitten auf der Straße (wir waren weit genug weg, um rechtzeitig bremsen zu können) ging ein alter Mann mit schwankenden Schritten und stützte sich auf seinen Stock. Sein Körper war sehr mager und verknöchert; er hatte nur eine leichte Hose, ein Hemd und einen Pullover an bei dem kalten regnerischen Winterwetter.

Wir hielten an und sprangen beide aus dem Auto. »Wo wollen Sie hin?« fragte Walther in deutscher Sprache.

»Ich gehe nach Augsburg«, antwortete er.

»Kommen Sie, steigen Sie in mein Auto, ich bringe Sie nach Augsburg.« Walther lächelte und schaute mich an. »Augsburg ist weit weg; wir bringen ihn zurück ins Altersheim nach Frauenalb – dort muß er hergekommen sein.«

Ich half dem alten Mann, hinten in Walthers Auto einzusteigen. Ich mußte sein linkes Bein anheben und es für ihn in den Wagen schieben. Mein Herz klopfte zum Zerspringen. Gerade gestern hatte ich Walther gefragt, ob er jemals diesen besonderen Stich im Herzen verspürt habe, wenn er ans Älterwerden denkt. Da hatten wir uns über das Alter unterhalten, und jetzt sahen wir vor uns das lebende Beispiel dessen, was wir alle fürchten: ein verwirrter älterer Mitbürger, der in seinen

Hausschuhen nach Augsburg laufen will und der weder Regen noch Kälte spürt. Ich war so tief bewegt in meinem Innersten, daß ich das liebe alte Gesicht streichelte und seine faltige Hand hielt, während wir nach Frauenalb fuhren. Dort hat Walthers Mutter die letzten Tage ihres Lebens verbracht. Im vergangenen Juli ist sie hier gestorben. Walther und ich gingen mit dem alten Mann durch die Tür, und ich spürte, wie schmerzlich die Erinnerung für Walther war. Hinterher, als wir wieder weiterfuhren, sagte er:

»Weißt du, Jackie, einen Augenblick lang habe ich mich selbst gesehen. In einigen Jahren werde ich diese Straße entlangstolpern, und ein junger Arzt von der Psychosomatischen Klinik wird sein Auto zum Stehen bringen. Vielleicht Horst – und er wird aus dem Wagen springen und sagen: ›O Walther, wo willst du hin?‹ Ich werde ihm antworten: ›Ich gehe nach Bozeman, Montana, um mit Jess und Jackie zum Reiten zu gehen.‹ Horst wird sagen: ›Steig ein, Walther. Ich bringe dich nach Bozeman.‹ Und dann wird er mich nach Frauenalb zurückbringen. So ist das Leben! Verdammt noch mal, so ist das Leben.«

Ich konnte mich auch sehen, wie ich eines Tages in Bozeman, Montana, die Straße hinunterlaufe. Ein Auto hält, und ein junger Mann fragt: »Wo willst du hin, Alte?« Ich werde antworten: »Ich gehe nach Bad Herrenalb, um Walther und Horst und Peter zu besuchen; ich muß meinen Geburtsort wiedersehen.« Er wird mir in sein Auto helfen und sagen: »Komm nur, Alte, ich bringe dich nach Bad Herrenalb«, und er wird mich in das Altersheim in Bozeman zurückbringen.

So *ist* das Leben. Ich nehme es, wie es ist. Ich umarme es. Ich werde immer daran denken, daß ich *geliebt* werde; ich wurde in das Leben hineingeliebt durch einen Haufen verrückter Deutscher.

Auf Wiedersehen, Bad Herrenalb.
Ich liebe dich!

Ich trage dich in mir,
in meiner Seele,
und nehme dich mit nach Amerika.

Zwölf Jahre danach

Ein Abriß meines Lebens, wie es heute für mich ist

Jacqueline C. Lair
Aus dem Amerikanischen übersetzt von Karen Krüger

Heute ist ein sonniger Tag in den Bergen von Montana. Es ist ein warmer Julitag, und der Himmel ist so tiefblau und rein, wie es nur der Himmel über Montana sein kann. Da es der vierzehnte Juli ist, steht der Mond im Westen; er ist alabasterweiß, und in der Nachmittagssonne kann man drei Viertel von ihm sehen.

Gerade habe ich einen Brief aus Europa aufgemacht von diesen »verrückten Krauts« (Deutschen) und auch von ein paar verrückten Schweizern und Franzosen, mit denen mich eine so tiefe Zuneigung verbindet, wie sich nur wenige Amerikaner jemals vorstellen können. Meine Freunde treffen sich zu einem Workshop. Ich gehöre zu ihnen, doch ich bin die Emigrantin, die ihr Zuhause verlassen hat und weit gereist ist, diejenige, die nur hin und wieder kurze Besuche abstatten kann und dann wieder fort muß. Als ich den Briefumschlag öffnete, spürte ich die Einsamkeit meiner Position.

In dem Brief steht, daß ich ein Abschlußkapitel zu meinem Buch schreiben muß, das im Januar auf Französisch erscheint. Seit letztem Herbst weiß ich schon, daß ich noch dieses Nachwort schreiben muß. Doch es fiel mir schwer. Wie soll ich zwölf Jahre auf wenigen Seiten zusammenfassen? Unmöglich.

Meine Familie! Diese Europäer aus Westdeutschland, der Schweiz und dem Elsaß sind auch nach all diesen Jahren noch immer meine Familie. Meine tiefen Gefühle für diesen Teil der Welt und die Menschen dort bestätigen mir noch einmal den Wandel, den ich 1978 erfahren habe. Die Erfahrungen, die ich damals in Bad Herrenalb gemacht habe, und die Konsequenzen, die ich später daraus für mein Leben gezogen habe, haben mich unwiderruflich eine von ihnen werden lassen. Zeit und Entfernung konnten diese Erfahrungen nicht verblassen lassen. Sie sind jetzt, im Sommer 1990, noch immer genauso gegenwärtig wie damals.

Warum? Ich bin kein dummes kleines Mädchen mehr, das nach jedem Strohhalm greift. Was ist damals in Bad Herrenalb, Westdeutschland, geschehen, das mir zu einem neuen Leben, einer neuen Seele und einer neuen Lebensweise verholfen hat, die noch heute Gültigkeit für mich hat?

Im Jahr 1978 hing ein Brief von C. G. Jung an Bill Wilson, den Gründer der Anonymen Alkoholiker, an einer Wand der Eingangshalle der Klinik in Bad Herrenalb. In diesem Brief sprach Jung von der Notwendigkeit eines spirituellen Erwachens bei manchen Leuten, bevor sie geheilt werden könnten. Diese Annahme wurde zu einem der Grundsteine der Anonymen Alkoholiker.

Ein solches spirituelles Erwachen habe ich in dieser Klinik erfahren, und es gab mir etwas, das all die sogenannten »Therapien« nicht hatten leisten können. Ich wurde geheilt.

Wissen Sie, hier in den Vereinigten Staaten sprechen wir in all diesen Zwölf-Schritte-Programmen, wie denen der Anonymen Alkoholiker, der Emotions Anonymous, Narcotics Anonymous und Overeaters Anonymous, davon, daß man einmal ganz unten gewesen sein muß. Und das war ich damals. Als ich 1978 in die Klinik kam, war ich GANZ UNTEN, und ich wußte, daß ich in meinem Zustand keinen Tag länger würde leben können. Ich konnte keinen Augenblick länger leben mit all meinem Selbsthaß, meiner Unsicherheit, meiner Depression, meiner Scham und meiner Reue. Als ich nach Bad Herrenalb kam, war ich völlig durchgedreht. Ich konnte wirklich keine andere Richtung mehr einschlagen als NACH OBEN – es sei denn, ich hätte mich entschieden, meinem Leben überhaupt ein Ende zu setzen –, aber dies kam für mich nicht in Frage, wie deprimiert ich auch zu sein glaubte.

Und ich bewegte mich tatsächlich AUFWÄRTS. Ich erkannte den Irrtum meiner bisherigen Denk- und Handlungsweise und begann, sie zu verändern. Das erste, was ich tun mußte, war heimzufahren und meiner Familie dabei zu helfen, ebenfalls gesund zu werden, falls sie es wollte. Das war eine gewaltige Aufgabe für mich, doch ich mußte es auch für mich selbst tun, selbst wenn mir alle sagten, ich solle mich doch zum Teufel scheren.

Alle Mitglieder meiner Familie mußten eine Menge Leid ertragen,

Beschuldigungen und Anklagen über sich ergehen lassen, doch aufgrund dessen, was ich inzwischen über mich selbst und auch über meine Familie gelernt hatte, wußte ich, daß ich wie bisher nicht länger mit ihnen zusammenleben konnte, denn sie zerstörten sowohl meine Gesundheit als auch ihre eigene. Ich konnte ein solches Fehlverhalten nicht länger ertragen, weder mein eigenes noch das irgendeines anderen Menschen. Auf der Tagesordnung stand also, hier in den Vereinigten Staaten Hilfe für meine ganze Familie zu finden.

Oh, es war hart, und ich habe viel geweint. Es gab Zeiten, in denen ich sicher war, daß meine Ehe all dies nicht überstehen würde. Und es gab auch Zeiten, in denen ich hoffte, daß sie es nicht überstehen würde. Mein Mann und ich mußten herausfinden, ob es irgendeinen logischen Grund gab, warum wir unsere Beziehung fortsetzen sollten, doch zunächst einmal mußten wir unsere eigenen Differenzen beiseite schieben, um unseren fünf Kindern dabei helfen zu können, erwachsen zu werden und ihnen all die Unterstützung zuteil werden zu lassen, die sie brauchten, um die Wunden heilen zu lassen, die das Heranwachsen in unserer streßreichen Familie ihnen zugefügt hatte.

Jetzt, wo ich dies hier niederschreibe, sind mein Mann Jess und ich noch immer zusammen, unsere fünf Kinder sind groß, und unser ältestes Enkelkind beginnt gerade sein Studium. Wir haben sieben Enkelkinder, und ihre Eltern haben alle beschlossen, gesund zu werden. Nach Jahren des Alkohol- und Drogenmißbrauchs und anderer schrecklicher Auflehnungsversuche sind sie doch schließlich alle erwachsen geworden. Sie sind jetzt Lehrer und Geschäftsmänner und -frauen, und eine ist sogar Schriftstellerin geworden und steht kurz vor ihrer ersten Veröffentlichung.

Ich möchte keinesfalls den Eindruck erwecken, als sei der Weg zum Erfolg für unsere Familie einfach gewesen. Er war in mancherlei Hinsicht schrecklich mühsam. In den vergangenen zwölf Jahren haben wir furchtbares Leid erfahren und schlimme Rückschläge erlitten. Jess und ich haben den Großteil unseres Geldes für die Behandlung derjenigen von uns ausgegeben, die Alkohol- und Drogenprobleme hatten. Manchmal schien es, als befänden wir uns mitten in einem Seilziehen mit dem Teufel selbst.

Da es in den USA keine staatliche Krankenversicherung gibt und da Süchtige auch als Erwachsene nicht für ihre eigene Versicherung aufkommen können, bezahlten Jess und ich alle Rechnungen aus unserer eigenen Tasche, und sie waren wirklich horrend. Zwar sind wir dankbar, daß wir überhaupt das Geld dafür hatten, doch manchmal sehen wir uns lächelnd an und wünschten, wir hätten heute noch ein wenig davon übrig.

Eine entscheidende Veränderung unseres Lebens betraf meine Person. Da ich entschlossen war, von nun an ein Leben zu führen, das der Genesung gewidmet war, hatte meine Familie auf einmal eine Mutter voller Kraft und Beharrlichkeit. Ich hatte den Durchblick. Ich war in der Lage, jedem beizustehen und all den Schmerz zu ertragen, diesen Schmerz, den jeder von uns ertragen muß, der erwachsen werden will. So war ich eine Hilfe für die anderen und nicht eine Behinderung. Ich sah meine eigene Wahrheit, aber auch die zuweilen sehr schmerzhaften Wahrheiten der anderen Mitglieder meiner Familie. Und ich habe nicht meinem Bedürfnis nachgegeben, diesem Leid irgendwie zu entfliehen.

Wenn ich heute sagen müßte, was meiner Meinung nach in jener Zeit von allen Geschenken, die ich seit Bad Herrenalb 1978 bekommen habe, das Wichtigste war, würde ich sagen, es war meine Fähigkeit, dazusein, es war die Tatsache, daß ich fast immer positiv eingestellt und liebevoll war, anstatt nachteilig für die anderen zu sein. Das ist das größte Geschenk. Und was ist es anderes als LIEBE?

Da haben wir es! Dies ist das spirituelle Erwachen von Bad Herrenalb, denke ich. Es ist das Entstehen der Fähigkeit zu lieben. Und was ist die Fähigkeit zu lieben anderes als die Fähigkeit, in die Tiefe zu sehen, einander zu verstehen, uns umeinander zu kümmern und etwas füreinander zu tun, wenn wir können?

Ich erinnere mich noch heute an den Moment, in dem ich damals in Deutschland zum ersten Mal die Blumen in der Natur richtig wahrnahm. Ihnen galt damals meine erste große Liebe. Noch heute trage ich die Erinnerung an die Lebendigkeit wilder Gänseblümchen auf einer Wiese im Schwarzwald in mir. Ich erinnere mich, daß ich mich mitten in sie hineingesetzt habe. Ich weiß noch genau, wie ich einen Kranz aus Gänseblümchen für mein Haar flocht. Ich erinnere mich an das Glück, das ich empfand, endlich etwas anderes als Verzweiflung.

Können Sie sich vorstellen, daß ich noch heute ganz genau fast jedes einzelne wundervolle Gesicht der Menschen vor mir sehe, die damals, 1978, in Straßburg vor dem Münster warteten, um hinter den Musikanten durch die Straßen zu ziehen? Ich kannte diese Menschen damals, und ich kenne sie noch heute, denn in meinem Herzen waren sie eins mit mir. Ich konnte sie fühlen.

Als ich an jenem Tag vor dem Münster stand, hatte ich keinerlei Gefühl von Abgeschiedenheit oder Isolation. Das war es, was ich ausdrükken wollte, als ich mich plötzlich so spontan und übermütig in die Parade einreihte. Ich erinnere mich noch, daß mein Körper von dem Ansturm von Gefühlen, die ich angesichts dieser Menge empfand, förmlich brannte. Sie waren nicht anders, sie waren ich! Ich war keine Amerikanerin, und sie waren keine Franzosen. Wir waren alle zusammen menschliche Wesen in Straßburg, und ich liebte sie so sehr.

War es Dummheit? Überschwang? Hysterie? Nein, nichts von diesen Dingen. Ich selbst war pures Bewußtsein, dessen Macht nur wenige von uns jemals erleben. Seitdem habe ich so etwas nie wieder erfahren, doch dieses eine Mal genügte.

In den vergangenen Jahren habe ich festgestellt, daß meine Heilung dazu geführt hat, daß ich mich in vielen Bereichen meines Geistes und meines Herzens geöffnet habe. Ich bin seitdem so viel reicher geworden als zu jener Zeit, als ich in Bad Herrenalb ankam. Vorher hatte ich Angst, etwas zu fühlen. Wenn jemand zu laut lachte oder zu heftig weinte, schaute ich ihn schief an. Ich verurteilte das, was ich als übertriebenes Verhalten empfand, als dumm und falsch. Außerdem machte es mir angst. Du warst anders als ich, und ich war abgeschnitten von dir, und jeder einzelne von uns war dazu verdammt, allein zu sein. Ich wollte nicht, daß du etwas von mir erfährst, und wollte auch dich nicht kennenlernen.

All diese Einschränkung und Angst ist nun vorbei. Ich kann kaum glauben, daß ich jetzt sechzig Jahre alt bin und heute mehr Energie speichern und freisetzen kann als in den Vierzigern. Ich liebe, lache und weine; ich bin tiefer Gefühle fähig, und sie ängstigen mich nicht mehr. Auch du kannst mich nicht mehr erschrecken. Ich fürchte die Welt nicht mehr. Das Leben ist nicht länger eine Bedrohung, sondern ein Wunder.

Bei der Arbeit an diesem Buch bemühte ich mich damals wie heute, ehrlich und offen in jeder Hinsicht zu sein. Wenn ich so zurückblicke, stelle ich fest, daß ich viele Vorteile hatte. Ich kam aus Amerika in diese Klinik, und mein Mann war ein langjähriger Freund von Walther. In den Jahren nach meinem Aufenthalt in Bad Herrenalb reiste ich wegen der Arbeit an diesem Buch zwischen den USA und Deutschland hin und her und genoß es immer, wieder einmal dort sein zu können. Ich lernte viele andere Menschen kennen, die in der Klinik arbeiteten, und auch deren Familien sowie viele Gäste. Meine Familie und ich blieben mit Walther und seiner Familie befreundet, und sie haben uns mehrmals in unserem Haus in den USA besucht.

Auch war ich unabhängig und hatte genügend Zeit und Geld zur

Verfügung, und offensichtlich verfügte ich über eine Persönlichkeit, die gut mit der vieler Menschen in Deutschland harmonierte. Ich wurde akzeptiert und konnte jeden Moment meines Aufenthaltes zu meinem Vorteil nutzen. Aus allem, was ich damals erfahren habe, lernte ich etwas, und tatsächlich lerne ich noch immer von denjenigen, die ich damals zuerst in Bad Herrenalb traf. Ich lerne noch immer von allen, denen ich seitdem begegnet bin. Meine Entschlossenheit zur Genesung ist das Wichtigste in meinem Leben geblieben, und alles andere resultiert daraus. Und das rechne ich mir selbst als Verdienst an. Ich war eine Kämpferin, und ich wollte das, was sie in dieser Klinik besaßen, mehr als alles haben, was ich jemals zuvor oder danach gewollt habe. Schließlich habe ich es errungen, und darauf bin ich stolz. Daß sie es hatten und mir dort angeboten haben, ist ihr Verdienst.

Eines Tages vor ungefähr zehn Jahren war ich gerade einmal wieder in Deutschland, um an diesem Buch zu arbeiten, und Horst Esslinger nahm mich an einem kalten Märztag mit zur Arbeit in einer staatlichen Klinik für Psychiatrie. Wir wurden auf der geschlossenen Station für Frauen eingeschlossen und arbeiteten dort mit den unglücklichen Frauen. Ich sollte einfach nur zuschauen.

»Es ist gut für dich, wenn du auch einmal so etwas siehst«, sagte er in seiner rätselhaften Art.

Ich verstand zwar nicht die genauen Worte der Patientinnen, die tobten, vor sich hin murmelten und ihre Hände rangen, doch ich konnte ihre Verwirrung und ihr Leid nachvollziehen. Ich erinnere mich noch an eine Frau, die versuchte, mich zu überreden, sie aus dieser Klinik herauszubringen. Sie nahm mich bei der Hand und zog fortwährend daran. Sie bestand darauf, mit mir fortzugehen. Man sagte mir, sie wolle, daß ich sie nach Hause bringe, damit sie für ihren Mann das Abendessen zubereiten könne. Das Problem war nur, daß dieser Ehemann vor fünfunddreißig Jahren im Krieg gefallen war!

Und ich erinnere mich noch an eine andere Frau, die heiser vor sich hin murmelte und mit den Armen um sich schlug. Sie durchlitt schreckliche Qualen; ihr Kleid war zerknittert und nicht richtig zugeknöpft. Sie saß auf einem Stuhl neben mir. Ich hatte Angst vor ihr und wagte nicht einmal, ihr das Kleid zuzuknöpfen, obwohl es mir zu schaffen machte, daß man ihren nackten Bauch sehen konnte. Ich glaube, ich hatte Angst, daß sie nach mir schlagen würde. Sie war aufgedunsen und sah schlampig aus, und an ihr war wirklich alles abstoßend.

Ich werde nie vergessen, wie Horst zu ihr hinüberging und sich genau vor sie auf den Fußboden setzte. Er berührte ihre geschwollenen Fußgelenke. Sie hatte Ödeme. Er sprach ganz sanft mit ihr, und das beruhigte sie, und sie schien ihm zuzuhören. Auf ihrem gequälten Gesicht erschien ein kleines Lächeln. Für einen Moment lang verspürte sie Frieden. Dann griff Horst nach oben und knöpfte ruhig ihr Kleid zu. Danach stand er auf und wandte sich an die Schwester, um ihr einige Anweisungen wegen Änderungen in der Medikation für diese Frau zu geben.

Daraus habe ich gelernt. Ich erfuhr die Macht einer menschlichen Berührung, liebevoller Worte und einer freundlichen Stimme. Ich sah, welche Kraft ein Arzt hat, der entschlossen ist, ein unordentliches Kleid über dem nackten, geschwollenen Bauch einer verrückten Frau zuzuknöpfen, etwas, von dem man nicht erwarten würde, daß ein Arzt sich darum kümmert. Ich habe dieses Erlebnis niemals vergessen.

Ich erinnere mich noch, daß ich dachte: »Diese Ärzte in Bad Herrenalb sind anders als andere. Sie sind menschlich, und sie sind wirklich.« Seitdem liebe und verehre ich diesen jungen Arzt.

Zur Mittagszeit gingen wir dann im Park dieser Klinik spazieren. Es war eine Erholungspause von dem Lärm auf der Abteilung, doch außerdem fand ich diesen Park auch noch besonders schön. Auf einer Bank am Weg saßen zwei ältere Männer und spielten Schach. Beide waren eng zusammengerückt, um ein wenig Schutz vor dem kalten Wind zu finden.

»Unsere Kliniken sind voll«, sagte der Arzt zu mir. »Viele Sechzig- und Siebzigjährige leben heute hier; sie leiden noch immer an den Ängsten, die sie im Krieg ausgestanden haben, als sie ums bloße Überleben kämpfen mußten. Siehst du diese beiden dort? Der eine wird einfach nicht mit der Schuld fertig, die er als Soldat auf sich geladen hat. Der andere ist ein Jude, der sich schuldig fühlt, weil er als einer der wenigen das Konzentrationslager überlebt hat. Beide sind viel zu sehr in ihre eigene Welt versunken, um noch begreifen zu können, wer der andere ist. So sitzen sie friedlich zusammen in der Sonne und spielen Schach. Leben wir nicht in einer verrückten Welt?« Der Arzt lächelte zugleich traurig und liebevoll.

»O Gott«, sagte ich zu mir selbst. Ich habe diese Worte oft ausgesprochen, als ich durch die Landschaft dieses geliebten und von mir angenommenen Teils der Welt fuhr. Es ist eine Mischung aus Trauer und Süße. Ich empfinde eine tiefe, vollkommene Liebe zu meinen deutschen Freunden und auch für mein eigenes deutsches Erbe. Ich stelle dieses Gefühl dem der Angst und Abscheu gegenüber, die ich einst empfand, als Deutschland für mich ausschließlich Nazideutschland bedeutete. Es ist schön, daß meine Wurzeln nun wieder intakt sind und daß ich gesehen habe, wie gut, liebevoll, sanft und freundlich dieses Land und seine Menschen sein können.

In den Vereinigten Staaten, meinem Zuhause, unterliegt mein Mann nach und nach dem Kampf mit seinem kranken Herzen, das er seit dem Alter von fünfunddreißig Jahren hat. Seine Gesundheit läßt schon seit geraumer Zeit nach, und seit mehr als fünf Jahren arbeitet er nicht mehr. Das zusätzliche Geld, mit dem ich mir so viel Freiheit und Freude erkauft habe, ist nun verbraucht. Wir sind zwar nicht gerade arm, aber wir können uns einfach keine großen Sprünge mehr leisten. Wie komme ich nun mit dieser Situation zurecht, wo doch ausreichendes Geld während der meisten Jahre meines Erwachsenendaseins immer das Werkzeug war, das ich benutzt habe, um mich mächtig und unabhängig zu fühlen? Es macht mir zwar ein bißchen angst, aber es ist in Ordnung.

Unser Sohn Joe und ich haben ein Geschäft in Bozeman eröffnet. Im Alter von sechzig Jahren gehe ich zum ersten Mal in meinem Leben ganztägig außer Haus arbeiten. Was verkaufen wir nun in diesem Geschäft? Wir verkaufen Heilung. Lairs Laden der Ruhe und Heiterkeit ist voller Dinge, die unsere Familie während der Jahre der Genesung nützlich fand. Wir haben sie alle hier versammelt und stellen unser Dasein denjenigen zur Verfügung, die genauso leiden, wie wir einst gelitten haben. Mehr als zehn Jahre habe ich mir gewünscht, so etwas tun zu können.

Es folgt der Wortlaut eines Briefes, den wir in jede Tüte legen, die unseren Laden verläßt. Ich führe den ganzen Brief so, wie er ist, auf:

Lairs Laden der Ruhe und Heiterkeit

35 So. Wilson, Bozeman, Montana 59715 (406) 587-5521

Vor mehr als zwanzig Jahren sind die Lairs aus Minnesota nach Bozeman gezogen. Die Jahre, die wir seitdem hier verbracht haben, sind mit mehr Freude und Sorgen angefüllt gewesen, als die meisten Menschen in mehreren Leben erfahren.

Nachdem sie in den sechziger und siebziger Jahren ihre Kinder großgezogen und den Haushalt geführt hatte, reiste Jackie um die ganze Welt, um Behandlung und Hilfe zu finden, die es damals in Bozeman für sie oder ihre Familie nicht gab. Da sie sich bewußt war, daß sie Vorzüge genoß, wie sie nur ganz wenigen Menschen jemals zur Verfügung stehen, und daß es ihr vergönnt war, zu den besten Lehrern in den besten Behandlungszentren in ganz Amerika und Europa zu reisen und dort mit ihnen zu arbeiten, hat sich Jackie in den späten siebziger Jahren etwas geschworen:

»Wenn du unsere Familie durch diese qualvollen und unruhigen Zeiten geleitest, Gott, dann werde ich einen Weg finden, um alles, was ich selbst erhalten habe, zurückzugeben.«

Zu jener Zeit sah Jackie in Bozeman nicht gerade den Ort, an dem sie diesen Schwur erfüllen würde, und auch an einen Laden dachte sie eigentlich nicht. »Ich hielt mich für so großartig, daß ich dachte, ich würde eher auf weltweiter Ebene arbeiten«, sagte sie lachend.

Doch eines Tages wurde ihr plötzlich klar, daß die Zeit reif war zu handeln und daß Bozeman der richtige Ort dafür war. Sie fühlte sich dieser Stadt und den Menschen hier verbunden. Zu ihrem Erstaunen realisierte sich ihr Plan überraschend schnell und wurde Wirklichkeit. So ist es nun einmal mit spirituellen Dingen. Jemand, der Jackie nahesteht, hat einmal zu ihr gesagt: »Es gibt einen spirituellen Grundsatz: Wenn es nicht leicht geht, ist es unmöglich.«

Und so öffneten wir unsere Pforten, problemlos und voller Vertrauen, daß diejenigen, die unsere Hilfe brauchen, kommen werden.

Alle, die in Lairs Laden der Ruhe und Heiterkeit arbeiten, möchten Ihnen zu Diensten sein. Deshalb sind wir hier. Ihnen zu helfen ist ein Teil des Gelübdes.

Willkommen in dieser Welt der Erholung, der Bindung, des Teilens und der Fürsorge: einer Welt der spirituellen Wege. Willkommen bei diesen Büchern, Geschenken, Kerzen und so weiter. All diese Dinge haben Jackie in den letzten zwanzig Jahren auf ihrem Weg dabei geholfen, Heiterkeit und Seelenfrieden zu finden.

Wir hoffen, Ihnen ist klar, daß Sie sich nicht allein oder einsam fühlen müssen, sondern daß es auch uns einmal so ergangen ist, wie Ihnen jetzt, und daß wir da sind, um Ihnen zu helfen.

Die Lairs

Karten, Geschenke, Bücher, Kerzen,
Zwölf-Schritte-Bücher und -Geschenke

Ich bin nie im Leben glücklicher gewesen, daß die Zeit für diese Idee reif ist und daß ich sie verwirklichen konnte. Ich habe festgestellt, daß ich den Menschen sehr gerne im Sinne des Geistes, den ich in Bad Herrenalb erfahren habe, helfe. Ich bekomme mehr Liebe und Fürsorge, als ich gebe. Täglich denke ich an diejenigen, die damals meine eigenen Bedürfnisse befriedigt haben, und jetzt habe ich einen Weg gefunden, wie auch ich die Bedürfnisse anderer befriedigen kann.

Als sich unsere finanzielle Situation immer mehr anspannte, dachte ich, nun könne ich nie mehr nach Europa fliegen, doch das war nicht so. Letztes Jahr wurde mir ein kostenloser Flug angeboten. Ich nahm ihn an und wartete auf den Schmerz, den ich empfinden würde, weil ich entweder ein so großzügiges Geschenk annehmen oder zu Hause bleiben mußte. Es schien unvorstellbar: Ich, die große Freigebige, sollte nun Geld von meinem Mentor und Hilfe von so vielen anderen annehmen. Es war eine wundervolle Erkenntnis. Woher weiß ich aber, daß dies eine wichtige Erkenntnis und Lernerfahrung war? Nun, weil ich solchen Schmerz dabei empfand. Ich empfinde immer Schmerz, wenn ich eine spirituelle Wahrheit erkenne. In den Behandlungszentren der Vereinigten Staaten gibt es das Sprichwort »No pain, no gain« (»Kein Schmerz, kein Gewinn«). Und ich habe festgestellt, daß daran sehr viel Wahres ist.

Ich denke an den letzten Herbst. Zum ersten Mal seit zehn Jahren war ich wieder einmal bei denen, die ich nun schon so lange liebe. Walther und ich reisten nach Zürich. Ich stand sogar auf der Treppe des Jung-Institutes in Zürich, blickte von dort aus in die Anlagen und fühlte die Gegenwart C. G. Jungs. Ich wußte, daß er oft dort gestanden hatte, wo ich jetzt stand, und in meiner Phantasie ließ ich ihn wieder lebendig werden und stellte mir vor, er hielte sich in diesem Garten auf – einfach so. Ich genoß die Vorstellung. Die Vorstellungskraft ist ein großes Geschenk. Ich betrachte das Jung-Institut als eine Art Schrein für alles, was Dr. Jung für Menschen, die an Zwölf-Schritte-Programmen teilnehmen, bedeutet.

Im letzten Herbst stand ich auch in Gwatt in der Schweiz am Rande des Thuner Sees und schaute in der Morgendämmerung auf den Eiger. Von diesem Berg gingen ganz dunkelblaue Strahlen aus, breit wie Fahrbahnen. Diese Strahlen stachen in den Morgenhimmel, und ich hatte das Gefühl, mein Herz würde zerspringen. Es schien ganz und gar unmöglich, daß ich, diese Frau aus Montana, dort stehen und dieses großartige Bild sehen sollte. Es machte mir Gottes Liebe zu mir und zu uns allen sehr deutlich bewußt.

Während dieses Workshops erschien ungefähr um die Mitte der Woche ein Ehepaar in der Klinik. Sie gehörten zu den ersten Flüchtlingen aus Osteuropa vor dem Fall der Berliner Mauer. Sie hatten ihr Auto an der Grenze stehenlassen und waren nur mit dem, was sie tragen konnten, über die Grenze gegangen. Die junge Frau war im siebten Monat schwanger, und die beiden wollten unbedingt, daß ihr Kind in Freiheit geboren wurde. Ich starrte sie unverhohlen an. Kann man sich vorstellen, alles hinter sich zu lassen und so etwas zu tun? Wenige Monate später bestand die Grenze zwischen Ost und West nicht mehr. Seitdem habe ich mich oft gefragt, wo dieses Paar mit seinem Baby jetzt wohl ist.

An einem anderen Tag stand ich an der Brüstung des Klosters St. Odile und blickte über das weite Elsaß-Tal zu meinen Füßen und erinnerte mich an den berühmten Ausspruch von Ludwig dem Vierzehnten: »Welch ein wundervoller Garten . . .« Ich hatte das Gefühl, dort schon einmal gestanden zu haben. Es schien mir, als kenne ich jeden Quadratmeter des Klosters. Wie war das möglich? Wieso kenne ich dieses Land und diese Menschen so genau? Woher kenne ich das Elsaß und seine Bewohner?

Es könnte ein Fall von Reinkarnation sein. Weder glaube ich an so etwas, noch bezweifle ich es. Ich weiß auch nicht, ob ich Vorfahren habe, die aus dieser Gegend nach Amerika ausgewandert sind. Es könnte auch sein, daß man, wenn man einmal die Erfahrung von Einheit macht, die ein Geschenk Gottes ist, das Wissen der ganzen Welt erfährt. Ich erinnere mich, über viele solche Dinge in den Bibellesungen am Samstagmorgen in der Klinik gehört zu haben.

»Die Welt ist eine Festtafel, die von Gott für euch gedeckt wurde, und ihr sitzt auf dem Boden und lest die Krümel auf«, hat Walther oft gesagt.

In jenem Herbst 1989 war ich zu Gast in einer wundervollen Wohnung in Straßburg. Ich wohnte dort bei Marcel Wieser und seiner Frau Andrée. Sie beide haben zusammen mit anderen mein Buch ins Französische übersetzt. Ich kletterte gerne die Stufen zu ihrer Wohnung hinauf, höher und höher. Und ich liebte mein Zimmer unter dem Dach.

Ich erwachte morgens früh und schaute aus dem Fenster gen Osten bis zu den weit entfernten Bergen des Schwarzwaldes. Dann richtete ich meinen Blick mehr in die Nähe und sah, wie ein Mann die Wohnung einer jungen Frau am Platz gegenüber verließ. Ich fragte mich, ob er jetzt wohl für sie beide ein paar Croissants zum Frühstück holte, oder ob er sie verließ, um zu seiner Frau und zu seinen Kindern zu gehen. Ich vermutete eher das letztere und erinnerte mich an meine eigenen Jahre der Ehe.

O Gott! Welch bittersüße Erinnerungen weckte diese Aussicht in mir! Inzwischen habe ich gelernt, das Leben voller Aufmerksamkeit zu leben, mit all meinen Erinnerungen und Gefühlen ganz vorn in meinen Fingerspitzen. Es ist wie ein Wunder, in der Lage zu sein, all dies nach meinem Willen zu nutzen, ein menschliches Wesen zu sein, so angefüllt mit den Dingen des Lebens – noch immer! Das hätte ich mir niemals träumen lassen.

Zusammen mit Marcel und Andrée habe ich noch einmal die Altstadt von Straßburg besucht. Im Münster habe ich eine Kerze angezündet. Es ist gut, niederzuknien, und Gott weiß, wie ich Straßburg liebe. Es blieb mir erspart, dort geboren zu werden und die Schrecken des Krieges miterleben zu müssen, doch jetzt habe ich das Gefühl, ein Teil dieser Gegend zu sein. Ich glaube, meine Wurzeln liegen im Schwarzwald und im Elsaß, und nirgendwo sonst. Ich fühle mich eher als eine Bewohnerin dieses Teils von Europa denn als Amerikanerin.

Ich habe das Bedürfnis, auch zu erzählen, daß Walther Lechler, der im Zweiten Weltkrieg ein junger Soldat gewesen ist, Horst Esslinger, geboren in Deutschland im Jahre 1943, und ich eines Tages Dachau besuchten. Und ...

Ach, Gott! Dort war sie dann, die Vergangenheit, die uns alle irgendwann einholt. Wir reagierten alle schrecklich. Innerhalb des Dokumentationsgebäudes trennten wir uns und gingen verschiedene Wege. Es war, als müßte jeder von uns dies für sich allein ertragen. Als wir durch die einzelnen Säle gingen und uns all die Fotos mit den Greueltaten auf den riesigen Plakatwänden nur so ansprangen, da mußte ich gehen ... fliehen.

Ich fand nur Horst und bat ihn, mich hinauszubringen. Draußen trafen wir auf Walther und wandten uns dem Ausgang zu. Doch auf dem Weg dorthin bat ich, eine Baracke sehen zu dürfen. Ich konnte nicht einmal in Richtung des Krematoriums schauen. Doch in den Baracken streckte ich meine Hand aus und berührte das Holz einer Schlafkoje. Ein heiliges Überbleibsel. Genauso deutlich, wie ich damals in Zürich C. G. Jung im Garten vor mir gesehen hatte, so sah ich jetzt die Gefangenen, eingepfercht in diesem Schlafsaal; mit ihren weit aufgerissenen Augen starrten sie mich an. So kann es auch sein, wenn man wie ich eine lebhafte Phantasie hat. Wundervoll und schrecklich zugleich.

Wir drei gingen nicht gerade gut mit dieser Erfahrung um. Horst schlief auf dem Rücksitz des Autos ein, und eine finstere Miene verzerrte sein Gesicht, wie es typisch für ihn ist; Walther »schlug um sich«

und schimpfte mit uns beiden, als wäre er unser Vater, während wir in einem Restaurant zu Abend aßen, wie es typisch für ihn ist; und wie es typisch für mich ist, ermahnte ich Walther, sich zu benehmen und nicht so herrisch zu sein, während wir in der Dunkelheit über die Autobahn fuhren. Jeder von uns reagierte auf seine Weise auf die Spannung.

An jenem Tag verlangten wir zu viel von uns selbst und von unserer Freundschaft. Ich gestatte mir nicht, allzu häufig daran zu denken. Es gibt ein paar menschliche Erfahrungen, die eine solche Menge Schmerz in sich bergen, daß man ihn kaum ertragen kann. Doch ich vergesse nicht, daß diese beiden deutschen Ärzte dazu bereit waren, mit mir nach Dachau zu fahren.

Dieses Frühjahr wollte ich eigentlich wieder nach Bad Herrenalb fliegen. Ich denke, ich könnte mir den Flug durchaus damit verdienen, daß ich dort den Menschen von meinen Erfahrungen erzähle, sooft ich will, doch das erscheint mir nicht angemessen, wie verlockend es auch sein mag. Ich gehöre nach Montana, zu meiner Familie und zu meinen Freunden. So sagte ich meinen Flug ab und blieb zu Hause. Damit stieß ich einige Menschen vor den Kopf, die sich auf meine Anwesenheit in Deutschland verlassen hatten. Es war hart, ein gegebenes Versprechen zu brechen, doch ich hatte triftige Gründe dafür, und es mußte einfach sein. Ich war überrascht, daß mir diese Entscheidung solchen Kummer bereitete. Ich verpaßte die Festivitäten, und das war schlimm. Der Teil von mir, der noch immer ein bißchen verrückt ist, könnte, wenn die Versuchung nur groß genug ist, nach Europa eilen und nie mehr zurückkommen.

Nun muß ich darüber schreiben, ob es erlaubt ist oder nicht, was meiner Meinung nach die Wahrheit von Bad Herrenalb ist und was man dort für Menschen wie mich tut, was sich von allen anderen Behandlungsmethoden unterscheidet. Für mich lag das Geheimnis von Bad Herrenalb immer darin, daß die Klinik, Walther und all die anderen Ärzte den Mut hatten, in einem großen Experiment Therapien einfach umzuwerfen.

Was für ein Experiment das ist? Können wir überhaupt wagen, es ein Experiment zu nennen? Nun, lassen sie es uns statt dessen die »Lechler-Methode« nennen. Die Lechler-Methode schien die Frage zu stellen: »Können wir alle, einschließlich der Ärzte (die großartige Ausbildungen absolviert haben, um Antworten geben zu können), beiseite lassen, was wir zu wissen glauben, und uns statt dessen auf die Suche nach dem begeben, was man gar nicht wissen kann? Können wir alle, Ärzte wie Patienten, Auge in Auge einander gegenüberstehen und das aushalten? Können Ärzte es ertragen, den Schmerz der Patienten zu fühlen oder – noch schlimmer – es den Patienten gestatten, ihren eigenen Schmerz zu fühlen, ganz gleich, wie lästig und lärmend dieser ist? Können wir alle menschlich miteinander umgehen? Können die Ärzte es ertragen, Mitmenschen ihrer Patienten zu sein, statt in erster Linie die von anderen Therapeuten? Werden die Patienten sich darauf einlassen, und wird die Öffentlichkeit dabei mitmachen?«

Ich glaube, das größte Risiko hat dabei das ärztliche Team getragen. Sie hatte das meiste zu verlieren. Doch kein Mitglied dieser Ärzteschaft, das länger als ein paar Jahre blieb, schien noch in der Lage zu sein, von oben herab als Therapeut auf seine Patienten einzuwirken, sondern mußte das fortführen, was es einmal angefangen hatte. Ganz oben auf der Tagesordnung schien mir in dieser Klinik immer der Begriff »Erlaubnis« zu stehen. Das Team der Therapeuten gestattete sich selbst untereinander und auch im Umgang mit den Patienten, menschlich zu sein. Ihre Entschlossenheit, einen sicheren Ort zu schaffen, wo wir alle unsere Verrücktheit gemeinsam ausleben können, um dadurch einander zu heilen, war eine außerordentliche und mutige Leistung. Es war einfach genial.

Außerdem war es ein brillanter Schachzug, die Klinik gerade motivierten Menschen zu öffnen. Indem sie das tat, schuf die Klinik in Bad Herrenalb unter Dr. Lechler ein ähnliches Prinzip wie das, das die Anonymen Alkoholiker »ganz unten sein« nennen, nämlich die wesentliche Voraussetzung für ein spirituelles Erwachen nach C. G. Jung und anderen Denkern. Nur diejenigen, die ganz unten sind, sind wirklich motiviert, Heilung zu suchen und zu finden. Ich kenne keinen anderen Ort, an dem diese einzigartige und kluge Idee angewendet wird. All die anderen Kliniken sind darauf fixiert, »die Patienten zu retten«. Sie sind da, um die Patienten zu entgiften, sie zu unterrichten, zu versuchen, sie zu motivieren, und sie schließlich zu entlassen.

Auch andere nehmen für sich in Anspruch, die Lechler-Methode zu verstehen. Auch andere behaupten, diese Methode zu praktizieren, doch diejenigen von uns, die mit Hilfe der Lechler-Methode geheilt worden sind, würden sagen, daß diese Behauptungen falsch sind. Und zwar nicht, weil diese Anwender unehrlich sind, sondern weil sie diese Methode selbst gar nicht anwenden können. Sie wissen gar nicht, wovon sie sprechen, und außerdem wissen sie nicht einmal, was sie nicht wissen. Solange die Therapeuten nicht wirklich eins mit den Patienten sind, solange sie nicht perfekte Spiegel für sie sind, sind diese Behauptungen falsch.

Ich höre förmlich, wie Walther Lechler stöhnt und verlangt, daß diese Abschnitte aus dem Buch gestrichen werden. Aber ich sage NEIN! Laßt sie so stehen, denn sie sind die Wahrheit. Und wenn Du selbst diese Dinge nicht sagen kannst oder Deine Professionalität Dich davon abhält, sie auch nur zuzugeben, dann kann ich sie ja sagen, und das werde ich auch.

Ich habe mir zahlreiche Kliniken angeschaut, denn ich glaubte, so einen Ort müsse es doch auch in den USA geben. Und überall habe ich festgestellt, daß die Therapeuten kontrolliert und überwacht wurden, damit sie den Rahmen der Therapiemodalitäten nicht sprengten. Es stellte sich heraus, daß überall die Therapiemethoden abgeschirmt wurden, damit das Bewußtsein nicht den Bereich des puren Intellektes verließ und zu dem der Gefühle und des Herzens Zugang fand.

Ich bin auf kein anderes Kollegium von Therapeuten gestoßen, die wie in dieser Klinik in Westdeutschland immer dazu bereit waren, sich dumm zu stellen und all ihr intellektuelles Wissen über Bord zu werfen, nur um ein weiteres Mal an uns, die wir in ihrer Obhut waren, zu glauben und sich auf uns einzulassen. Ich bin auf keine anderen Therapeuten gestoßen, die bereit und in der Lage waren, auf solche Art und Weise zu heilen. Ich habe keine andere Schar von Ärzten gefunden, die bereit waren, aneinander zu arbeiten, um neue Wege zu finden, ihrer eigenen Überzeugung treu bleiben zu können. Und ich habe keine andere Gruppe von Therapeuten entdeckt, die bereit waren, so viele stereotype Vorstellungen zu verwerfen, um zu spüren, wer sie wirklich sind und wo ihr Platz in diesem Leben ist – und die dann auch noch bereit waren, dies mit ihren Patienten zu teilen.

Es ist meine größte Hoffnung, daß diese Idee weitergetragen wird, damit eine neue Generation diese Lebensweise erlernen kann, denn sie war das einzige, was mein Leben retten konnte, als alles andere versagte. Die positiven Resultate überwiegen den Einsatz und das Risiko bei weitem, wenn Ärzte und Patienten sich erst einmal vertrauensvoll darauf eingelassen haben. Ich hoffe, daß jeder, der entschlossen ist, »alle seine alten Vorstellungen abzulegen«, und »bereit ist, alles zu tun, um sein Ziel zu erreichen« (Die Anonymen Alkoholiker, Das Große Buch, Kapitel Fünf), so handelt. Und ich hoffe weiter, daß in Zukunft immer mehr Therapeuten und Ärzte bereit sein werden, die Sicherheit, in einer Welt von festen Vorstellungen zu leben, aufzugeben, und sich statt dessen darauf einlassen, ihren Verstand aufs Spiel zu setzen, um diese wahre spirituelle Erfahrung machen zu können.

Im Jahr 1978 war ich eine Frau, die alle Hoffnung auf ein normales Leben aufgegeben hatte. Ich hatte die Belastung eines behinderten Kindes, eines Mannes, der im Alter von 35 Jahren bereits einen Herzinfarkt erlitt, der, als er erst einmal ein bekannter Autor war, kaum noch zu Hause war und außerdem zu meinem größten Schmerz die Frauen mehr liebte, als ihm guttat! Drei meiner Kinder waren abhängig von Alkohol und Drogen, und eines betrank sich bis zur Besinnungslosigkeit mit Bier. Und meine Kinder hatten eine Mutter, die glaubte, ohne Beruhigungsmittel und Antidepressiva nicht überleben zu können. Ich machte ständig ihr Verhalten für meine Belastung verantwortlich, bis ich schließlich begriff, daß ich selbst die Ursache meines Stresses war und daß nur ich ganz allein etwas für mich selbst tun konnte. Ich habe mit diesem neuen Leben nie wieder aufgehört, und deshalb war ich in der Lage, eine positive Kraft im Leben meiner Familie zu werden.

Wenn mir damals jemand gesagt hätte, daß mein Mann und meine Kinder mich lieben, mit mir zusammensein möchten und mich sogar verehren, dann hätte ich gelacht und gelacht. Ich war davon überzeugt, daß mein Leben zu Ende und meine Familie zerstört war.

Und das hat sich für meine Familie verändert: Niemand flieht mehr. Ich vergleiche uns mit anderen Familien, die ich kenne, in denen die Söhne und Töchter niemals das Bedürfnis haben, sich zu treffen, obwohl alle in ein und derselben Stadt leben. Durch Streit auseinandergerissene Familien, Familien voller Geheimnisse und Verdächtigungen.

Ach, Gott! Daß mir dieser Unsinn erspart geblieben ist! Daß ich gelernt habe, daß wir hier sind, um einander zu lieben, einander zu vertrauen, füreinander zu sorgen, die Wahrheit zu sagen und zu erkennen, daß diese Wahrheit uns wirklich frei machen kann!

Im letzten Herbst hat mich Waltraud Esslinger eingeladen, nach Deutschland zu kommen, wenn mein Mann den Kampf mit seinem kranken Herzen verlieren sollte. Wenn ich selbst dann noch am Leben bin, werde ich vielleicht für eine Weile nach Deutschland gehen. Diese Menschen sind mein Herz, und ich werde sie dann sicher nötig haben. Es ist gut, so geliebt zu werden. Dafür können sie aber auch zu mir kommen, wenn sie jemals das Bedürfnis haben sollten. Mein Heim ist auch ihres. Doch das wissen sie längst.

Ich schreibe dies an einem anderen Tag. Der Himmel ist immer noch sehr blau, und vor den Bergen vor meinem Fenster zieht ein Habicht seine Kreise. Eine Kaninchenmutter hat ihre Jungen in unseren Garten geführt, damit sie die frischen Triebe der zahlreichen Pflanzen fressen können, die dort wachsen. Ich hoffe sehr, unser Hund ist nicht dort draußen. Ich möchte nicht, daß er den Geruch der Kaninchen in die Nase bekommt. Unten am Bach fliegt ein Blaureiher, und im Tal grasen zwei Pferde. Wie kann ich nur solche Liebe für ein weit entferntes Land und die Menschen dort empfinden, wo ich doch dies alles hier habe?

Doch wie könnte ich das nicht tun? Ohne jenen Ort und jene Zeit hätte ich all dies hier nicht. Es kann nicht ohne das andere existieren. Und das habe ich alles den Menschen damals in dieser Klinik in Bad Herrenalb, Westdeutschland, zu verdanken. So sende ich all diesen »verrückten Krauts« (Deutschen), die mich damals in das Leben zurückgeliebt haben, sowie allen anderen kostbaren menschlichen Wesen aus aller Herren Länder, die gefunden haben, was auch ich damals in dieser Klinik gefunden habe, meine Liebe, meine Treue und ewige Bindung und Freundschaft. Gott segne euch alle. Auch heute noch, zwölf Jahre später, besitze ich dieses neue Leben, diese Liebe und diese wunderbare Energie. Ich hoffe, euch alle wiederzusehen. Manchmal bin ich so einsam. Und dann möchte ich sie sehen und berühren und fühlen, den Boden, die Menschen, die wahre Natur meines Heimatlandes.

Ich glaube, den meisten von Ihnen geht es wie mir. In meinem Hochmut würde ich am liebsten glauben, daß ich eine Nachfahrin von Königen bin. Doch im letzten Herbst beobachtete ich vom Fenster meiner Wohnung in Bernbach aus, dem kleinen Dorf, wo ich für eine Weile zu Hause war, wie ein Bauer seinen Wagen aus der Garage fuhr und ihn mit Heugabeln, Schaufeln und Säcken belud, um hinaus aufs Feld am Rande des Dorfes zu fahren. Ich sah, wie er den Traktor holte und davorkoppelte, um auf die Althofstraße hinauszufahren. Zum Schluß kam auch seine Frau aus dem Haus. Sie hatte ein Kopftuch um, kletterte auf den Wagen und setzte sich hinter ihren Mann. Dann klopfte sie neben sich auf die Bank, und ihr Hund sprang auf den Wagen und setzte sich neben sie. Zufrieden rückte sie sich zurecht, legte ihren Arm um den Hund, und ihr Mann startete knatternd den Traktor und bog aus der Hofeinfahrt auf die Straße ein. Als ich ihnen nachschaute, wie sie davonfuhren, wurde mir auf einmal klar, daß ich vermutlich von solchen Menschen abstamme, denn ich sah mich plötzlich auf so einem Wagen in die Felder fahren, um Heu zu machen.

Ganz gleich, wie sehr sich auch alles verändert haben mag, im Grunde ist doch alles gleichgeblieben. Wir sind alle miteinander menschliche Wesen, die versuchen, einen friedlichen Weg durchs Leben zu gehen.

Auf Wiedersehen! Ich liebe dich.

Anhang

Das in diesem Buch geschilderte therapeutische Vorgehen wurde von Dr. med. Walther H. Lechler und seinem Team entwickelt. Er leitete von 1971 bis Ende 1988 die von ihm geprägte Klinik für sozio-psychosomatische Medizin in Bad Herrenalb. Lechler (Jahrgang 1923) wurde in Würzburg am Main geboren; dort sowie in Paris, München und Bern studierte er Medizin und vervollständigte seine Weiterbildung. Schwerpunkte seiner Arbeit waren zunächst die Fachgebiete Dermatologie und Chirurgie. Danach absolvierte er seine Weiterbildung in Neurologie, Psychiatrie, Psychotherapie und psychosomatischer Medizin. In den USA machte er eine Zusatzausbildung auf dem Gebiet der humanistischen Psychologie, New Identity Process nach Daniel H. Casriel. Am 29. Januar 1989 gründete er mit Freunden und Kollegen den »Förderkreis für Ganzheitsmedizin e.V. Bad Herrenalb«. Aus der Klinik Bad Herrenalb gingen fünf Chefärzte hervor, die prägend in ihre Arbeit einfließen lassen, was das Anliegen des »Bad Herrenalber Modells« war: »Leben leben lernen« und »ansteckende Gesundheit« zu verbreiten.

Ein »Schweizer Förderkreis für sozio-psychosomatische Medizin« wurde 1991 in Luzern aus der Taufe gehoben. Eines der dringendsten Ziele dieses Förderkreises ist, eine Klinik nach dem »Bad Herrenalber Modell« in der Schweiz entstehen zu lassen. Ein französischer Förderkreis »Association de Soutien pour la Médecine de la Personne« ist in Vorbereitung. Das vorliegende Buch ist in französischer Sprache im Mai 1991 bei Delachaux & Niestlé, Lausanne, Paris, Montréal erschienen. Eine italienische Ausgabe ist in der Planung.

Seit 1954 ist Walther H. Lechler eng mit dem Zwölf-Schritte(Stufen)-Programm der »Alcoholics Anonymous« (Anonyme Alkoholiker) und den Gruppen »Al-Anon« (Partner, Angehörige und Freunde von Alkoholikern) und »Al-Ateen« (Kinder von Alkoholikern) verbunden sowie mit den verschiedenen anderen Gruppen, die mit großem Gewinn das Zwölf-Schritte(Stufen)-Programm der »Anonymen Alkoholiker« übernommen haben, wie »Narcotics Anonymous« (NA), »Overeaters Anonymous« (OA-Eß-Störungen), »Gamblers Anonymus« (GA – Spieler), »Sexaholics Anonymous« (SA), »Sex- and Love-addicts Anonymous« (SLAA), »Fundamentalists Anonymous« (FA) etc. 1967 gründete er die deutschen Gruppen von »Neurotics Anonymous« und 1971 die von »Emotions Anonymous« (EA), Selbsthilfegruppen für seelische Gesundheit. Alle, die Interesse am Wirken dieser Gruppen haben, können sich an folgende Adressen wenden:

Kontaktadressen Anonymer Gruppen

Anonyme Alkoholiker
Gemeinsames Dienstbüro
Postfach 100422
8000 München 1
089/555685 und 089/3164343

Al-Anon Familiengruppen
Zentrales Dienstbüro
Emilienstraße 4
4300 Essen
0201/773007

alateen-Gruppen
(Kinder von Alkoholikern)
bei AA und Al-Anon erfragen

Anonyme Alkoholiker
Postfach 91
A–5400 Hallein

Al-Anon Familiengruppen
Zentrales Dienstbüro
Postfach 85
A–1171 Wien

Kontaktstelle der
Anonymen Alkoholiker
Cramerstraße 7
CH–8004 Zürich

Al-Anon Kontaktstelle der
deutschsprachigen Schweiz
Postfach 88
CH–4802 Strengelbach

General Service Board of
Alcoholics Anonymous,
Inc. P.O. Box 459
Grand Central Station
468 Park Avenue South,
New York, NY 10016
001 (212) 686–1100

Kontaktstelle der
Anonymen Alkoholiker
Pfarrhaus - Dorf 1
I-39040 Lüsen/Luson

Kontaktstelle der
Anonymen Alkoholiker
Paternsteig 3
I–39031 Bruneck

Erwachsene Kinder
von Alkoholikern
c/o Al-Anon
Reisinger Straße 11
8000 München 2

Deutschsprachige Intergruppe der
Anonymen Eßsüchtigen (OA)
Postfach 106206
2800 Bremen

Overeaters Anonymous (OA)
– Anonyme Eßsüchtige –
Postfach 608
CH–8021 Zürich

EA Emotions Anonymous
Interessengemeinschaft e.V.
– Kontaktstelle Deutschland –
Hohenheimer Str. 75 EG
7000 Stuttgart
0711/243533

EA Emotions Anonymous
– Kontaktstelle Schweiz –
Postfach 228
CH–4016 Basel
0041/61-3219251

EA Emotions Anonymous
120 Heath Street
GB-London NW 3
0044/1-4355199

EA Emotions Anonymous
The Crypt Church
of St. Martins
Trafalgar Square
GB–London WC 2
Telefon: wie vor

EA Emotions Anonymous
Odenplan, Brygghuset
12 Norrtullsgatan
Schweden
0046/8-7606004

Emotions Anonymous
International
P.O. Box 4245
Saint Paul,
Minnesota 55104
USA

Selbsthilfegruppe der
Anonymen Spieler
c/o Bremer Landesstelle gegen
die Suchtgefahren
Schwachhauser Heerstraße 45
2800 Bremen

AL–Dienststelle / SLAA
(Adresse für Anonyme Sex- und Liebessüchtige)
Postlagerkarte 26592
8000 München 90

AS Deutschland
(Adresse für Anonyme
Sexsüchtige)
Postlagerkarte 050075 C
7500 Karlsruhe

S-Anon
(Adresse für Angehörige
der Anonymen
Sexsüchtigen)
Kreuzstraße 13
7500 Karlsruhe

Narcotics Anonymous
Postfach 1272
6078 Egelsbach

Narcotics Anonymous
World Service Office, Inc.
P.O. Box 9999
Van Nuys, California 91409
USA

Anonyme Raucher
Gruppe Mannheim
J 6, 1
6800 Mannheim

AAS – Anonyme Arbeitssüchtige
Turm der Stadtkirche
Pfarrer-Löw-Straße
7500 Karlsruhe

Make Today Count Gruppe
Anonyme Selbsthilfegruppe
für lebensbedrohlich Erkrankte
»Schöne Aussicht« Kirchenweg 2
7506 Bad Herrenalb
Tel. 07083 / 3845 oder 2094

SAA – Sex Addicts Anonymous
Kidlerstr. 15
8000 München 70
c/o Himmelfahrtskirche
Tel. 089 / 776835

COSA – CO-Sex Addicts
Anonymous
Kidlerstr. 15
8000 München 70
c/o Himmelfahrtskirche
Tel. 089 / 776835

ECA – Ex-Convicts Anonymous
für ehemalige Strafgefangene
»Schöne Aussicht«
Kirchenweg 2
7506 Bad Herrenalb
Tel. 07083 / 3845 oder 2094

Kontaktadressen für das »Bad Herrenalber Modell«

Förderkreis für Ganzheitsmedizin
Bad Herrenalb e.V.
Kirchenweg 2
7506 Bad Herrenalb
Tel.: 07083 / 3845 oder 2094

Förderkreis für sozio-psychosomatische Medizin Schweiz
Postfach 7207
CH–6000 Luzern 7

Association de Soutien pour la
Médecine de la Personne
c/o Marcel Wieser
Tannwaldweg 2
CH–4112 Flüh

Landhaus Sonnenberg
Chefarzt Dr. Peter Jessen
6120 Erbach-Erbuch
Tel.: 06062 / 2062

Sierra Garmisch-Klinik
Im Bernriederhof
Von-Müller-Str. 12
Chefarzt Horst Esslinger
8100 Garmisch-Partenkirchen
Tel.: 08821 / 7310

Hochgrat-Klinik
Wolfsried
Chefarzt Dr. Rudolf Mraz
8999 Stiefenhofen
Tel.: 08386 / 2072

Psychosomatische Klinik
Chefarzt
Dr. Konrad Stauss
Postfach 1160
8944 Grönenbach
Tel.: 08334 / 79353

Psychosomatische Abteilung
Chefarzt Dr. Hans-Joachim
Maaz
Lafontainestr. 15
O-4020 Halle/Saale
Tel.: 0037 / 46 / 37481

Für alle, die meinen, im Leben zu kurz gekommen zu sein.

Wilhard Becker verrät die zuverlässigste Methode, glücklicher zu sein und mehr aus seinem Leben zu machen: nämlich die Entdeckung des eigenen inneren Reiches mit all den Kräften und Möglichkeiten, die noch gar nicht erkannt und erschlossen sind.

Wilhard Becker
Du bist reicher als du denkst
Entwicklungsschritte zur eigenen Persönlichkeit
120 Seiten, kartoniert

Leben mit den Kräften der Tiefe.

Am Beispiel von 48 farbigen Bildern einer Frau zeigt Schwester Liliane Juchli, welche seelisch-geistigen Wandlungsprozesse zur Heilung einer Depression führen. Neben den medizinischen Ursachen und Behandlungsmöglichkeiten schildert sie, daß es letztlich eine Sinnkrise ist, die in die Depression führt, und darum auch nur eine tiefe religiöse Erfahrung sie heilen kann.

Schwester Liliane Juchli
Bilder einer Depression
Leben mit den Kräften der Tiefe
192 Seiten, mit Farbabbildungen, gebunden

KREUZ: Was Menschen bewegt.